MAPPLE まっぷる 哈日情報誌

伊豆・箱根

兜風自駕實用資訊

伊豆&箱根 周遊一圈

旅遊地圖 BOOK

可以拆下
隨身攜帶
十分方便！

CONTENTS

盡情享用&採買
在地美食！

公路休息站& SA・PA

指南 P.41～

U0076983

兜風自駕實用資訊
旅遊地圖 BOOK
CONTENTS

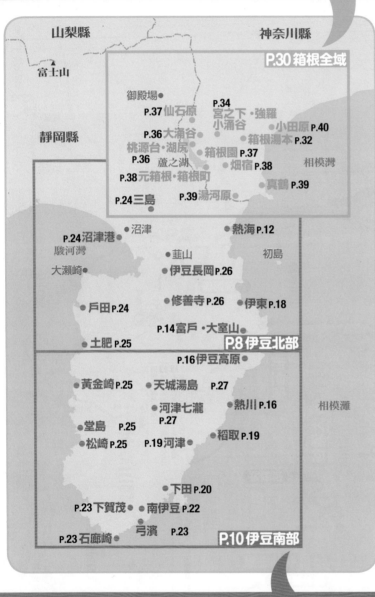

山梨縣　神奈川縣
富士山
靜岡縣

P.30 箱根全域
御殿場
P.37 仙石原
P.34 宮之下·強羅
小涌谷　小田原 P.40
P.36 大涌谷
桃源台·湖尻　箱根湯本 P.32
P.36 蘆之湖　箱根園 P.37
P.38 元箱根·箱根町　畑宿 P.38
相模灣
真鶴 P.39
P.24 三島　P.39 湯河原

P.24 沼津港　沼津　熱海 P.12
駿河灣　韮山　初島
大瀬崎　伊豆長岡 P.26
戶田 P.24　修善寺 P.26　伊東 P.18
P.14 富戶·大室山
土肥 P.25　P.8 伊豆北部
P.16 伊豆高原
黃金崎 P.25　天城湯島 P.27
河津七瀧　熱川 P.16
堂島 P.25　P.27　相模灘
松崎 P.25　P.19 河津　稻取 P.19
下田 P.20
P.23 下賀茂　南伊豆 P.22
P.23 石廊崎　弓濱 P.23
P.10 伊豆南部

圖例

■圖示的代表意義
【本文中介紹地點】
●		觀光地	
景點		卍 寺院	
玩樂		神社	
美食		露營場	
咖啡廳		海水浴場	
購物		賞花名勝	
溫泉		賞櫻名勝	
佳宿		絕佳觀景點	
活動		溫泉	

■加油站
- ENEOS
- 出光興產
- COSMO
- 昭和Shell
- Mobil
- Esso
- General
- KYGNUS
- 其他

■便利商店
- 7-11
- LAWSON
- 全家
- MINI STOP
- OK
- 其他

■速食店
- 麥當勞
- 摩斯漢堡
- Mister Donut
- 其他

- 市公所
- 町村公所·支局
- 警察局·派出所
- 郵局
- 消防局
- 學校
- 超市·商店
- 餐廳
- 醫院
- 銀行
- 神社
- 寺院
- 公寓·住宅
- 交通信號燈
- 巴士站
- 停車場
- 洗手間
- 公路休息站
- 單行道
- 航路

交流道 沼津
高速·收費道路
國道 135
主要地方道 11
縣道 140
一般道路
新幹線
JR線
私鐵線

●この地圖の作成に当たっては、国土地理院長の承認を得て、同院発行の2万5千分1地形圖　5万分1地形圖　20万分1地勢圖　50万分1地方圖、100万分1日本及び基盤地圖情報を使用した。
（承認番号　平29情使、第45-286284号　平29情使、第46-286284号　平29情使、第47-286284号　平29情使、第48-286284号）

1:180,000
0　2　4km

從下田過來
🚗 經由國道136號、縣道16號線約11km
🚌 搭乘南海巴士往吉祥方向至下賀茂約25分

從三島、沼津過來
🚗 從沼津IC經由伊豆縱貫道、國道136號
🚌 從三島站西口搭乘巴士往堂島、天城出路約75km
🚌 從三島站搭乘「花の三島號」、伊豆箱根特急巴士約2小時7分

從熱海過來
🚗 經由國道135號約61km
🚌 搭乘JR伊東線普通列車、伊豆急行普通列車1小時15分

從熱海過來
🚗 經由國道135號約74km
🚌 搭乘JR伊東線普通列車、伊豆急行普通列車1小時30分

松崎　堂島　西伊豆町　南伊豆　石廊崎　弓濱　下田市　下田　伊豆急下田站　白濱大濱　河津七瀧　河津町　河津　河津站　稻取　東伊豆町　相模灣

從箱根到伊豆　簡單明瞭！　便利！
一目瞭然！　行程規劃地圖

石橋IC

神奈川縣

湯河原町　真鶴町

交通量最大但行車順暢

湯河原Parkway
普通車 490日圓

城山隧道　普通車 200日圓
真鶴道路
普通車 300日圓

國內レストハウス
箱根沼津線

伊豆山

熱海市

熱海Beach Line

熱函道路

熱海站

玄岳P
可一望真鶴岬

行駛在斷崖之上

相模灘

初島

國道沿線乾貨店林立

伊東 🚗
東京IC109km／2小時5分
石橋IC40km／1小時5分

伊東市

這一帶的視野極為開闊，風光優美

伊東マリンタウン

行經伊豆半島稜線上的展望路線

伊豆Skyline
普通車 980日圓 全線

能近距離欣賞海景但路幅狹窄，隧道需小心駕駛

伊豆急行

135

DRIVE 兜風重點
！
熱海是伊豆半島東側的門戶，每逢早晚時段一定會塞車。從東伊豆出發的回程路線，請避開海邊的國道135號改走車流量較少的伊豆Skyline，之後的路段也建議走收費道路會比較順暢。

伊豆高原 🚗
東京IC124km／2小時35分
石橋IC55km／1小時35分

靜岡縣

東伊豆町

熱川

天城高原

DRIVE 兜風重點
！
下田周邊的國道135號一到夏天車潮尤其多，再往前的伊東和熱海也是塞車路段，因此建議改走行經松崎等地的山間路線。

河津櫻

稻取

下田 🚗
東京IC161km／3小時35分
石橋IC92km／2小時5分

圖例
替代道路
塞車區段

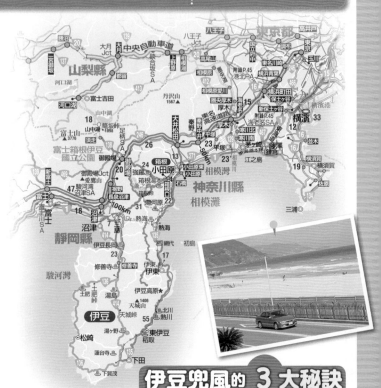

熱海的**交通方式**

兜風的起點

從東京方向過來
●東京IC→（東名高速道路35km／20分）→厚木IC→（小田原厚木道路、西湘bypass 35km／40分）→石橋IC→（國道135號7km／10分）→真鶴收費站→（真鶴道路5km／5分）→吉濱橋→（國道135號750m／1分）→門川→（熱海Beach Line 6km／10分）→熱海Beach Line出入口→（國道135號、縣道103號1km／5分）→熱海站前

從名古屋方向過來
●名古屋IC→（東名高速道路217km／2小時30分）→沼津IC→（伊豆縱貫道13km／11分）→大場、函南IC→（伊豆縱貫道側道、縣道11號、熱函道路13km／20分）→笹尻→（縣道11號等7km／15分）→熱海站前

山梨縣
東京都
橫濱
神奈川縣
相模灣
靜岡縣
沼津
伊豆
松崎
下田

伊豆兜風的 **3** 大秘訣

1 依旅行的目的地選擇熱海或沼津為起點

前往伊豆半島東側的話以熱海為起點，若前往其他區域則以沼津為起點。下田也離沼津IC最近。

2 避開海邊的塞車回程謹守「欲速則不達」的原則

伊豆半島東側是一定會塞車的區域，很多時候經由伊豆Skyline或中伊豆反而比較快。

3 若要橫越半島請預留充足的時間！

連結伊豆半島東西側的道路出乎意外地少，路窄且彎道多必須小心駕駛。

暢快兜風 一目瞭然 MAP

How to Drive

三面環海的伊豆半島，是以海岸線為中心、可透過車窗一路欣賞風光明媚風景的人氣兜風區域。但道路卻出乎意外地少、早晚時段各地都會出現塞車的狀況。行前先做好縝密的規劃，才能享受暢快的伊豆兜風之旅！

從東京方向過來
●東京IC→（東名高速道路103km／1小時10分）→沼津IC

從名古屋方向過來
●名古屋IC→（東名高速道路217km／2小時30分）→沼津IC
●名古屋IC→（東名、新東名高速道路214km／2小時25分）→長泉沼津IC

BEST 4 大兜風路線

在伊豆兜風之旅中能一路欣賞各地的美麗風景，以下為各位精選出本雜誌取材之際實際走訪、確認過的絕景兜風路線。

1 戶田～松崎

綿延於伊豆半島西側的濱海道路，是欣賞錯綜複雜海岸線與蔚藍駿河灣等西伊豆獨特風景的首選路線。天氣晴朗時各處皆能眺望富士山，夕陽也十分漂亮！

2 西伊豆Skyline

行經聳立於西伊豆的達磨山山脊，為眺望視野絕佳的山道路線。從達磨山展望台能眺望隔著駿河灣的富士山絕景，是在西伊豆和修善寺移動時的最佳路線。

3 弓濱～石廊崎

沿著半島尖端的海岸線延伸的縣道16號線，是一條能欣賞悠閒漁村與壯闊太平洋的兜風路線。即使在觀光旺季期間車流量也較少，開起來很輕鬆。

4 下田街道

亦即連結中伊豆與下田的國道414號線。雖然伊豆半島給人強烈的海景印象，但這條路線的兩旁卻是樸實的山間風景，途中的河津七瀧迴旋橋更是最大的吸睛焦點。

公路休息站&得來速設施的資訊請見各區域MAP

伊豆的主要停車場列表

區域	停車場名稱	車位數
熱海	熱海站前停車場	70輛
	熱海市營港停車場	163輛
	熱海市營東停車場	320輛
	清水町停車場	31輛
伊東	伊東市伊東站前停車場	64輛
	港觀光停車場	103輛
伊豆高原	Yamamo Plaza停車場	100輛
	伊豆急行按時計費停車場	55輛
下田	公路休息站 開國下田みなと停車場	223輛
	下田站前收費停車場	50輛
修善寺	御幸橋停車場	45輛
湯島	伊豆市天城會館	80輛
河津七瀧	河津町營免費停車場	80輛
堂島	西伊豆町營停車場	6輛
松崎	松崎町營停車場	60輛
沼津	沼津港停車場1號棟、2號棟	452輛
三島	三島站南口停車場	249輛

DRIVE兜風重點
沼津與三島周邊是一定會塞車的區域，最好避開沼津市區、改利用伊豆縱貫道。回程也建議選擇伊豆Skyline等穿越半島東側的道路。

一路上能欣賞富士山和駿河灣的景致
擁有富士山與夕陽美景的觀景點

隔著駿河灣眺望富士山、達磨山展望台
くるら戶田

修善寺
東京IC132km／1小時55分
修善寺IC1km／2分

西伊豆的夕陽

西伊豆Skyline
淨蓮瀑布

山脊上的Skyline，眺望視野絕佳

道路狹窄，需特別留意

以山葵淇淋著稱

直徑80m、高45m的巨型迴旋橋

舊道上有不少健行客的身影。舊天城隧道的道路偏窄，請小心行駛

能隔著駿河灣眺望富士山的風光。部分路段道幅狹窄，請小心駕駛

2月上旬～3月上旬舉辦賞河津櫻花祭

花の三聖苑伊豆松崎
附設河鹿之湯

道路狹後就能看到開闊的海景

能俯瞰美麗海濱的觀景所，備有停車場

12月下旬～1月下旬綻放300萬株的水仙花海

邊眺望太平洋邊享受恬靜的兜風之旅

堂島的周遊洞窟

伊勢龍蝦

奧石廊展望所

伊豆半島

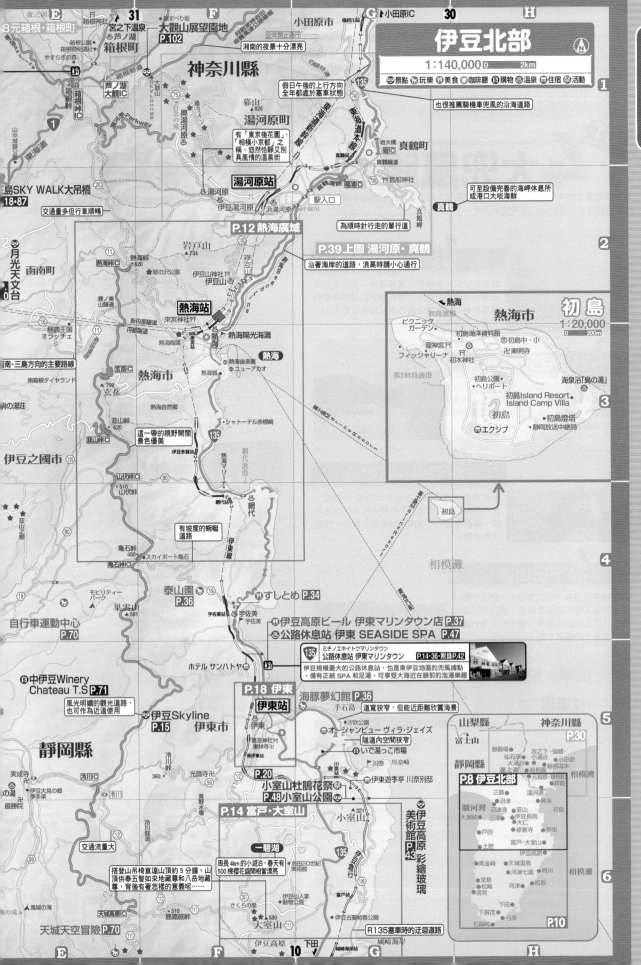

8 元箱根・箱根町

箱根神社
宮之下溫泉
大觀山展望園地 P.102
箱根町
小田原IC
小田原市
神奈川縣

箱根峠IC
箱根大觀IC
箱根驛路
SkyLounge
奧湯河原
湯河原町
大觀山

幕山 626

湖之澤公園
姫之澤公園
湯河原

有「東京後花園」、「相模小京都」之稱、悠悠悩靜又別具風情的溫泉街

湯河原站

真鶴町
真鶴隧道
真船神社
真鶴IC

真鶴

可至設備完善的海岬休息所或港口大啖海鮮

伊豆湯河原
湯河原站
駅入口
浜河原

月光天文台

函南町

P.12 熱海廣域

岩戶山 734

姫之澤公園

熱海峠IC

熱海梅園

伊豆山神社
伊豆山

來宮神社

熱海站

P.39 上圖 湯河原・真鶴

沿著海岸的道路，浪高時請小心通行

初島
1:20,000
熱海市

熱海
皮克尼克花園
龍神宮
初島海洋資料館
初島中・小
卍東明寺
初木神社

島SKY WALK大吊橋
18・87

交通量多但行車順暢

丹那隧道
新丹那隧道

伊東道本線

熱海市

熱海站
熱海城
ニューアカオ
熱海陽光海灘
熱海後樂園
熱海

フィッシャリーナ
第2初島漁港

初島公園
ヘリポート

海泉浴「島の湯」

玄岳 799
酪農王國
オラッチェ

南・三島方向的主要路線

南箱根
ダイヤランド
霧之湯荘

菲山峠 620

熱海自然郷

初島Island Resort
Island Camp Villa
初島

エクシブ
初島燈塔
靜岡放送中繼局

伊豆之國市

這一帶的視野開闊景色優美

山伏峠IC

山伏峠 620

シャトーテル赤根崎

伊豆多賀站

初島

熱海漁港
網代漁港
網代

相模灘

網代站

有坡度的蜿蜒道路

龜石峠 450
スカイポート龜石
龜石峠IC

泰山園 P.36

すしとめ P.34

自行車運動中心 P.70

モビリティーパーク

巢雲山 581

宇佐美站
宇佐美

伊豆高原ビール 伊東マリンタウン店 P.37

公路休息站 伊東 SEASIDE SPA P.47

135 公路休息站 伊東マリンタウン P.14・36・附錄P.42
伊豆規模最大的公路休息站，也是東伊豆地區的兒影攝點・備有正統 SPA 和足湯，可享受大海近在眼前的泡湯樂趣

ホテル サンハトヤ

中伊豆Winery
Chateau T.S P.71

風光明媚的觀光道路，也可作為近道使用

伊豆Skyline P.15

伊東市

P.18 伊東

伊東站
伊東

海豚夢幻館 P.36
手石島
道寬狹窄，但能近距離欣賞海景

靜岡縣

鶴見明神社
東林寺

冷川

オーシャンビュー ヴィラ・ジェイズ
隧道內空間狹窄

いで湯っこ市場

山梨縣
富士山
御殿場
神奈川縣
P.30

靜岡縣
P.8 伊豆北部

三島 沼津 韮山 熱海
駿河灣 伊豆長岡 初島
修善寺 伊東

實成寺
的湯 季樂
最勝院

冷川IC

光鏡寺

P.20

伊東遊季亭 川奈別邸

川奈 川奈崎

戶田
土肥 富戶・大室山

小室山杜鵑花祭 P.48 小室山公園

P.14 富戶・大室山

小室山 321

伊豆高原彩繪玻璃美術館 P.45

黃金崎 天城湯島
堂島 河津七滝 熱川
松崎 河津 稻取
雲見
下田
下賀茂 弓濱
石廊崎

P.10

交通流量大

一碧湖

搭登山吊椅直達山頂約 5 分鐘。山頂供奉五智如來地藏尊和八岳地藏尊，背後有著怎樣的意義呢……

周長4km的小湖泊，春天有約500株櫻花盛開相當漂亮

天城高原IC

天城天空冒險 P.70

伊豆仙人掌動物公園

伊豆山蘭郁念公園

大室山 580

R135塞車時的迂迴道路

天城山IC

鹿路庭峠

さくらの里

城崎海岸

伊豆高原

10 下田

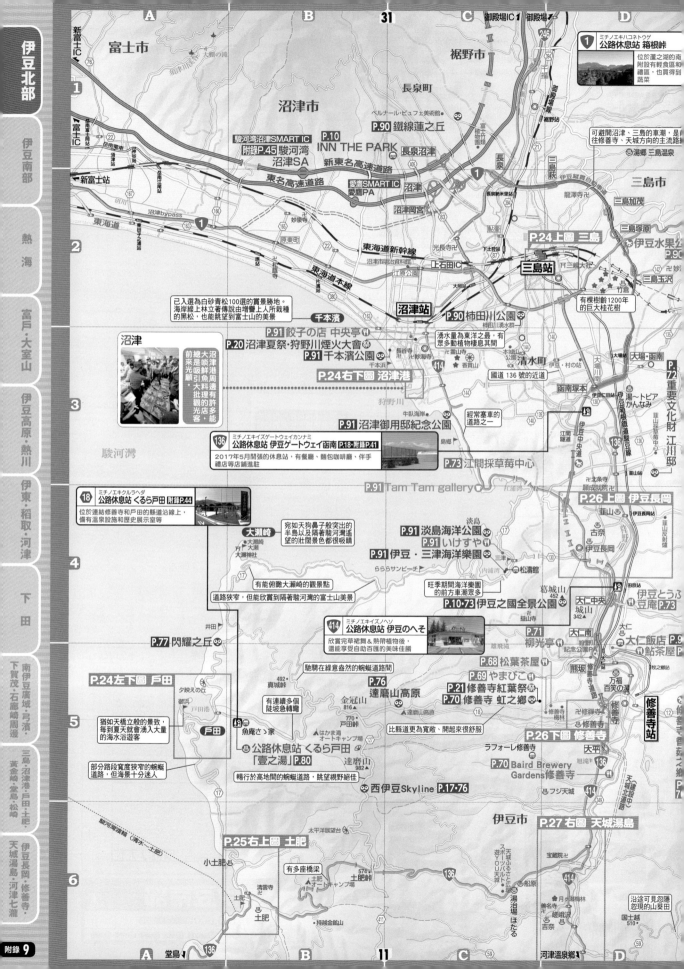

富士市

沼津市

裾野市

長泉町

三島市

長泉町

31

駿河灣沼津SMART IC
附錄P.45 駿河灣沼津SA

P.10 INN THE PARK

新東名高速道路

愛鷹SMART IC
愛鷹PA

P.90 鐵線蓮之丘

泉沼津

東名高速道路

① ミチノエキハコネトウゲ
公路休息站 箱根峠
位於蘆之湖的南附設有輕食區和禮區，也買得到蔬菜

可避開沼津、三島的車潮，是前往修善寺、天城方向的主流路線
湯川 三島溫泉

P.24上圖 三島

三島站

伊豆水果

P.90

已入選為白砂青松100選的賞景勝地。海岸線上林立著傳說由增譽上人所栽種的黑松，也能眺望到富士山的美景
千本濱

有櫸樹齡1200年的巨大桂花樹

沼津
前總大沼來是喜歡津光吸鮮港引魚顧周·大料遇批理有觀的許光店多客·能

P.91 餃子的店 中央亭
P.20 沼津夏祭·狩野川煙火大會
P.91 千本濱公園

P.24右下圖 沼津港

P.90 柿田川公園
湧水量為東洋之首，有眾多動植物棲息其間
清水町

國道136號的近道

P.72 重要文化財 江川邸

駿河灣

P.91 沼津御用邸紀念公園

經常塞車的道路之一

P.73 江間採草莓中心

136 ミチノエキイズゲートウェイカンナミ
公路休息站 伊豆Gateway函南
2017年5月開張的休息站，有餐廳、麵包咖啡廳、伴手禮店等店鋪進駐

P.91 Tam Tam gallery

P.26上圖 伊豆長岡

18 ミチノエキクラヘダ
公路休息站 くらら戶田 附錄P.44
位於連結修善寺和戶田的縣道沿線上，備有溫泉設施和歷史展示室等

大瀨崎
宛如天狗鼻子般突出的半島與隔著駿河灣遙望的壯闊景色都很吸睛

P.91 淡島海洋公園
P.91 いけすや
P.91 伊豆・三津海洋樂園

旺季期間海洋樂園的前方車潮眾多

P.10・73 伊豆之國全景公園

伊豆とうぶ
豆庵

P.73

有能俯瞰大瀨崎的觀景點

道路狹窄，但能欣賞到隔著駿河灣的富士山美景

P.77 閃耀之丘

井田

414 ミチノエキイズノヘソ
公路休息站 伊豆のへそ
欣賞完草裙舞＆熱帶植物後，還能享受自助百匯的美味佳餚

P.71
柳光亭

太仁飯店
鮎茶屋

P.68 松葉茶屋
P.69 やまびこ
P.21 修善寺紅葉祭
P.70 修善寺 虹之郷

馳騁在綠意盎然的蜿蜒道路間

P.24左下圖 戶田

夕映えの丘

御濱

戶田港

猶如天橋立般的景致，每到夏天就會湧入大量的海水浴遊客

魚庵さ家

**公路休息站 くらら戶田
「壹之湯」P.80**

部分路段寬度狹窄的蜿蜒道路，但海景十分迷人

宇城山
寶城山

492
達磨山

達磨山高原
金冠山
816

有連續多個陡坡急轉彎

比縣道更為寬敞、開起來很舒服

P.26下圖 修善寺

修善寺
梅林

修善寺站

ラフォーレ修善寺

P.70 Baird Brewery Gardens 修善寺
フジ天城

達磨山
982

暢行於高地間的蜿蜒道路，眺望視野絕佳

西伊豆Skyline P.17・76

太平洋展望台

伊豆市

P.27右圖 天城湯島

P.25右上圖 土肥

小土肥

有多座橋梁

574
土肥峠

土肥

清龍寺
土肥
オートキャンプ場

持越金鑛山

寶藏院

天城ふるさと廣YOUランド

天城湯
遊び場

月ヶ瀨梅林

善名寺

湯泊場
ほたる

吉奈

治途中可見忽隱忽現的山葵田

國士越
510

堂島

136

河津溫泉鄉

11

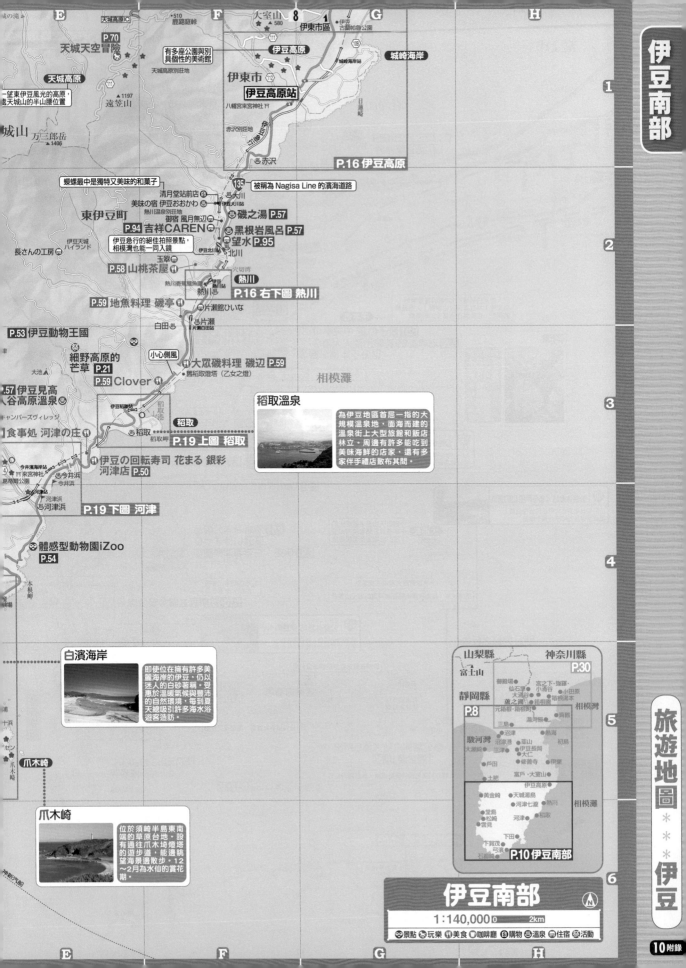

E　F　G　H

天城高原IC　P.70
天城天空冒險
天城高原

大室山 8 1
伊東市區
有多座公園與別具個性的美術館
伊豆高原
伊東市
伊豆高原站
八幡宮來宮神社
赤沢別荘地
城崎海岸
P.16 伊豆高原

510 鹿路庭峠
1197 遠笠山
一望東伊豆風光的高原，是天城山的半山腰位置
城山　万三郎岳　1406

長さんの工房
伊豆天城ハイランド
細野高原的芒草 P.21
大池

蝴蝶最中是獨特又美味的和菓子
清月堂站前店
美味的宿 伊豆おおかわ
御宿 風月無辺
P.94 吉祥CAREN
伊豆急行的絕佳拍照景點，相模灣也能一同入鏡
玉翠
P.58 山桃茶屋
熱川香蕉鰐魚園
P.59 地魚料理 磯亭
白田

大川
被稱為 Nagisa Line 的濱海道路
磯之湯 P.57
黑根岩風呂 P.57
望水 P.95
北川
穴切湾
熱川 P.16 右下圖 熱川
片瀬
片瀬館ひいな
片瀬白田站

P.53 伊豆動物王國
小心側風
P.57 伊豆見高 入谷高原溫泉
チャンバーズヴィレッジ
P.59 Clover
食事処 河津の庄
伊豆稲取駅
稲取港
稲取 P.19 上圖 稲取
稲取岬
伊豆的回転寿司 花まる 銀彩 河津店 P.50

大眾磯料理 磯辺 P.59
舊稲取燈塔 (乙女之燈)
相模灘

稲取溫泉
為伊豆地區首屈一指的大規模溫泉地，面海而建的溫泉街上大型旅館和飯店林立。周邊有許多能吃到美味海鮮的店家，還有多家伴手禮店散布其間。

今井濱海岸駅
来宮神社
菖蒲園公園
今井浜
河津浜
P.19 下圖 河津

體感型動物園iZoo P.54

白濱海岸
即使位在擁有許多美麗海岸的伊豆，仍以迷人的白砂著稱。受惠於溫暖氣候與豐沛的自然環境，每到夏天總吸引許多海水浴遊客造訪。

十浜
ゼン
爪木崎

爪木崎
位於須崎半島東南端的草原台地。設有通往爪木崎燈塔的遊步道，能邊眺望海景邊散步。12～2月為水仙的賞花期。

山梨縣　神奈川縣
富士山　P.30
靜岡縣　御殿場
仙石原　宮之下・強羅　小涌谷
大涌谷　小田原
蘆之湖　箱根町　箱根湯本
P.8　元箱根・箱根町
三島　溫河原　眞鶴
駿河灣　沼津　裾野　相模灣
沼津港　函山　熱海
大瀬崎　三津浜　伊豆長岡　初島
戶田　修善寺　伊東
富戶・大室山　伊豆高原
土肥
黃金崎　天城湯島　熱川
堂島　河津七瀧　河津　松崎
松崎　河津　松崎
雲見　相模灘
下賀茂
下田
弓崎　石廊崎　P.10 伊豆南部

伊豆南部
1:140,000　0　2km
景點 玩樂 美食 咖啡廳 購物 溫泉 住宿 活動

E　F　G　H

伊豆北部

伊豆南部

熱海

富戶·大室山

伊豆高原·熱川

伊東·稻取·河津

下田

南伊豆廣域·弓濱·

下賀茂·石廊崎周邊

三島·沼津灣·戶田·

黃金崎·堂島·松崎·土肥

伊豆長岡·修善寺·

天城湯岡·河津七瀧

A　　　　　　　　　B　　　　　　　　　C　　　　　　　　　D

土肥峠
持越金鑛山

P.25右上圖 土肥

這一帶是遙望富士山的絕景景點

八木澤
富岳群青

恋人岬PA

P.84
戀人岬STERA HOUSE
P.77·84 戀人岬

宇久須

黃金崎

P.25左上圖 黃金崎

安良里

西伊豆町

深綠色的美麗海灣

田子漁港

田子瀬浜

カネサ鰹節商店 P.85

雖為國道壅塞時的近道，卻是視野不佳的連續彎道

祢宜ノ畑
西伊豆町營 やまびこ荘

靜岡縣

科峠
900

仁科峠

諸坪峠
730

長九郎山
996

P.25右下圖 堂島

駿河灣

オートキャンプ銀河

堂島
天窗洞

堂島

東福寺

宝蔵院

P.25左下圖 松崎

川畔的平坦道路是春天的賞櫻名所

山芳園

松崎

河鹿之湯

大沢

柿ノ木寺

婆娑羅山
608

上原美術館

米山薬師

稻梓站

公路休息站「花の三聖苑」伊豆松崎 附錄P.44
設置室內及露天不住宿入浴設施的公路休息站，四季有不同花卉點綴的大花鐘是此地的標誌

梅月園 櫻田店 P.83

伊那神社

民宿かいとく丸

石部

重要文化財 岩科學校 P.82
松崎町

將停泊在沙灘上的船隻當成溫泉浴場使用，僅於夏天營業

萩谷崎
ダジュール岩地

岩地
岩地

石部
雲見

赤井浜露天風呂

鄰近岸邊的原始岩石風呂，為免費的混浴浴池

雕像錯落的有趣路線

沿途可欣賞遼闊的大海風光

千貫門
雲見 夕陽と潮騒の岬
雲見オートキャンプ場 **P.63**

雲見

婆娑羅峠
270

婆娑羅峠

1.5～2線道的舒適道路

下田セントラル

横川

松崎街道

下田市

春天時道路兩側百花齊放

面朝海岸北側大窪之濱的野猴樂園

小さな宿&レストランしいの木やま

オートキャンプ花沢

キャンプ山の家

P.22 南伊豆廣域

オートキャンプはがちざき

南伊豆夕日ヶ丘

波勝崎苑

曹洞寺

南伊豆高原古里

蛇石峠
350

蓮台寺

蓮台寺站

河内

伊豆急下田
下田富士
191

下田みなと

開國下田みなと

了仙寺

下田公園

波勝崎

宇留井島

妻良漁港
谷川浜

妻良海上體能訓練場
P.64

南伊豆町

國道的捷徑路線

P.20 下田廣域

多々戸浜

下田富士
下賀茂溫泉 湯の花

カナハナ
湯の花畑

三坂富士
280

差田

波勝崎

位於伊豆半島最西端，為西伊豆代表性的風景勝地之一。從野猴聚集的大澤灘到雲見一帶絕壁聳立，落入駿河灣的夕陽景色更是美不勝收。

三ッ石岬

hirizo海濱

奥石廊

石室神社

石廊崎

弓濱

松林與白沙海灘呈弓狀綿延1km，水質也很乾淨清澈，為國內首屈一指的海水浴場

弓濱

弓ヶ浜

能一望碧麗太平洋的平坦海岸道路

斷崖絕壁的宏偉海岸線，可從奧石廊展望台欣賞絕景

天城グリーンガーデン
シャクナゲ

修善寺

湯島

P.27右圖 天城湯島

伊豆市

沿途可見忽現忽隱的山葵

414
公路休息站 天城越え 附錄P.44
能同時享受天城的大自然與名產山葵的體驗型公路休息站，招牌餐點是加了大量在地品牌牛肉的咖哩飯

天城街道

P.27左圖 河津七瀧

天城峠
638

登り尾
1057

舊道未鋪設

河津町

河津七瀧

湯ヶ野

位於河津七瀧與今井濱之間，四周大自然環繞的山間溫泉鄉

河津溫泉鄉

下田街道
天城街道

視野不佳的單

414

A　　　　　　　　　B　　　　　　　　　C　　　　　　　　　D

熱海廣域

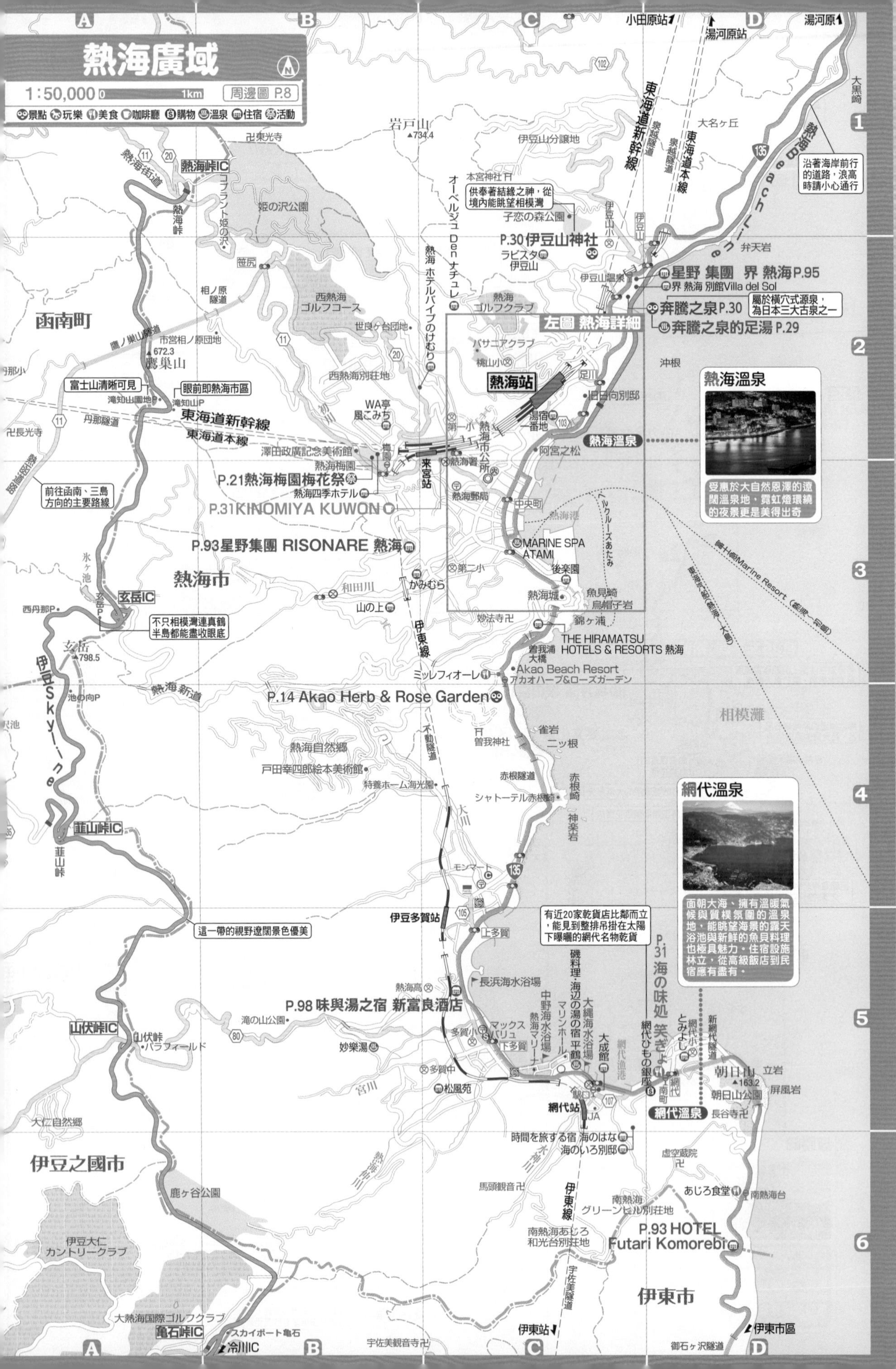

熱海廣域
1:50,000 0 1km
周邊圖 P.8
景點 玩樂 美食 咖啡廳 購物 溫泉 住宿 活動
小田原站
湯河原站
湯河原
大黒崎
大名ヶ丘
沿著海岸前行的道路，浪高時請小心通行
熱海Beach Line
東海道新幹線
東海道本線
泉越隧道
岩戸山 734.4
卍東光寺
伊豆山分譲地
熱海峠IC
熱海街道
コプラント姫の沢
姫の沢公園
熱海峠
本宮神社
供奉著結緣之神，從境內能眺望相模灣
子恋の森公園
P.30 伊豆山神社
ラビスタ伊豆山
伊豆山小
伊豆山
弁天岩
伊豆山温泉
星野 集團 界 熱海 P.95
界 熱海 別館Villa del Sol
奔騰之泉 P.30
屬於橫穴式源泉，為日本三大古泉之一
奔騰之泉的足湯 P.29
笹尻
相ノ原隧道
西熱海ゴルフコース
熱海ゴルフクラブ
オーベルジュ Den ナチュレ
熱海 ホテルパイプのけむり
左圖 熱海詳細
函南町
鷹ノ巣山隧道
市営相ノ原団地
鷹巣山 672.3
世良ヶ台団地
パサニアクラブ
桃山小
熱海站
足川
沖根
熱海溫泉
受惠於大自然恩澤的遼闊溫泉地，霓虹燈環繞的夜景更是美得出奇
富士山清晰可見
眼前即熱海市區
滝知山園地P
滝知山P
西熱海別荘地
WA亭 風こみち
旧日向別邸
丹那隧道
卍長光寺
東海道新幹線
東海道本線
第一小
熱海市公所
湯宿一番地
澤田政廣記念美術館
梅園
熱海梅園
来宮站
熱海署
阿宮之松
熱海溫泉
P.21 熱海梅園梅花祭
熱海四季ホテル
熱海郵局
中央町
前往函南、三島方向的主要路線
P.31 KINOMIYA KUWON
熱海港
ヘルクルーズあたみ
初島Marine Resort（熱海～初島）
東海汽船（熱海～大島）
P.93 星野集團 RISONARE 熱海
MARINE SPA ATAMI
氷ヶ池
熱海市
かみむら
第二小
後楽園
和田川
玄岳IC
熱海城
魚見崎
烏帽子岩
西丹那P
玄岳P
山の上
妙法寺
不只相模灣連真鶴半島都能盡收眼底
錦ヶ浦
THE HIRAMATSU HOTELS & RESORTS 熱海
玄岳 798.5
伊東線
曽我浦大橋
伊豆Skyline
Akao Beach Resort
ミッレフィオーレ
アカオハーブ＆ローズガーデン
熱海新道
池の向P
P.14 Akao Herb & Rose Garden
相模灘
曽我神社
雀岩
ニッ根
熱海自然郷
不動隧道
戸田幸四郎絵本美術館
赤根隧道
赤根崎
特養ホーム海光園
シャトーテル赤根崎
神楽岩
網代溫泉
面朝大海、擁有溫暖氣候與質樸氛圍的溫泉地，能眺望海景的露天浴池與新鮮的魚貝料理也極具魅力。住宿設施林立，從高級飯店到民宿應有盡有。
大川
韮山峠IC
韮山峠
モンマート
有近20家乾貨店比鄰而立，能見到整排吊掛在太陽下曝曬的網代名物乾貨
伊豆多賀站
這一帶的視野遼闊景色優美
上多賀
P.31 海の味処 笑ぎょ
磯料理・海辺の湯の宿 平鶴
熱海高
長浜海水浴場
大縄海水浴場
中野海水浴場
熱海マリーナ
マリンホール
P.98 味與湯之宿 新富良酒店
滝の山公園
網代ひもの銀座
とみよし
網代小
新網代隧道
山伏峠IC
山伏峠
パラフィールド
多賀小
マックスバリュ
下多賀
大成館
網代漁港
妙樂湯
朝日山 163.2
立岩
多賀中
宮川
松風苑
網代
南町
朝日山公園
屏風岩
網代站
網代溫泉
長谷寺
大仁自然郷
時間を旅する宿 海のはな
海のいろ別邸
虚空蔵院
伊豆之國市
熱海川
馬頭観音
あじろ食堂
南熱海台
鹿ヶ谷公園
伊東線
南熱海グリーンヒル別荘地
南熱海あじろ和光台別荘地
P.93 HOTEL Futari Komorebi
伊豆大仁カントリークラブ
宇佐美隧道
伊東市
大熱海国際ゴルフクラブ
亀石峠IC
スカイポート亀石
冷川IC
宇佐美観音寺
伊東站
伊東市區
御石ヶ沢隧道

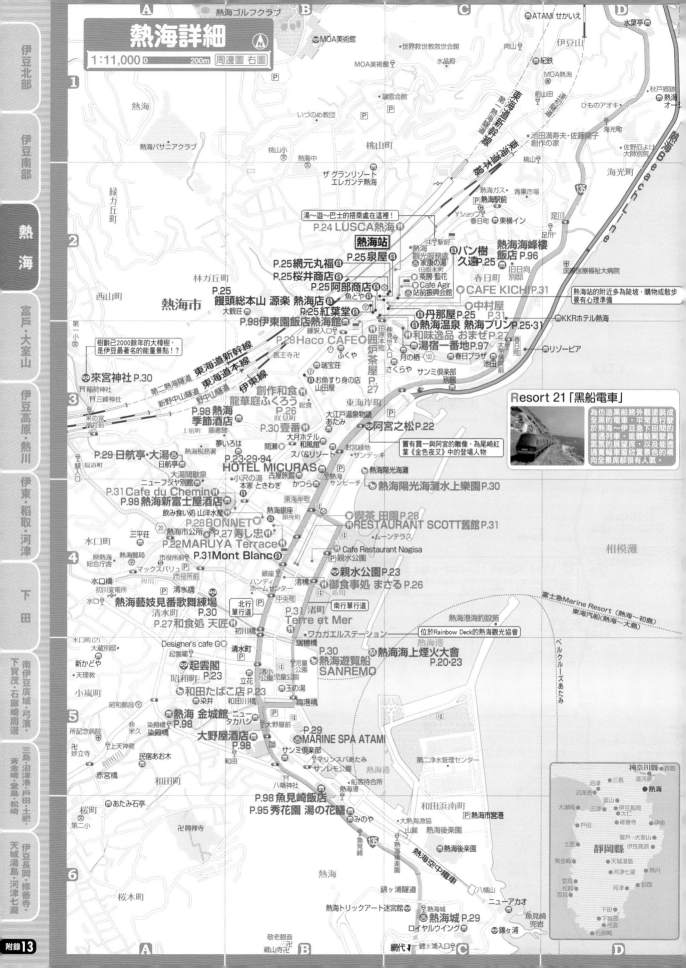

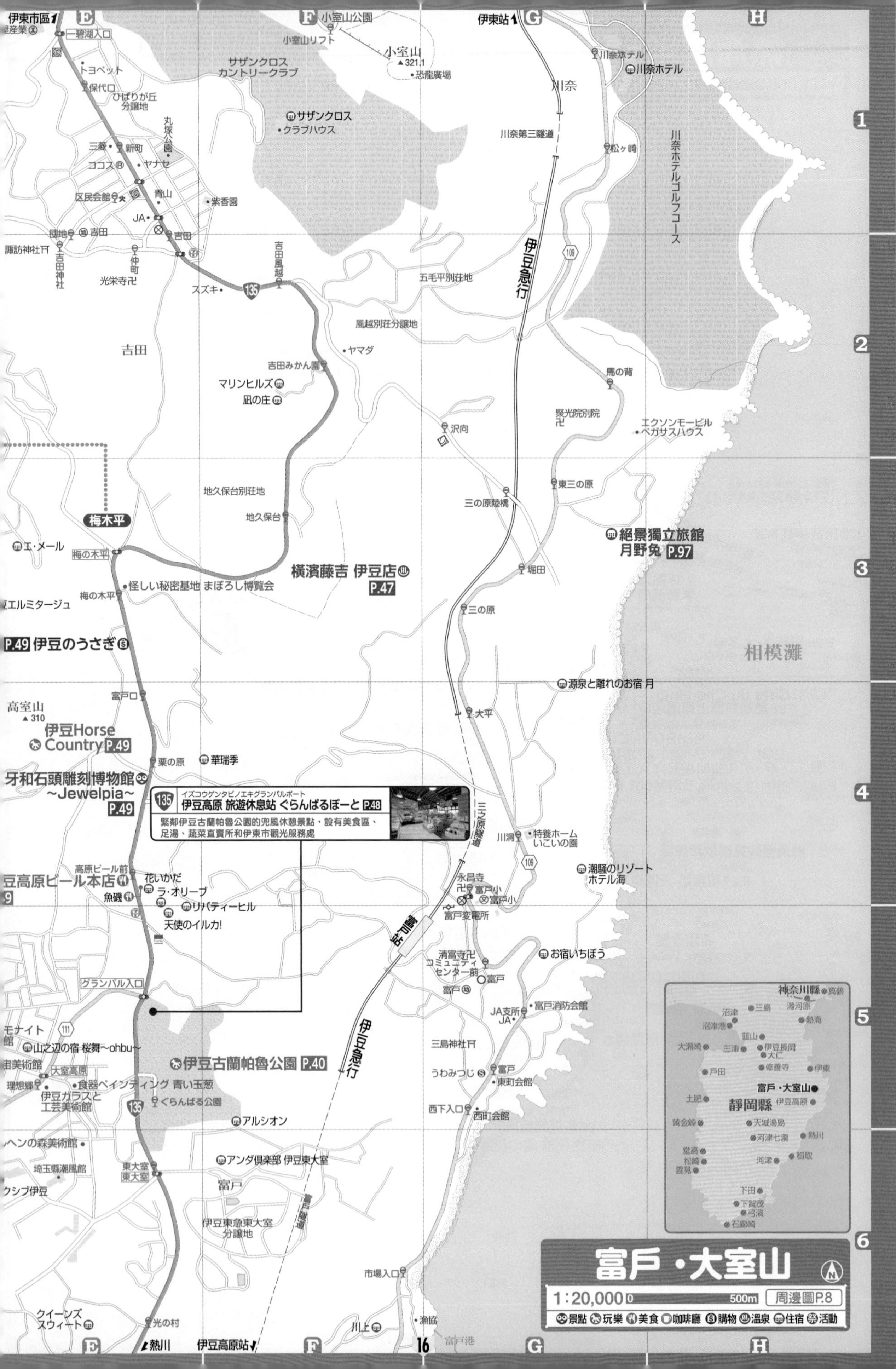

伊東市區 1
産業

小室山公園
小室山リフト
小室山
▲321.1
恐龍廣場

伊東站 1

一碧湖入口
トヨペット
保代
ひばりが丘
分譲地
丸塚公園
三菱・新町
ヤナセ
ココス
区民会館
青山
JA
紫香園
団地 寺田
諏訪神社
吉田神社
光栄寺
仲町
スズキ
吉田
135
吉田風越
五毛平別荘地
風越別荘分譲地
ヤマダ
吉田みかん園
マリンヒルズ
凪の庄
沢向

サザンクロス
カントリークラブ

サザンクロス
・クラブハウス

川奈ホテル
川奈ホテル
川奈
川奈第三隧道
松ヶ崎

伊豆急行

馬の背

川奈ホテルゴルフコース

1

2

聚光院別院
エクソンモービル
ペガサスハウス

東三の原
三の原陸橋
堀田

絶景獨立旅館
月野兔 P.97

三の原

3

梅木平
エ・メール
エルミタージュ
梅の木平
怪しい秘密基地 まぼろし博覧会
地久保台別荘地
地久保台

横濱藤吉 伊豆店
P.47

相模灘

P.49 伊豆のうさぎ S

源泉と離れのお宿 月

高室山
▲310
伊豆Horse
Country P.49

牙和石頭雕刻博物館
~Jewelpia~
P.49

富戸口
栗の原
華瑞季

大平

特養ホーム
いこいの園

川洞

4

135 イズコウゲンタビノエキグランパルポート
伊豆高原 旅遊休息站 ぐらんぱるぽーと P.48
緊鄰伊豆古蘭帕魯公園的兜風休憩景點，設有美食區、
足湯、蔬菜直賣所和伊東市觀光服務處

豆高原ビール本店
高原ビール前
9
魚磯
花いかだ
ラ・オリーブ
リバティーヒル
天使のイルカ!

潮騒のリゾート
ホテル海

永昌寺
富戸小
富戸小
富戸変電所

お宿いちぼう

グランパル入口

モナイト
館 (111)
山之辺の宿 桜舞~ohbu~
由美術館
理想郷
伊豆ガラスと
工芸美術館
135
ヘンの森美術館
埼玉縣潮風館
クシブ伊豆

大室高原
食器ペインティング 青い玉葱
ぐらんぱる公園
アルシオン

アンダ倶楽部 伊豆東大室

東大室
東大室

富戸

伊豆東急東大室
分譲地

清富寺
コミュニティ
センター前
富戸

三島神社

うわみうじ S

JA支所
JA

富戸消防会館

神奈川縣
沼津
三島 湯河原
沼津港 熱海
韮山
大瀬崎 三津 伊豆長岡
戸田 修善寺 伊東

土肥

富戸・大室山
靜岡縣 伊豆高原

黃金崎 天城湯島
聖島 河津七瀧 稻川
松崎 河津 稻取
雲見

下田
下賀茂
弓濱
石廊崎

伊豆急行

富戸
東町会館

西下入口
西町会館

5

6

クイーンズ
スウィート
光の村

熱川
伊豆高原站
川上
漁協
富戸港

16

E F G H

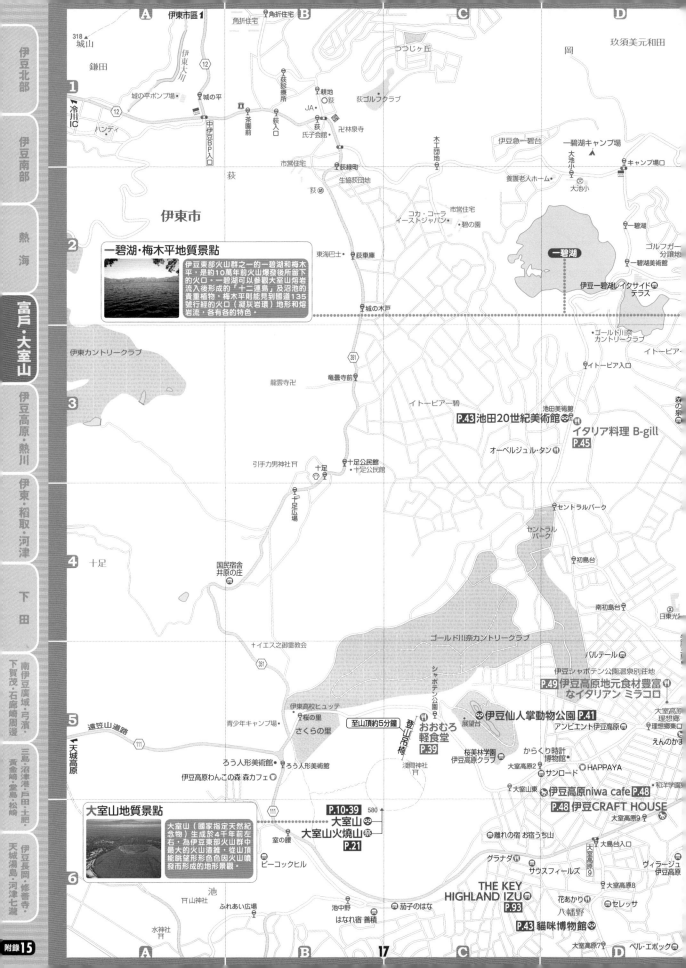

一碧湖・梅木平地質景點

伊豆東部火山群之一的一碧湖和梅木平，是約10萬年前火山爆發後所留下的火口。一碧湖可以參觀大室山熔岩流入後形成的「十二連島」及沼池的貴重植物，梅木平則能見到國道135號所經的火口（凝灰岩環）地形和熔岩流，各有各的特色。

大室山地質景點

大室山（國家指定天然紀念物）生成於4千年前左右，為伊豆東部火山群中最大的火山渣錐，從山頂能眺望形形色色因火山噴發而形成的地形景觀。

E　　　　　　　　F　　　　　　　　G　　　　　　　　H

↑伊豆古蘭帕魯公園　↑富戸站　富戸站　↑川奈

伊豆高原

1:20,000　0　　　　　　500m　　周邊圖 P.10

😊景點　🎡玩樂　🍴美食　☕咖啡廳　🛍購物　♨溫泉　🏠住宿　🎫活動

クイーンズ
スウィート
豆光の村

大室神社

名先原

P.96
海を臨む全室半露天付
離れ御宿 夢のや

ぐり茶の杉山
伊豆高原店 P.49

ぽっぽの湯

かんぽの宿
伊豆高原

伊豆急行

計伊東海岸

駐伊東海岸

富戸

伊豆高原別荘地

335 BAKERY Mahalo Mahalo

蓮着寺口

伊豆高原
教会

宝地寺卍

ルネッサ城ヶ崎

城ヶ崎別荘分譲地

オレンジ村

Hen's cafe PoPo

蓮着寺卍

豆高原別荘地

ルネッサ

城ヶ崎自然研究路

伊豆高原古董珠寶博物館
P.43

産業別荘地
さらの木

ジュピター

市場入口→　　川上

払　　　漁協

富戸港
城崎遊覧船
遊覧船乗船場
伊東験潮場

食事処 ぼら納屋

J-Garden

城ヶ崎→

グラスマレライミュージアム●

海洋公園

コマツ城ヶ崎荘
デイサービスセンター

城ヶ崎オレンジ村

蓮寺卍

日蓮崎

P.15・38
城崎海岸

途中會行經兩座吊橋
的沿海遊步道

城ヶ崎ブルース歌碑
門脇吊橋 P.38
門脇埼燈塔 P.38
門脇埼

NEW YORK LAMP
MUSEUM & FLOWER
GARDEN P.49

城崎Picnical Course

北邊以富戸的ぼら納屋為起點，南邊則以伊豆海洋公園為起點。全長約3km，一路沿著城崎海岸連綿的斷崖峭壁前進。有幕末的砲台遺跡、江戸城的採石場遺跡等景點，以及最受歡迎的「門脇吊橋」。

NEW YORK LAMP MUSEUM & FLOWER GARDEN

一整年皆有各式各樣季節花卉盛開的公園。5月下旬～7月上旬能觀賞到約230種類的日本原生紫陽花。夏天還會開放游泳池，吸引不少親子遊客來訪。

相模灘

神奈川縣　真鶴

沼津　三島　湯河原
沼津港　三島　熱海
大瀨　三津　伊豆長岡　大仁
戸田　土肥　伊豆長岡　伊東
静岡縣　伊豆高原
黄金崎　天城湯島　熱川
堂ヶ島　河津七瀨　河津　稲取
雲見　下賀茂
下田　下賀茂
石廊崎

東伊豆町

伊東↑　　↑伊豆高原站

熱川ハイツ

中央橋

ホーコー

JA

JA　奈良本

P.56 熱川王子酒店

熱川ハーブテラス
P.58

ウスイ

熱川支所

熱川

さかいまつ

カネカ

小橋

P.52 熱川香蕉鱷魚園

伊東園飯店熱川
P.98

奈良本郵便局

奈良本

熱川温泉

植物園

香蕉鱷魚園分園

熱川口站

熱川郵局

伊豆熱川站

湯川

熱川大橋

共有140隻以上
的鱷魚

熱川湯之華公園

温泉資料館

熱川館

桜坂公園

町立図書館
熱川小

P.56

熱川橋

伊豆急行

伊豆稲取站

たかみ

赤松

熱川站

湯の沢

稲取　湯の沢口

最推薦鋪滿滿魚碎肉的
「碎切竹莢魚蓋飯」！

P.59 錦

カターラ RESORT&SPA

熱川一柳閣
志なよし

大和館

グランド

高磯之湯 P.57
能遠望伊豆七島的
大露天浴池

熱川温暖公園 P.56

茶房&体験工房さくら坂 P.58

熱川温泉燭光之夜 P.58

熱川温泉海水浴場YOU湯ビーチ

相模灘

お湯かけ弁財天

いで千物店

国民宿舎

ゆ川荘

もや荘

よし川

熱川

1:13,000　0　　200m　　周邊圖 P.10

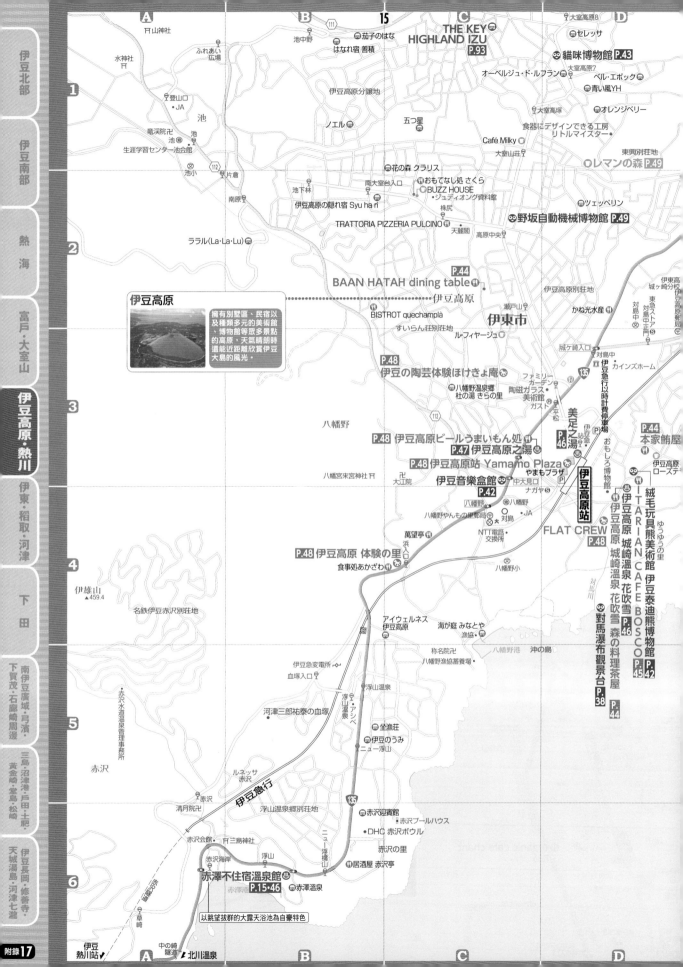

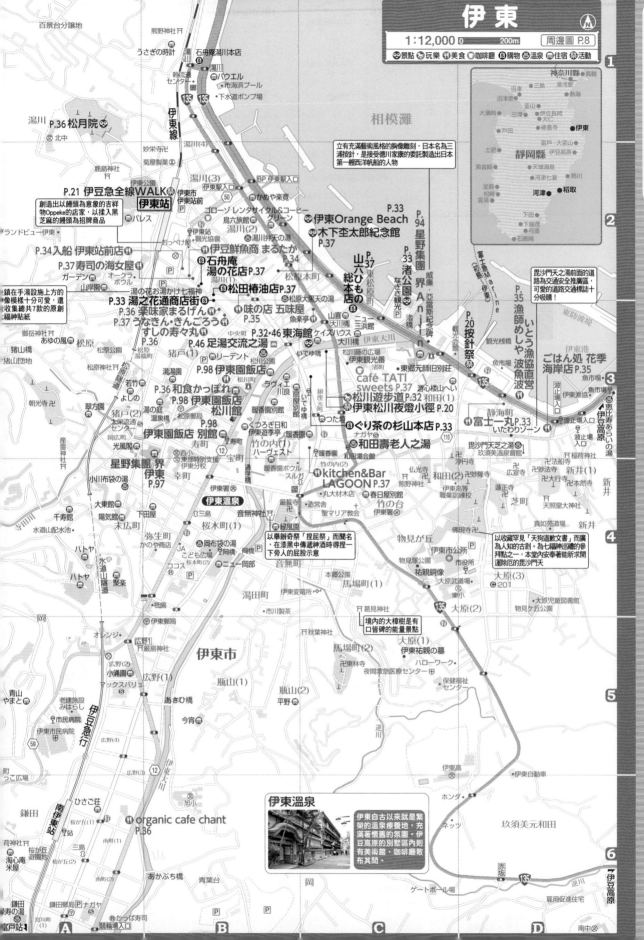

伊東

1:12,000　0　　　200m

周邊圖 P.8

◎◎景點　★玩樂　★★美食　☕咖啡廳　🛍購物　♨溫泉　🏠住宿　🎋活動

相模灘

神奈川縣

靜岡縣

河津　●稻取

立有充滿藝術風格的胸像雕刻，日本名為三浦按針，是接受德川家康的委託製造出日本第一艘西洋帆船的人物

P.36 松月院 ◎◎

P.21 伊豆急全線WALK 🎋

伊東站

創造出以饅頭為意象的吉祥物Oppeke的店家，以摻黑芝麻的饅頭為招牌商品

P.34入船 伊東站前店 🍴

P.37 寿司の海女屋 🍴

鎮在手湯設施上方的傻模樣十分可愛，還收集總共7款的原創福神貼紙

P.33 湯之花通商店街

P.36 樂味家まるげん P.37

P.37 うなぎん・きんごろう

すしの寿々丸 P.36

P.46 足湯交流之湯

P.36 和食かっぽれ

P.98 伊東園飯店

P.98 伊東園飯店 松川館

伊東園飯店 別館

星野集團 界 伊東 P.97

P.33 伊東Orange Beach

木下杢太郎紀念館 P.37

伊豆鮮魚商 まるたか P.34

石舟庵 湯の花店 P.37

松田椿油店 P.37

味の店 五味屋

P.32·46 東海館

café TATI sweets P.37

松川遊步道 P.32

伊東松川夜燈小徑 P.20

ぐり茶の杉山本店 P.33

和田壽老人之湯

🍴kitchen&Bar LAGOON P.37

伊東溫泉

星野集團 界 Anjin

P.94

渚公園

山六ひもの総本店

P.33 P.37 亞當斯紀念碑

P.20 按針祭 🎋

毘沙門天之前面的道路為交通安全推廣區，可愛的道路交通標誌十分吸睛！

P.35 漁師めしいとう漁協直しや波魚波営

ごはん処 花季 海岸店 P.35

富士一丸 P.33 いたわりゾーン

以收藏罕見「天狗道歉文書」而廣為人知的古剎。為七福神巡禮的參拜點之一，本堂內奉著能祈求開運驅厄的毘沙門天

以舉辦奇祭「捏屁祭」而聞名，在漆黑中傳遞神酒時得捏一下旁人的屁股示意

境內的大樟樹是有口皆碑的能量景點

伊東市

伊豆急行

伊東溫泉

伊東自古以來就是繁榮的溫泉療養地，充滿著懷舊的氛圍。伊豆高原的別墅區內則有美術館、咖啡廳散布其間。

🍴organic cafe chant P.36

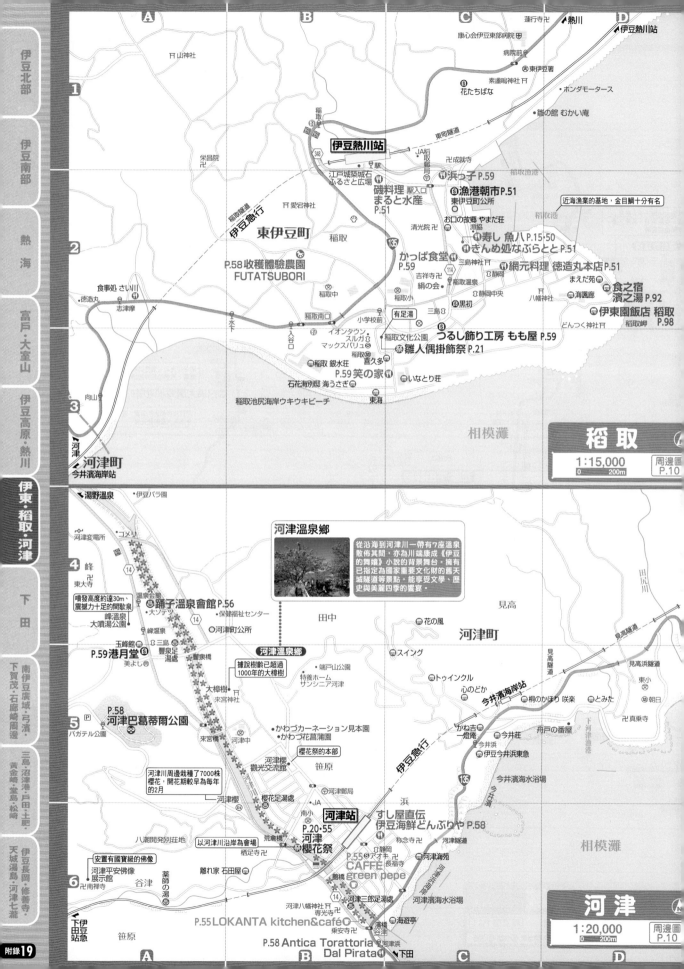

伊豆北部
伊豆南部
熱海
富戸・大室山
伊豆高原・熱川
伊東・稲取・河津
下田
南伊豆廣域・弓濱・下賀茂・石廊崎周邊
三島・沼津港・戸田・土肥・黃金崎・堂島・松崎
伊豆長岡・修善寺・天城湯島・河津七瀧

稲取
1:15,000
0　200m
周邊圖 P.10

近海漁業的基地，金目鯛十分有名

伊豆熱川站
伊豆急行
東伊豆町
稲取
P.58 收穫體驗農園 FUTATSUBORI

熱川
伊豆熱川站
康心会伊豆東部病院
病院前
東伊豆署
ホンダモータース
雛の館 むかい庵
花たちばな
素盞嗚神社
江戸城築城石ふるさと広場
磯料理 まると水産 P.51
漁港朝市 P.51
東伊豆町公所
お口の故郷 やまだ荘
寿し 魚八 P.15・50
きんめ処 なぶらとと P.51
網元料理 徳造丸本店 P.51
まえだ苑
食之宿 濱之湯 P.92
伊東園飯店 稲取 P.98
かっぱ食堂 P.59
絹の会
稲取温泉
つるし飾り工房 もも屋 P.59
雛人偶掛飾祭 P.21
笑の家 P.59
いなとり荘
海うさぎ
稲取池尻海岸ウキウキビーチ
東海

相模灘

河津
1:20,000
0　200m
周邊圖 P.10

湯野温泉
伊豆バラ園

河津溫泉鄉

從沿海到河津川一帶有7座溫泉散佈其間，亦為川端康成《伊豆的舞孃》小說的背景舞台。擁有已指定為國家重要文化財的舊天城隧道等景點，能享受文學、歷史與美麗四季的饗宴。

河津町
田中
見高
花の風
スイング
トゥインクル
心のどか
今井濱海岸站
桐のかほり 咲楽
とみた
朝日

踊子温泉會館 P.56
噴發高度約達30m，震撼力十足的間歇泉
峰温泉大噴湯公園
玉峰館
P.59 港月堂
據說樹齡已超過1000年的大樟樹
河津溫泉鄉
特養ホーム サンシニア河津
端山公園
P.58 河津巴葛蒂爾公園
バガテル公園
かわづカーネーション見本園
かわづ花菖蒲園
櫻花祭本部
河津櫻観光交流館
河津川周邊栽種了7000株櫻花，開花期較早為每年的2月
河津櫻足湯處
河津站
すし屋直伝 伊豆海鮮どんぶりや P.58
伊豆今井浜東急
今井荘
今井浜
一燈庵
かね吉
舟戸の番屋
今井濱海水浴場
以河津川沿岸為會場
河津櫻花祭 P.20・55
安置有國寶級的佛像
河津平安佛像展示館
薬師の湯
離れ家 石田屋
P.55 LOKANTA kitchen&caféO
P.58 Antica Torattoria Dal Pirata
CAFFE green pepe P.55
河津海苑
河津濱海水浴場
海遊亭
相模灘

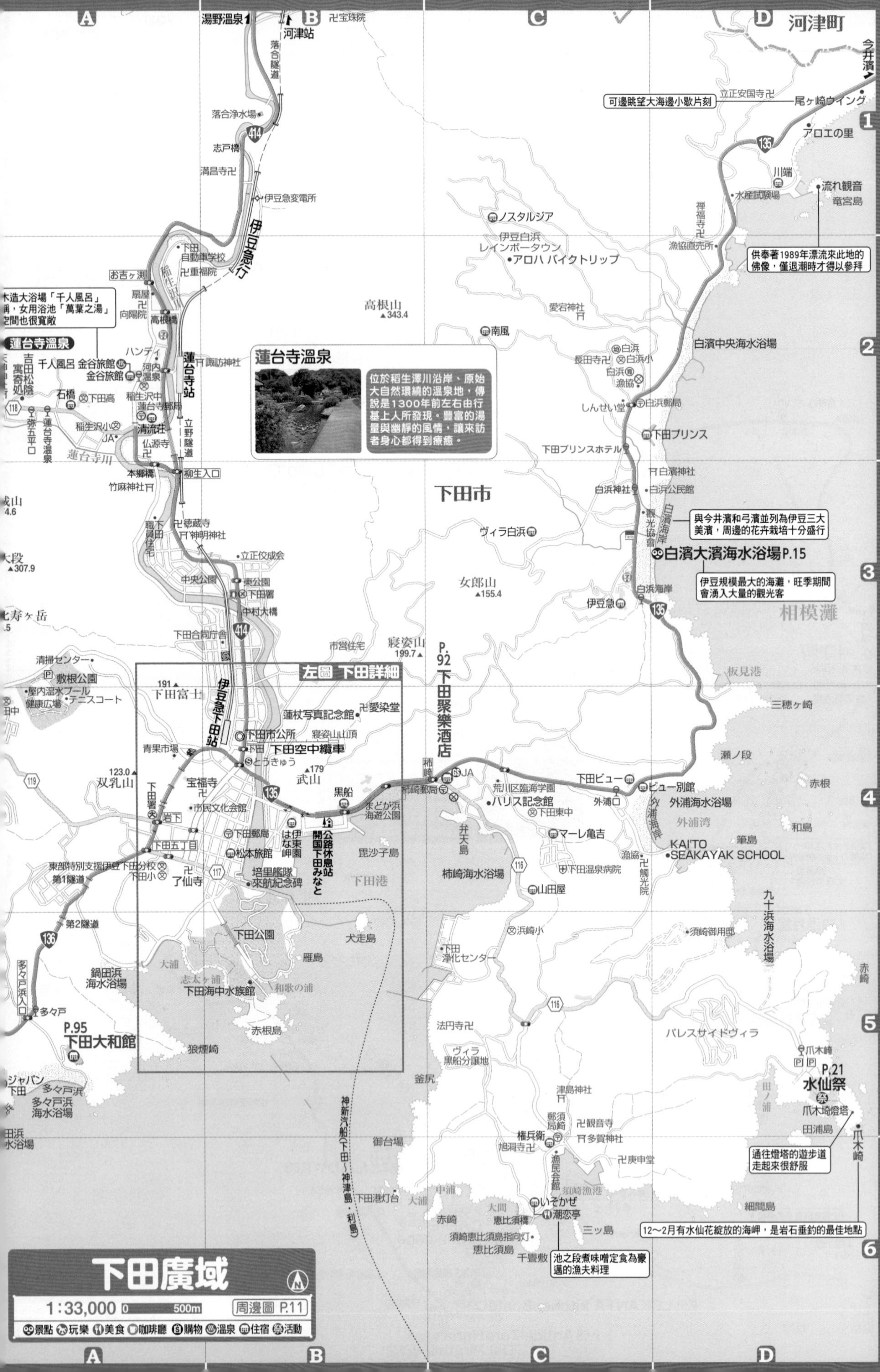

河津町

A　B　C　D

今井濱

湯野溫泉
河津站
卍宝珠院
落合隧道
414
志戸橋
滿昌寺卍
伊豆急變電所

可邊眺望大海邊小歇片刻
立正安国寺卍
尾ヶ崎ウイング
135
アロエの里
川端
流れ観音
竜宮島
水産試験場

供奉著1989年漂流至此地的
佛像，僅退潮時才得以參拜

木造大浴場「千人風呂」
，女用浴池「萬葉之湯」
空間也很寬敞

下田
自動車學校
卍重福院
扇屋
向陽院
高根橋
高根溫泉
ハンディ
河内溫泉
諏訪神社
蓮台寺站
稻生沢中
清流荘
JA
仏源寺
本郷橋
柳生入口
竹麻神社卍
卍穂蔵寺
下田住宅
卍神明神社
立正佼成会
南公園
東公園
下田署
中村大橋
414
下田合同庁舎
市營住宅

高根山
▲343.4

ノスタルジア
伊豆白浜
レインボータウン
アロハ バイクトリップ

愛宕神社卍
南風
白浜
長田寺卍
白浜小
白浜
漁協
しんせい堂
白浜郵局
下田プリンス
下田プリンスホテル
白浜神社卍
白浜公民館

下田市

ヴィラ白浜
女郎山
▲155.4
白浜海岸
伊豆急

白濱中央海水浴場

與今井濱和弓濱並列為伊豆三大
美濱，周邊的花卉栽培十分盛行

◎白濱大濱海水浴場 P.15

伊豆規模最大的海灘，旺季期間
會湧入大量的観光客

相模灘

蓮台寺溫泉

蓮台寺溫泉
位於稻生澤川沿岸，原始
大自然環繞的溫泉地，傳
說是1300年前左右由行
基上人所發現。豐富的湯
量與幽靜的風情，讓來訪
者身心都得到療癒。

蓮台寺溫泉
吉田松陰
寓舍処隱
千人風呂 金谷旅館
金谷旅館
石橋
下田高
稻生沢小
蓮台寺川
118
一蓮台寺溫泉
弥五平口

板見港
三穂ヶ崎
瀬ノ段
赤根
和島

P.92 下田聚楽酒店

寝姿山
199.7▲

左圖 下田詳細

下田富士
蓮杖写真記念館
寝姿山山頂
下田市公所
卍染堂
愛染堂
191
伊豆急下田站
とうきゅう
下田空中纜車
武山
179
黒船
まどが浜
海浜公園
荒川区臨海学園
JA
下田ビュー
ビュー別館
外浦口
外浦海水浴場
外浦湾
KAITO
SEAKAYAK SCHOOL

青果市場
宝福寺
市民文化会館
下田郵局
117
培里艦隊來航記念碑
松本旅館
了仙寺
伊東園
公路休息站
開国下田みなと

123.0
双乳山
下田五丁目
下田小
東部特別支援伊豆下田分校
第1隧道
136
第2隧道

119

弁天島
ハリス記念館
下田東中
マーレ亀吉
下田温泉病院
卍観光院
漁協
山田屋

九十浜海水浴場
須崎御用邸

下田公園
犬走島
雁島
大浦
下田海中水族館
志太ヶ浦
和歌の浦
赤根島
狼煙崎

柿崎郵局
毘沙子島
下田港
浜崎小
下田
浄化センター
柿崎海水浴場

赤根

須崎漁港
細間島

鍋田浜
海水浴場
多々戸浜口

P.95 下田大和館

ジャパン
下田
多々戸浜
多々戸浜
海水浴場
田浜
水浴場

法円寺卍
ヴィラ
黒船分讓地
釜尻

パレスサイドヴィラ

田ノ浦
爪木崎
P.21 水仙祭
爪木崎燈塔

通往燈塔的遊步道
走起來很舒服

爪木崎

御台場
神新汽船下田～神津島・利島
下田港灯台
大浦
津島神社
御台場
赤崎
須崎恵比須島指向灯
恵比須島
千畳敷

権兵衛
旭洞寺卍
多賀神社
卍庚申堂
郵須局崎
卍観音寺
農業会館
いそかぜ
潮恋亭
大間
恵比橋
須崎漁港
三ツ島
中浦

12～2月有水仙花綻放的海岬，是岩石垂釣的最佳地點

池之段煮味噌定食為豪
邁的漁夫料理

下田廣域

1:33,000　0　　500m　周邊圖 P.11

◎景點 ❀玩樂 ❖美食 ☕咖啡廳 ♨購物溫泉 ♨住宿 ❀活動

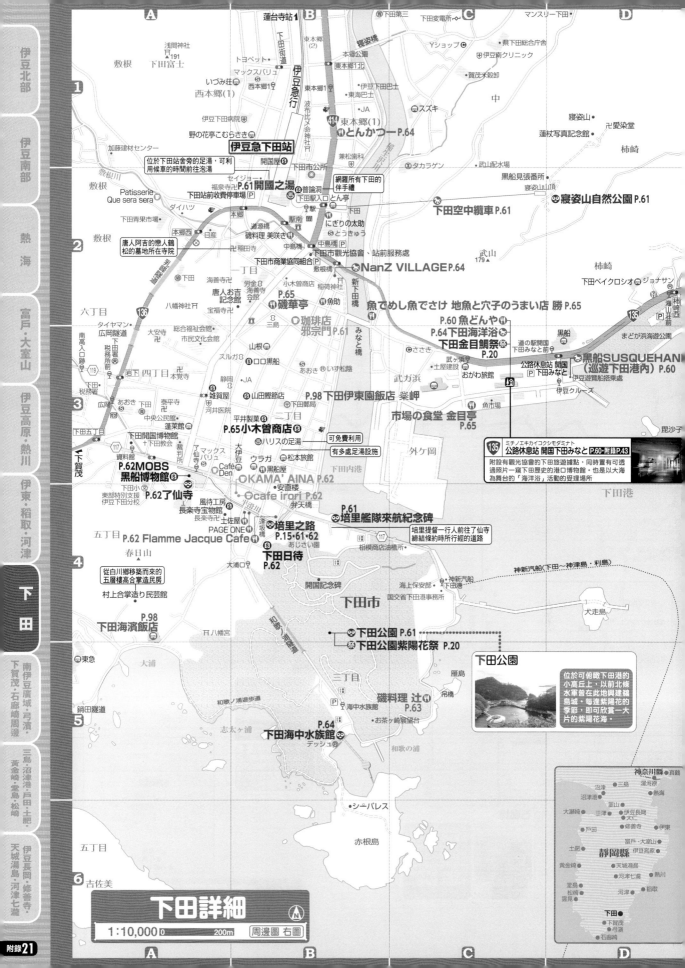

伊豆北部

伊豆南部

熱海

富戸・大室山

伊豆高原・熱川

伊東・稲取・河津

下田

南伊豆廣域・弓濱
下賀茂・石廊崎周邊

三島・沼津港・戶田土肥・
黃金崎・堂島・松崎

伊豆長岡・修善寺・
天城湯島・河津七瀧

下田詳細

1:10,000　0 ────── 200m　周邊圖 右圖

A　B　C　D

蓮台寺站

浅間神社
191
下田富士
敷根

伊豆急行

西本郷(1)

トヨペット
マックスバリュ
西本郷1

下田街道

東本郷(2)
本郷公園
東本郷1北

寝姿橋

下田第三

下田第三

下田變電所

Yショップ

マンスリー下田

縣下田總合廳舍

伊豆南クリニック

賀茂米穀卸

中

寝姿山

愛染堂
蓮杖寫眞記念館

柿崎

スズキ

東海巴士

JA

波布比咩命神社

開國屋

下田市公所

とんかつー P.64

黑船見張番所

寝姿山山頂

伊豆下田病院

野の花亭こむらさき

加藤建材センター

敷根川

Patisserie
Que sera sera

位於下田站舍旁的足湯,可利
用候車的時間前往泡湯

セイジョー
福來寺
下田站前收費停車場 P
ダイハツ

P.61 開國之湯

普論洞
下田入口站 とん系

網羅所有下田的
伴手禮

タカラゲン

武山配水場

黑船山頂

下田空中纜車 P.61

寝姿山自然公園 P.61

下田青果市場

敷根

六丁目

136

唐人阿吉的戀人鶴
松的墓地所在寺院

本郷西

日産

本郷

道祖橋

駅南

磯料理 美咲さ

にぎりの太助

とうきゅう

下田

武山
179

柿崎

下田ベイクロシオ ジョナサン

海善寺

唐人お吉
記念館

八幡神社

寶福寺

稲田寺

一丁目

中島橋

新下田橋

下田市觀光協會・站前服務處

下田市商業協同組合 P

敷根橋

小木曽商店

稲荷神社

魚助

NanZ VILLAGE P.64

魚でめし魚でさけ 地魚と穴子のうまい店 勝 P.65

135

磯華亭 P.65

珈琲店
邪宗門 P.61

みなと橋

P.60 魚どんや

P.64 下田海洋浴

下田金目鯛祭
P.20

黑船

まどが浜海遊公園

黑船SUSQUEHAN
(巡遊下田港內) P.60

タイヤマン
廣岡隧道
南高入口跡

大安寺

山根

ロロ黑船

あおき

ロ

ささき

武ヶ浜

土屋建設

おがわ旅館

道の駅開國下田
みなと前

公路休息站 開國下田みなと

伊豆クルーズ

南部特別
稅務所前

下田署

四丁目

本覺寺

119

岩下

稅務所

総合福祉會館
市民文化會館

あおき
スルガ

JA

靜岡

山田鰹節店

下田郵局

P.98 下田伊東園飯店 葵岬

市場の食堂 金目亭
P.65

魚市場

135 ミチノエキカイコクシモダミナト
道の駅開國下田みなと P.60・附錄P.43
附設有觀光協會的下田旅遊據點。同時置有可透
過照片一窺下田歷史的港口博物館。也是以大海
為舞台的「海洋浴」活動的受理場所

毘沙子

136

117

あおき

下田
中央公民館

泰平寺

河井醫院

蓮葉館

P.65 小木曽商店

下賀茂

下田五丁目

117

資料館

平井製果

一丁目

可免費利用

有多處足湯設施

ハリスの足湯

外ヶ岡

P.62MOBS
黑船博物館

マックス
バリュ

下田小

下田開國博物館
下田教會
裁判所

Café
Den

大伊豆

ウラガ

松本旅館

黑船館

OKAMA' AINA P.62

安直樓

下田內港

下田港

東部特別支援
伊豆下田分校

P.62 了仙寺

cafe irori P.62

長樂寺寶物館

風待工房

PAGE ONE

土佐屋

長樂寺

培里之路
P.15・61・62

あじさい園

培里艦隊來航紀念碑 P.61

培里提督一行人前往了仙寺
締結條約時所經的道路

五丁目

P.62 Flamme Jacque Cafe

坂路

下田日待
P.62

相模商店油槽所

117

神新汽船(下田～神津島・利島)

春日山

大浦口

從白川鄉移築而來的
五層樓高合掌造民房

村上合掌造り民芸館

大浦

海上保安部

神新汽船

國交省下田港事務所

神新汽船

犬走島

P.98

下田海濱飯店

東急

和歌ノ浦遊步道

開國記念碑

下田市

下田公園 P.61

下田公園紫陽花祭 P.20

下田公園

雁島

位於可俯瞰下田港的
小高丘上。以前北條
水軍曾在此地興建鵝
島城。每逢紫陽花的
季節,即可欣賞一大
片的紫陽花海。

鍋田隧道

志太ヶ浦

和歌ノ浦散步道

海中水族館

磯料理 辻
P.63

お茶ヶ崎展望台

下田海中水族館 P.64

デッキ

和歌の浦

シーパレス

赤根島

神奈川縣

眞鶴

沼津
沼津港
大瀬崎

三島
大仁

熱海

韮山
伊豆長岡
修善寺

湯河原

伊東

戶田

冨戶・大室山

靜岡縣

伊豆高原

黃金崎

天城湯島

堂島

河津七瀧

松崎

河津

熱川

露見

稻取

下田

下賀茂
弓濱

石廊崎

吉佐美

六丁目

五丁目

A　B　C　D

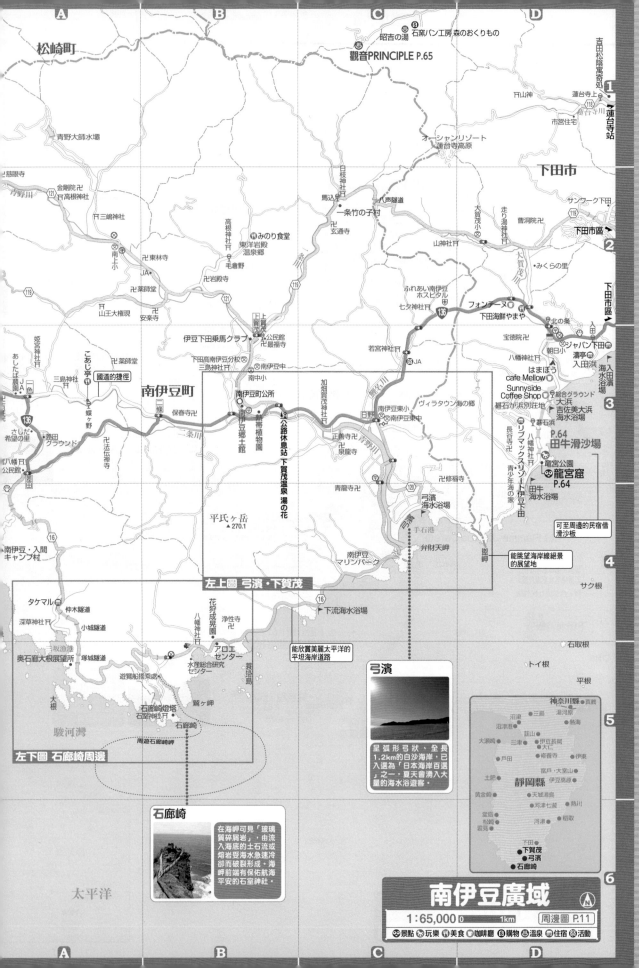

松崎町

下田市

下田市區

下田市區

南伊豆町

観音PRINCIPLE P.65

P.64 田牛滑沙場

龍宮窟 P.64

可至周邊的民宿借滑沙板

能眺望海岸線絕景的展望地

左上圖 弓濱・下賀茂

左下圖 石廊崎周邊

駿河灣

太平洋

能欣賞美麗太平洋的平坦海岸道路

弓濱

呈弧形弓狀，全長1.2km的白沙海岸，已入選為「日本海岸百選」之一，夏天會湧入大量的海水浴遊客。

神奈川縣

靜岡縣

下賀茂
弓濱
石廊崎

石廊崎

在海岬可見「玻璃質碎屑岩」，由流入海底的土石流或熔岩受海水急速冷卻而破裂形成。海岬前端有保佑航海平安的石室神社。

南伊豆廣域

1:65,000　0　　　1km　　　周邊圖 P.11

❀景點 ❀玩樂 ❀美食 ❀咖啡廳 ❀購物 ❀溫泉 ❀住宿 ❀活動

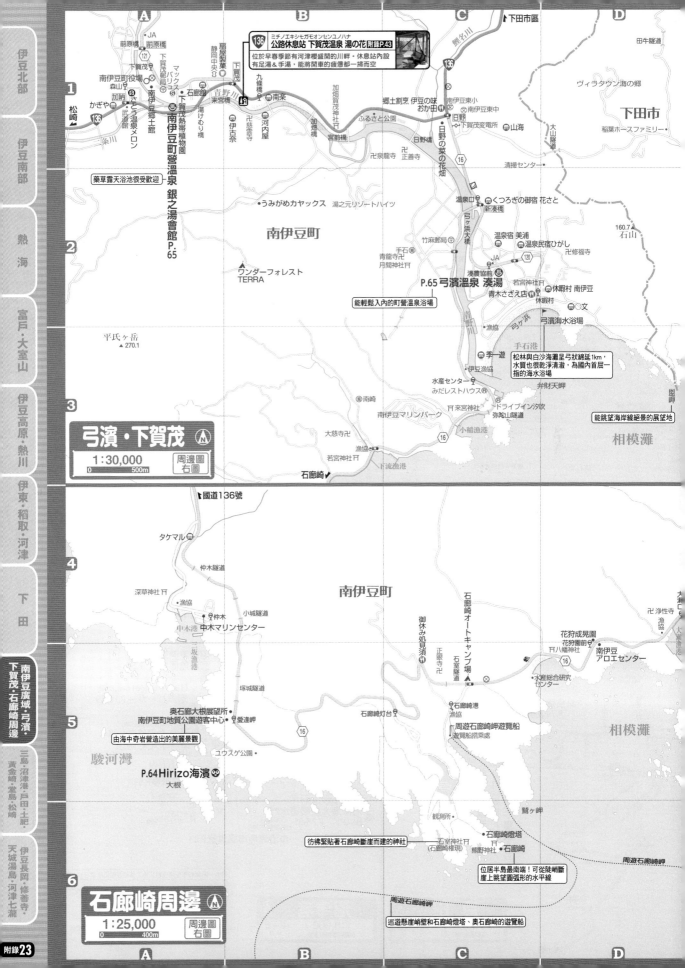

伊豆北部
伊豆南部
熱海
富戶・大室山
伊豆高原・熱川
伊東・稻取・河津
下田
南伊豆廣域・弓濱・下賀茂・石廊崎周邊・
三島・沼津港・戶田・土肥・黃金崎・堂島・松崎・
伊豆長岡・修善寺・天城湯島・河津七瀧

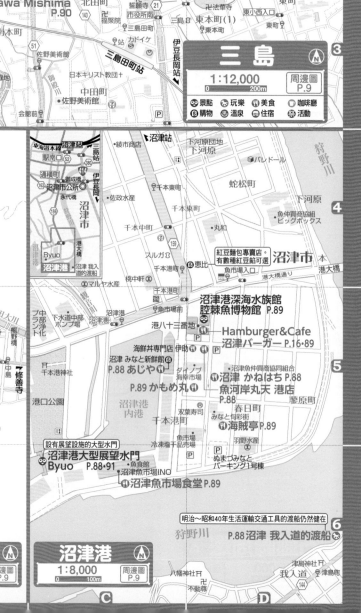

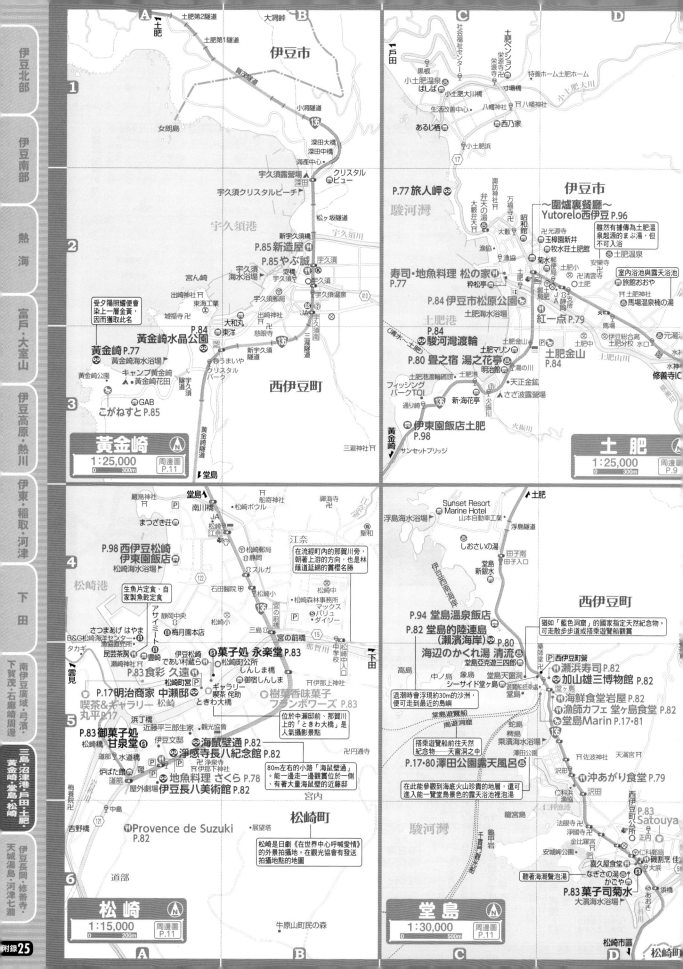

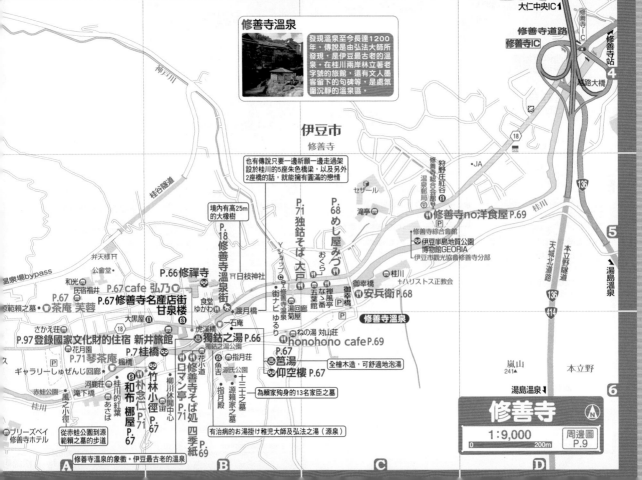

伊豆長岡
1:25,000
0　400m　周邊圖 P.9

景點　玩樂　美食　咖啡廳
購物　溫泉　住宿　活動

修善寺
1:9,000
0　200m　周邊圖 P.9

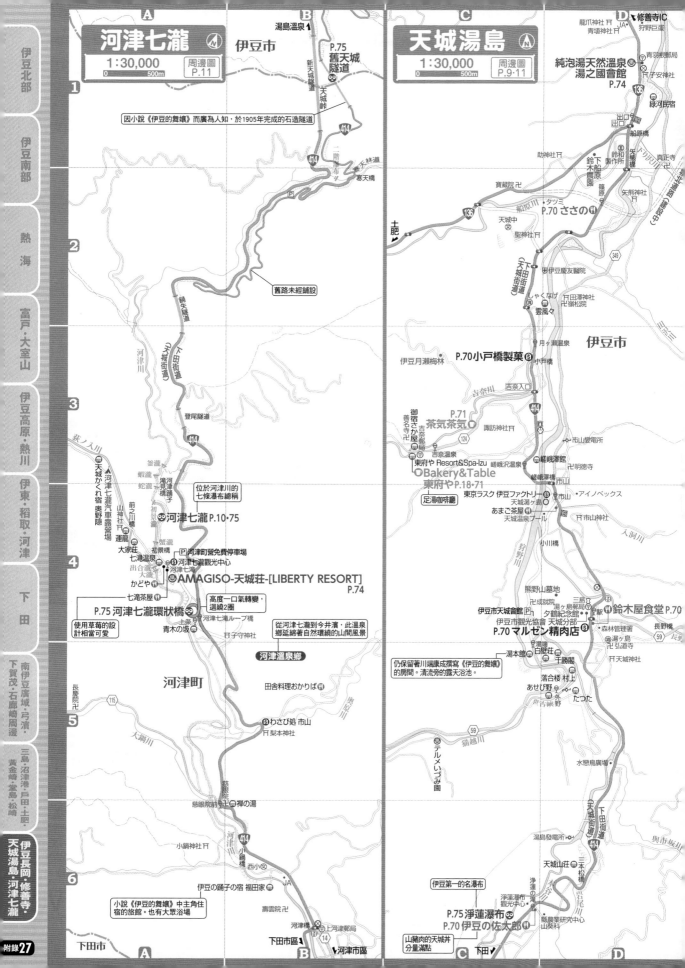

兜風的起點

從東京方向過來	從名古屋方向過來
●東京IC→（東名高速道路35km／30分）→厚木IC→（小田原厚木道路‧西湘bypass32km／30分）→小田原西IC→（國道1號3km／5分）→箱根湯本站前	●名古屋IC→（東名高速道路217km／2小時30分）→沼津IC→（伊豆縱貫道‧國道1號‧箱根新道38km／50分）→箱根湯本站前

DRIVE 兜風重點 宮之下

宮之下路口開始，非常容易塞車。從蘆之湖要穿過小田原方面的話，就走箱根新道（免費）避開塞車路段。

DRIVE 兜風重點 箱根湯本

箱根湯本站前的國道1號區域，週末或連休就不用說了，就算是平日也會非常擁擠。特別是早晚，建議走避開車站前的路線。

宮之下

東京IC 76.2km／1小時5分
小田原西IC 11km／20分

箱根湯本

東京IC 70km／56分
名古屋IC 250km／3小時15分
小田原西IC 3km／12分

湯河原

東京IC 83.2km／1小時15分
西湘bypass
石橋IC 13.1km／22分

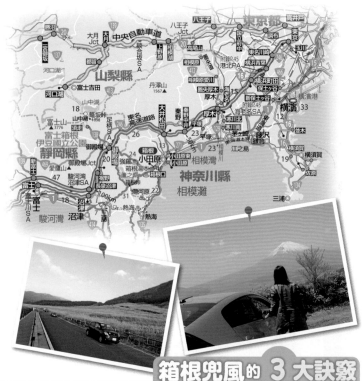

箱根兜風的 3 大訣竅

1 依照旅行的目的地，將起點分為箱根湯本和御殿場吧

雖說一般都是將箱根湯本作為出入口，但其實御殿場IC離仙石原和湖尻‧桃源台最近。

2 聰明活用可免費使用的箱根新道吧

連接箱根湯本到蘆之湖南側的箱根新道。由於相對而言較少塞車，因此一定要好好利用。

3 使用伊豆縱貫自動車道，來趟毫無滯礙的兜風之旅吧

伊豆縱貫自動車道開通後，從東名高速的沼津IC前往蘆之湖區域的交通方式變得相當便利。

暢快兜風 一目瞭然 MAP How to Drive

正因為是首都圈首屈一指的人氣觀光區，箱根各處就算是在平日也會有塞車的情況產生。尤其是箱根湯本和宮之下之間的國道1號，早晚都有長長的車陣。立定如何避開此處的塞車計畫，將會是舒適兜風的關鍵。

前往御殿場的交通方式

從東京方面過來
● 東京IC→（東名高速道路 84km／55分）→御殿場IC

從名古屋方面過來
● 名古屋IC→（東名‧新東名高速道路232km／2小時30分）→御殿場IC

兜風的起點 御殿場

DRIVE 兜風重點

蘆之湖
蘆之湖南端在旅遊旺季會塞車。要往小田原方面的話，就走箱根新道（免費）；要往御殿場方面的話，就請走蘆之湖Skyline。

BEST 4 大兜風路線

箱根有著許多視野景觀良好的山岳路線，以路況好跑和窗外美景度所嚴選出的4條最佳路線就在這裡！

1 蘆之湖Skyline

沿著蘆之湖西側山稜線走的收費道路。東邊有蘆之湖，西邊有駿河灣、伊豆半島，北邊隱約可見富士山。

2 箱根Skyline

靠近蘆之湖北端，延伸自蘆之湖Skyline的收費道路。其魅力在於沿途各處皆可看見大大的富士山。也是通往御殿場IC的替代道路。

3 乙女道路

指的是連接仙石原與御殿場IC的國道138號。從最高處的乙女峠北邊，可眺望到富士山寬廣的山麓，能看見富士山的全貌。

4 熱海箱根峠線

連接蘆之湖南邊與熱海的山路路線。沿著山嶺綿延，可享受到視野寬廣的兜風樂趣。這條路線也能看見富士山。

公路休息站&附有大型停車場的路邊店家資訊，請見各區域MAP

箱根主要停車場列表

區域	停車場名稱	車位數
箱根湯本	湯本觀光停車場（町公所前）	22輛
	湯本臨時觀光停車場	61輛
	湯本觀光停車場（東）	17輛
	湯本觀光停車場（西）	15輛
宮之下‧強羅	宮之下停車場	46輛
	早雲山站停車場	110輛
大涌谷 桃源台 湖尻	大涌谷停車場	112輛
	姥子站停車場	90輛
	桃源台站停車場（A‧B）	A42輛/B200輛
	遊客中心前停車場	43輛
	公園管理事務所前停車場	43輛
	蘆之湖露營村前停車場	18輛
	湖尻林間停車場	200輛
	湖尻停車場	47輛
蘆之湖 元箱根 箱根町	元箱根觀光停車場	14輛
	元箱根停車場	23輛
	箱根町	40輛
	賽之河原停車場	42輛
	逆富士停車場	36輛
	箱根分所下停車場	45輛
	八丁停車場	19輛
	恩賜箱根公園停車場	52輛
	箱根町園地停車場	57輛

仙石原
東京IC 82.7km／1小時30分
小田原西IC 23.2km／41分

蘆之湖
東京IC 84.2km／1小時15分
小田原西IC 17.4km／30分

由於箱根峠附近有蘆之湖Skyline、國道1號、箱根新道、縣道20號等，又路徑眾多，因此需要多加注意

箱根

P.45 海老名SA

厚木 G

本厚木站

H

弘法山

235▲

東海大學前站

東海大(工)

松田町

秦野市

秦野中井

平塚市

大井松田

R246的替代道路

中井PA

電話局前

富士見橋

開成町

東名高速道路

大井町 いこいの村あしがら

中井町

大磯町

鷹取山

大磯

大磯PA

平塚IC 1

新横濱站

平塚站

伊豆箱根鐵道大雄山線

小田急小田原線

255

P.101

小田原梅花祭

小田原厚木道路

二宮町

二宮

大磯ロングビーチ

平塚

天磯西

小田原東

東海道新幹線

東海道本線

西湘bypass

西湘二宮

小田原PA

小田原PA

西湘PA

延伸於海岸旁，視野景觀良好，舒暢的汽車專用道路。限速70km，偽裝醬車多。也要小心強風

國府津

神奈川縣

酒匂

西湘PA

3

P.13•145 鈴廣魚板之鄉

神奈川縣立生命之星·地球博物館

P.116

本間寄木美術館 P.144

P.144

小田原站

城山公園

小田原

小田原市

P.32 箱根湯本

箱根湯本站

箱根湯本

早川

P.40 小田原

山安ひもの直營売店 P.145

一夜城Yoroizuka Farm P.144

一夜城Yoroizuka Farm

人氣甜點師——鎧塚俊彥與當地農家合作的人氣農場。除了使用當地食材的甜點及料理之外，也還有產地直銷市場。

箱根新道

1

沿著景色也很美的山稜線道路高低起伏。當作R135的替代道路也很方便

小田原希爾頓Spa度假酒店

沿海道路最適合兜風路線

相模灣

山梨縣　神奈川縣

富士山

P.30 箱根全域

御殿場

宮之下·強羅

仙石原

大涌谷

蘆之湖

箱根湯本

靜岡縣

元箱根·箱根町

箱根園

真鶴

三島

湯河原

相模灣

全年假日午後，上行方向都是塞車的狀態

沿海道路也很推薦雙載機車

P.8

全年禁止通行

幕山 626

湯河原町

幕山公園

東海道本線

135

真鶴町

岩大橋

真鶴隧道

駿河灣

沼津

沼津港

裏山

熱海

初島

大瀬崎

三津

伊豆長岡

大仁

伊東

戶田

修善寺

土肥

富戶·大室山

伊豆高原

別名「大觀山道路」。道路蜿蜒曲折，是纜車族聖地

湯河原站

伊豆湯河原

濱湯河原

站入口

真鶴IC

真鶴道路

順時針的單行道

真鶴

在豐富多元的海岬休息中心與海港，能品嘗到新鮮海產

黃金崎

松崎

雲見

堂島

天城湯島

河津七瀧

河津

下賀茂

弓濱

石廊崎

下田

稻取

相模灘

P.10

P.39 上圖 湯河原·真鶴

沿著海岸的道路。大浪時要小心通行

相模灘

箱根全域

1:120,000　　2km

景點　玩樂　美食　咖啡廳　購物　溫泉　住宿　活動

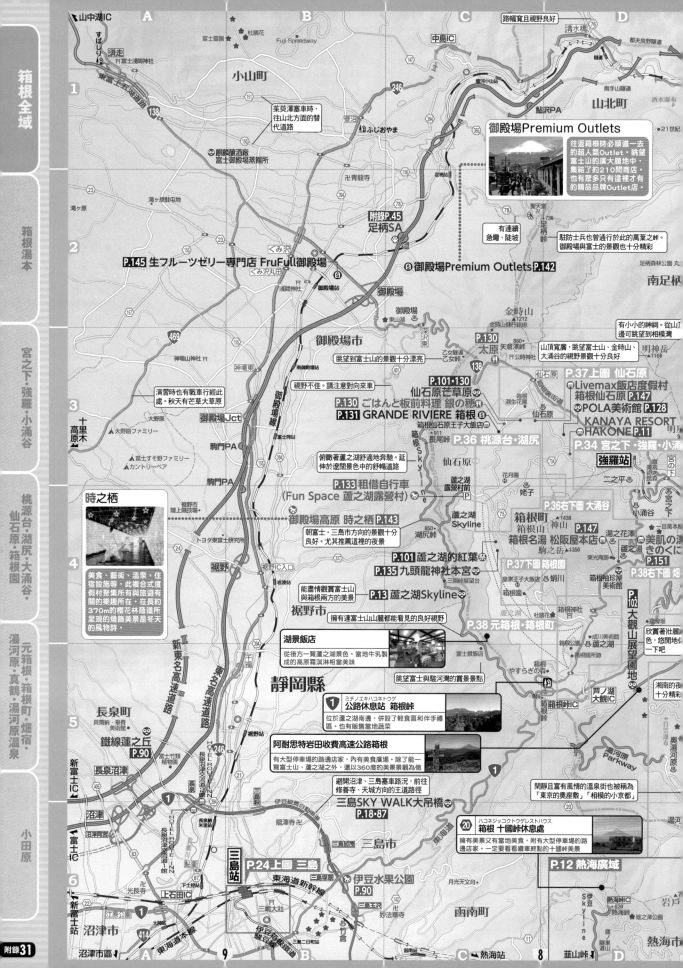

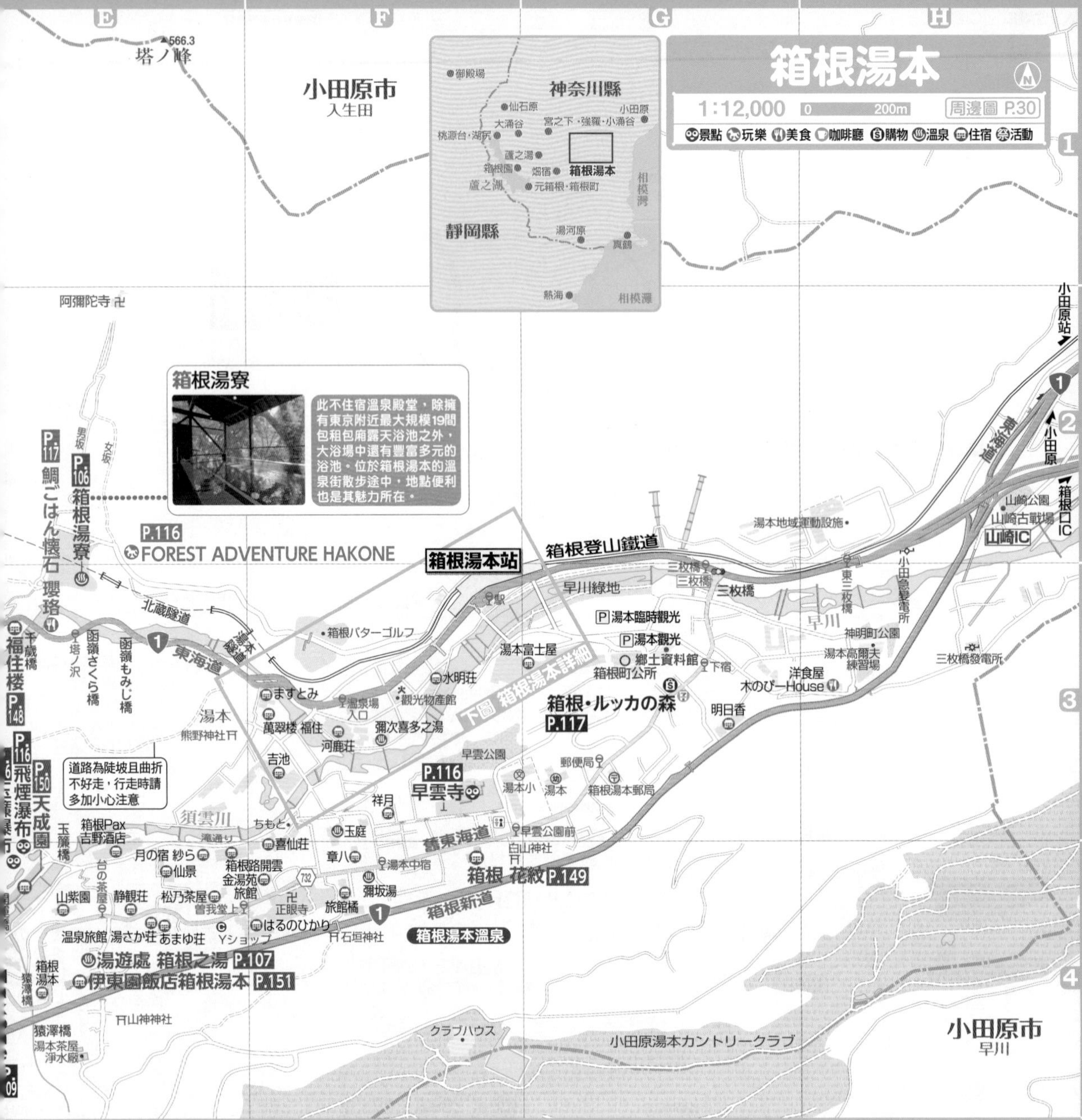

箱根湯本

1:12,000　0　200m　周邊圖 P.30

😊景點　🎡玩樂　🍴美食　☕咖啡廳　🛍購物　♨溫泉　🏨住宿　祭活動

神奈川縣

小田原市
入生田

塔ノ峰 566.3

靜岡縣

御殿場　仙石原　小田原
桃源台・強羅　宮之下・強羅・小涌谷
蘆之湯
箱根園　湖尻
蘆之湖　元箱根・箱根町　相模灣
箱根湯本
湯河原　眞鶴
熱海　相模灣

小田原站
小田原
1
2
箱根口IC
山崎古戰場
山崎IC

阿彌陀寺卍

箱根湯寮
此不住宿溫泉殿堂，除擁有東京附近最大規模19間包租包廂露天浴池之外，大浴場中還有豐富多元的浴池。位於箱根湯本的溫泉街散步途中，地點便利也是其魅力所在。

P.117　鯛ごはん懐石　瓔珞
P.106　箱根湯寮
P.116　FOREST ADVENTURE HAKONE

男坂　女坂
北藏隧道
箱根湯本站
箱根登山鐵道
早川綠地
三枚橋
三枚橋

湯本地域運動施設
東二枚橋
神明町公園
湯本高爾夫練習場
三枚橋發電所

函嶺隧道
函嶺もみじ橋
箱根バターゴルフ
湯本富士屋
湯本臨時觀光
湯本觀光
郷土資料館
箱根町公所

洋食屋
木のビーHouse

P.117　鯛ごはん懐石
福住樓 P.148
千歳橋
塔ノ沢
東海道

湯本橋
溫泉場入口
觀光物產館
彌次喜多之湯

箱根・ルッカの森 P.117

P.116　飛煙瀑布
天成園
玉廉瀧本市

道路為陡坡且曲折不好走，行走時請多加小心注意

湯本
熊野神社卍
ますとみ
萬翠樓　福住
河鹿荘
吉池

早雲公園
郵便局
湯本小　湯本
箱根湯本郵局

明日香

須雲川
ちもと
玉庭
祥月
P.116　早雲寺
湯本中學

早雲公園前
白山神社卍

箱根Pax
吉野酒店
月の宿　紗ら
仙景
箱根路開雲
金湯荘
旅館
正眼寺
彌坂湯
章八
旅館橋
箱根 花紋 P.149

山紫園
靜觀荘
松乃茶屋
我雲堂
彌坂湯
白石地藏尊

箱根新道

温泉旅館 湯さか荘　あまゆ荘
はるのひかり
Yショップ
石垣神社卍
箱根湯本溫泉

湯遊處 箱根之湯 P.107
伊東園飯店箱根湯本 P.151

猿澤橋
戸山神社卍
箱根湯本茶屋淨水場

クラブハウス

小田原湯本カントリークラブ

小田原市
早川
3
4

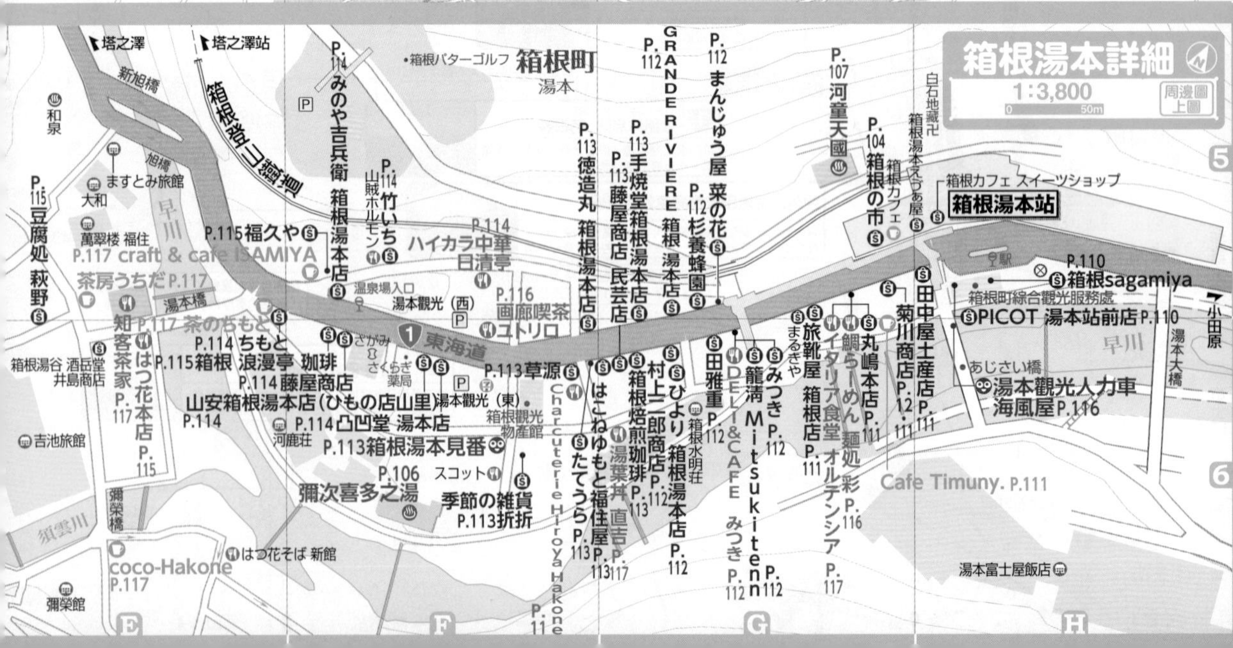

箱根湯本詳細

1:3,800　0　50m　周邊圖 上圖

塔之澤
塔之澤站
新旭橋

和泉
ますとみ旅館
大和
旭橋

箱根町
湯本

箱根バターゴルフ

みのや吉兵衛
箱根
山城ホルモン

P.112　まんじゅう屋
P.112
P.107　河童天國

白山地藏尊卍

P.104　箱根の市
箱根カフェ
箱根カフェ スイーツショップ
箱根湯本站

P.115　豆腐処　萩野
P.117 craft & cafe ISAMIYA
茶房うちだ P.117
萬翠樓 福住

P.115 福久や
P.114　竹いち
ハイカラ中華 日清亭

P.113 徳道丸
箱根湯本店

P.114 ちもと
P.115箱根 浪漫亭
珈琲
P.114 藤屋商店
山安箱根湯本店
P.114
吉池旅館
彌次喜多之湯

知客茶家 P.117
はつ花本店　P.115
はつ花そば本店 P.117
箱根湯本 酒岳堂
井鈴商店

coco-Hakone P.117
はつ花そば 新館
彌榮館
須雲川
彌榮橋

GRANDE RIVIERE

P.113 手燒堂箱根湯本店
P.113藤屋商店
箱根湯本店 民芸品

P.112 杉養蜂園
P.112 菜の花
箱根湯本店

P.113 草源
村上二郎商店
箱根焙煎珈琲
箱根葉丼 本店
P.113箱根湯本見番

さがみ
さくら薬局
P.113草源

画廊喫茶
ユトリロ

湯本橋
東海道

田雅重

籠清
DELI&CAFE

田中屋土產店
菊川商店
箱根sagamiya
PICOT 湯本站前店 P.110

旅館
ひより
鯛らーめん麵処 彩 P.112
イタリア食堂 オルテンシア P.116

まる�
みつき Mitsukiten P.112

河鹿荘
はこねもと福住屋
たてやま福住屋
季節の雜貨 P.113 折situ

湯本富士屋飯店

箱根町綜合觀光服務處
箱根カフェ

箱根
靴屋
P.111
あじさい橋
湯本觀光人力車
海風屋 P.116

Cafe Timuny. P.111

小田原
湯本站前
早川
湯本大橋

Chaucuerie HIroya Hakone

5
6

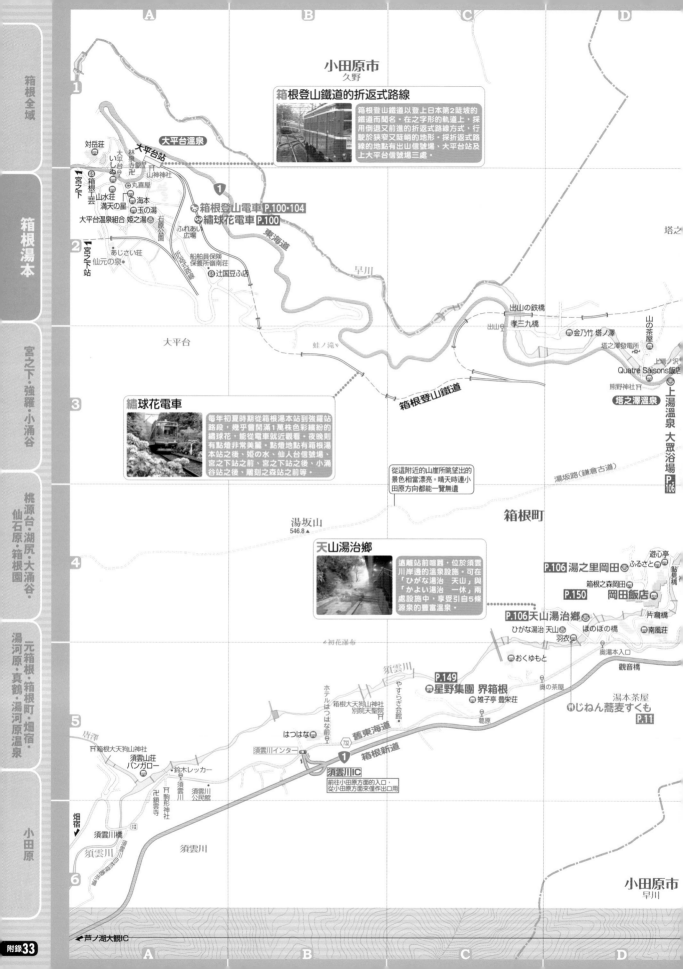

箱根全域

箱根湯本

宮之下・強羅・小涌谷

桃源台・湖尻・大涌谷・仙石原・箱根園

元箱根・箱根町・湯河原・真鶴・湯河原溫泉

小田原

小田原市
久野

箱根登山鐵道的折返式路線

箱根登山鐵道以登上日本第2陡坡的鐵道而聞名。在之字形的軌道上,採用倒退又前進的折返式路線方式,行駛於狹窄又陡峭的地形。採折返式路線的地點有出山信號場、大平台站及上大平台信號場三處。

大平台溫泉

対岳荘

大平台站

大平台溫泉組合 姫之湯

🚃箱根登山電車 P.100•104
🚃繡球花電車 P.100

宮ノ下

宮ノ下站

あじさい荘
仙元の泉

ふれあい広場
船舶員保険保養所嶺南荘
辻国豆ふ店

東海道

早川

大平台

蛙ノ滝

繡球花電車

每年初夏時期從箱根湯本站到強羅站路段,幾乎會開滿1萬株色彩繽紛的繡球花,能從電車就近觀賞。夜晚則有點燈非常美麗。點燈地點有箱根湯本站之後、姫の水、仙人台信號場、宮之下站之前、宮之下站之後、小涌谷站之後、雕刻之森站之前等。

箱根登山鐵道

出山の鉄橋
孝三九橋

出山

金乃竹 塔ノ澤
塔之澤發電所

塔ノ澤

山の茶屋

上塔ノ沢
Quatre Saisons飯店

熊野神社

塔之澤溫泉

上湯溫泉 大眾浴場 P.106

湯坂路(鎌倉古道)

從這附近的山崖所眺望出的景色相當漂亮。晴天時連小田原方向都能一覽無遺

湯坂山
546.8 ▲

箱根町

天山湯治鄉

遠離站前喧囂,位於須雲川岸邊的溫泉設施。可在「ひがな湯治 天山」與「かよい湯治 一休」兩處設施中,享受引自5條源泉的豐富溫泉。

P.106 湯之里岡田
箱根之森岡田
P.150 岡田飯店

遊心亭
ふるさと

片倉橋

南風荘

P.106 天山湯治鄉
ひがな湯治 天山
羽衣

ほのぼの橋

初花瀑布

須雲川

P.149 星野集團 界箱根

ホテルはつはな前

箱根大天狗山神社別院天聖院

やすらぎ会館

舊東海道

732

姫子亭 豊栄荘

葛原

奥湯本入口

おくゆもと

奥の茶屋

觀音橋

湯本茶屋

🍜じねん蕎麦すくも P.11

唐澤

箱根大天狗山神社
須雲山荘バンガロー

鈴木レッカー

須雲川
須雲川公民館

駒形神社

はつはな

須雲川インター

須雲川IC
前往小田原方面的入口,從小田原方面來僅作出口用

1 箱根新道

畑宿

須雲川橋

須雲川

小田原市
早川

← 芦ノ湖大観IC

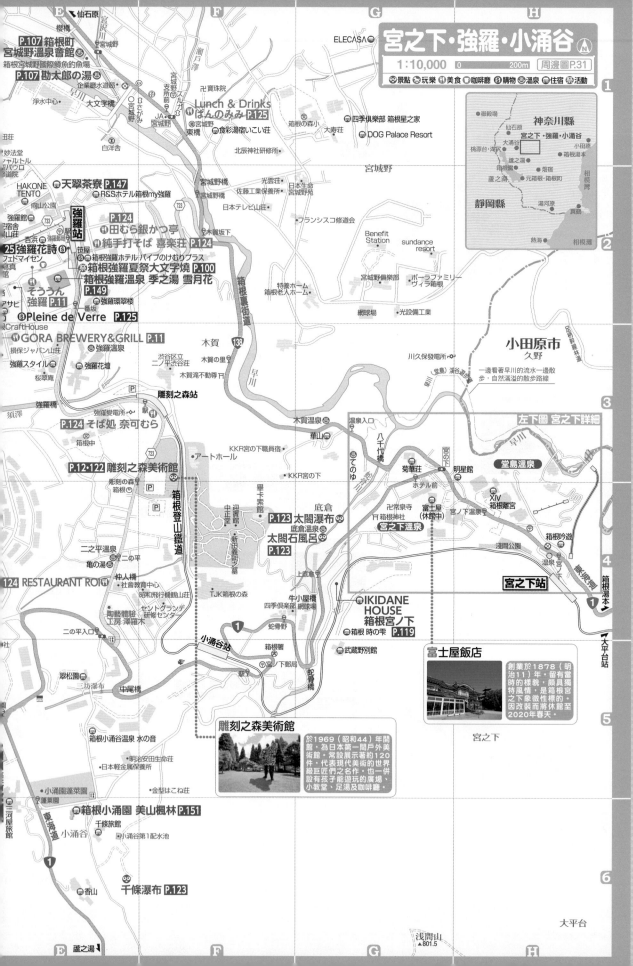

宮之下・強羅・小涌谷

1:10,000　0　　200m　周邊圖P.31

景點　玩樂　美食　咖啡廳　購物　溫泉　住宿　活動

富士屋飯店

創業於1878（明治11）年，留有當時的樣貌，顯具獨特風情，是箱根宮之下象徵性標的，因改裝而將休館至2020年春天。

雕刻之森美術館

於1969（昭和44）年開館，為日本第一間戶外美術館。常態展示著約120件，代表現代美術的世界級巨匠們之名作。也一併設有孩子能遊玩的廣場、小教堂、足湯及咖啡廳。

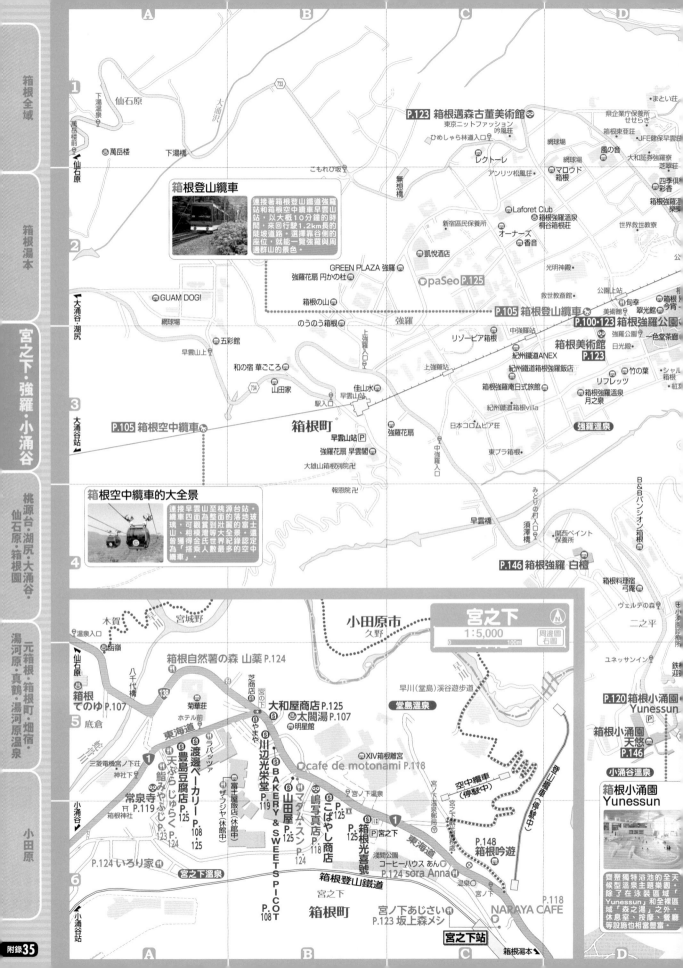

箱根全域
箱根湯本
宮之下・強羅・小涌谷
桃源台・湖尻・大涌谷・仙石原・箱根園
湯河原・真鶴・畑宿・湯河原溫泉
小田原

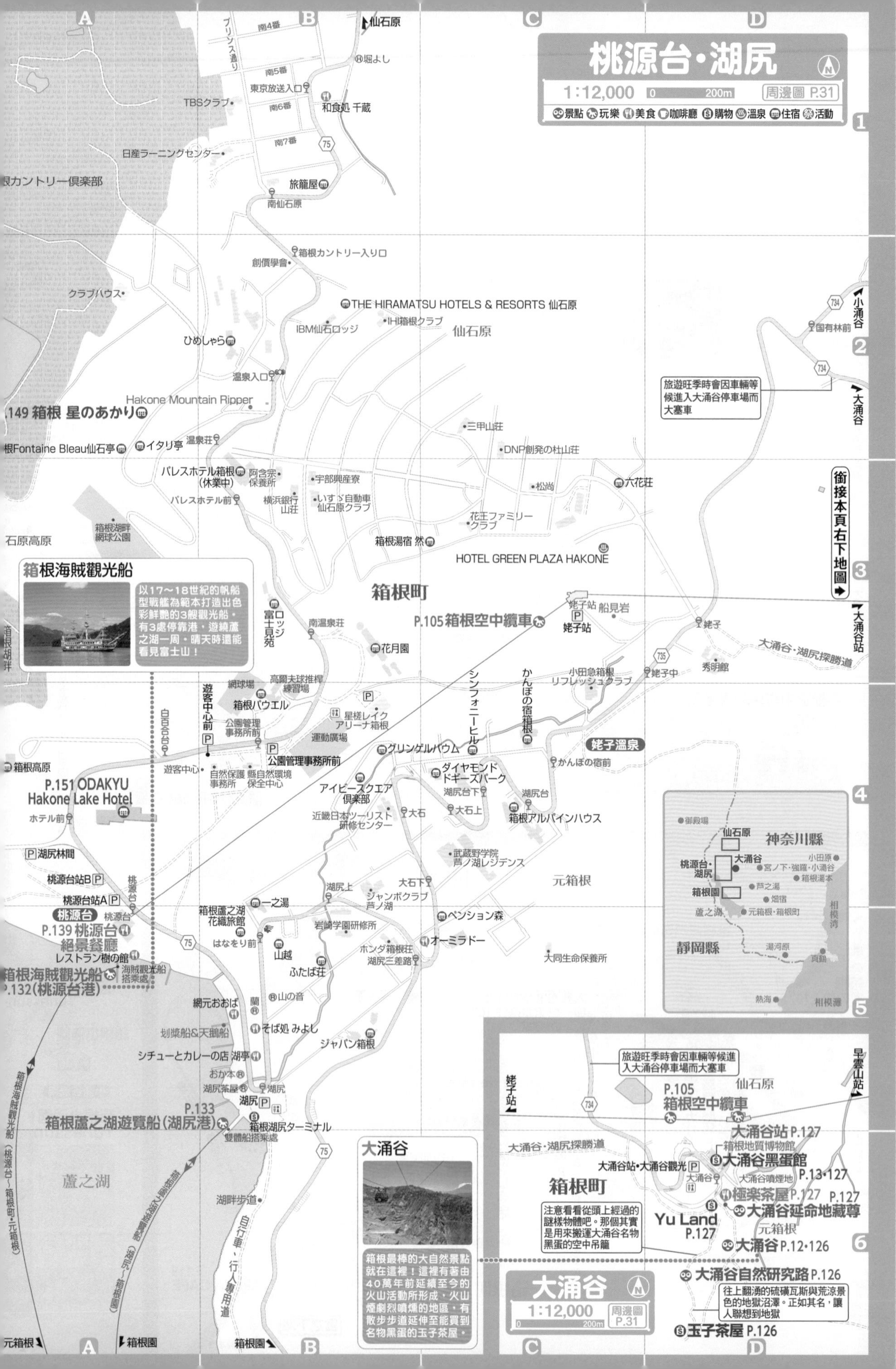

桃源台・湖尻
1:12,000
0 200m
周邊圖 P.31
景點 玩樂 美食 咖啡廳 購物 溫泉 住宿 活動
仙石原
南4番
南5番
南6番
南7番
プリンス通り
堀よし
東京放送入口
和食処 千蔵
TBSクラブ
日産ラーニングセンター
根カントリー倶楽部
旅籠屋
南仙石原
箱根カントリー入り口
創價學會
クラブハウス
THE HIRAMATSU HOTELS & RESORTS 仙石原
IHI箱根クラブ
IBM仙石ロッジ
仙石原
ひめしゃら
溫泉入口
Hakone Mountain Ripper
.149 箱根 星のあかり
根Fontaine Bleau仙石亭
イタリ亭
溫泉荘
三甲山荘
DNP創発の杜山荘
パレスホテル箱根（休業中）
阿含宗保養所
宇部興産寮
パレスホテル前
横浜銀行山荘
いすゞ自動車仙石原クラブ
松尚
六花荘
花王ファミリークラブ
箱根湯宿 然
HOTEL GREEN PLAZA HAKONE
石原高原
箱根湖畔網球公園
箱根海賊觀光船
以17～18世紀的帆船型戰艦為範本打造出色彩鮮艷的3艘觀光船，有3處停靠港，遊繞蘆之湖一周，晴天時還能看見富士山！
箱根町
富士見ロッジ苑
南溫泉荘
P.105 箱根空中纜車
姥子站
船見岩
姥子站
姥子
花月園
姥子中
秀明館
大涌谷・湖尻探勝道
旅遊旺季時會因車輛等候進入大涌谷停車場而大塞車
小涌谷
國有林前
大涌谷
街接本頁右下地圖
大涌谷站
高爾夫球推桿練習場
網球場
箱根パウエル
星槎レイクアリーナ箱根
シンフォニーヒル
かんぽの宿箱根
小田急箱根リフレッシュクラブ
姥子溫泉
遊客中心前
白百合台
公園管理事務所前
運動廣場
グリンゲルハウム
かんぽの宿前
箱根高原
遊客中心
自然保護事務所
縣自然環境保全中心
ダイヤモンドドギーズパーク
P.151 ODAKYU Hakone Lake Hotel
アイビースクエア倶楽部
湖尻台下
湖尻台
ホテル前
近畿日本ツーリスト研修センター
大石
大石上
箱根アルパインハウス
湖尻林間
武蔵野学院芦ノ湖レジデンス
桃源台站B
元箱根
桃源台站A
桃源台
湖尻上
大石下
ジャンボクラブ芦ノ湖
箱根蘆之湖花織旅館
一之湯
ペンション森
P.139 桃源台絶景餐廳
岩崎学園研修所
レストラン樹の館
はなをり前
ホンダ箱根荘
オーミラドー
山越
湖尻三差路
大同生命保養所
箱根海賊觀光船 P.132（桃源台港）
海賊觀光船搭乘處
ふたば荘
山の音
網元おおば
蘭
划槳船＆天鵝船
そば処 みよし
ジャパン箱根
シチューとカレーの店 湖亭
おか本
湖尻茶屋
湖尻
P.133 箱根蘆之湖遊覽船（湖尻港）
箱根湖尻ターミナル
雙體船搭乘處
蘆之湖
湖畔步道
自行車、行人專用道
箱根海賊觀光船（桃源台～箱根町・元箱根）
（湖尻～箱根園）
元箱根
箱根園
御殿場
仙石原
神奈川縣
桃源台・湖尻
大涌谷
宮ノ下・強羅・小涌谷
小田原
箱根湯本
芦之湯
箱根園
畑宿
蘆之湖
元箱根・箱根町
相模灣
靜岡縣
湯河原
真鶴
熱海
大涌谷
箱根最棒的大自然景點就在這裡！這裡有著由40萬年前延續至今的火山活動所形成，火山煙劇烈噴爐的地區，有散步步道延伸至能買到名物黑蛋的玉子茶屋。
旅遊旺季時會因車輛等候進入大涌谷停車場而大塞車
早雲山站
姥子站
仙石原
P.105 箱根空中纜車
大涌谷站 P.127
箱根地質博物館
大涌谷・湖尻探勝道
大涌谷站・大涌谷觀光
大涌谷黑蛋館
大涌谷噴煙地 P.13・127
箱根町
極樂茶屋 P.127
P.127
注意看看從頭上經過的謎樣物體吧。那個其實是用來搬運大涌谷名物黑蛋的空中吊籠
Yu Land P.127
大涌谷延命地藏尊
元箱根
大涌谷 P.12・126
大涌谷自然研究路 P.126
往上翻湧的硫磺瓦斯與荒涼景色的地獄沼澤。正如其名，讓人聯想到地獄
大涌谷
1:12,000
周邊圖 P.31
0 200m
玉子茶屋 P.126

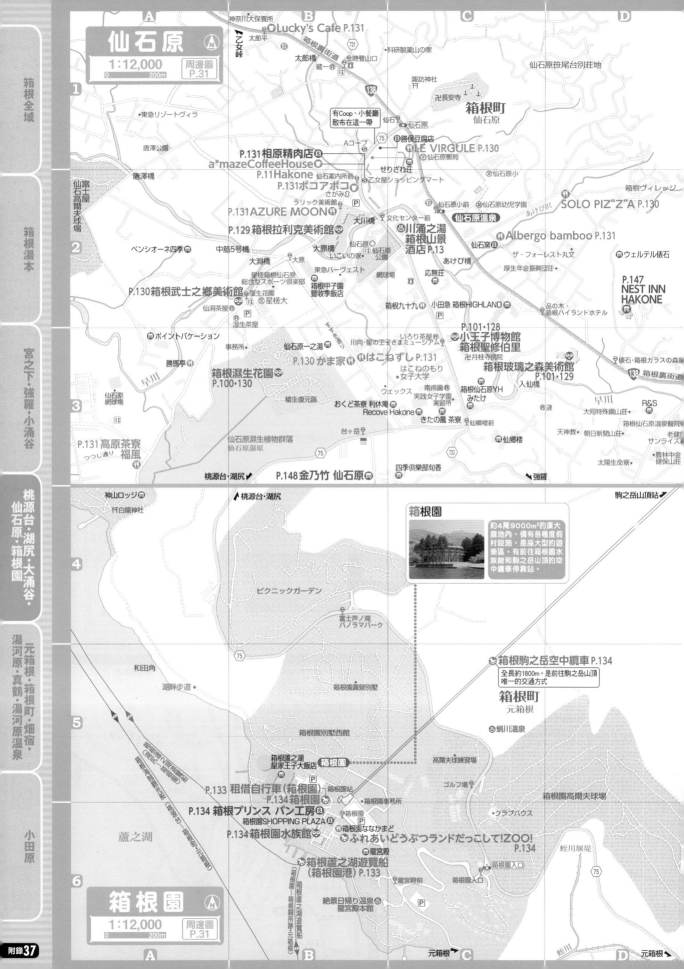

仙石原
1:12,000
0 ── 200m
周邊圖 P.31

箱根全域
箱根湯本
宮之下・強羅・小涌谷
桃源台・湖尻・仙石原・箱根園・大涌谷
元箱根・箱根町・畑宿・湯河原・真鶴・湯河原溫泉
小田原

神奈川大保養所
Lucky's Cafe P.131
箱根裏街道
太郎橋
蔵一
太郎平
乙女峠
金時登山口
科研製薬山の家
仙石原笹尾台別荘地
諏訪神社
卍長安寺
箱根町 仙石原
138
東急リゾートヴィラ
仙石
仙石原
有Coop、小餐廳 散布在這一帶
Aコープ
75
勝俣豆腐店
ILE VIRGULE P.130
箱根ヴィレッジ
唐澤公園
P.131相原精肉店
a*mazeCoffeeHouse
P.11Hakone
仙石案内所前
せりざわ荘
仙石原郵局
箱根小
唐澤橋
P.131ポコアポコ
さがみ
乙女屋ショッピングマート
仙石原小前
仙石原幼児学園
SOLO PIZ"Z"A P.130
仙富士屋高爾夫球場
P.131AZURE MOON
ラリック美術館
文化センター前
仙石原溫泉
あけび沢
箱根窯
Albergo bamboo P.131
P.129箱根拉利克美術館
大川橋
川涌之湯 箱根山景 酒店 P.13
あけび橋
ウェルテル俵石
ペンシオーネ四季
中筋5号橋
大原橋
いこいの家
仙石原 公園
ザ・フォーレスト丸文
P.147 NEST INN HAKONE
大淵橋
大原
東急ハーヴェスト
網球場
応無荘
厚生年金振興協会
星楼箱根仙石原 総合型スポーツ倶楽部
箱根甲子園 豊収季飯店
箱根九十九
小田急 箱根HIGHLAND
品の木・ 箱根ハイランドホテル
P.130箱根武士之郷美術館
星楼大
湿生花園
小王子博物館 箱根聖修伯里
P.101・128
俵石・箱根ガラスの森前
ポイントバケーション
仙石原一之湯
川向・星の王子さまミュージアム
卍月桂寺別院
箱根玻璃之森美術館
P.101・129
138 箱根裏街道
仙石原網球場
勝馬亭
仙洞茶屋
湿生茶屋
P.130 かま家
はこねのもり
女子大学
はこねずし P.131
入仙橋
大同特殊鋼山荘
R&S
箱根濕生花園 P.100・130
植生復元区
ウェックス
南甫園
実践女子学園 実習所
箱根仙石原YH みたけ
天神教・朝日新聞山荘
箱根仙石原温泉診療所
高原茶寮 福風
つつじ通り
仙石原濕生植物群落
おくど茶屋 利休庵 Recove Hakone
きたの風 茶寮
仙郷楼前
仙郷楼
老健 サンライズ
P.131
仙石原温原
台ヶ岳
75
四季倶楽部旬香
太陽生命荘
農林中金 健保仙石荘
桃源台・湖尻
P.148金乃竹 仙石原
733
強羅

箱根園
1:12,000
0 ── 200m
周邊圖 P.31

箱根園
約4萬9000m²的廣大 腹地內，備有各種度假 村設施，是座大型的遊 樂園。有前往箱根園水 族館和駒之岳山頂的空 中續車停靠站。

駒之岳山頂站
神山ロッジ
卍白龍神社
桃源台・湖尻
ピクニックガーデン
富士芦ノ湖 パノラマパーク
箱根駒之岳空中續車 P.134
全長約1800m。是前往駒之岳山頂 唯一的交通方式
箱根町 元箱根
75
和田角
蛸川温泉
湖畔歩道
箱根園露營別荘
高爾夫球練習場
箱根園別荘西館
ゴルフ場
クラブハウス
箱根園高爾夫球場
P.133 租借自行車(箱根園)
箱根蘆之湖 星家王子大飯店
箱根園
P.134箱根園
箱根園站
箱根園事務所
P.134 箱根プリンス パン工房
箱根園SHOPPING PLAZA
箱根園ななかまど
P.134箱根園水族館
ふれあいどうぶつランドだっこして!ZOO! P.134
龍宮殿
蛭川堰堤
箱根蘆之湖遊覽船 (箱根園港) P.133
箱根園入口
75
龍宮殿前
絶景日帰り温泉 龍宮殿本館
蘆之湖
元箱根
元箱根

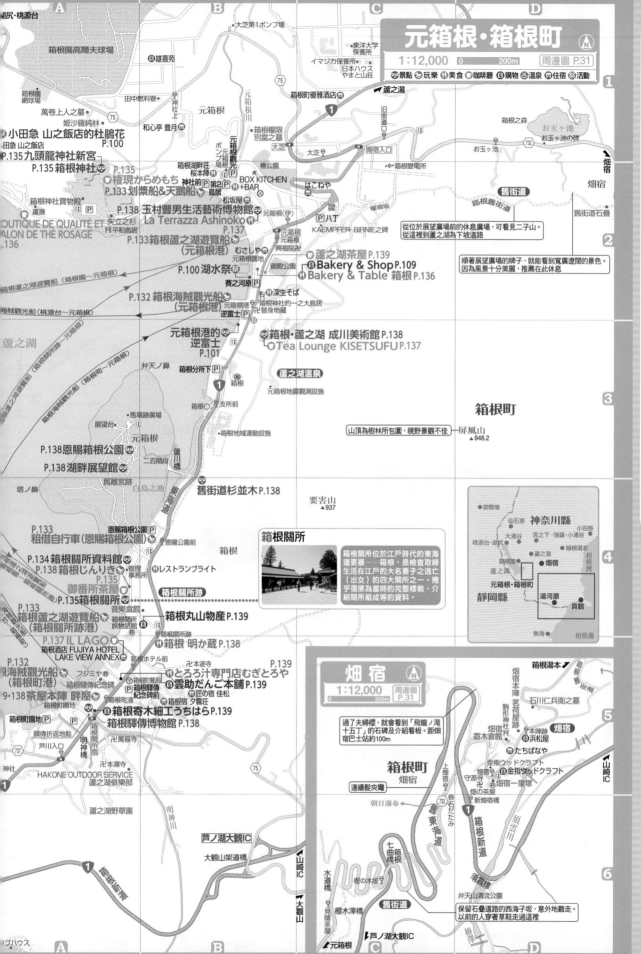

元箱根・箱根町

1:12,000　0　200m　周邊圖 P.31

景點　玩樂　美食　咖啡廳　購物　溫泉　住宿　活動

箱根園高爾夫球場

箱根園網球場

B 雄喜苑

田中燃料寮

萬卷上人之墓

姬沙羅純林

和心亭 豐月

小田急 山之飯店的杜鵑花 P.100

小田急 山之飯店

P.135 九頭龍神社新宮

P.135 箱根神社

P.135

權現からめもち

P.133 划槳船＆天鵝船

箱根湖畔莊 櫻木本陣

神社前 第2 鳥居

松坂屋

はこねや

BOX KITCHEN +BAR

箱根湖畔觀光

元箱根觀光

元箱根(伊)

元箱根興福院址

箱根神社寶物殿

蘆灣

H 箱根神社

P.138 玉村豐男生活藝術博物館
La Terrazza Ashinoko

矢立之杉
平和鳥居

P.133 箱根蘆之湖遊覽船
(元箱根港)

P.100 湖水祭

御殿公園

賽之河原 P

元箱根港園地

むさしや

蘆之湖茶屋 P.139

S Bakery & Shop P.109
Bakery & Table 箱根 P.136

P.132 箱根海賊觀光船
(元箱根港)

逆富士

深生そば

箱根神社的一之大鳥居

替身地藏

元箱根港的
逆富士
P.101

箱根・蘆之湖 成川美術館 P.138
Tea Lounge KISETSUFU P.137

弁天ノ鼻

箱根分所下 P

箱根

箱根分所前

元箱根地震觀測設施

蘆之湖溫泉

P.138 恩賜箱根公園

P.138 湖畔展望館

舊街道杉並木 P.138

塔ノ鼻

白鳥之池

舊離宮跡

馬場跡廣場

展望台

元箱根

一百階梯

蘆川橋

箱根地域運動設施

要害山
▲937

P.133
租借自行車(恩賜箱根公園)

恩賜箱根公園 P

恩賜公園前

P.134 箱根關所資料館

P.138 箱根じんりき

P.135 御番所茶屋

管理事務所

H レストランブライト

箱根關所跡

音樂盒館

P.135 箱根關所

箱根關所旅物語館

箱根關所跡

箱根丸山物產 P.139

P.137 IL LAGOO

箱根酒店 FUJIYA HOTEL
LAKE VIEW ANNEX

箱根ホテル前

箱根 明か蔵 P.138

フジミヤ

P.132
海賊觀光船
(箱根町港)

箱根町遊覽船
紀念碑

箱根關所
記念碑

9-138 茶屋本陣 畔屋

茶屋本陣

卍 興福寺

とろろ汁專門店むぎとろや P.139

雲助だんご本舗 P.139

匠の宿 佳松

箱根町港

箱根 夕霧莊

箱根町園地

驛傳折返地點

箱根寄木細工うちはら P.139

箱根驛傳博物館 P.138

明神橋

箱根關所前

卍 萬福寺

卍 興福寺

神社

芦川入口

737

HAKONE OUTDOOR SERVICE

蘆之湖俱樂部

箱根町

1

蘆之湖野草園

明神川

芦ノ湖大觀IC

大觀山架道橋

山崎IC

山崎IC

大觀山

大觀山

ハウス

A

B

箱根町優雅酒店

蘆之湯

旧街道

大芝

箱根町

箱根權限
別當當 天聖

大芝

畑宿入口

箱根變電所

お玉ヶ池

箱根之森

お玉ヶ池

お玉ヶ池の碑

732

畑宿

舊街道

箱根舊街道

舊街道石疊

權現坂

KAEMPFER・BIRNIE之碑

從位於展望廣場前的休息廣場，可看見二子山。
從這裡到蘆之湖為下坡道路。

順著展望廣場的牌子，就能看到寬廣遼闊的景色。
因為風景十分美麗，推薦在此休息。

箱根町

山頂為樹林所包圍，視野景觀不佳 屛風山
▲948.2

箱根關所

箱根關所位於江戶時代的東海
道要塞──箱根。是檢查取締
生活在江戶的大名妻子之逃亡
（出女）的四大關所之一。幾
乎復原為當時的完整樣貌，介
紹關所組成等的資料。

御殿場

仙石原 神奈川縣 小田原

大涌谷 宮之下・強羅・小涌谷

桃源台・湖尻 箱根湯本

箱根園 蘆之湯 相模灣

箱根 畑宿

蘆之湯

元箱根・箱根町

靜岡縣 湯河原

真鶴

熱海 相模灣

畑宿

1:12,000　0　200m　周邊圖 P.31

過了夫婦櫻，就會看到「飛龍ノ瀧
十五丁」的石碑及介紹看板。距畑
宿巴士站約100m

箱根町
畑宿

連續髮夾彎

朝日瀑布

保留石疊道路的西猿子坂，意外地難走。
以前的人穿著草鞋走過這裡

箱根湯本

畑宿本陣
茗荷屋跡

石川仁兵衛之墓

駒形神社

畑宿
寄木會館

畑宿

本陣松屋

浜松屋

たちばなや

金指ウッドクラフト

金指ウッドクラフト

守源寺

畑宿一里塚

新畑宿橋

畑の茶屋

箱根
新道

須雲川

石だたみ

舊東海道

七曲箱根

樹の水坂

水道橋

弁天山清流公園

樫木澤橋

具聽茶屋

椿澤上

元箱根

芦ノ湖大觀IC

C

D

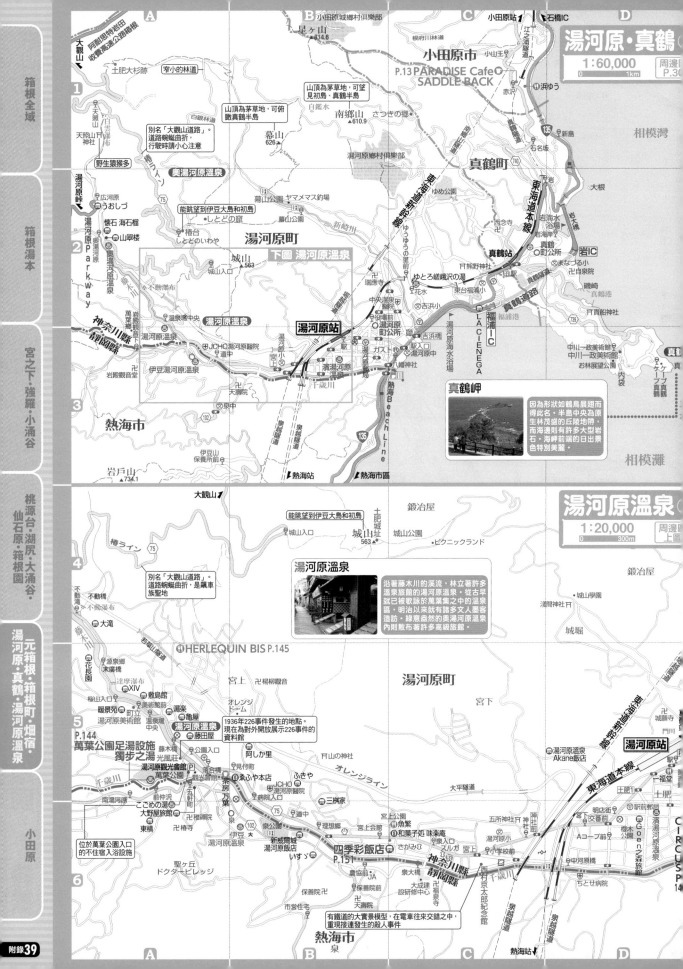

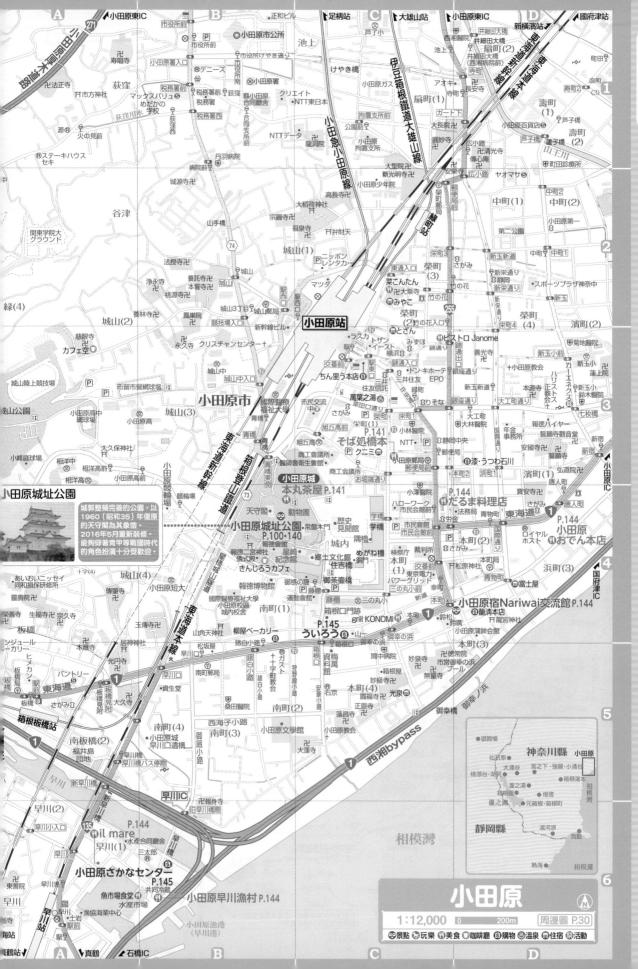

小田原城址公園

城郭整頓完善的公園，以1960（昭和35）年復原的天守閣為其象徵。2016年5月重新裝修，能夠穿着甲冑等戰國時代的角色扮演十分受歡迎。

小田原站

小田原市

小田原城
本丸茶屋 P.141

小田原城址公園
P.100·140

il mare

小田原さかなセンター P.145

小田原早川漁村 P.144

そば処橋本

だるま料理店

東海道

小田原
おでん本店

小田原宿Nariwai交流館 P.144

P.145

ういろう P.144

神奈川縣　小田原

御殿場
仙石原　宮之下·強羅·小涌谷
桃源台·湖尻　大涌谷
蘆之湯
蘆之湖　元箱根·箱根町　畑宿　箱根湯本

靜岡縣　湯河原

相模灣

熱海

小田原

1:12,000　0　200m　周邊圖 P.30

景點　玩樂　美食　咖啡廳　購物　溫泉　住宿　活動

品嘗、購買當地美食，大大滿足！

公路休息站&SA·PA指南

推薦於兜風途中前往

公路休息站 篇

在伊豆區域，有諸多能品嘗到當地美食的人氣公路休息站！在此推薦兜風途中一定要順道一去的7處公路休息站。

函南 ●みちのえきいずげーとうぇいかんなみ

連接設施建築與狩野川旁「河川休息站」的天橋，是眺望富士山的絕景景點。

① 公路休息站 伊豆ゲートウェイ函南

國道136

🚗 🛏 浴 🔌 🍴 🥕 🥬 🚲 **MAP** 附錄P.9 D-3

以「自行車騎士的聖地」為理念，齊聚伊豆的人、事、物

②017年5月開幕，位在被稱作「伊豆玄關口」的絕佳地點。有能品嘗到嚴選伊豆食材的餐飲店，還有販售特產及伴手禮的販賣所，是連動宣傳地區最新資訊等的新景點。也有可供自行車騎士整頓與休息的設施。

📞 055-979-1112
🕐 觀光服務處9:00～18:00
※營業時間視各店而異
🈚 無休 📍 函南町塚本887-1
🚃 伊豆箱根鐵道伊豆仁田站步行22分 🅿 131輛

名物美食

聚集當地名產的物產販賣所

物產販売所 いずもん
●ぶっさんはんばいじょいずもん

除了函南的蔬菜、當季水果、伊豆獨有的加工品之外，還有販售酪農王國オラッチェ的乳製品。
🕐 9:00～18:00

→也有陳列生產者臉龐的各種商品與

→各農家與生產者的著名能看到臉龐的

▶ 西瓜年輪蛋糕
1440日圓

使用當地品牌水果「函南西瓜」果汁所製作的甜點，是伊豆ゲートウェイ函南的限定販售商品

人氣伴手禮

◀ 新洋蔥醃國產檸檬(右)、菊芋(中)、三島金柑(左)
756日圓(右)、734日圓(中)、950日圓(左)

各種醃漬的伊豆蔬菜，是伊豆ゲートウェイ函南的限定販售商品。酸度較低的和風口味

以自行車騎士之休息與交流為主題的咖啡廳

Spoke Cafe
●すぽーくかふぇ

從夾入滿滿伊豆食材的三明治，到考量營養、能量的飲品，菜單多元豐富。
📞 080-6988-7481
🕐 9:00～18:00

▲ 富士山可麗餅
500日圓(數量限定)

使用丹那牛乳製作出山頂積雪，藍色夏威夷為山脈，鮮奶油為雲海，玉米片和草莓醬則用來表現熔岩

從駿河灣的海鮮到函南蔬菜，都能品嘗得到的握壽司

伊豆創作寿司 いず鮨
●いずそうさくすしいずすし

從沼津港、戶田港採購新鮮的海鮮。也有供應燉煮發光金鯛等深海魚料理(漁期中)。
📞 080-6988-7480
🕐 10:00～18:00

▶ 蔬菜與海鮮的MIX壽司
1580日圓

使用當地食材等製作，魚6、蔬菜4、山葵卷1，共11貫

※詳細的地圖請參考附錄P.8～40

長泉沼津IC — 新東名高速道路
東名高速道路 沼津IC
駿河灣
戶田
土肥
松崎
下田
相模灘
伊豆高原
稻取

① 公路休息站 伊豆ゲートウェイ函南
② 伊東
⑤ 公路休息站 くるら戶田
公路休息站 伊東マリンタウン
⑥ 公路休息站 天城越え
⑦ 公路休息站「花の三聖苑」伊豆松崎
③ 公路休息站 開国下田みなと
④ 公路休息站 下賀茂温泉 湯の花

→提供。主題以「現在的伊豆」為推薦介紹的伊豆觀光介紹員，9～18時，交通常駐人員，資訊介紹。也有資訊介紹，無休。

2 公路休息站 伊東マリンタウン

國道 135

  浴

MAP 附錄P.8 F-5

以當地美食&伴手禮為首，有如主題樂園一般設施豐富

位於伊豆半島東側的玄關口——伊東溫泉北邊，是處能夠玩上一整天的公路休息站。除了商店與餐廳之外，還有遊覽船，以及吸引人順道一來的天然溫泉入浴設施「SEASIDE SPA」，也有能眺望相模灣的免費足湯及海邊散步步道。

☎0557-38-3811

⏰商店為9:00～18:00、餐廳為11:00～20:30、SEASIDE SPA為5:00～21:00(～9:30為早湯)

休無休(僅SPA為不定休) 所伊東市湯川571-19 交JR伊東線伊東站搭東海巴士往マリンタウン方向5分，終點站下車即到 P298輛

擁有海中展望室。也有行駛遊覽海岸的船隻。海豚造型的船隻相當可愛

↑後方有遊艇，增添濃厚的海邊度假村氛圍

↑海洋就在眼前的包租按摩浴池

↑可免費使用的足湯，以長度為關東首屈一指自豪

名物美食

◀漁師的醃漬丼
2360日圓
鮪魚、鮭魚卵等盛滿高約16cm海鮮食材的名物蓋飯

▶煙燻金目鯛
870日圓
使用櫻花木片煙燻的金目鯛。已切片，相當方便食用

▲餅乾泡芙
1個80日圓～
酥酥脆脆的餅乾外皮內，擠滿口感入口即化的鮮奶油！

▲山葵奶油醬汁與水煮魩仔魚披薩
1380日圓
鋪上滿滿的水煮魩仔魚，山葵口味的和風披薩

▶ぺったんこ
各430日圓
鈣質豐富的蝦子、干貝等食材100%無添加的仙貝

▶うり坊·ぐり坊
各150日圓
うり坊是白豆餡上灑上可可粉的和菓子，ぐり坊則為玉綠茶的口味

◀海鮮拉麵
990日圓
有蛤蜊、鮮蝦、海藻等食材，口味清爽的人氣拉麵

人氣伴手禮

▲朝霧牛乳(右)咖啡牛乳(左)
165日圓(右)／185日圓(左)
飼育於富士山麓的乳牛所產的鮮乳，也有咖啡口味

下田 ●みちのえきかいこくしもだみなと

③ 公路休息站 開国下田みなと

國道 135

以珍貴的影像及復原模型介紹下田歷史的HARBOR MUSEUM

🚗 🏨 ♨ 🔌 🍴 🛒 🥕 🚲　MAP 附錄P.21 C-3

也能學習到下田歷史的悠閒放鬆景點

下田海產就不用說了,這裡除了名產及介紹下田歷史的「HARBOR MUSEUM」之外,還能有能品嘗當地漁獲的迴轉壽司及餐廳,也有伴手禮店。旁邊緊接著就是黑船SUSQUEHANNA的停靠暨發船處。

📞 0558-25-3500
🕐 9:00～17:00(視店鋪而異)
🚫 無休(店鋪為不定休)
📍 下田市外ヶ岡1-1　🚃 伊豆急行伊豆急下田站步行10分　🅿223輛

▶ **下田漢堡**
1000日圓
下田漢堡中夾入炸得酥脆的金目鯛,男性也能滿足享用、令人吃驚的分量

名物美食

這個也check

產地直銷蔬菜賣場
陳列著現採的蔬菜與水果的產地直銷蔬菜賣場。先搶先贏!

人氣 伴手禮

◀ **蜜柑蜂蜜**
1350日圓
爽口的酸甜滋味,加上蜜柑的水果風味,是會令人上癮的美味蜂蜜

▶ **金目鯛罐頭**
700日圓
伊豆漁協開發的金目鯛罐頭,有水煮、油漬,以及加了羅勒的橄欖油三種口味

▶ **迴轉壽司**
一盤130日圓等
金目鯛、牛眼鮭等,能輕鬆品嘗到剛捕獲的當地漁獲,令人欣喜

南伊豆 ●みちのえきしもがもおんせんゆのはな

④ 公路休息站 下賀茂溫泉 湯の花

國道 136

足湯稍燙。泡完之後還會持續熱呼呼

🚗 🏨 ♨ 🔌 🍴 🛒 🥕 🚲　MAP 附錄P.23 B-1

農林水産物直売所

⬆除了直賣之外,還有觀光服務處及藝術展示空間

藉由足湯&手湯消除疲勞

此公路休息站位於南伊豆町公所附近的青野川旁。足湯的溫泉引自下賀茂溫泉,可免費使用,為駕駛消除開車造成的身體疲勞。

📞 0558-62-0141
(南伊豆町觀光協會)
🕐 9:00～17:00
🚫 無休　📍 南伊豆町下賀茂157-1
🚃 伊豆急行伊豆急下田站搭東海巴士往下賀茂方向22分,九条橋站下車即到　🅿56輛

▶ **直賣所的蔬菜**
採自當地的蔬菜及少見的水果,相當受歡迎

人氣 伴手禮

▶ **BABACO果醬**
550日圓
清爽的香味蔓延口中的BABACO果醬。和優格拌在一起也很好吃

Q.BABACO是什麼?

A. 厄瓜多產的一種木瓜。由於甜度較低,推薦加工後食用

名物美食

▲ **溫泉哈密瓜霜淇淋**
300日圓
放上利用溫泉熱栽培的高級麝香哈密瓜,相當奢華的霜淇淋

🚗 道路資訊　🏨 住宿設施　♨ 浴池　🔌 EV充電站　🍴 餐廳或輕食　🛒 商店　🥕 產地直賣所　🚲 自行車租借

西伊豆 ●みちのえきくららへだ

5 公路休息站 くるら戸田 〈縣道18〉

🚗 🛏 浴 🚻 🍴 🥗 🥕 🚲 MAP附錄P.9 B-5

源泉放流的天然溫泉「壹之湯」，也非常受到當地居民喜愛。成人500日圓、兒童250日圓

室外的足湯是免費的

也可免費參觀能了解深海魚的觀光、戶田文化及歷史的展示魚及歷史區

在溫泉&咖啡廳稍作休息

2015年春天開幕，擁有不住宿溫泉，以及能吃到戶田特產的咖啡廳，也蠻多當地居民會來此休息站消費。還有能了解戶田地域歷史的免費展示室，可一邊休息一邊學習歷史知識。

📞0558-94-5151
🕐10:00〜18:00(溫泉10:00〜21:00、展示室9:00〜21:00)
🈳無休 🏠沼津市戶田1294-3
🚌伊豆箱根鐵道修善寺站搭東海巴士45分，くるら戶田下車即到 🅿47輛

▶戶田鹽菓子
各300日圓
有香草及焦糖2種口味。長長的外觀給人強烈的視覺衝擊！

▼燒鹽(左)高足蟹燒鹽(右)
540日圓(左)378日圓(右)
僅使用柴火，花上13小時炊製完成的天然鹽，特徵是味道溫醇圓潤

◀戶田鹽羊羹
540日圓
一口大小的個別包裝，也很適合拿來作拆開發送的伴手禮

人氣伴手禮

▲炸狗母魚蓋飯
600日圓
駿河灣的深海魚青目狗母魚，肉質鬆軟非常好吃

經典人氣商品是**這個**

名物美食

戶田鹽義式冰淇淋
各300日圓
戶田溫泉旅館組合的老闆娘們所發出，吃了會上癮的鹽味義式冰淇淋

▲橘子鬆餅
400日圓
放上大量使用在戶田栽種的橘子所製作的果醬，相當受歡迎的鬆餅。帶著微微苦味的橘子果醬配上霜淇淋也相當對味

中伊豆 ●みちのえきはなのさんせいえんいずまつざき

7 公路休息站「花の三聖苑」伊豆松崎 〈縣道15〉

🚗 🛏 浴 🚻 🍴 🥗 🥕 🚲 MAP附錄P.11 B-3

位於山間頗具風情的公路休息站

大型花鐘為標記的公路休息站。除了有介紹松崎歷史和出身松崎的3位偉人的設施之外，在這裡還能享受溫泉及用餐等。

📞0558-42-3420
🕐9:00〜17:00(忙碌期為〜20:00)
※かじかの湯為9:00〜19:30
🈳無休(僅餐廳週四休)
🏠松崎町大澤20-1 🚌伊豆急行伊豆急下田站搭東海巴士往堂ヶ島方向40分，花の三聖苑下車即到 🅿94輛

這個也check
每次報時音樂都會不同的花鐘
位於公路休息站入口，直徑達11m的大花鐘，是人氣拍照景點。每次報時播放不同的音樂，也是此處的樂趣之一。

人氣伴手禮

▼桜もり
750日圓
加了松崎町特產的櫻葉，香氣濃厚的蕎麥麵

名物美食

▶櫻葉瑪德蓮
1個165日圓
櫻葉的香氣與清爽在口中蔓延開來

▶櫻葉餅乾
(大)1080日圓、(小)540日圓
吃完口中會有微微的櫻花風味。形狀為櫻葉的可愛餅乾

中伊豆 ●みちのえきあまぎごえ

6 公路休息站 天城越え 〈國道414〉

🚗 🛏 浴 🚻 🍴 🥗 🥕 🚲 MAP附錄P.11 D-2

有大量名產——山葵的加工品

活用天城峠自然森林的寬廣公路休息站。這裡有販售齊聚各項特產的商店，以及可順道休息一下的餐廳，還有可體驗採收山葵，或參加醃製山葵的加工體驗(需事先預約)。

📞0558-85-1110(昭和之森會館)
🕐8:30〜16:30(餐廳9:30〜15:00) 🈳無休
🏠伊豆市湯ヶ島892-6
🚌伊豆箱根鐵道修善寺站搭東海巴士往河津駅方向35分，昭和の森会館館下車即到 🅿188輛

在自然環境中，還能體驗採收山葵(需預約)

▼山葵加工品
「醃漬山葵」、「山葵味噌」，是令人收到會相當開心的經典伴手禮

人氣伴手禮

▶山葵霜淇淋
300日圓
能夠享受到風味與香氣，最後加上磨的山葵。看起來很嗆辣，但吃起來卻不嗆辣，口味相當清爽

▼香菇可樂餅
120日圓
加了大塊香菇，廣受歡迎的現炸可樂餅

名物美食

SA・PA篇

東名・新東名高速道路是伊豆和箱根的主要交通道路。來看看上行與下行方向各5種必吃的美食吧！

上行

▶海老名咖哩麵包
300日圓
香辣的咖哩麵包，配上炸蝦

東名高速道路
●えびなさーびすえりあ
海老名SA
MAP 附錄P.6・28右上圖

GS ENEOS　WC男 大31・小59／女105　P大型89 小型447

▲橫濱拉麵
780日圓
麵條講究，不輸給豚骨醬油的高湯

東名高速道路
●こうほくぱーきんぐえりあ
港北PA
MAP 附錄P.6・28右上圖

GS無　WC男 大4・小15／女18　P大型19 小型64

◀全鮪魚蓋飯
1200日圓
上頭裝盛了短鮪、長鰭鮪魚、蔥花鮪魚三種鮪魚

新東名高速道路
●するがわんぬまづさーびすえりあ
駿河灣沼津SA
MAP 附錄P.9 B-2

GS ENEOS　WC男 大16・小26／女60　P大型75 小型98

▲足柄牛肉餅便當
1050日圓
鋪上足柄牛肉餅和溫泉蛋的足柄SA限定便當

東名高速道路
●あしがらさーびすえりあ
足柄SA
MAP 附錄P.31 C-2

GS 昭和 Shell　WC男 大21・小67／女90　P大型165 小型431

◀富士山麵包
各種210日圓～
外皮酥酥脆脆、中間鬆鬆軟軟的名物甜點麵包

下行

東名高速道路
●えびなさーびすえりあ
海老名SA
MAP 附錄P.6・28右上圖

GS ESSO　WC男 大31・小62／女123　P大型98 小型528

◀ポテリこ沙拉口味
310日圓
由「じゃがりこ」衍生出的現炸薯條

▲豚骨拉麵 海老名版
920日圓
神奈川首屈一指的人氣店家「なんつッ亭」監修。加了秘傳的黑蒜油

▲辛口羽根 餃子麵包
250日圓（數量限定）
起司羽根香味四溢，是裡頭加了整顆餃子的麵包

東名高速道路
●こうほくぱーきんぐえりあ
港北PA
MAP 附錄P.6・28右上圖

GS無　WC男 大9・小18／女44　P大型56 小型72

▲整條蝦子的咖哩麵包
285日圓
使用辛香料，風味富饒的咖哩麵包。內有蝦子

新東名高速道路
●するがわんぬまづさーびすえりあ
駿河灣沼津SA
MAP 附錄P.9 B-2

GS 出光　WC男 大16・小26／女60　P大型76 小型98

▲道神拉麵
820日圓
由拉麵王——石神秀幸精心製作的海鮮系醬油拉麵

東名高速道路
●あしがらさーびすえりあ
足柄SA
MAP 附錄P.31 C-2

GS ENEOS　WC男 大18・小62／女95　P大型240 小型325

🏪 便利商店　ATM　🐾 狗狗樂園　♨ 不住宿溫泉　GS 加油站（種類）　WC 廁所（數量）　P 停車場（輛）

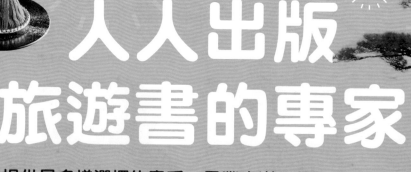

人人出版
旅遊書的專家

提供最多樣選擇的書系，最豐富滿足的日本好伴旅

哈日情報誌系列

散步好朋友系列

人人遊日本系列

日本小伴旅系列

叩叩日本系列

休日慢旅系列

日本神社與寺院之旅

從日本為數眾多的神社與寺院中精挑細選，並分門別類呈現給讀者。編輯超推薦此生必訪！

一輩子一定要去一次！

精美的大張圖片，好美！還有詳細解說、參訪＆交通資訊、周遭的觀光景點。

修身 休憩

介紹日本知名的大型祭典、神社與寺院的建築知識、宗派等，美感度＆知識性含金量都超高！！眾目亮睛！

祈福 療癒

人人趣旅行
What am I feeling here?

日本
神社與寺院之旅

Shrines and Temples with Scenic Views in Japan

一輩子一定要去一次！

紅葉、白雪、山水、庭園
精選日本絕美神社與寺院！
超美大圖搭配詳細好懂的說明！
美感度＆知識性兼具！
更有詳細地圖和周邊觀光景點指南

行程範例、交通方式、參拜重點、
伴手禮、重要祭典、周邊景點…
依季節、依主題走訪超過130間的神社與寺院！
超經典的參拜探訪指南

系列姊妹作：
《日本觀光列車之旅》《日本絕景之旅》
定價450元

伊豆・箱根 CONTENTS ①

就算
你不是鐵道迷也
心動！

豐富精采圖片讓你已置身在列車之旅中。

以地圖方式呈現周邊景點，為列車之旅量身打造專屬兩天一夜小旅行。

介紹多達67款的觀光列車，列出詳細乘車資訊，一目了然讓你輕鬆上手，選擇喜歡的列車去搭乘吧！

世界鐵道系列
日本觀光列車之旅
Scenic train rides in Japan
新鮮又好玩，坐火車去吧！

系列姊妹作：
《日本絕景之旅》
《日本神社與寺院之旅》

定價450元

▶ 行程範例、票務資訊、延伸旅遊、乘務員才知道的職人推薦…超完備的日本觀光列車搭乘指南

伊豆・箱根 CONTENTS ②

日本旅遊情報網站
DiGJAPAN!

繁體中文

深度挖掘日本好玩、好吃、好看的旅遊資訊!!
無論您是旅遊日本的入門者還是重度使用者
DiGJAPAN! 都將帶給您最新鮮、有趣的精彩內容!

✔ 最新資訊滿載

人氣景點、觀光資訊、日本國內話題商品以及賞櫻、賞楓等季節性活動,快速掌握和發送日本最新且精彩的旅遊情報。

✔ 高CP值行程規劃

多樣主題性的周遊行程規劃。教您如何在有限的旅遊天數內,有效地使用電車或巴士觀光、購物和享用美食。

✔ 豐富的旅遊資訊

羽田機場到東京的交通方式、迴轉壽司如何吃才道地、還有鞋子衣服尺寸對應表,無論初次或多次旅遊日本都可方便使用的實用資訊。

DiGJAPAN!	Search

https://digjapan.travel/zh_TW/

馬上來看DiGJAPAN!
精彩的日本旅遊資訊

 粉絲突破40萬人!每日發送日本最新旅遊情報!

日本旅遊達人, MAPPLE   https://www.facebook.com/mapple.tw

温泉和遊樂設施也很多彩多姿！

小田原市

小田原‧湯河原‧御殿場 P.140

熱海 P.22

從東京出發
經由東名高速道路、小田原厚木道路、國道135號、真鶴道路、熱海Beach Line約90km
搭乘JR東海道新幹線回聲號50分

有遊覽船及空中纜車等完善的交通工具。能輕鬆遍覽各絕景勝地♪

擁有眾多令人讚嘆的絕景

詳細介紹→ P.99

兩大觀光地
完全攻略！

伊豆 & 箱根 是這樣的地方

箱根
HAKONE

透過Q&A快速預習！
箱根旅遊二三事

Q1 規劃行程的訣竅？
若為自駕兜風可視目的地選擇小田原IC或御殿場IC，從名古屋向過來的話則以沼津IC為起點。

Q2 箱根有哪些移動方式？
有箱根登山鐵道、蘆之湖遊覽船、空中纜車等多種能增添旅遊樂趣的移動方式，路線巴士也很充實。

Q3 最擁擠的時期和時段？
除了黃金週和夏天外，紅葉極盛期的10～11月也很擁擠。此外，國道1號就連平日的早晚時段也會塞車。

Q4 有何推薦的當地美食和伴手禮？
使用箱根西麓蔬菜、箱根山麓豬肉等近郊在地食材烹調的料理繁多，小田原等地的海鮮佳餚也很推薦。

城崎海岸

伊豆高原站

從熱海出發
經由國道135號約35km
搭乘JR伊東線普通列車、伊豆急行普通列車52分

相模灘

極富迷人的歷史韻味

前往箱根的交通方式

	小田原厚木道路	東名高速道路		
小田原西IC ←	厚木IC ←	東京IC	67km 55分	從東京出發
御殿場IC ←	東名高速道路	東京IC	84km 55分	
御殿場IC ←	東名、新東名高速道路	名古屋IC	232km 2小時30分	從名古屋出發
長泉沼津IC ←	東名、新東名高速道路	名古屋IC	214km 2小時25分	

風光明媚的伊豆和箱根是東京近郊的人氣觀光地。不僅依山傍海，聞名全世界的日本名峰富士山也在咫尺。首先，先來掌握伊豆與箱根各主要觀光景點的位置關係吧。

坐擁絕景的海邊溫泉眾多

可親近動物的景點也很豐富！

在擁有美麗海景相伴的伊豆，可以盡情享受美食、溫泉、大海的無限樂趣！

豐盛的海鮮也很令人期待

詳細介紹→ P.19

伊豆
IZU

透過Q&A快速預習！
伊豆旅遊二三事

Q1 規劃行程的訣竅？
半島分成東側、中央和西側，基本上採取南北方向移動。若要橫越半島會比較耗費時間。

Q2 伊豆有哪些移動方式？
半島東側與中央的北部有鐵路線，但其他區域則以路線巴士或開車為主要移動方式。

Q3 最擁擠的時期和時段？
河津櫻盛開的2月中旬和夏天是最熱鬧的時期，半島東西側的起點城市——熱海和沼津皆為塞車區域。

Q4 有何推薦的當地美食和伴手禮？
除了產地特有的海鮮料理是必嘗美食外，山葵、山豬肉等山珍美味也很豐富。西伊豆的深海魚也很值得一嘗。

前往伊豆的交通方式

小田原厚木道路、西湘bypass 東名高速道路				
石橋IC	← 厚木IC ←	東京IC	71km 1小時	從東京出發
沼津IC	← 東名高速道路	東京IC	103km 1小時10分	
沼津IC	← 東名高速道路	名古屋IC	222km 2小時30分	從名古屋出發
長泉沼津IC	← 東名、新東名高速道路	名古屋IC	214km 2小時25分	

山梨縣

神奈川縣

宮之下・強羅・小涌谷 P.118

箱根湯本 P.110

仙石原 P.128

大涌谷 P.126

蘆之湖・舊街道 P.132

從東京出發
經由東名高速道路、伊豆縱貫道、縣道21號約124km
搭乘JR東海道新幹線回聲號57分

從小田原出發
經由國道1、135號、真鶴道路約16km
搭乘JR東海道本線普通列車16分

從東京出發
經由東名高速道路、縣道83號線、國道246、414號約109km
搭乘JR東海道新幹線回聲號、東海道本線普通列車1小時3～5分

沼津・三島 P.86

修善寺・中伊豆 P.66

伊東 P.32

從熱海出發
經由國道135號約20km
搭乘JR伊東線普通列車25分

從三島、沼津出發
沼津IC
經由伊豆縱貫道、國道136號約32km
三島站搭乘伊豆箱根鐵道普通列車35分

靜岡縣

伊豆高原 P.38

西伊豆 P.76

從三島、沼津出發
沼津IC經由伊豆縱貫道、國道136號、修善寺道路、天城北道路約75km
三島站搭乘西伊豆特急巴士2小時7分

東伊豆 P.50

從熱海出發
經由國道135號約61km
搭乘JR伊東線普通列車、伊豆急行普通列車1小時15分

從下田出發
經由國道136號、縣道16號線約11km
搭乘伊豆巴士往吉祥方向至下賀茂27分

南伊豆

從熱海出發
經由國道135號約72km
搭乘JR伊東線普通列車、伊豆急行普通列車1小時44分

下田・南伊豆 P.60

一覽！伊豆 News

NEWS ❶
享受豪華列車&巴士之旅

➡構思、設計皆出自曾經手JR九州等諸多鐵道車廂的水戶岡銳治

2017年7月 橫濱～下田
搭乘極盡奢華的
THE ROYAL EXPRESS
體驗從橫濱到伊豆的頂級旅程

連結JR橫濱站和伊豆急下田站的高檔觀光列車。擁有彩繪玻璃、傳統木作工藝「組子」等可一窺職人精湛技藝的內部裝潢，還能聆聽小提琴和鋼琴的現場演奏、品嘗以大量伊豆食材入菜的料理，精緻的質感氛圍極具魅力。

📞03-6455-0644
（THE ROYAL EXPRESS 旅遊服務台）🕙10:00～17:00 休週三、週日、假日、過年期間 💴附餐方案25000日圓～（午餐1份），2天1夜巡遊方案13萬5000日圓～

⬆以寶藍色的車身為特徵

伊豆全區
無限暢遊外還有景點門票折扣
東海巴士全路線通票

東海巴士的路線網遍及整個伊豆半島，即使沒有鐵道行經的區域也能輕鬆前往。不限次數自由搭乘＋設施優惠的「東海巴士全路線通票」是最方便的交通票券。過去還曾舉辦過集章活動，至總共有30處的戳章處蒐集戳章，可依相對應的點數兌換別針胸章贈品。

📞0557-36-1112（東海自動車株式會社）
💴東海巴士全路線通票2日券3900日圓、3日券4600日圓 ※熱海、伊東、下田等主要車站均有販售

➡集章活動限定的巴士造型別針胸章共有5款，戳章集越多領越多

NEWS ❸
造訪能增加運勢的開運景點

2018年1～11月 東伊豆、河津
集參拜、美食、導航等資訊的
御朱印散步地圖

在東伊豆町與河津町會發送以「御朱印」為主題的共通觀光地圖。特色是刊載了町內寺社的說明與御朱印的照片，同時介紹慶典活動、推薦店家等。

📞0557-95-0700（東伊豆町觀光協會）
📞0558-32-0290（河津町觀光協會）
●可至各町的觀光協會等處索取

2018年5月 伊豆高原
以大室山的土為材料製成，數量限定的
大室山造型飾物十分可愛 ➡P.39

觀光名勝大室山可搭乘登山吊椅直達頂上。於山頂廁所的建造工程中，挖掘出火山的噴出物、名為「Scoria」的火山渣。以此為材料設計出的新型態伴手禮，就是「大室山造型飾物」。由於泥土是天然紀念物所以數量有限，最好趁告罄前搶先擁有。

💴全部共3色、各500日圓，另外還有「幸福的水豚」600日圓。可至山頂的賣店購買

NEWS ❹
掀起話題的新開張旅宿

2017年9月 沼津
感受入住公園的興奮心情
全新類型的旅宿 INN THE PARK

將原本的少年自然之家改造成迥異於現實生活的住宿空間。有飄浮在森林中的球體帳篷、翻修成沙龍和咖啡廳的舊管理棟等設施，搖身一變成為大人風格的娛樂空間。

📞055-939-8366
🅿MAP附錄P.9 C-1
🕙IN15:00～17:00、OUT10:00 📍沼津市足高220-4
💴球體帳篷28080日圓、懸掛式帳篷32400日圓（皆為一間2人入住，附兩餐）
🚃JR沼津站搭計程車7km 🅿15輛

2017年7月 伊豆長岡
宛如夢境般的天空之床！
伊豆之國全景公園的全新休憩空間 ➡P.73

搭空中纜車來到位於山頂的園區，可將伊豆之國的街區與富士山盡收眼底。山頂的絕景景點「富士見觀景台」還設有舒適的沙發區和Premium Lounge，能在如包廂般的空間隨意躺臥，奢侈享受眼前的風景。

⬆以富士山為背景的沙發區

⬅Premium Lounge採預約制。最多兩人，附飲料1小時2000日圓

2017年8月 河津
大瀧遊步道開通
睽違6年重新開放的河津七瀧巡旅 ➡P.75

位於天城山麓的七大瀑布「河津七瀧」，原本通往最大瀑布「大瀧」的步道因颱風受損而暫時封閉，歷經6年的維修後重新對外開放。沿著步道就能將七座瀑布全部遊遍，神清氣爽的效果也很值得期待。

⬆大瀧的落差約有30m，高聳峭立的岩壁與轟隆作響的水聲相當震撼人心

方便的穿梭行動起點，請選擇高低的瀑布巡旅沿地

NEWS ❷
玩樂方式更加多元
新開幕&重新翻修的設施

2017年7月 戶田 ➡P.85
部分展示為全日本唯一僅有！
重新翻修的駿河灣深海生物館

位於面朝日本最深的海灣——駿河灣、深海漁獲量豐富的戶田。重新翻修的博物館內展示著本地捕獲的深海生物，有珍貴的深海鯊魚剝製標本、常設展中的日本首件大型深海魚「五線鮋鱨」標本等眾多僅此處可見的收藏品，可一窺深海的奧妙世界。

2017年9月 函南
大推利用新設的望遠鏡觀察太陽！
重新翻修的月光天文台

天象館、天體觀測所、地球科學資料館等齊聚的設施，歷經翻修後重新開幕。館內在改裝的同時也導入了太陽望遠鏡，能觀測到日本最大規模的太陽即時影像。

📞055-979-1428
🅿MAP附錄P.8 E-2
🕙9:30～16:30 休週一、第4週四（逢假日則翌日休）
💴天文台成人600日圓、中小學生300日圓、學齡前兒童免費，天象館成人600日圓、4歲～國中生300日圓 📍函南町桑原1308-222 🚃JR函南站車程4km 🅿50輛

箱根・最夯

NEWS 3
新開設的旅宿也陸續誕生！

2017年11月 仙石原

承襲老字號度假村的傳統 共14間客房的高級飯店落成

以鬼怒川金谷飯店創業者JOHN金谷鮮治鍾愛的「森林別邸」為概念而誕生的小型豪華飯店。約2萬㎡的廣大腹地內僅規劃了14間備有露天浴池等設備的客房，能體驗極盡奢華的度假時光。

KANAYA RESORT HAKONE
●かなやりぞーとはこね
📞0460-84-0888　MAP附錄P.31 D-3
🕐IN15:00、OUT12:00　📍箱根町仙石原1251-16
💴1泊2食35000日圓～　🚃箱根登山鐵道強羅站有接送服務（預約制）　🅿22輛

↑含露台在內面積廣達133㎡的JOHN KANAYA大套房，是全飯店空間最大的客房

↑還能享用法國米其林星級主廚森祥崇的料理

NEWS 1
更加方便&舒適的交通工具

2018年3月 新宿～箱根湯本

連結東京與箱根的主要路線 小田急浪漫特快的新型車輛登場亮相！

連結新宿站～箱根湯本站間的特快列車「小田急浪漫特快」，新型「GSE（70000型）」已正式推出。頭尾兩個車廂各設有16席的眺望席，車廂側面採用了前所未有、高達1m的連續式觀景窗，車內還提供Wi-Fi、溫水洗淨便座等完善設備。此外週六日、假日的上午從新宿出發的超級箱根號，行車時間則從原本的約80分鐘縮短為約70分鐘。

📞03-3481-0066（小田急客服中心）

↑車窗加大加寬後，更能享受沿線的美麗風景

↓車身上飾以浪漫特快列車傳統橙色線條的「GSE（70000型）」

2017年4月 箱根湯本

先大快朵頤烤牛肉 再外帶箱根年輪蛋糕

選用鮮味濃厚的紅肉烹調的烤牛肉蓋飯，口感軟嫩蓬鬆。在店內現烤的箱根年輪蛋糕，有小田原檸檬和法國巧克力兩種口味。

Charcuterie Hiroya Hakone
●しゃるきとりーひろやはこね
MAP附錄P.32 F-6
📞0460-83-8816
🕐11:00～17:00（會有變動）　🏠週三　📍箱根町湯本699　🚃箱根登山鐵道箱根湯本站步行4分　🅿無

↑Charcuterie的烤牛肉蓋飯（附溫泉蛋）1468日圓～

2017年4月 箱根湯本

清淨河畔邊的道地手打蕎麥麵實力店

於人氣溫泉入浴設施天山湯治鄉所開設的蕎麥麵店。道地的手打蕎麥麵是以香味撲鼻的茨城產常陸秋蕎麥等蕎麥研磨成粉，再加上超軟水溫泉水製成。

じねん蕎麦すくも
●じねんそばすくも
MAP附錄P.33 D-4
📞0460-86-4126
（天山湯治鄉）
🕐11:30～16:30　🏠週四、第2·4週五　📍箱根町湯本茶屋208　🚃箱根登山鐵道箱根湯本站搭湯本旅館組合巡迴巴士10分　🅿140輛

↑竹籃蕎麥麵780日圓，富嚼勁的細蕎麥麵與濃郁風味的醬汁十分合搭

2017年3月 仙石原

造訪美術館和芒草原的途中 至正統派咖啡廳小歇片刻

座落在仙石原的中心地、仙石案內所前巴士站前方的精品咖啡專賣店。除了隨時備有10種左右的嚴選咖啡豆商品外，還能在店內或露天座享用道地的手沖濾泡式咖啡。

a*mazeCoffeeHouse Hakone
●あめいずこーひーはうすはこね
MAP附錄P.37 B-2
📞0460-83-8899
🕐10:00～17:00　🏠週三　📍箱根町仙石原226　🚃箱根登山鐵道箱根湯本站搭箱根登山巴士往湖尻、桃源台方向25分，仙石案內所前站下車即到　🅿2輛

↑在小田原的本店完成烘焙作業的咖啡豆，100g售價699日圓起

2017年3月 強羅

絕品蛋包飯大受歡迎 假日鐵定大排長龍的人氣店

位於強羅站前的西餐廳。將牛肉鮮甜味完全濃縮的多蜜醬汁加上滑嫩雞蛋的美味蛋包飯，人氣十足。

そううん 強羅
●そううんごうら
MAP附錄P.34 E-2
📞0460-82-8626
🕐11:00～14:30
🏠週二、第3週三　📍箱根町強羅1300-356　🚃箱根登山鐵道強羅站即到　🅿無

↑加了軟嫩牛肉塊的燉牛肉蛋包飯1500日圓是店內最熱賣的餐點

NEWS 2
接連開張的箱根新美食！

2017年7月 強羅

以自家釀造的手工啤酒搭配世界級名廚NOBU的料理！

能品嘗廣受全球名流喜愛的NOBU主廚－－松久信幸料理的在地啤酒餐廳。午餐有8款套餐可以任選，晚餐只提供單品料理，NOBU的經典菜色也一應俱全。自家釀造的手工啤酒共有3種。

GORA BREWERY&GRILL
●ごうらぶりゅわりーあんどぐりる
📞0460-83-8107　MAP附錄P.34 E-3
🕐11:30～15:00、17:00～21:30
🏠無休　📍箱根町強羅1300-72　🚃箱根登山鐵道強羅站步行10分　🅿10輛

↑時尚的紅牆外觀，入口還設有足湯

↑粗碩木柱引人目光的店內，夜晚從窗邊就能欣賞點上燈飾的日本庭園

↑推薦午餐「石窯燒烤伊達雞佐NOBU特製醬汁」3132日圓和精釀啤酒（S）648日圓～

伊豆箱根特選！
Izu & Hakone

兜風4路線

箱根湯本 ➡ P.110
蘆之湖 ➡ P.132

⤴烤長崎蛋糕 箱根饅頭
（1個）70日圓

1 一次走訪整個「溫泉博物館」！
箱根湯本～蘆之湖 路線

如博物館般集所有溫泉魅力於一身的箱根，有「箱根十七湯」之稱的多彩多姿溫泉、飄散著硫磺味氣勢磅礡的噴煙地及著名美食齊聚的溫泉街。現在就出發來趟絕景兜風之旅吧！

point

國道1號為箱根的主要道路，每逢觀光旺季就會塞車，回程時不妨善用阿耐思特岩田收費高速公路箱根等替代道路。

箱根湯本漫步逛街

箱根湯本站前的國道1號沿線上餐飲店和伴手禮店比鄰而立，也是話題美食的聚集地。

1 菊川商店
●きくかわしょうてん　➡P.111

店前就能看到饅頭烘烤過程的人氣店。以甜味長崎蛋糕外皮包裹白豆沙餡的箱根饅頭，可以單個購買。

🗺 MAP附錄P.32 G-5
☎ 0460-85-5036
🕗 8:00～19:00
休 週四（逢假日則營業）
所 箱根町湯本706
🚃 箱根登山鐵道箱根湯本站即到
🅿 無

⤴菊川商店也在其中的箱根湯本伴手禮街

在箱根湯本溫泉街享用知名街頭美食

享受藝術&足湯時光 在與自然融合為一的美術館

2 雕刻之森美術館
●ちょうこくのもりびじゅつかん　➡P.122

7萬㎡的廣大腹地內依照自然地形展示有各種雕刻作品，還有畢卡索館等室內展覽館，能以郊遊的悠閒心情遊逛一整天。

☎ 0460-82-1161　🗺 MAP附錄P.34 F-3
🕘 9:00～17:00　休 無休
💴 成人1600日圓、高中大學生1200日圓、中小學生800日圓
所 箱根町二ノ平1121
🚃 箱根登山鐵道雕刻之森站即到
🅿 400輛

⤴以彩繪玻璃營造出夢幻氛圍的18公尺高塔

⤴能在視野開闊的庭園欣賞錯落其間的個性作品

也有足湯！

⤴若走累了就到免費的源泉放流足湯休息一下

視線所及的噴煙地彷彿地獄的場景般

3 大涌谷
●おおわくだに　➡P.126

因40萬年前持續至今的火山活動而形成的箱根屈指風景勝地，從地表縫隙冒出的白煙氣勢驚人。以溫泉蒸氣蒸熟的黑蛋則是當地知名的特產。

🗺 MAP附錄P.36 D-6
☎ 0460-84-9605（大涌谷黑蛋館）
🕗 自由參觀 ※有的區域會因火山活動影響而禁止進入
所 箱根町仙石原
🚃 箱根空中纜車大涌谷站即到
🅿 150輛

黑蛋1袋（5顆裝）500日圓，可於大涌谷黑蛋館購買

兜風路線

兜風路線 → ① 菊川商店 → 約9km 約20分 → ② 雕刻之森美術館 → 約7km 約15分 → ③ 大涌谷 → ④ 大涌谷黑蛋館 → 約7km 約15分 → ⑤ 川涌之湯 箱根山景酒店 → 約7km 約10分 → ⑥ 蘆之湖Skyline（湖尻峠收費站） → 約25km 約40分（經由箱根新道） → 小田原西IC

小田原西IC → 約3km 約5分 → ① 菊川商店

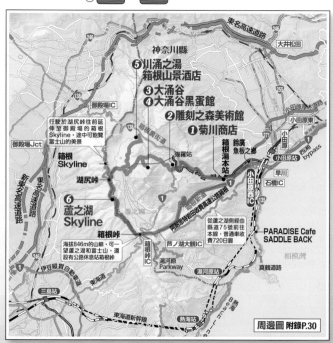

周邊圖 附錄P.30

5 川涌之湯 箱根山景酒店
● かわらのゆまうんとびゅーはこね

因 價格相對平實而廣受歡迎的仙石原旅宿。設有男女別的露天浴池，可體驗富含硫磺與鐵質的乳白色溫泉。

MAP附錄P.37 C-2
☎0460-84-9805
所 箱根町仙石原885
箱根登山鐵道箱根湯本站搭箱根登山巴士往桃源台方向25分，仙石原文化センター前站下車即到 P25台

➡包租浴池的使用時間至14:00，60分鐘4000日圓

盡情享受仙石原的濁湯！

的泡湯時光
➡能靜靜享受悠閒

不住宿資訊

入浴預估時間 1小時

【入浴費】成人1100日圓、兒童630日圓
🕐10:30～15:00(包租浴池～14:00)
休不定休

4 大涌谷黑蛋館
● おおわくだにくろたまごかん
➡P.127

設 有販售多款限定產品的人氣商店和熱門餐廳的複合設施，1樓還有箱根地質博物館（入館費100日圓）。

MAP附錄P.36 D-6
☎0460-84-9605
🕐9:00～16:00 休無休 所 箱根町仙石原1251 箱根空中纜車大涌谷站即到 P150輛（利用大涌谷停車場）

在大涌谷的觀光據點品嘗黑色美食

➡涌わくキッチン的自助百匯

享用黑色美食午餐

「涌わくキッチン」為自助百匯形式的餐廳，能吃到元祖大涌谷黑咖哩等佳餚。

🕐11:00～14:30
¥午間自助百匯（45分鐘）成人1800日圓、兒童1500日圓

長壽黑蛋御守500日圓是賣店的熱銷商品

特選point

從途中Rest House Lake View的瞭望台能眺望蘆之湖和駒岳，從背後的山頭則可一望富士山和駿河灣，可謂盡享絕景！

6 蘆之湖 Skyline
● あしのこすかいらいん

連 結蘆之湖西側的箱根峠和湖尻峠、全長10.7km的連續彎路，還有在沿途視野良好的場所設置停車場。

MAP附錄P.31 C-4
☎0460-83-6361
🕐7:00～19:00(入場)
休無休
¥普通車一般區間620日圓

紅色鳥居的真面目!?

行經三國峠附近時映入眼簾的紅色鳥居是命之泉神社所有，鳥居下方有「命之泉」清水湧出。

可一望火口湖的暢快高原兜風之旅！

➡行駛此路線時富士山巍峨聳立在背後，能從各場所的瞭望台一睹絕妙美景

回程時順道造訪小田原

鈴廣魚板之鄉
● すずひろかまぼこのさと

將名產魚板買回家當伴手禮

由小田原的老店「鈴廣」所經營的複合設施，透過美食、產品、博物館等媒介發揚魚板的魅力。 ➡P.145

☎0465-22-3191 MAP附錄P.30 E-3
🕐商店9:00～18:00（週六日、假日為～19:00，此外的餐廳、鈴廣魚板博物館則視設施而異）休無休（有臨時公休）所 小田原市風祭245 箱根登山鐵道風祭站即到 P300輛

➡多美小汽車魚板（警車、巴士套組）756日圓
⬅位於國道一號沿線上

PARADISE Cafe SADDLE BACK
● サドルバックカフェ

能俯瞰大海景致的頭等席

咖啡廳座落在能將相模灣盡收眼底的高台上。店家禁止10歲以下兒童入內，可以享受專屬於大人的幽靜時光。

☎0465-29-0830 MAP附錄P.39 C-1
🕐11:00～18:00 休週二 ¥在地新鮮竹莢魚蓋飯1400日圓、海鮮焗烤麵包盅1400日圓 所 小田原市江之浦415 JR根府川站搭箱根登山巴士往石名坂方向10分，赤沢站下車即到 P50輛

天座
可居高臨下飽覽海景的露

➡從大涌谷站前的瞭望台可一望噴煙地

符號範例
■…含入浴費　■…費用另計。租借、販售等　■…無
浴巾　毛巾　洗髮乳、潤絲精　肥皂、沐浴乳
吹風機　休…休息設施　露…露天浴池　包…包租浴池

→造訪設有玫瑰花廊等造景的美麗庭園

漫步賞花後 前往咖啡廳朝聖

② 到濱海度假勝地感受假期氛圍
熱海～下田 路線

熱海 ⇒ P.22
下田 ⇒ P.60

巡遊東伊豆的路線可以說是伊豆觀光的主流。不妨以大型溫泉度假勝地熱海為起點，行經別墅文化盛行的伊豆高原、美麗白砂海灘綿延的下田，沿著海岸線來趟隨心所欲的愜意兜風吧！

兜風路線

小田原西IC ← 約110km 約2小時30分 → ⑥培里之路 ← 約5km 約10分 → ⑤白濱大濱海水浴場 ← 約17km 約25分 → ④寿し魚八 ← 約13km 約20分 → ③赤澤不住宿溫泉館 ← 約7km 約15分 → ②城崎海岸 ← 約33km 約55分 → ① Akao Herb & Rose Garden ← 約22km 約35分 → 石橋IC

point
國道135號是東伊豆的主要道路，平日的早晚尖峰時段也會湧現大量車潮。從下田返回熱海時，建議走伊豆Skyline朝小田原方向行駛。

① Akao Herb & Rose Garden
●アカオハーブ＆ローズガーデン

🏔坡斜面上共有12個花園散布其間的景觀庭園。2017年9月以玻璃與原木搭建而成的絕景咖啡廳全新落成，成為熱門景點。

📞0557-82-1221　MAP附錄P.12 C-4
🕘9:00～16:00
休12、1月的週二（12/29～1/3營業，若天候不佳則休園）
¥成人1000日圓、兒童500日圓（5/15～6/10為成人1300日圓、兒童600日圓）
所熱海市上多賀1027-8
🚌JR熱海站搭東海巴士往網代方向15分，アカオハーブ＆ローズガーデン站下車即到　P100輛

◎還提供香草皂DIY（900日圓）等體驗

兜風途中順道前往！

戶外足湯

全長43m的長型免費戶外足湯。
🕘9:00～16:00（有季節性變動，雨天不開放）
◎遊艇港就近在咫尺

遊覽船

能體驗海底探索與遊訪名勝的半潛水式海中展望船，費用為成人1600日圓、國高中生1200日圓、兒童800日圓。

海中展望船 はるひら丸イルカ号
●かいちゅうてんぼうせんはるひらまるいるかごう
📞0557-35-3355
🕘9:40～15:40（1天7班，每個整點的40分出港。有季節航班，天候不佳時停駛）

海中展望船BELL CRUISE ITO 「Youmin Fook」
●かいちゅうてんぼうせんべるくるーずいとうゆーみんふっく
📞0557-38-0690
🕘9:10～15:10（1天7班，每個整點的10分出港。有季節航班，天候不佳時停駛）

◎はるひら丸イルカ号

公路休息站 伊東マリンタウン
●みちのえきいとうまりんたうん　→附錄P.42

也備有遊覽船和足湯等設施，集美食、購物、玩樂於一身的公路休息站。位於國道135號沿線上，與大海相鄰。

📞0557-38-3811　MAP附錄P.8 F-5
🕘商店9:00～18:00、餐廳11:00～20:30、SEASIDE SPA5:00～21:00（～9:30為早湯）　休無休（僅SPA有不定休）　所伊東市湯川571-19　🚌JR伊東線伊東站搭東海巴士往マリンタウン方向5分，終點站下車即到　P298輛

◎以五顏六色的建物為明顯標誌

伊豆牛、伊豆鹿、當地魚等在地美食和伴手禮種類豐富。

美食&伴手禮

◎黑船烤牛肉蓋飯 1350日圓
◎煙燻金目鯛 870日圓

濱海遊步道

若天氣晴朗甚至能遠眺房總半島的遊步道。
🕘11:00～15:00（天候不佳時關閉）

◎也立有紀念碑

地圖標示：
箱根湯本站／早川／石橋IC／新東名高速道路／東名高速道路／蘆之湖①／芦ノ湖大觀IC／箱根新道／箱根峠／公路休息站 箱根峠／長泉沼津IC／沼津IC／伊豆縱貫自動車道／湯河原站／湯河原Parkway／真鶴道路／相模灣／三島站／東海道新幹線／熱海峠IC／熱海IC／熱海站／東海道本線／沼津站／玄岳IC／韮山反射爐／山伏峠IC／伊豆長岡站／龜石峠IC／① Akao Herb & Rose Garden／函南塚本／狩野川／伊豆中央道／內浦灣／大仁中央／修善寺／修善寺站／冷川IC／大平／公路休息站 伊東マリンタウン／伊東站／若想要前往熱海站，從熱海峠IC下去較便捷輕鬆／② 城崎海岸／伊豆高原站／③ 赤澤不住宿溫泉館／伊豆熱川站／相模灘／天城高原IC／天城峠IC／靜岡縣／天城街道／北川溫泉每逢滿月的夜晚就能欣賞到海面上的月光大道，為近年的熱門話題／可行經中伊豆的路線／穴切站／2～3月上旬的河津櫻花祭期間為容易塞車的路段／伊豆半島／河津站／④ 寿し魚八／松崎街道／⑤ 白濱大濱海水浴場／公路休息站 開國下田みなと／伊豆急下田站／⑥ 培里之路

周邊圖 附錄P.8～11

親臨伊豆高原的名勝
欣賞絕景&體驗刺激

2 城崎海岸
● じょうがさきかいがん
→P.38

（懸）崖峭壁的海灣、海岬相連長達9km的海岸線。停車場附近的門脇吊橋就架在高23m的斷崖上，刺激度百分百。還有設置了瞭望台的燈塔。

MAP 附錄P.16 G-1
☎0557-37-6105（伊東觀光協會）
⏰自由參觀　📍伊東市富戶　🚃伊豆急行城崎海岸站步行25分　🅿123輛

⬅跨越大海的巨型吊橋長48m、寬1.5m

⬇大浴場的露天浴池擁有開闊的全景視野

特選point
由建築師隈研吾所操刀設計的建築物，以木造結構搭配全方位抗UV的大片玻璃落地窗。面朝大海的吧檯座是最佳首選。

在天空浴池享受放鬆時光
飽覽大海與半島的景致

3 赤澤不住宿溫泉館
● あかさわひがえりおんせんかん
→P.46

（由）化妝品牌DHC所營運的入浴設施，致力於追求美和健康、紓壓。另外還有鋪上榻榻米的免費休息室、SPA、餐廳等設施。

MAP 附錄P.17 B-6
☎0557-53-2617
📍伊東市赤沢浮山170-2
🚃伊豆急行伊豆高原站搭免費接送巴士15分（定時班次）
🅿160輛

不住宿資訊
入浴預估時間 2小時
【入浴費】成人1550日圓、4歲～小學生850日圓
（旺季期間成人1900日圓、4歲～小學生1000日圓），附露天浴池的包廂為1小時2700日圓
⏰10:00～21:00（旺季期間為9:00～）
※0～3歲禁止進入大浴場
🈚1、6月有保養維修公休日

⬇約800m的廣大海灘

⬆提供玫瑰碳酸飲料450日圓等

⬆以與自然環境融合為主題的話題咖啡廳「COEDA HOUSE」

4 寿し 魚八
● すしうおはち
→P.50

（位）於金目鯛漁獲量在日本數一數二的稻取漁港附近，也是第一家推出金目鯛握壽司的店。在主要產地捕獲的金目鯛，魚肉的分量與鮮甜味皆十分出色。

MAP 附錄P.19 C-2
☎0557-95-1430
⏰11:00～19:00　🈚週三（逢假日則營業）、2、3、8月無休
📍東伊豆町稻取371-4
🚃伊豆急行伊豆稻取站步行7分
🅿7輛

午餐就吃
稻取特產
金目鯛

⬆金目鯛壽司3564日圓。稍微炙燒過的魚肉，可讓鮮甜味更加濃縮

⬆有時週末還得候位的人氣店

在猶如南國度假勝地般的白砂海灘小歇片刻

5 白濱大濱海水浴場
● しらはまおおはまかいすいよくじょう

MAP 附錄P.20 D-3

（下）田當地很受歡迎的海水浴場。美麗的白砂及透明度高的寶藍色海水，即使非海水浴季節也吸引不少遊客來訪。

☎0558-22-5240（伊豆白濱觀光協會）
⏰自由參觀（海水浴為7～8月）
📍下田市白浜　🚃伊豆急行伊豆急下田站搭東海巴士往板戶一色方向11分，レスポ白浜站下車即到　🅿350輛

前往開國的舞台充滿復古風情的下田

6 培里之路
● ベリーロード
→P.61

（從）下田港登陸的培里一行人曾經走過的道路。平滑川的兩岸石板道連綿，瓦斯燈、海鼠壁外牆住家襯托出懷舊的氛圍，很適合散步閒逛。

MAP 附錄P.21 B-4
☎0558-22-1531（下田市觀光會）
⏰自由參觀
📍下田市3丁目
🚃伊豆急行伊豆急下田站步行15分
🅿無

➡沿岸還可見到時尚咖啡廳等店家錯落其間

回程時行經景色絕美的兜風道路

伊豆 Skyline
● いずすかいらいん

蜿蜒於伊豆半島東部山稜的觀光道路，長約40.6km。能眺望相模灣、駿河灣、富士山的風光，沿途還設有休憩區和瞭望台。從伊豆高原要返回小田原時，相當推薦行駛這條道路。

MAP 附錄P.8 F-5
☎0558-79-0211（伊豆Skyline龜石峠收費站）
⏰6:00～22:00
🈚無休　💴熱海峠～天城高原980日圓等

符號範例
■…含入浴費　■…費用另計。租借、販售等　■…無
🛁…浴巾　🧖…毛巾　🧴…洗髮乳、潤絲精　🧼…肥皂、沐浴乳
💨…吹風機　休…休息設施　露…露天浴池　包…包租浴池

伊豆箱根特選！
Izu & Hakone

兜風4路線

1 Hamburger&Cafe 沼津バーガー
●はんばーがーあんどかふぇぬまづばーがー

➡P.89

➡餐飲店、伴手禮店等店家林立的港八十三番地

店 家位於港八十三番地，人氣商品是以底拖網捕獲的駿河灣白肉魚「半帶水珍魚」酥炸後夾起的漢堡。

到沼津港附近淺嘗一下深海美食

MAP 附錄P.24 D-5
☎055-951-4335
🕐9:00～17:30（週二為～16:30，週六日、假日為～19:30）　休無休
🍴炸花枝章魚塊380日圓
📍沼津市千本港町83-1
🚃JR東海道本線沼津站搭伊豆箱根巴士往沼津港方向15分，終點站下車，步行3分
Ⓟ利用共同停車場

↑加了番茄奶油醬的深海魚漢堡 680日圓

還能見到冷凍腔棘魚
一旁還有「沼津港深海水族館 腔棘魚博物館」（→P.89）。

---

3 享受神秘的大海景色與深海美食！

沼津 ➡ P.88
松崎 ➡ P.82

沼津～松崎 路線

近距離感受當地居民的生活與文化，一窺仍保留樸實氣息的西海岸。
不妨邊享受兜風的快感，邊前往探索駿河灣的深海謎樣生物與隱藏版的絕景吧。

point
一年之中以冬天到春天期間最能欣賞富士山的美景，但西伊豆Skyline等山間道路每到冬天路肩會出現凍結現象或積雪，必須特別留意。

路線圖：

兜風路線 ←約9km 約25分→ 沼津IC ←約40km 約1小時15分→ ① Hamburger&Cafe 沼津バーガー ←約20m 步行即到→ ② 諸口神社 ←約2km 約5分→ ③ 駿河灣深海生物館 ←約2km 約5分→ ④ さかなや魚清 ←約35km 約50分→ ⑤ 堂島Marin ←約4km 約10分→ ⑥ 明治商家 中瀨邸 ←約300m 步行約3分→ ⑦ 喫茶&ギャラリー 丸平 ←約4km 約15分→ ⑧ 澤田公園露天風呂 ←約76km 約1小時50分→ 沼津IC

（左側直書文字）
以保佑漁獲豐收與海上安全而廣受信仰的神社

能量景點
能一窺映在水面上
唯美鳥居倒影的

西伊豆與富士山之景
伊豆半島的西側能清楚眺望富士山的風光，出逢岬（→P.77）和大瀨崎都很推薦。

2 諸口神社
●もろぐちじんじゃ

座 落於以賞富士山名勝地聞名的御濱岬前端。境內茂密的松樹林與朱紅鳥居、蔚藍大海交織成的風景，散發出莊嚴肅穆的氣氛。

MAP 附錄P.24 A-4
☎0558-94-3115（戶田觀光協會）
🕐自由參觀
📍沼津市戶田2710-1
🚃伊豆箱根鐵道修善寺站搭東海巴士往戶田方向50分，於終點站轉乘往土肥方向4分，御浜口站下車，步行5分
Ⓟ350輛（海水浴開放期間須付費）

↑御濱岬是眺望大海與富士山的絕景景點

（左側直書文字）
深海魚的寶庫 戶田

戶田港採用拖網漁法（底拖網）進行捕撈作業，並以高腳蟹等深海漁產的漁獲量聞名。

←世界最大的螃蟹「高腳蟹」也是深海生物之一

←歷經整修後於2017年7月重新開館

3 駿河灣深海生物館
●するがわんしんかいせいぶつかん

➡P.85

（左側直書文字）
深海生物的奧秘
到博物館輕鬆學習

由 喜愛深海鯊魚著稱的搞笑藝人——COCORICO的田中直樹擔任名譽館長。展示浸液標本和剝製標本，還有簡單易懂的動畫解說。

☎0558-94-2384　MAP 附錄P.24 A-4
🕐9:00～16:30　休週三、假日翌日
💴成人200日圓、中小學生100日圓
📍沼津市戶田2710-1　🚃伊豆箱根鐵道修善寺站搭東海巴士往戶田方向50分，於終點站轉乘往土肥方向5分，健康の森入口站下車，步行10分　Ⓟ20輛

地圖標示：
駿河灣沼津スマートIC
新東名高速道路
東名高速道路
長泉沼津IC
沼津IC
愛鷹スマートIC
東海道
東海道新幹線
清水町
狩野川
三島站
沼津市
函南塚本
①Hamburger&Cafe 沼津バーガー
諸口神社②
御濱岬
駿河灣
大瀨崎
內浦灣
大仁中央
伊豆長岡站
④さかなや魚清
戶田峠
③駿河灣深海生物館
公路休息站 くるら戶田
修善寺
修善寺站
西伊豆Skyline
靜岡縣
大平
土肥峠
天城街道
伊豆半島
出了長長的隧道後，瞬間的景色即豁然開朗
西伊豆町
⑤堂島Marin
⑧澤田公園露天風呂
公路休息站「花の三聖苑」伊豆松崎
仁科川
松崎町
⑥明治商家 中瀨邸
⑦喫茶&ギャラリー 丸平
松崎街道

周邊圖 附錄P.8～11

まっぷる 16

隨著陽光射入海面顏色也出現變化的天窗洞

搭船一探究竟日本版的「青之洞窟」

5 堂島 Marin
●どうがしままりん →P.81

堂 島是著名的西伊豆風景勝地，可搭乘遊覽船飽覽沉降式海岸線以及有日本版「青之洞窟」別稱的天窗洞等地。

☎0558-52-0013 MAP附錄P.25 D-5
🕐8:15～16:30（有季節性變動）休天候不佳時
¥堂島洞窟周遊路線（所需約20分）成人1200日圓、兒童600日圓等 所西伊豆町仁科2060
🚌伊豆箱根鐵道修善寺站搭東海巴士往松崎方向1小時30分，堂ヶ島站下車即到 P300輛

⬆共有4條周遊路線，所需時間20～50分鐘

何謂陸連島現象？
陸連島現象即退潮時會在海岸和島嶼之間出現海中道路，只有3～9月期間能看到。

喜歡兜風的人不可錯過的西伊豆Skyline
連結土肥峠與戶田峠、全長11km的一般道路（免費通行）。為穿梭在山脊間的蜿蜒道路，可以邊眺望富士山和駿河灣邊一路奔馳。
MAP附錄P.9 B-5 →P.76

⬅能飽覽風光的戶田峠停車場是知名觀景點。草原上可以遠眺富士山和大

4 さかなや魚清
●さかなやうおせい →P.79

能 吃到以當日進貨的深海魚做成的生魚片和單品料理等菜色。高腳蟹也可單點一隻腳，能以平實的價格大飽口福正是魅力所在。

☎0558-94-2114 MAP附錄P.24 B-5
🕐11:00～17:00（週六日、假日為～20:00）休不定休 ¥高腳蟹定食4860日圓 所沼津市戶田580 🚌伊豆箱根鐵道修善寺站搭東海巴士往戶田方向50分，終點站下車，步行10分 P10輛

享用現撈的深海美食當午餐

⬆半帶水珍魚、東方擬海蝦、深海章魚的深海魚生魚片三樣拼盤1080日圓

附蟹膏的高腳蟹定食4860日圓

⬆9～5月的漁汛期水槽內滿滿都是高腳蟹！

松崎懷舊散步趣

在松崎悠遊街景的海鼠壁散步

7 喫茶&ギャラリー 丸平
●きっさあんどぎゃらりーまるへい

展 示本地藝術家繪畫、手工藝品的藝廊咖啡廳，每個月會定期更換內容。特選綜合咖啡400日圓。

MAP附錄P.25 A-5
☎0558-42-0021
🕐11:00～17:00 休週二～四，有不定休 ¥茶碗蒸御膳1000日圓 所松崎町松崎475-1 🚌伊豆箱根鐵道修善寺站搭東海巴士往松崎方向1小時40分，松崎站下車，步行9分 P無

在復古的倉庫咖啡廳度過美好咖啡時光

⬆改裝自貯冰倉庫的建築物

6 明治商家 中瀨邸
●めいじしょうかなかぜてい

依 照建於1887（明治20）年的和服商家原貌重現，收藏、展示明治時代的和服與歷史資料。

MAP附錄P.25 A-5
☎0558-43-0587
🕐9:00～17:00 休無休 ¥成人100日圓、國中生以下免費 所松崎町松崎315-1 🚌伊豆箱根鐵道修善寺站搭東海巴士往松崎方向1小時40分，松崎站下車，步行7分 P60輛

傳統風格的「海鼠壁」
於瓦片壁面的接縫處塗上石灰黏接成半圓筒型，擁有絕佳的防火性能。廣泛用於松崎的倉庫和住家。

⬆也有販售當地產品的伴手禮以及提供觀光導覽服務

---

8 澤田公園露天風呂
●さわだこうえんろてんぶろ →P.80

位 於仁科漁港附近高台上的町營露天風呂。浴池的下方為激起浪花飛濺的岩岸，兩側還能見到錯縱複雜的海岸線和小島。

☎0558-52-0220 MAP附錄P.25 C-5
所西伊豆町仁科沢田2817-1 🚌伊豆箱根鐵道修善寺站搭東海巴士往松崎方向1小時35分，沢田站下車，步行5分 P15輛

特選point
西伊豆的夕陽美景十分著名。日落的預估時間，4月為18:20左右、7月為19:00左右、10月為17:30左右、1月為16:40左右。

不住宿資訊
入浴預估時間 30分
【入浴費】成人600日圓、兒童200日圓
🕐9:00～17:30（3～5、9月為～18:30。6～8月為～19:30）休週二（逢假日則翌日休）

從海邊的溫泉欣賞西伊豆自豪的夕陽美景

浴池一次只能容納4～5人溫泉的水溫偏高

符號範例 ■■含入浴費 ■■費用另計。租借、販售等 ■■無
🛁浴巾 🧺毛巾 🧴洗髮乳、潤絲精 🧼肥皂、沐浴乳 🌬吹風機 休休息設施 露露天浴池 包包租浴池

← 高達70m 可遠眺至駿河灣

特選point
一路穿越吊橋、長約300m的絕景高空滑索，已於2018年7月下旬登場亮相！

走上日本最長的吊橋
體驗刺激與絕景漫步

4 徜徉在藍天與綠意的暢快兜風！
三島~修善寺 路線

1 三島 SKY WALK大吊橋
みしますかいうぉーく →P.87

「Sky Garden」內提供餐飲和購物服務

全 長400m為日本之最的行人專用吊橋。伴隨著腳下晃動的緊張感，還能欣賞聳立於眼前的富士山。

MAP 附錄P.8 E-2
☎ 055-972-0084
🕐 9:00～17:00　休 無休　¥ 成人1000日圓、國高中生500日圓、小學生200日圓、幼兒免費　所 三島市笹原新田313
🚃 JR三島站搭計程車20分
🅿 400輛　※雨天時禁止撐傘，但會免費提供雨衣

↑過橋後則是可散步開逛的「Kicoro之森」

為南北貫穿伊豆半島中心的路線，擁有景色絕美的大吊橋、山間溫泉街等眾多景點，能在豐沛的大自然中得到放鬆與舒展。邊欣賞車窗外的綠意，啟程兜風去吧！

山也是能眺望富士的地理位置之一

→附錄P.41

2 公路休息站 伊豆ゲートウェイ函南
みちのえきいずげーとうぇいかんなみ

位 於伊豆的縱貫道上，附設有吃得到伊豆食材的餐廳、網羅特產品和限定伴手禮的販賣所、提供在地詳細資訊的觀光服務處等。

在誕生於伊豆玄關口的公路休息站小歇片刻

MAP 附錄P.9 D-3
☎ 055-979-1112
🕐 物產販賣所9:00～18:00、觀光服務處9:00～18:00 ※其他營業時間視店鋪而異
休 無休　所 函南町塚本887-1
🚃 伊豆箱根鐵道伊豆仁田站步行22分　🅿 131輛

兜風路線

① 三島SKY WALK大吊橋 → 沼津IC
↑ 約16km 約25分

② 公路休息站 伊豆ゲートウェイ函南
↑ 約7km 約15分

③ 國家指定史跡 韮山反射爐
↑ 約10km 約20分

④ 修善寺溫泉街
↑ 約10km 約20分

⑤ Bakery&Table 東府や → 沼津IC
↑ 約40km 約50分

point
此區域與東伊豆相比塞車狀況雖然較少，但沼津～三島間的國道1號每逢早晚絕對塞車，安排行程時請避開平日的通勤時段。

3 國家指定史跡 韮山反射爐
くにしていしせきにらやまはんしゃろ →P.72

反 射爐指的是製造大砲時用來熔解鐵塊的熔爐。建於江戶時代末期，是日本唯一僅存曾實際進行熔解鐵塊作業的反射爐。

前往已登錄為世界遺產的珍貴史跡

☎ 055-949-3450　MAP 附錄P.26 D-1
🕐 9:00～17:00（10～3月為～16:30）
休 第3週三　¥ 成人500日圓、中小學生50日圓　所 伊豆の国市中268-1
🚃 伊豆箱根鐵道伊豆長岡站步行20分
🅿 150輛

↑在抵禦外國船隻的海防政策下所進行開發的反射爐

我會為大家詳細解說喲

有任何疑問就請教導覽人員吧！
只需事前上伊豆之國市的官網預約，即可獲得免費的導覽服務（約20分）

4 修善寺溫泉街
しゅぜんじおんせんがい →P.66

開 湯已逾1200年的修善寺溫泉，流經溫泉街中心的桂川沿岸以及竹林小徑、修禪寺（→P.66）等處都別具一番風情。

MAP 附錄P.26 B-5
☎ 0558-72-2501
（伊豆市觀光協會修善寺支部）
🕐 自由參觀　所 伊豆市修善寺
🚃 伊豆箱根鐵道修善寺站搭東海巴士往修善寺溫泉方向8分，終點站下車即到　🅿 無

愜意漫步在歷史悠久的溫泉街

映襯的桂川沿岸朱紅色橋梁與新綠相互

5 Bakery&Table 東府や
べーかりーあんどてーぶるとうふや →P.71

附 設在老字號旅館「東府やResort&Spa-Izu」的烘焙坊＆咖啡廳，能享受天城自然景致與吉奈溫泉足湯的露天座是人氣首選。

MAP 附錄P.27 C-3
☎ 0558-85-1000
🕐 10:00～17:00（週日、假日為9:30～，咖啡廳為～16:30）　休 無休　¥ Bakery午間套餐1274日圓　所 伊豆市吉奈98
🚃 伊豆箱根鐵道修善寺站搭東海巴士往湯ヶ島方向20分，吉奈溫泉口站下車，步行20分　🅿 50輛

↑自伊豆最古老溫泉引水的足湯

於綠意盎然的庭園享受美味麵包和足湯

↑以國產小麥與自養酵母烘焙而成的麵包羅列

67名泉的筥湯也能享受→P.

不住宿也能享受

周邊圖 附錄P.8〜9

新東名高速道路　東名高速道路
長泉沼津IC
沼津IC
沼津市
沼津站
清水町
函南町
伊豆縱貫自動車道
三島站
東海道本線
東海道新幹線
函南塚本
若要順道前往沼津港就走這條路
狩野川
東海道本線
駿河灣
伊豆中央道
公路休息站 伊豆のへそ
大仁中央
修善寺路線
修善寺
大仁
伊豆之國市
伊豆長岡
伊豆市
大平
修善寺站
靜岡縣
假日時體內車潮常會湧現車潮，要小心避免發生追撞！

① 三島SKY WALK大吊橋
熱海市

② 公路休息站 伊豆ゲートウェイ函南

③ 國家指定史跡 韮山反射爐

④ 修善寺溫泉街

⑤ Bakery&Table 東府や

伊豆

いず

新鮮海味與絕景兼備的半島度假勝地

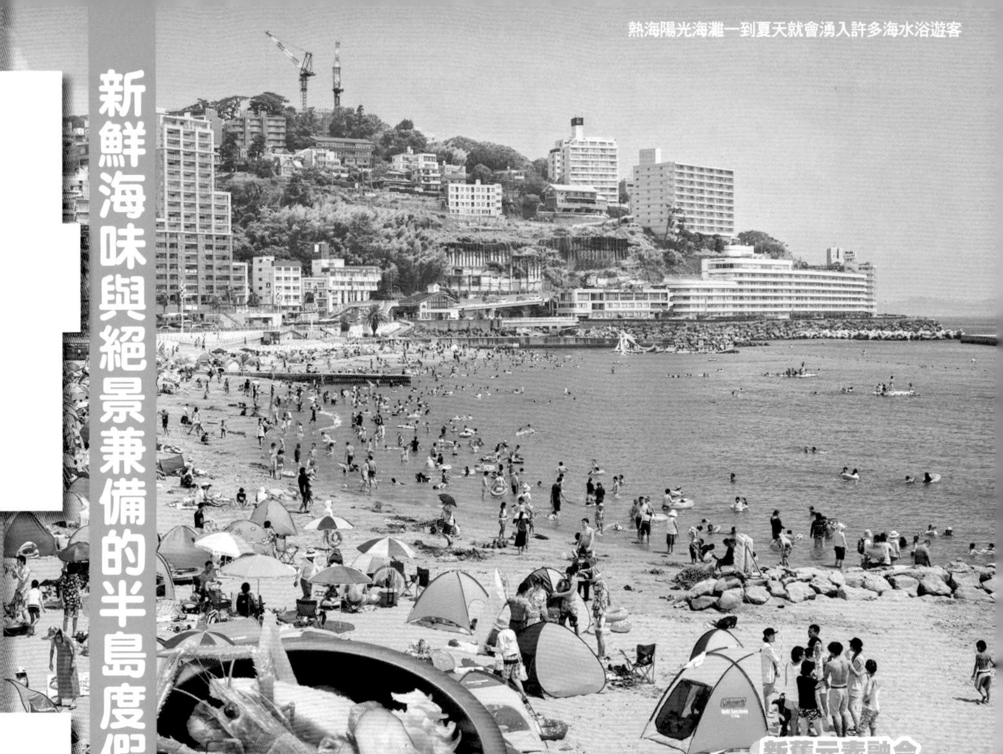
熱海陽光海灘一到夏天就會湧入許多海水浴遊客

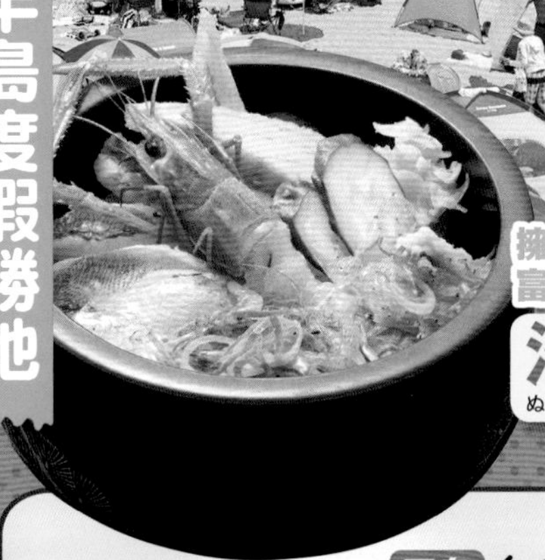

環繞三方的美麗大海、群山聳立地形饒富變化的內陸部、涼爽宜人的高原、歷史悠久的溫泉等，一次網羅各式各樣的旅遊樂趣！

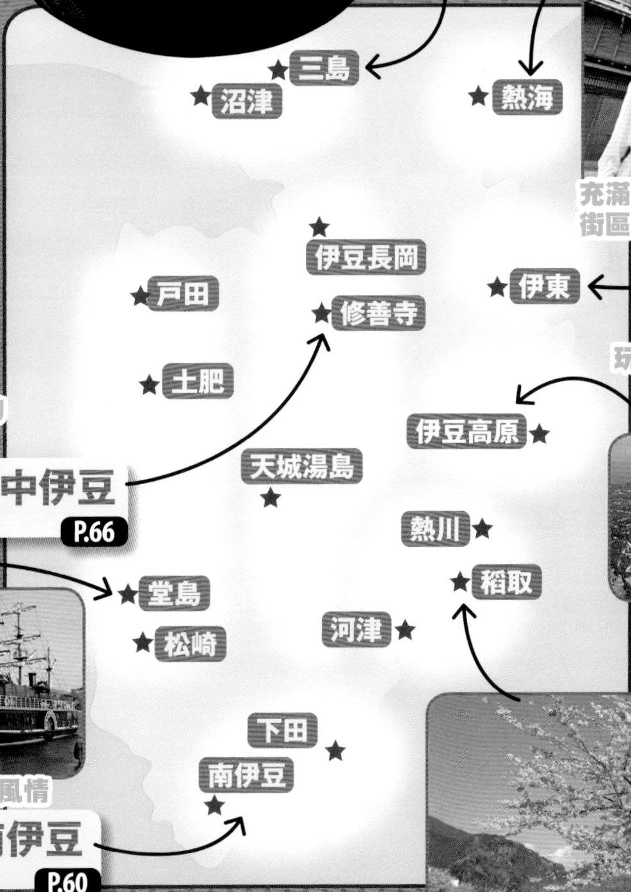
三島
沼津
熱海
伊豆長岡
戸田
修善寺
伊東
土肥
伊豆高原
天城湯島
熱川
堂島
稻取
松崎
河津
下田
南伊豆

擁有駿河灣美味及富士山兩大名物
沼津・三島
ぬまづ・みしま
P.86

新舊元素融合東伊豆的起點
熱海
あたみ
P.22

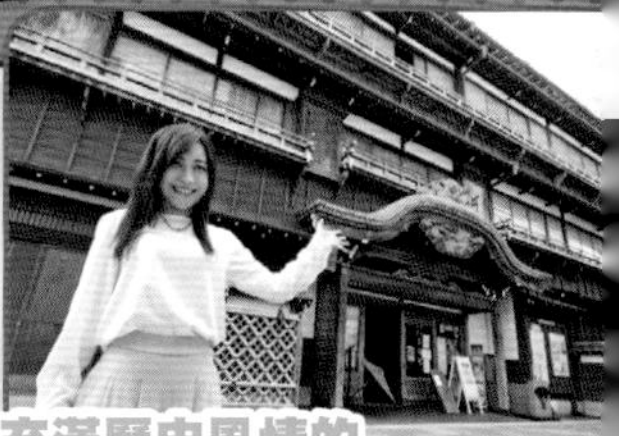

充滿歷史風情的街區與溫泉
伊東
いとう
P.32

有山有海玩樂方式多元的高原
伊豆高原
いずこうげん
P.38

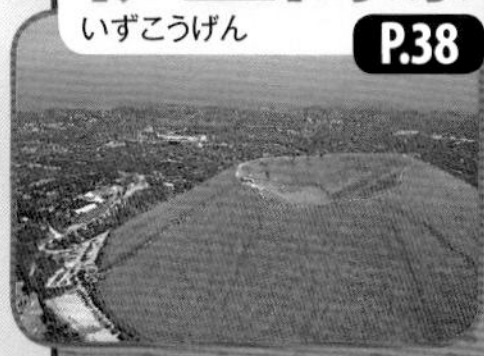

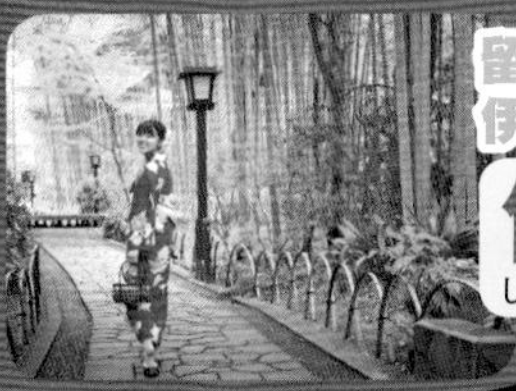

留有文豪足跡的伊豆小京都
修善寺・中伊豆
しゅぜんじ・なかいず
P.66

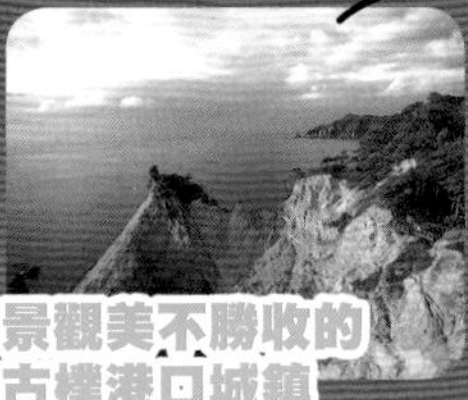

景觀美不勝收的古樸港口城鎮
西伊豆
にしいず
P.76

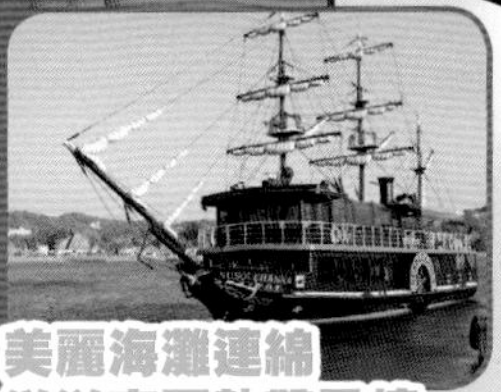

美麗海灘連綿洋溢南國熱帶風情
下田・南伊豆
しもだ・みなみいず
P.60

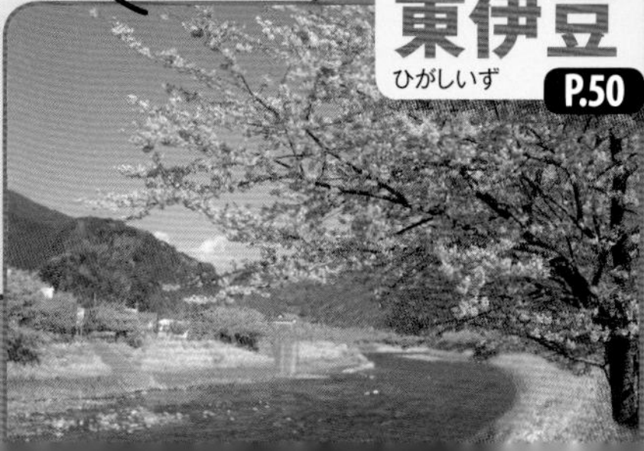

可享季節花卉美景與海鮮佳餚
東伊豆
ひがしいず
P.50

&季節行事曆

春

夏

欣賞鮮豔盛開的河津櫻
感受提前綻放的春天氣息

往年6月1日～30日
下田 下田公園紫陽花祭
しもだこうえんあじさいまつり
廣大公園內遍布著15萬株、300萬朵的紫陽花，數量規模與美麗的層次感皆十分吸睛。設有如紫陽花迷宮般的遊步道，可悠閒散步其間。
MAP 附錄P.21 B-4
0558-22-1531（下田市觀光協會）

往年2月10日～3月10日
河津 河津櫻花祭
かわづさくらまつり　**→P.55**
2月上旬就搶先開花的河津櫻，花期約有1個月。深粉紅色的大朵櫻花將小鎮染上了鮮亮的春色，吸引不少遊客前來感受早春的氛圍。
MAP 附錄P.19 B-6
0558-32-0290（河津町觀光協會）

在紫陽花的繽紛點綴下
漫步於初夏的下田

活動

8月	7月	6月	5月	4月	3月
每年8月10日前後 **伊東** 按針祭 あんじんさい 活動目的是為了表彰於江戶時代初期立有功績的三浦按針，結尾的「海上煙火大會」精彩度百分百。1小時內分別從海上五處發射1萬發的煙火，照耀整個夜空。 **MAP** 附錄P.18 D-3 0557-37-6105 （伊東觀光協會）	7月28、29日 **沼津** 沼津夏祭、狩野川煙火大會 ぬまづつまつり/かのがわはなびたいかい 70多年來深受市民喜愛的夏季風情畫。會場很罕見地設在市中心區，連續兩天總共會施放約1萬發的煙火，另外還有抬神轎、太鼓演奏等熱鬧活動。 **MAP** 附錄P.9 C-3 055-934-4747 （沼津夏祭實行委員會）	往年6月1日～30日 **下田** 下田金目鯛祭 しもだきんめまつり 下田港的金目鯛漁獲量為日本第一。春夏期間脂肪肥厚的金目鯛，除了傳統的紅燒方式外還會提供漢堡、可樂餅等各種吃法。 **MAP** 附錄P.21 C-3 0558-22-1531 （下田市觀光協會）	往年4月29日～5月5日 **伊東** 小室山杜鵑花祭 こむろやまつつじまつり 35000平方公尺的園內有多達40種、10萬棵的杜鵑盛開，整片的花海彷彿蓋上了紅色地毯似的。夜間的點燈裝飾也很迷人。 **MAP** 附錄P.8 G-6 0557-45-1444 （小室山休憩區）	2019年3～9月、12月的特定日 **熱海** 熱海海上煙火大會 あたみかいじょうはなびたいかい 自1952（昭和27）年以來持續至今的煙火盛會，全年都有煙火秀能欣賞。擁有三面環山回音明顯、煙火映照在海面上等絕佳的條件，相當值得一看。 **MAP** 附錄P.13 B-5　**→P.23** 0557-85-2222 （熱海市觀光協會）	往年3月下旬～4月上旬（預定） **伊東** 伊東松川夜燈小徑 いとうまつかわあかりのこみち 沿著松川河畔而建的遊步道，散發著溫泉街的風情。每逢櫻花季節時會點上燈飾，打造如夢似幻的夜櫻景致。同一時間在東海館也有點燈活動。 **MAP** 附錄P.18 C-3 0557-37-6105 （伊東觀光協會）

當季美味

			草莓 11月～5月中旬／伊豆長岡
香魚 6～9月／中伊豆
狩野川是天然香魚的寶庫，許多人都在引頸期盼6月釣魚解禁日的到來

草莓 11月～5月中旬／伊豆長岡
有章姬、紅頰等品種，也有許多提供採草莓的農園

竹筍 4月～5月中旬／伊豆高原、南伊豆
現採的鮮甜滋味正是當季盛產才有的美味

藍莓 6月中旬～8月中旬／伊豆長岡
能體驗摘採口感酸甜的果實，也可購買果醬當伴手禮

山豬肉

金目鯛

高腳蟹 12～6月／戶田
棲息於駿河灣的深海、全長3m的巨大螃蟹

金目鯛 11～4月、6月／下田、稻取
在冬天與夏天的產卵期前脂質豐厚尤其美味

賞花時期

菖蒲 5～6月／河津、修善寺
河津花菖蒲園、修善寺虹之鄉都是賞花名勝

紫陽花 6月／下田、三島
同一時期在三島的源兵衛川畔還能見到螢火蟲的蹤影

玫瑰

櫻花 3月下旬～4月上旬／各處
櫻花之里、三嶋大社等處都很有名

河津櫻

油菜花

野花 3月上旬～5月上旬／松崎
那賀川沿岸的休耕田地搖身一變成了整片的花田

※活動、祭典的舉辦日期可能會有變動，賞花時期則是以往年的實際狀況來推估，行前請務必確認最新的資訊。

伊豆活動

一年四季的活動及時令食材一覽！

伊豆 活動&季節行事曆

冬

如火焰燃燒般的紅葉 將修善寺染成一片紅色

秋

華麗又惹人憐愛的梅花 讓人不禁忘卻了寒意

2019年1月5日～3月5日
熱海
熱海梅園梅花祭
あたみばいえんうめまつり
以樹齡百餘年的古木為首，有多達59種品種、472棵的梅樹佇立。梅花會依照早開、中期開、晚開的順序陸續綻放，將整個賞花的時間拉長。園內還設有足湯，並提供免費的甜酒。
MAP 附錄P.12 B-2
☎0557-85-2222（熱海市觀光協會）

11月中旬～12月上旬
修善寺
修善寺紅葉祭
しゅぜんじもみじまつり
修善寺紅葉林為伊豆最著名的紅葉群生地。配合紅葉季節的到來，還會推出修禪寺庭園特別公開、修善寺虹之鄉紅葉夜間點燈之類的活動。
☎0558-72-2501
MAP 附錄P.9 C-5
（伊豆市觀光協會修善寺支部）

2月	1月	12月	11月	10月	9月

2月第2週日
伊豆高原
大室山火燒山
おおむろやまやまやき
於大室山的土表點燃火苗的壯觀燒山儀式，已有700多年的傳統，目的是為了保育山林以及收穫茅草。可依先來後到順序參加點火體驗（收費）。
MAP 附錄P.15 B-6
☎0557-51-0258
（大室山登山吊椅）

每年1月20日～3月31日
稻取
雛人偶掛飾祭
ひなのつるしかざりまつり
每逢女兒節為祈求小孩平安成長，父母會親手縫製人形布偶並吊掛在雛壇旁裝飾。此風俗文化自江戶時代流傳至今，稻取各地都會舉行雛人偶展示和製作體驗。
MAP 附錄P.19 B-3
☎0557-95-2901
（稻取溫泉旅館協同組合）

2018年12月20日～1月31日
下田
水仙祭
すいせんまつり
爪木崎位於突出相模灘的須崎半島上，種植了300萬株的水仙，空氣中瀰漫著甜甜的花香味。祭典期間除了市集外，有些活動日還會招待鄉土料理或舉行太鼓演奏。
MAP 附錄P.20 D-5
☎0558-22-1531
（下田市觀光協會）

10月上旬～11月下旬的特定週日
伊豆長岡
溫泉饅頭祭
おんせんまんじゅうまつり
以伊豆長岡溫泉的名產「溫泉饅頭」為主角的活動。可以在專賣店家的協助下，體驗親手製作溫泉饅頭的樂趣。另外還有網羅市內各家人氣店饅頭的混裝組合限定商品。
MAP 附錄P.26 B-2
☎055-948-0304
（伊豆之國市觀光協會）

2018年10月10日～11月9日
稻取
細野高原秋季芒草節
ほそのこうげんのすすき
綿延於高台上的芒草原野。設有可將相模灘和伊豆七島盡收眼底的觀景點，還能眺望整面芒草配上湛藍大海的絕景。每當芒草開花的季節就會推出許多活動。
MAP 附錄P.10 E-3
☎0557-95-0700
（東伊豆町觀光協會）

9月16日～6月17日
伊東～下田
伊豆急全線WALK
いずきゅうぜんせんうぉーく
以伊東站到伊豆急下田站之間的15個車站為舞台的徒步活動。可任選喜好的日子、依照自己的速度參加，一路上還能欣賞自然風光和景點名勝，每走1個區間就能獲得一枚胸章。
MAP 附錄P.18 B-2
☎0557-53-1116
（伊豆急行事業推進課）

草莓					
			毛蟹 10～2月／河津、修善寺 棲息於河川的日本絨螯蟹在伊豆地方被稱為毛蟹，擁有獨特的濃郁鮮味		
山豬肉 12月～3月中旬／河津、天城 天城山是山豬肉的三大產地之一			伊勢龍蝦 9月中旬～12月／南伊豆 漁期為9月中旬～5月中旬，於12月風味最佳的時節還會舉辦伊勢龍蝦祭		
		高腳蟹			
金目鯛					
河津櫻 1月下旬～3月上旬／河津、南伊豆 河津町有河津櫻的母樹	蘆薈 11月下旬～1月中旬／下田 白濱一色地區的海岸開滿著紅色的蘆薈花，每年都會舉辦蘆薈祭				桂花 9月／三島 三嶋大社內有棵樹齡1200年的大桂花樹
油菜花 2～3月／南伊豆 與青野川沿岸的櫻花爭相綻放美不勝收	紅葉 11～12月／各處 熱海梅園的時間早在11月上旬就能欣賞，修善寺溫泉街為中旬、河津七瀧周邊則要到下旬開始才是最佳賞景時機			玫瑰 5、10月／熱海、河津 河津巴葛蒂爾公園共栽種了1100種、6000株的玫瑰	

熱海

輕鬆就能出發前往擁有新意十足的滿滿樂趣！

熱海的最佳旅遊方案

熱海位居伊豆的玄關口，可以在溫泉街悠閒自在地散步。以下為大家介紹造訪各人氣景點、約需5小時的一日遊行程！

逛街散步趣！日本的拿坡里!?

周邊MAP 附錄P.12～13
住宿info P.92～98

洽詢處
熱海市觀光協會
☎0557-85-2222

前往這地區的交通方式

鐵道
東京站
↓ 搭乘JR東海道新幹線
回聲號50分
熱海
↑ 搭乘JR東海道新幹線
回聲號2小時
名古屋站

開車
東京IC
經由東名高速道路、小田原厚木道路、國道135號、真鶴道路、熱海Beach Line 約90km
熱海
經由伊豆縱貫道、熱函道路約33km 約11號
沼津IC

詳細交通資訊請見P.152！

旅行願望清單！
- ☐ 漫步遊逛熱海溫泉街及周邊
- ☐ 午餐大快朵頤食材新鮮的海味
- ☐ 在Cafe&茶館度過悠閒時光
- ☐ 到不住宿溫泉享受熱海泡湯樂

移動方便的交通工具！

利用從熱海站前出發巡迴市內各主要景點的「湯～遊～巴士」也是選項之一。
¥成人700日圓、學齡前兒童350日圓

於午餐時間享用熱海特產的乾貨

⚲由工作人員佈置、充滿手作溫暖氣氛的店內

參觀熱海當地最著名的雕像

從JR熱海站步行11分
おみやのまつ
1 阿宮之松

佇立於尾崎紅葉的著作《金色夜叉》中貫一與阿宮離別的場所，夜間會有點燈裝飾。
MAP 附錄P.13 B-3

⚲附近設有Wi-Fi熱點

從 1 步行6分
まるやてらす
2 MARUYA Terrace

提供使用熱海及鄰近地區食材製作佳餚的咖啡酒吧。也可至周邊的乾貨店、熟食店外帶配菜過來，加價500日圓就能搭配米飯和味噌湯組合成套餐。
☎0557-82-0389 **MAP** 附錄P.13 B-4
🕐13:00～16:00、18:00～21:00（週六為13:00～22:30）休週二 所熱海市銀座町7-8 🚃JR熱海站步行15分 🅿無

午餐推薦首選！

⚲也有販售ATMY的T恤2500日圓

⚲以脂身肥厚的網代魚乾做成的鯖魚三明治750日圓

⚲位於民宿入口處的咖啡酒吧

地圖

東海道新幹線
LUSCA 熱海 P.24
START&GOAL JR熱海站
小田原
東海道本線
伊東線
熱海站前商店街
熱海市公所
② MARUYA Terrace
⑥ HOTEL MICURAS
① 阿宮之松
熱海港
③ 親水公園
⑤ 起雲閣
④ 和田たばこ店
[135]

伊豆 P.19

熱海

P.22

伊東

P.32

伊豆高原

P.38

東伊豆

P.50

下田·南伊豆

P.60

修善寺 中伊豆

P.66

西伊豆

P.76

沼津·三島

P.86

箱根

P.99

親臨深得多位文豪喜愛的知名建築與庭園

↑館內可見和洋融合風格的優美裝飾

↑運用自然地形規劃而成的日本庭園

從④步行2分
きうんかく
5 起雲閣

有「熱海三大別墅」之稱的名邸。建築物和美麗的庭園廣受太宰治、三島由紀夫等諸多名人喜愛,也曾有多部電視劇在此地取景拍攝。

✆0557-86-3101　MAP附錄P.13 A-5
🕐9:00～16:30
休週三(逢假日則開館)
¥成人510日圓、國高中生300日圓
所熱海市昭和町4-2
🚃JR熱海站步行20分　P37輛

夜晚的熱海海上煙火大會也絕不可錯過!

一整年都能欣賞到從海面上燃放的超人氣煙火大會,親水公園於7～9月還設有收費觀覽席。
MAP附錄P.13 B-5
✆0557-85-2222(熱海市觀光協會)
所熱海市熱海灣　🚃JR熱海站步行20分
P煙火舉辦日車多擁擠,請多加利用公共交通工具

2019年的活動時程表
【春】3/31(日)、4/20(六)、5/11(六)、
5/26(日)、6/16(日)、6/29(六)
【夏】7/26(五)、7/30(二)、8/5(一)、
8/8(四)、8/18(日)、8/23(五)、
8/30(五)
【秋】9/16(一、假日)
【冬】12/8(日)、12/15(日)
施放時間※雨天照常舉行
【春、秋、冬】20:20～20:45
【夏】20:20～20:50

→隨處都有可供休憩的長椅

悠閒漫步在波光粼粼的海邊

從②步行5分
しんすいこうえん
3 親水公園

由熱海陽光海灘一路延伸的海濱公園。走在緊鄰遊艇碼頭的天空步道上,就猶如置身於地中海的濱海度假區般。

MAP附錄P.13 B-4
✆0557-86-6218
(熱海市公園綠地課)
🕐自由參觀　所熱海市渚町地先
🚃JR熱海站搭湯～遊～巴士8分,親水公園站下車即到
P140輛(收費)

↓共有放置十多台遊戲機的主館,以及詢問一聲說不定有機會可以入內的別館(照片)兩棟建築(不提供廁所)

復古風的遊戲機大人小孩都玩得不亦樂乎

從③步行7分
わだたばこてん
4 和田たばこ店

店內擺滿著機齡已40多年的復古遊戲機台。不僅大人覺得懷念,連小孩也因新鮮而感到興奮莫名。一旁還有販售古早味零嘴的商店。

✆0557-83-6000　MAP附錄P.13 A-5
🕐10:00～18:00　休不定休　¥遊戲機1次10～30日圓　所熱海市昭和町4-27　🚃JR熱海站步行25分　P1輛

從⑤步行10分
ほてるみくらす
6 HOTEL MICURAS

座落在海邊的大人風格度假飯店。非住宿房客也能使用的男女別露天浴池視野絕佳,能飽覽美不勝收的無敵海景。也有推出附休息客房的不住宿方案。

在可一望相模灣的絕景浴池享受泡湯樂趣

✆0557-86-1111　MAP附錄P.13 B-3
🕐14:00～18:00
休無休(人多時會實施入場管制)
¥成人2500日圓、學齡前兒童1000日圓
所熱海市東海岸町3-19
🚃JR熱海站步行12分
P25輛(住宿房客專用)

↑能遠眺到初島和伊豆大島

nice view

位於JR熱海站剪票口旁的便利車站大樓

LUSCA熱海

○らすかあたみ

能買到熱海、伊豆的特產品以及LUSCA熱海的限定商品，餐飲店也很充實。

☎0557-81-0900　MAP附錄P.13 C-2

休不定休　所熱海市田原本町11-1
交鄰接JR熱海站　P53輛(收費)

RF 頂樓廣場、BBQ 🚻

3F 餐廳、服務台 🚻♿🚼💺📶

2F 咖啡廳、伴手禮、雜貨

1F 伴手禮、食品、熟食 🚻♿💺📶

車站大樓&站前 熱海美食 GET!

在往返時可順便遊逛的車站大樓購物，或到從站前延伸的商店街上品嘗小吃。

RF
DigiQ BBQTerrace
でじきゅーばーべきゅーてらす

設在LUSCA熱海頂樓的烤肉區，不需準備任何東西就能輕鬆享受海鮮BBQ的樂趣。

☎0570-09-0014　⏰10:00～21:00
(採預約優先)　¥成人1080日圓、小學生540日圓　休不定休(季節性營業，詳情請上官網確認)

⬆最多可以容納88人，也接受團體預約

可自由任選的海鮮午餐 1180日圓

1F
ATAMI COLLECTION A-PLUS
あたみこれくしょんえーぷらす

熱海品牌認定商品的專賣店，皆為熱海市內生產、加工的在地特色商品。

☎0557-81-0411　⏰9:00～20:00

柳橙果醬 200g600日圓

藍花橙的散步道 2片裝140日圓

1F
あをきのひもの本店
あをきのひものほんてん

創業於1866(慶應2)年、歷史悠久的乾貨店，連伊藤博文、大久保利通等明治開國元勳都曾上門光顧過。

☎0557-81-3232　⏰9:00～20:00

LUSCA熱海店限定的鯖魚三明治 半個486日圓

1F
釜鶴ひもの店
かまつるひものてん

創業150餘年的乾貨老店，店頭陳列著30多種乾貨和海產。

☎0557-81-1990　⏰9:00～20:00

自製油漬鯷魚 972日圓

1F
岸浅次郎商店
きしあさじろうしょうてん

1946(昭和21)年創業。將以鹽、米糠醃漬三年的「七尾醃蘿蔔」製作茶泡飯美味到令人回味無窮。

☎0557-81-2772　⏰9:00～20:00

七尾醃蘿蔔料亭風味 741日圓

可在回程的電車上大飽口福

LUSCA熱海店限定的竹筴魚飯糰 1個200日圓

1F
伊豆 吉匠
いずきっしょう

新鮮現炸的酥炸竹筴魚從頭到尾都很好吃，與啤酒也十分對味。還會推出季節限定口味。

☎0557-81-2010　⏰9:00～20:00

鹽、醬油、咖哩、香蒜辣椒、乳酪口味的酥炸竹筴魚 1條各180日圓

2F
Bakery & Table
べーかりーあんどてーぶる

由「Akakura Kanko Resort & Spa」、「東府やResort & Spa-Izu」經營，也提供外帶的服務。

☎0557-81-0300　⏰9:00～21:00
(餐點11:00～)

海藻鹽麵包 162日圓

拿鐵咖啡 421日圓

1F
熱海觀光服務處
あたみかんこうあんないじょ

抵達熱海站後請先來這裡。不僅備有許多觀光導覽手冊，還能向櫃台人員尋求旅遊行程諮詢。

⏰9:00～20:00

⬆櫃台旁還有FM熱海湯河原(79.6MHz)的廣播錄音室

熱海的旅遊資訊都在這兒！

熱海的伴手禮

伊豆 P.19
熱海 P.22
伊東 P.32
伊豆高原 P.38
東伊豆 P.50
下田・南伊豆 P.60
修善寺・中伊豆 P.66
西伊豆 P.76
沼津・三島 P.86
箱根 P.99

道地熱海特色的店家齊聚

熱海站前商店街

あたみえきまえしょうてんがい

背對車站的右側是平和通商店街，左側為仲見世商店街。除了伴手禮外，還能買到各式小吃。

丹那屋
たんなや

MAP 附錄P.13 C-2

於1934（昭和9）年丹那隧道開通之際所開張的店家。除了製造販賣溫泉饅頭外，也網羅了各式名產。

📞0557-81-3210 🕐7:00～19:00 休不定休
所熱海市田原本町5-12 ⚇JR熱海站即到 🅿無

熱海饅頭 180日圓

溫泉饅頭
可邊走邊吃現蒸的美味饅頭！

泉屋
いずみや **MAP** 附錄P.13 B-2

有在店前現蒸的「おまんじゅう」等10種口味，慢慢炊煮製成的北海道紅豆餡吃起來很有飽足感。

📞0557-81-4288 🕐9:00～17:30 休週四
所熱海市田原本町4-5 ⚇JR熱海站即到 🅿無

◉薄皮饅頭有艾草、黑糖等四種口味

薄皮饅頭 1個110日圓

阿部商店
あべしょうてん

MAP 附錄P.13 B-2

創業已60餘年。以「いいらまんじゅう」為招牌商品，選用北海道紅豆自製的無添加物內餡大受好評。

📞0557-81-3731 🕐9:00～18:00
休不定休 所熱海市田原本町5-7
⚇JR熱海站即到 🅿無

いいらまんじゅう（栗子） 1個160日圓

饅頭総本山 源楽 熱海店
まんじゅうそうほんざんげんらくあたみてん

MAP 附錄P.13 B-2

著名的芝麻饅頭是將麵團揉入竹炭，在內餡添加黑芝麻後，再蒸出濕潤口感。

📞0557-85-2224 🕐9:00左右～16:30左右
（售完打烊） 休無休 所熱海市田原本町3-10
⚇JR熱海站即到 🅿無

芝麻饅頭 6個842日圓

紅葉堂
こうようどう **MAP** 附錄P.13 B-2

店名取自與熱海有深厚淵源的文豪尾崎紅葉。沒有內餡的饅頭相當少見，鬆軟中又帶有優雅的甜味。

📞0557-81-4226 🕐8:00～17:00 休週五
所熱海市田原本町4-6 ⚇JR熱海站即到 🅿無

無餡饅頭 60日圓

乾貨
結束行程回家後再一一試吃評比也挺有意思！

桜井商店
さくらいしょうてん

MAP 附錄P.13 C-2

堅持以少鹽日曬方式製作的乾貨相當有人氣，對面的店鋪也有販售溫泉饅頭。

📞0557-83-5678 🕐8:00～17:00 休週三
所熱海市田原本町6-4
⚇JR熱海站即到 🅿無

◉以日曬法製成的乾貨風圓潤，燒烤後魚肉的口感會變得蓬鬆柔軟

金目鯛 900日圓

特上竹莢魚 450日圓

◉也有販賣魚板之類的商品

甜點
可以現場直接品嘗或是當伴手禮帶回家

熱海溫泉 熱海プリン
あたみおんせんあたみぷりん

MAP 附錄P.13 B-2

採傳統風格的玻璃瓶裝布丁。特製的焦糖醬完美融合了苦味和甜味，至於製作配方則屬企業機密。

📞0557-81-0720 🕐10:00～18:00 休不定休
所熱海市田原本町3-14
⚇JR熱海站即到 🅿無

◉可坐在店家旁的長椅上小吃幾口

熱海布丁（附特製焦糖醬） 350日圓

◉除了基本口味外還有季節限定商品

パン樹 久遠
ぱんじゅくおん

MAP 附錄P.13 C-2

使用天然酵母製成的可頌麵包在當地有口皆碑，還附設可內用的咖啡廳。

📞0557-81-3310 🕐7:30～18:00（售完打烊）、週四為9:00～16:00
休第1、3週三（會有變動）
所熱海市田原本町7-3 ⚇JR熱海站即到 🅿無

◉將附加的麵茶粉撒在上面香氣會更加濃郁

天狗麵包脆片 200日圓

網元丸福
あみもとまるふく

MAP 附錄P.13 C-2

竹莢魚乾的種類出乎意料之外地豐富，銀魚乾也只有這裡才買得到！

📞0557-81-5035 🕐8:00～18:30 休第1、3週五 所熱海市田原本町6-6
⚇JR熱海站即到 🅿無

◉從網代港等地直接運送過來的天然日曬乾貨

肥美竹莢魚 500日圓～

圓鰺 350日圓～

竹莢魚（淺灘） 180日圓～

小竹莢魚 10片 900日圓

銀魚 5串 1080日圓

◉選擇性豐富，能享受慢慢挑選的樂趣

來到熱海非吃不可！

以**食材自豪**的

海鮮午餐

總是大排長龍的大分量海鮮蓋飯

離網代港和伊豆多賀港皆不遠，海產的鮮度絕對有保證。盛產期的風味更是一流，能品嘗主廚們「將新鮮食材維持在最美味狀態」的講究下所精心烹調的海鮮料理。

海鮮蓋飯午餐
2000日圓
附湯品、小菜、漬物。米飯和海鮮堆得像座小山一樣！竹筴魚、軟絲等在地時令海產更是風味絕倫。

御食事処 まさる

◎ おしょくじどころまさる　**MAP**附錄P.13 B-4

因味道和分量而受到當地居民喜愛超過半個世紀。以新鮮魚貝為食材的海鮮蓋飯和定食也吸引不少觀光客上門光顧。其中最具人氣的餐點是「海鮮蓋飯午餐」，單品料理也十分推薦。

☎0557-81-8897
🕐11:30～14:20、17:30～21:30（週日為～19:30）※售完打烊　休不定休　所熱海市渚町13-5　🚃JR伊東線來宮站步行12分　P無

這幾道也很推薦	
竹筴魚蓋飯	1200日圓
綜合炸物定食	1600日圓
軟絲定食	1080日圓

選用從網代漁港等地捕撈的新鮮當地魚產。其中又以盛產當季的竹筴魚最為美味！鋪上滿滿魚肉的竹筴魚蓋飯也是本店的招牌之一。

◎營業時間至晚上10點，對當地人來說相當方便

第二代老闆飯塚先生

熱海**當地魚產推薦**一覽

沙丁魚 盛產期2～10月
除了必備的生魚片外，還能吃到小尾的酥炸沙丁魚。

花腹鯖 盛產期5～10月
以甜辣醬汁、味噌燉煮或是以鹽烤方式料理。

伊勢龍蝦 盛產期10～5月
在法國菜和義大利菜餐廳也很有人氣。

軟絲 盛產期3～9月
肉厚口感軟嫩，生鮮切片享用越嚼越有甜味。

鬼頭刀 盛產期4～10月
味道清淡的白肉魚，適合以酥炸或香煎的方式料理。

竹筴魚 盛產期9～11月
有生魚片、碎切、魚乾等吃法。

創作和食 龍華庭ふくろう

◎ そうさくわしょくりゅうかていふくろう　**MAP**附錄P.13 B-3

素材皆由總料理長親自嚴選採購，能品嘗到活用食材原本風味的懷石料理。午間以御膳套餐為主，晚間除了提供下酒的單品料理外，每逢週末在店前擺設的攤車也大受好評。

☎0557-83-0040
🕐11:30～14:00、17:30～21:00　休週三　所熱海市咲見町7-34　🚃JR熱海站步行6分　P無

這幾道也很推薦	
絕品海鮮蓋飯御膳	2160日圓
本日蓋飯御膳	1620日圓
鯛魚全餐御膳	2808日圓
※以上均為午餐時段的價格	

➡嬰兒車可直接推得入店內，因此也很得家庭客群的青睞

海鮮蓋飯（限量10份）
1058日圓
附味噌湯和漬物，醋飯上鋪滿著炙燒鰹魚、鮪魚、紅鯒等多樣食材。不接受預約，想吃的人建議提早來店。

◎洋溢著奢華氛圍、空間寬敞的店家

店內的水槽養著剛採買進貨的竹筴魚、伊勢龍蝦等海產，鮮度當然不在話下，還能依客人喜好烹調。

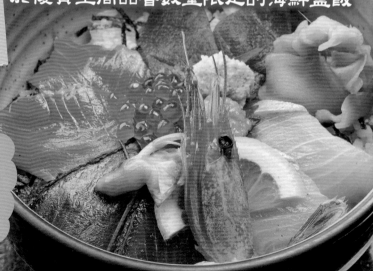

於優質空間品嘗數量限定的海鮮蓋飯

伊豆 P.19

熱海 P.22

伊東 P.32

伊豆高原 P.38

東伊豆 P.50

下田・南伊豆 P.60

修善寺・中伊豆 P.66

西伊豆 P.76

沼津・三島 P.86

箱根 P.99

完美組合

什錦飯與新鮮食材的

↑店內空間雖然不大，但環境整潔、氣氛沉穩

米飯和海鮮配料皆已調味過，直接吃就很美味。如果是立即享用的話，也可提供外帶的服務。

什錦飯
1500日圓

充分調味的什錦醋飯上鋪滿了鮪魚、紅魽、鮭魚卵等7種配料。米飯可從少量到特多免費任選，另附紅味噌湯。

和味逸品 おまぜ

(わみいっぴんおまぜ) **MAP**附錄P.13 B-2

店家自豪的「散壽司」將五彩繽紛的食材切成方形骰子狀，女性也能方便食用。店名的由來則是取自左右風味關鍵的まぜごはん（什錦飯），米飯和海鮮配料的分量十足讓人吃得心滿意足。

☎0557-85-1570
🕐11:30～15:00（僅週六日、假日營業）
休平日及不定休 所熱海市田原本町3-15
🚉JR熱海站步行即到 P無

代表末永先生

這幾道也很推薦	
添加生魽仔魚的什錦飯	2000日圓
鮭魚&鮭魚卵的親子蓋飯	2500日圓
添加金目鯛的什錦飯	2500日圓

和食処 天匠

(わしょくどころてんしょう) **MAP**附錄P.13 B-4

能吃到當天早上現捕魚貨的餐廳。於熱騰騰的飯上鋪滿白蘿蔔絲和調味食材的「漁師蓋飯」是最受歡迎的餐點，口感與風味達到絕佳的平衡，讓人忍不住一口接著一口。

☎0557-82-3383
🕐11:30～14:30、17:00～21:30 休週四 所熱海市清水町4-16 🚉JR熱海站車程10分 P2輛

這幾道也很推薦	
金目鯛蓋飯	2500日圓
主廚精選蓋飯	2800日圓
早餐定食	1980日圓

滿滿的在地時令海鮮 每一口都讓人驚喜連連

以新鮮如寶石般美麗的食材堆疊而成的「漁師蓋飯」，有機會一定要來嘗嘗！

漁師蓋飯
1980日圓

有在地時令海鮮以及水煮魽仔魚、飛魚卵、當地海苔等10～12種配料，豪邁拌勻後就能大口享用。

店主森下先生

↑位於初川沿岸的人氣店

囲炉茶屋

(いろりちゃや) **MAP**附錄P.13 B-3

餐廳內置有地爐，散發出沉穩幽靜的和風氛圍。午間以鮮魚、魚乾的定食為中心，晚間則提供利用地爐燒烤的串燒料理。招牌菜的「竹筴魚孫茶泡飯」，以鮮度和高湯為美味的關鍵。

☎0557-81-6433
🕐11:30～14:15、17:00～21:00 休週二（逢假日則有變動）所熱海市田原本町2-6 🚉JR熱海站步行3分 P有約約停車場

↑從靠窗座位還能眺望熱海的海景

這幾道也很推薦	
三種魚乾定食	1782日圓
竹筴魚孫茶膳	2106日圓
船盛御膳	2376日圓

以茶泡飯的吃法 品嘗新鮮竹筴魚的 在地漁夫料理

以竹筴魚和鰹魚混合而成的高湯，能消除海鮮的腥味，食材皆來自當地的新鮮海味，可享漁夫料理的極致美味。

竹筴魚孫茶泡飯
1404日圓

將新鮮竹筴魚和佐料擺放在米飯上，再淋上以竹筴魚的魚骨與柴魚片煮出的高湯，當顏色瞬間轉變後即可享用。看似樸實簡單，吃起來卻很有層次感。

壽司師傅室岡先生

↑若想品嘗握壽司就坐吧檯座

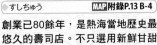
店主柴崎先生

寿し忠

(すしちゅう) **MAP**附錄P.13 B-4

創業已80餘年，是熱海當地歷史最悠久的壽司店。不只選用新鮮甘甜的當季在地海味，連醋飯、天城山的本山葵等細節也都十分講究，擁有不少死忠的老顧客。

☎0557-82-3222
🕐11:00～20:00 休週三（逢假日則前日或翌日休）所熱海市銀座町7-11 🚉JR熱海站步行15分 P2輛

這幾道也很推薦	
在地魚壽司	2160日圓
星鰻壽司	1512日圓
普通壽司	1296日圓

提供相模灣、駿河灣捕獲的豐富海產。風味濃厚的天城山葵，將在地海鮮的甘甜滋味襯托得更加明顯，能當伊豆的正宗美味。

當地魚產海鮮蓋飯（午餐限量30份）
1080日圓

在壽司店特有的講究醋飯上，擺上竹筴魚、金目鯛等8種近海的時令在地海鮮，物超所值的便宜價格極具吸引力。

在熱海的壽司老店大啖人氣佳餚

↑以伊豆稻取捕獲的金目鯛製成的鐵鍋餐

↑能在榻榻米上自在放鬆的包廂

在熱海喝咖啡

誕生於4樓半的新復古空間

打造出熱海的咖啡文化

輕鬆悠閒 Cafe & 茶館
小歇片刻

咖啡文化可以說是熱海的魅力之一。除了傳統古意的茶館外，也有個性鮮明的新形態咖啡廳，形成獨樹一幟的咖啡風格。

↑從頂樓露台能眺望熱海灣的往來船隻

Haco CAFE
はこかふぇ　**MAP**附錄P.13 B-3

改裝自原本住宅大樓的樓層空間，呈現出品味獨具的沉穩風格。從頂樓露台和店內都能欣賞海景，可透過新鮮的視角感受不一樣的熱海風情。

☎0557-81-7015
⏰11:00～18:00　休週二、四
所熱海市田原町3-4 一ノ瀬ビル5F
🚉JR熱海站步行3分　P無

手作戚風蛋糕
480日圓
口感鬆軟、甜味溫和的戚風蛋糕有3款淋醬可以任選。

menu
●手作冰淇淋的漂浮咖啡（夏天起開始供應）**800日圓**
●鐵鍋餐　**1480日圓～**

↑猶如身處自家般的舒適自在

喫茶 田園
きっさでんえん
MAP附錄P.13 B-4

店內中央的鯉魚池、顯眼的白色裝置藝術等，自1959（昭和34）年創業以來維持不變的風雅裝潢十分吸睛。能在散發著奢華氣息的空間中，品嘗精心製作的經典佳餚。

☎0557-81-5452　⏰9:00～20:00
休週四　所熱海市渚町12-5
🚉JR熱海站步行15分　P無

→店家位於巷弄之間，廣受眾多常客喜愛

menu
●拿坡里義大利麵　**980日圓**
●培根蛋義大利麵　**980日圓**
●巧克力聖代　**680日圓**

番茄肉醬義大麵套餐
980日圓（附咖啡、沙拉）
將絞肉與洋蔥慢慢熬煮6個小時製成的濃郁肉醬，是店主最自豪的一品。

創業當時的洗鍊品味　如今風華依舊

日本咖啡界的歷史名店

menu
●漢堡套餐　**800日圓**
●炸豬排三明治　**900日圓**

漢堡套餐
800日圓（附咖啡）
源自於美軍基地的美式漢堡，風味簡單卻讓人吃了還想再吃。

BONNET
ボンネット
MAP附錄P.13 B-4

以三島由紀夫喜愛的「傳說漢堡」而名聞遐邇。窩在流洩著輕鬆的爵士樂、以深褐色系裝潢的店內沙發上，能感受緩慢流動的時間，暫時忘卻大街上的喧囂。

☎0557-81-4960
⏰10:00～不定（每日不同）　休週日　所熱海市銀座町8-14　🚉JR熱海站步行12分　P無

↑有許多名人都曾光顧的懷舊咖啡廳

伊豆
P.19
熱海
P.22
伊東
P.32
伊豆高原
P.38
東伊豆
P.50
下田·南伊豆
P.60
修善寺·中伊豆
P.66
西伊豆
P.76
沼津·三島
P.86
箱根
P.99

在**熱海**
泡溫泉

不住宿溫泉

自古以來就是繁榮溫泉地的熱海，從保有傳統風情的名湯到可眺望海景的豪華露天浴池等各式各樣都有，泡湯之後還能享受熱海特有的美食佳餚。

HOTEL MICURAS

熱海溫泉　ほてるみくらす

能欣賞海景的開闊視野
洗鍊簡約的大人空間

熱海陽光海灘就在咫尺的絕景溫泉度假飯店。從面積寬敞、開放感十足的瞭望浴池不只能欣賞一望無際的太平洋，還能遠眺至初島和伊豆大島。

📞0557-86-1111　MAP附錄P.13 B-3
🏠熱海市東海岸町3-19
🚃JR熱海站步行12分
🅿25輛（住宿房客專用）

不住宿資訊　停留預估時間 **半日**
【入浴費】成人2500日圓、學齡前兒童1000日圓
🕐14:00〜18:00
休無休（人潮擁擠時會實施入場管制）

➡由於位處高樓層，毫無遮蔽物的零死角美景就近在眼前。溫泉的水質觸感滑溜

MARINE SPA ATAMI

熱海溫泉　マリンスパあたみ

眼前就是熱海灣
須著泳裝的溫泉設施

前方即熱海灣的全天候型健康運動設施。內有高低落差8m的滑水道、溫泉泳池、12款按摩池並排的廣大區域、視野絕佳的男女別浴室等充實設施，能盡情享受熱海溫泉的無窮樂趣。

可一望熱海的大海風光！須穿著泳裝使用，適合全家人或情侶一起同樂。

📞0557-86-2020　MAP附錄P.13 B-5
🏠熱海市和田浜南町4-39　🚌JR熱海站搭東海巴士往熱海港、後樂園方向7分，マリンスパあたみ站下車即到　🅿125輛

不住宿資訊　停留預估時間 **3小時**
【入浴費】成人1340日圓、中小學生670日圓、3歲〜學齡前兒童420日圓、未滿3歲310日圓
🕐10:00〜18:30（視季節而異）
休不定休（請參照官網）

🍲 **泡湯後來吃美食！**

館內附設有提供餐點和飲品的餐廳，也可僅用餐不泡湯。建議來杯在地品牌的「熱海啤酒」，搭配鮪魚與魩仔魚的雙色蓋飯享用。
鮪魚與魩仔魚的雙色蓋飯
980日圓

日航亭·大湯

熱海溫泉　にっこうていおおゆ

據說連德川家康都曾私底下造訪過的歷史溫泉。別具風情的大浴場採男女每日替換制，溫泉的溫度偏高。備有如榻榻米大廳般的休憩室和包租浴池，皆可免費使用。一旁即留有熱海溫泉誕生傳說的湯前神社。

📞0557-83-6021　MAP附錄P.13 A-3
🏠熱海市上宿町5-26
🚃JR熱海站步行12分　🅿15輛

➡半露天式的大浴池。為歷史悠久的名湯，如今依舊能享受到不加水、不加熱的天然原湯

受德川家歷代成員喜愛的傳說名湯

不住宿資訊　停留預估時間 **1小時**
【入浴費】成人1000日圓、兒童500日圓
🕐9:00〜20:00
休週二（逢假日則翌日休）

+
泡湯後美食推薦

步行即到
🍲 **泡湯後來吃美食！**
可至熱海七湯之一的「小澤之湯」利用高溫蒸氣製作溫泉蛋，對面的酒店有販售雞蛋。

溫泉蛋
1顆30日圓

足湯在這裡！

熱海城
熱海　あたみじょう

能邊眺望水平線、吹著海風，邊享受附噴泉水流的足湯，讓全身都暖起來。足湯設在1樓的露台，僅需付入場費就能使用。

MAP附錄P.13 C-6　📞0557-81-6206
🕐9:00〜16:30※7、8月的煙火大會舉辦日為〜21:00　休無休　入場費成人1000日圓、中小學生500日圓　🏠熱海市熱海1993　🚌JR熱海站搭湯〜遊〜巴士19分，熱海城站下車即到　🅿250輛（收費）

奔騰之泉的足湯
伊豆山　はしりゆのあしゆ

位於「奔騰之泉」（P.30）的附近，足湯的泉水也是汲取自此源泉。位於高6m如觀景台般的場所，視野十分遼闊。

MAP附錄P.12 C-2　📞0557-81-2631（伊豆山溫泉觀光協會）
🕐9:00〜16:00　休無休　免費　🏠熱海市伊豆山604-9　🚌JR熱海站搭東海巴士往伊豆山溫泉方向3分，逢初橋站下車，步行5分　🅿無

符號範例　……含入浴費　……費用另計。租借、販售等　……無
🛁…浴巾　🧴…毛巾　🧼…洗髮乳、潤絲精　🧼…肥皂、沐浴乳　💨…吹風機　休…休息設施　露…露天浴池　包…包租浴池

熱海遊覽船SANREMO 〔玩樂〕
●あたみゆうらんせんさんれも
同時享受海上風光與海底世界的樂趣

以熱海的姊妹城市——義大利的港都SANREMO命名的遊覽船。可以在甲板餵食海鷗，還能到海中瞭望室觀賞魚群。可攜帶小型犬一同搭船。

☎0557-52-6657
🕙10:00～15:40　休週二　¥成人1200日圓、3歲以上～小學生600日圓，小型犬可免費乘船
所熱海市渚町2020-36 渚デッキ　JR熱海站步行20分　P無
MAP附錄P.13 B-5

一旁即為設有露天座的SANREMO CAFÉ的

熱海陽光海灘水上樂園 〔玩樂〕
●あたみさんびーちうぉーたーぱーく
能暢玩各種水上遊樂設施

每逢夏天在熱海陽光海灘登場的海上體能運動場。漂浮於熱海陽光海灘上的巨大遊樂設施，絕對讓大人小孩都玩到欲罷不能。

☎0557-85-2222(熱海市觀光協會)　🕙7月21日～9月2日的10:00～16:00，每小時清場一次　休期間中無休(若天候不佳可能會暫時關閉)　¥1小時1500日圓，國中生以下1小時1000日圓，小學三年級以下須保護者同行　所熱海市東海岸町熱海陽光沙灘　JR熱海站步行15分　P利用市營停車場(收費)
MAP附錄P.13 B-3

備有20多種遊樂設施

壹番 〔美食〕
●いちばん
連名人也是常客的中菜名店

來到熱海非吃不可的人氣餐廳，擁有許多忠實的老顧客。以高湯蒸煎而成的鬆軟餃子更是必點的招牌。午餐時段要有大排長龍的心理準備，但絕對值得。

☎0557-83-4075
🕙11:30～14:00左右、17:00～20:00左右　休週四　¥餃子(6顆)594日圓、咖哩蝦(附麵包)2268日圓、黑醋糖醋排骨1998日圓
所熱海市咲見町7-48　JR熱海站步行7分　P2輛
MAP附錄P.13 B-3

平日限定的午間套餐A 1080日圓，旺季期間不供應

這裡要 CHECK!
➡ 伊豆代表性的能量景點大集結！

源賴朝的能量之地!? 伊豆山神社境內的御神木「竹柏」，是絕不可錯過的參觀重點

來宮神社 〔熱海〕
●きのみやじんじゃ

到大樟樹祈求戀愛成就

矗立於本殿後方、樹齡已逾2100年的大樟樹，近年來吸引不少參拜者前來祈求庇佑戀情圓滿、順利戒酒等願望，據說環繞樹幹走一圈還能延長一年的壽命。本殿內供奉象徵招福與吉兆的神明。

☎0557-82-2241　🕙9:00～17:00　休無休　¥免費　所熱海市西山町43-1　JR伊東線來宮站步行3分　P50輛
MAP附錄P.13 A-3

締結良緣

消除飲酒災難

伊豆山神社 〔熱海〕
●いずさんじんじゃ

在寄宿著龍神力量的神社祈求良緣

位於海拔170m處、伊豆地名發源地的神社，亦為源賴朝祈求源氏再興以及與北條政子多次幽會的古社。能為持有者免除災難與不幸的增強運勢御守，相當受到歡迎。

☎0557-80-3164　🕙自由參觀(御守授與所為9:00～16:00)　所熱海市伊豆山708-1　JR熱海站搭東海巴士往七尾方向7分，伊豆山神社前站下車即到　P5輛
MAP附錄P.12 C-2

增強運勢！

增強運勢！

可親臨感受御神木(大樟樹)散發出的能量

奔騰之泉 〔景點〕
●はしりゆ
從洞窟湧出的熱海神湯

約1300年前從山表湧出的溫泉水，因一路湍急地奔流入海而得此名。名列日本三大古泉之一，曾為廣受眾人信仰的神湯。如今在縱深約10m的洞窟內，依舊源源不絕地冒出70℃的溫泉水。

☎0557-81-2631(伊豆山溫泉觀光協會)　🕙9:00～16:00左右　休無休　¥免費　所熱海市伊豆山604-10　JR熱海站搭東海巴士往伊豆山溫泉方向3分，逢初橋站下車，步行5分　P無
MAP附錄P.12 C-2

全日本也很少見的橫穴式源泉

熱海藝妓見番歌舞練場 〔景點〕
●あたみげいぎけんばんかぶれんじょう
熱海藝妓的優美傳統藝能

能觀賞藝妓練習歌舞模樣的設施，平常可是相當難得一見。週六日還會舉辦熱海藝妓們的傳統藝能表演「華之舞」，於公演後可一起拍照留念。能一窺華麗優雅、極具美感的舞蹈以及舉手投足間的氣質。

☎0557-81-3575　🕙「華之舞」於週六日的11:00開演　休不定休　¥「華之舞」觀賞費1500日圓　所熱海市中央町17-13　JR熱海站東海巴士3號站牌發車10分，清水町站下車即到　P無
MAP附錄P.13 A-4

藝妓的嬌豔身姿讓人看得目不轉睛

伊豆 P.19

熱海 P.22

伊東 P.32

伊豆高原 P.38

東伊豆 P.50

下田·南伊豆 P.60

修善寺·中伊豆 P.66

西伊豆 P.76

沼津·三島 P.86

箱根 P.99

中村屋

熱海 ●なかむらや

咖啡廳

清涼感十足的和風甜點

以葛切甜點廣受好評的店家，希望讓客人品嘗現做的好味道因此只提供店內享用。選用上等的吉野葛為原料，再加上秘傳製法製成。

☎0557-81-0010
🕐9:00～16:15
休無休
所熱海市田原本町5-12
🚉JR熱海站步行3分
P無

MAP附錄P.13 C-2

↺葛切972日圓，冰鎮過後入喉順暢、黑糖蜜的香氣也十分濃郁

CAFE KICHI

熱海 ●かふぇきち

咖啡廳

位居巷弄間的舒適空間

咖啡廳改裝自屋齡50年的民宅。以丹那牛奶、韮山蜂蜜等對身體有益的在地食材所製成的甜點，請一定要來嘗嘗看。

☎0557-86-0282
🕐11:00～19:00
￥咖啡510日圓、戚風蛋糕410日圓
所熱海市田原本町5-9
🚉JR熱海站即到
P無

MAP附錄P.13 C-2

↺↑品味獨到的咖啡廳

海の味処 笑ぎょ

網代 ●うみのあじどころしょうぎょ

美食

活烏賊的鮮美滋味令人神魂顛倒

店家的地理位置絕佳，網代漁港和魚市場就近在眼前，能吃到多種新鮮的時令魚產。其中又以向當地漁民購買的現撈活烏賊做成的生魚片，鮮度更是沒話說，肉質彈牙、越嚼越甘甜。

☎0557-68-0663
🕐11:00～14:30、17:00～20:00
休週三(每個月的最後週二、三為連休)
￥渚之膳(竹筴魚)2268日圓、酥炸竹筴魚定食1512日圓
所熱海市網代55-8
🚉JR伊東線網代站步行12分
P13輛

MAP附錄P.12 D-5

↺透明的活烏賊生魚片2000日圓～

Mont Blanc

熱海 ●モンブラン

購物

已營業超過半世紀的法式甜點店

創業之初為法國菜餐廳，後來轉為西式甜點店，至今已逾50年。謹守著初代店主的配方加上真摯的服務態度，因此持續受到眾人喜愛。

☎0557-81-4070
🕐10:00～18:30(週六日、假日為～19:00)
休週三(逢假日則營業)
所熱海市銀座町4-8
🚉JR熱海站步行15分
P無

MAP附錄P.13 B-4

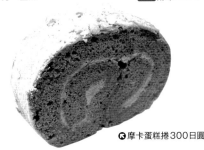

↺摩卡蛋糕捲300日圓

KINOMIYA KUWON

來宮 ●きのみやくおん

咖啡廳

內用OK的麵包咖啡廳

咖啡廳內設有以天然石當爐底的石窯，烘烤出來的麵包口感鬆軟大受歡迎。除了使用天然酵母製作、每日變換口味的麵包和有吃有保庇的「來宮大樟樹根麵包」以外，加了來宮名物「麵茶粉」的冰淇淋270日圓也很推薦。

☎0557-82-0588
🕐9:00～售完打烊
休第1&3週三、週四、週日
￥野草莓與藍莓的丹麥麵包205日圓
所熱海市福道町3-16
🚉JR伊東線來宮站即到
P無(有市營收費停車場)

MAP附錄P.12 C-2

↑擺滿了各式麵包和甜點的店內

RESTAURANT SCOTT舊館

熱海 ●れすとらんすこっときゅうかん

美食

味道一如往昔的人氣名店

創業於1946(昭和21)年的名店，連谷崎潤一郎、志賀直哉等人也讚譽有加的傳統西餐風味如今依舊。費時費工精心製作出的好滋味讓人一吃就愛上，也累積了不少忠實的老顧客。

☎0557-81-4460
🕐11:30～14:00、16:30～19:00(平日僅午間時段營業)
休週四(逢假日則前日或翌日休)
所熱海市渚町12-6
🚉JR熱海站步行20分
P6輛

MAP附錄P.13 B-4

↺附迷你沙拉的燉牛肉3348日圓，口感軟嫩的牛肉完整吸附著細心燉煮的醬汁

熱海温泉 熱海プリン

熱海 ●あたみおんせん あたみぷりん

購物

可當場享用或當伴手禮買回家

古早味十足的瓶裝布丁。特調焦糖醬的苦味和甜味形成完美的平衡，製作方法則屬企業機密。

☎0557-81-0720
🕐10:00～18:00
休不定休
所熱海市田原本町3-14
🚉JR熱海站即到
P無

MAP附錄P.13 B-2

↺熱海布丁、乳酪布丁各350日圓

Terre et Mer

熱海 ●テール・エ・メール

大量使用伊豆山的晨採蔬菜

擁有豐富海鮮配料的迷人鹹派

提供高級義大利菜的餐廳。從前菜到主餐的食材皆活用來自契作農家在熱海、伊豆栽種的晨採蔬菜，與相模灣的當地魚產也相當對味。

☎0557-82-7665
🕐11:30～14:00、17:30～20:30(需預約)
休週一(逢假日則翌日休)，每月一次週二公休
￥午餐2700日圓～、晚餐4860日圓～
所熱海市渚町19-11
🚉JR熱海站搭東海巴士往後樂園方向5分，銀座站下車即到
P無

MAP附錄P.13 B-4

↺午間全餐的示意圖

Cafe du Chemin

熱海 ●カフェドゥシュマン

熱海當地的法國菜名店。平日限定的「野餐午間套餐」能以平實價格品嘗到正統的法國菜，前菜則推薦廣受好評的海鮮鹹派。

☎0557-81-2079
🕐11:30～14:30、17:30～20:30，咖啡廳為～20:30
休週三
￥香煎金目鯛魚排2970日圓、海鮮可樂餅1425日圓、綜合沙拉1425日圓
所熱海市銀座町1-22
🚉JR熱海站步行13分
P無

MAP附錄P.13 B-4

↺野餐午間套餐2613日圓(平日限定)

旅行 PICK UP

法國菜&義大利菜的名店

熱海也有許多道地的西餐廳，能吃到以新鮮在地魚產、一早現摘蔬菜為食材烹調的精緻佳餚。

1日or3小時

伊東最佳行程指南

附配合停留時間的旅遊流程推薦

伊東自古以來就是溫泉療養的勝地，
以自然豐富的溫泉地受到好評。
與伊東息息相關的文化、藝術景點眾多，
還能在商店街買到各種美味的伊東名物。
不妨一路品嘗伊東的美食佳餚，
邊隨心所欲地走走逛逛吧。

伊東

●いとう

START

1 じぇいあーるいとうえき
JR伊東站
10:00

以氛圍悠閒的伊東站為起點。伴隨著海邊吹來的空氣，享受舒適自在的一日遊。

步行7分

※僅週六日、假日開放入浴。大小兩座浴池採男女湯替換制，須留意別走錯邊。

散發出濃濃的昭和風格
具珍貴價值的和風建築

2 とうかいかん
東海館
10:10

昭和時代的東海館曾經是伊東最具代表性的溫泉旅館。目前建築物已捐贈給伊東市，成為吸引大批遊客欣賞當年貴重木造建築的觀光設施。內部除了能享用餡蜜等甜品的茶館外，還有介紹伊東當地文化的展示室，藝妓的體驗行程也很受歡迎。入浴資訊請參閱→P.46。

☎0557-36-2004 MAP附錄P.18 C-3
⏰9:00～21:00 休第3週二（逢假日則翌日休） ¥入館費成人200日圓、兒童100日圓 所伊東市東松原町12-10 交JR伊東線伊東站步行7分 P利用市營停車場

◆東海館的外觀←為工法細膩、設計優美的和風建築

◆「冰淇淋餡蜜（附茶）」600日圓

memo
輕鬆體驗化身藝妓
有所需時間90分鐘的「藝妓裝扮體驗方案」12800日圓，以及兩天一夜可體驗初登舞台亮相的「宴會表演習藝兩天一夜方案」18800日圓。（需事前預約）

3 まつかわゆうほどう
松川遊步道
11:20

步行2分

松川沿岸連綿約1km的遊步道。東海館等傳統的木造建築就佇立在對岸，沿途還有木下杢太郎的浮雕等擺飾，可一窺伊東的文化與藝術之美。不僅以賞櫻勝地廣為人知，楊柳行道樹也十分著名，每逢初夏時節還能見到螢火蟲飛舞的身影。

MAP附錄P.18 C-3
☎0557-37-6105
（伊東觀光協會）
所自由參觀
交伊東市松川沿い
JR伊東線伊東站步行10分
P利用鄰近停車場

◆有許多伊東文人木下杢太郎的相關展示

瀰漫著溫泉風情
舒適放鬆的好地方

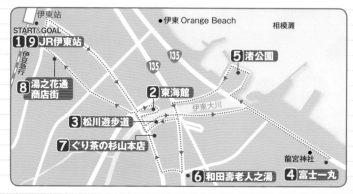

● 伊東 Orange Beach
相模灘
START&GOAL
1 9 JR伊東站
135
5 渚公園
8 湯之花通商店街
2 東海館
伊東大川
3 松川遊步道
7 ぐり茶の杉山本店
龍宮神社
6 和田壽老人之湯 **4 富士一丸**

周邊MAP 附錄P.8・18
住宿info P.92～98
洽詢處
伊東觀光協會
☎0557-37-6105

推薦路線一覽

3小時行程	1日行程
1 JR伊東站	1 JR伊東站
2 東海館	2 東海館
3 松川遊步道	3 松川遊步道
4 富士一丸 🍴	4 富士一丸 🍴
	5 渚公園
	6 和田壽老人之湯
	7 ぐり茶の杉山本店
8 湯之花通商店街	8 湯之花通商店街
9 JR伊東站	9 JR伊東站

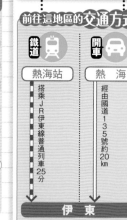

前往這地區的交通方式

鐵道
熱海站
搭乘JR伊東線普通列車25分

開車
熱海
經由國道135號約20km

伊東

詳細交通資訊請見P.152！

旅行願望清單！

☐ 漫步遊逛伊東溫泉街及周邊

☐ 造訪溫泉街的地標「東海館」

☐ 午餐大啖新鮮海味

☐ 到海邊的休息站飽嘗在地美食

伊豆 P.19
熱海 P.22
伊東 P.32
伊豆高原 P.38
東伊豆 P.50
下田·南伊豆 P.60
修善寺·中伊豆 P.66
西伊豆 P.76
沼津·三島 P.86
箱根 P.99

13:30 5 渚公園 なぎさこうえん

位於松川河口的海濱公園。園內各處皆展示著出身伊東的雕刻家重岡建治的作品,猶如一座以大海為背景的戶外美術館般,能隨意觸摸重岡建治的雕刻作品也是其中的一大亮點。恬靜的公園內草坪綿延如茵,不妨放慢腳步漫走邊欣賞藝術吧。

☎0557-37-6105(伊東觀光協會) **MAP**附錄P.18 C-3
自由入園 所伊東市東松原町178-36 JR伊東線伊東站步行15分 P103輛(利用渚觀光停車場,需付費)

閒靜的雕刻公園 蔚藍大海盡收眼底

步 可以在涼風輕拂的海邊悠然漫

步行 7分

以鮮度自豪的海鮮料理

↑桌上置有烤爐,可依自己的喜好享受海鮮燒烤的美味

↑「富士一丸主廚推薦蓋飯(附味噌湯、小菜、漬物)」2100日圓(未稅)

步行 8分

美食

12:00 4 富士一丸 ふじいち

1樓為販售乾貨之類產品的店面,2樓則是提供新鮮魚貝佳餚的老字號海鮮料理專賣店。除了照片中的「主廚推薦蓋飯」外,生魚片和乾貨的套餐「主廚推薦定食」1500日圓(未稅)也十分暢銷。以大量當季魚貝食材烹調的各式海鮮料理,都很值得一嘗。 **MAP**附錄P.18 D-3

☎0557-37-4705
賣店7:00~17:30、食堂10:00~15:00(週六日、假日為~15:30) 休不定休(1樓無休) 所伊東市靜海7-6 JR伊東線伊東站步行20分 P24輛

步行 9分

---

memo

伊東 Orange Beach

為夏天「按針祭」舉行煙火大會的會場。蔚藍清澈的海水偶爾還能窺見魚兒穿梭悠游其中,不妨一邊吹著海風一邊在海灘上悠閒漫步吧。

☎0557-37-6105(伊東觀光協會)
自由參觀,海水浴為7月中旬~8月下旬 休無休 所伊東市湯川、松原 JR伊東線伊東站步行5分 P103輛(利用渚觀光停車場,需付費)
MAP附錄P.18 C-2

14:10 6 和田壽老人之湯 わだじゅろうじんのゆ

名列伊東「七福神湯」之一的名湯,據說還是曾進獻給德川將軍的來歷顯赫溫泉。為43℃微熱的源泉放流溫泉,建物旁還供奉著壽老人的雕像。距離鄰近的「毘沙門芝之湯」徒步約7分鐘左右,設有5間適合闔家使用的家族風呂1500日圓。

☎0557-37-0633
MAP附錄P.18 C-3
14:30~22:30 休週三、偶數月會有連休 ¥入館費成人300日圓、學齡前兒童100日圓 所伊東市竹之內2-7-24 JR伊東線伊東站步行15分 P12輛

↑奉祀著毘沙門天的「玖須美溫泉會館 毘沙門天芝之湯」

伊東最古老的「和田大湯」

↑從水龍頭流出的也是溫泉水著實令人欣喜

步行 4分

購物

16:10 8 湯之花通商店街 ゆのはなどおりしょうてんがい

位於伊東站前的商店街,自古以來就相當熱鬧繁華,雜貨店、熟食店、伴手禮店等形形色色的店家比鄰而立。以傳統氣息的店面居多、充滿懷舊氛圍的商店街,光散步閒逛就樂趣十足。還能一手拿著伊東的在地美食,一邊四處物色伴手禮!
MAP附錄P.18 B-2

人來人往好不熱鬧的懷舊商店街

memo

3座手湯

可前往湯之花通的「椿手湯」、キネマ通的「招福手湯」、東海館前的「扇手湯」等三處手湯景點,輕鬆享受伊東的名湯。

↑能感受邊走邊吃和採買伴手禮的樂趣

步行 1分

17:00 GOAL

9 JR伊東站 じぇいあーるいとうえき

來杯深蒸而成的玉綠茶療癒身心

茶、帶甘甜味的玉綠菓子輕鬆享用

茶,可透過茶包或和

步行 6分

15:15 7 ぐり茶の杉山本店 ぐりちゃのすぎやまほんてん

MAP附錄P.18 C-3

創業於1960(昭和35)年,深受當地居民喜愛的「玉綠茶」專賣店。採用費時將生葉慢慢蒸透至茶芯的深蒸製法,風味濃郁口感層次豐富。撒上玉綠茶粉的霜淇淋(350日圓)也相當美味。

☎0557-37-1202
9:00~17:00 休無休 ¥綠茶(100g)540~2700日圓、玉綠茶長崎蛋糕972日圓 所伊東市銀座元町7-25 JR伊東線伊東站步行9分 P4輛

於**伊東品嘗** 海鮮午餐

碗裡滿滿的
新鮮活跳
海鮮食材！

裝盛著滿滿市場現撈活跳鮮魚的海味料理，為外觀和分量都十分吸睛的海鮮盛宴，只有現在才吃得到的伊東當季好味道，不妨來大飽口福一番吧！

すしとめ

MAP 附錄P.8 F-4

已在當地開店逾半世紀，第二任店主小野寺先生繼承上一代已經邁入第10年，每天都親自前往市場選購品質優良的當季魚貨。在地魚握壽司皆可單點，味道廣受歡迎的紅燒魚頭和自製醋鯖魚、醬油漬鮭魚卵、星鰻也都十分推薦。

☎0557-48-9111　⏰12:00～14:00、17:00～21:00　🈳週一　📍伊東市宇佐美1660-23　🚉JR伊東線宇佐美站步行7分　🅿6輛

↓離宇佐美海岸也很近

↑環境整潔的店內空間

平日限定 每日替換的午餐蓋飯 1100日圓
（附魚骨味噌湯、小菜、漬物、甜點）
只限量25份（旺季期間除外）。米飯上鋪著以當地時令魚鮮為主的3～5種配料，小菜則有炸物、紅燒、沙拉（照片）等每天都不一樣。

在地經營半世紀
獲得鮮魚店認可
第二代當家的壽司

也備有8款左右的靜岡在地酒，請搭配當季鮮魚一起享用吧。

店主
小野寺武史先生

這幾道也很推薦

● 在地魚握壽司　**2000日圓（未稅）**
● 上等握壽司　**1700日圓（未稅）**
● 粗卷壽司　**1500日圓（未稅）**

堅持完全使用
伊東在地魚的
中間商直營餐廳

海鮮白蘿蔔泥蓋飯開動之前，請先熟讀食用指南書喔！

店長清水真人先生

海鮮白蘿蔔泥蓋飯 1580日圓
（附味噌湯、禁忌的圓花鰹高湯茶泡飯）
能一次品嘗兩種吃法的海鮮蓋飯。首先淋上蛋黃醬油享用，第2碗白飯則鋪上芝麻醬醃製的當地魚，倒入圓花鰹高湯做成茶泡飯

いずせんぎょしょうまるたか

伊豆鮮魚商 まるたか

MAP 附錄P.18 B-2

希望遊客來到伊東能品嘗在地的食物，因此堅持只選用伊東當地的魚產，提供由眼光精準的中盤商所物色而來的鮮魚。有正鰹的近親圓花鰹定食、以自家製味噌做成的酒盜（鹽醃魚內臟）等，能盡情飽嘗道地的伊東風味。

☎0557-38-0105　⏰11:00～15:00、17:00～23:00　🈳無休　📍伊東市湯川11-16-6　🚉JR伊東線伊東站即到　🅿無（利用鄰近的收費停車場）

→朝氣蓬勃的店家外觀

↑店內氣氛熱絡，家族聚會或情侶用餐都很適合

這幾道也很推薦

● 圓花鰹定食　**1280日圓**
● 附生魚片的金目鯛黑潮煮定食　**1980日圓**
● 酥炸綜合在地魚定食　**1180日圓**

午間時段也提供宴會餐點服務！
備有豐富菜色與多款當地酒

いりふねいとうえきまえてん

入船 伊東站前店

MAP 附錄P.18 B-2

從碎切竹筴魚佐糯米椒、紅燒金目鯛之類的地方特色佳餚，到伊豆牛等多樣菜色都一應俱全的海鮮餐廳。以伊東港捕撈的在地鮮魚做成的握壽司，可自選口味或是交由主廚推薦。還能喝到靜岡當地酒「磯自慢」、「新政」、「十四代」等少見的日本酒。

☎0557-36-5711　⏰10:30～21:00（週六為21:30）　🈳隔週週三，有不定休　📍伊東市湯川1-16-10　🚉JR伊東線伊東站即到　🅿有契約停車場（Times）。消費滿2000日圓可免費停車1小時

→也設有令人放鬆的榻榻米座位區

↑伊東站就近在咫尺

這幾道也很推薦

● 碎切竹筴魚佐糯米椒　**918日圓**
● 紅燒金目鯛　**1706日圓～**
● 炙燒伊豆牛握壽司　**410日圓**

建議搭配當地酒一起享用時令在地鮮魚和季節單品料理

老闆和老闆娘

入船蓋飯（附味噌湯）1998日圓
在店家講究的醋飯上豪邁鋪滿以當地魚為主的新鮮海味

伊豆 P.19

熱海 P.22

伊東 P.32

伊豆高原 P.38

東伊豆 P.50

下田・南伊豆 P.60

修善寺・中伊豆 P.66

西伊豆 P.76

沼津・三島 P.86

箱根 P.99

味の店 五味屋
あじのみせごみや

MAP 附錄P.18 B-2

常見大排長龍景象的熱門店，大家鎖定的目標正是一天僅130份的「主廚推薦蓋飯」。約20種當日進貨的厚切生魚片加上2～3碗分量的白飯，極具飽足感。自創業以來價格始終不變的漁師料理「ねごめし（貓飯）」也很值得一嘗。

📞0557-38-5327
🕐11:30～13:55、18:00～21:25
休週四、第3週三 所伊東市湯川1-12-18 交JR伊東線伊東站步行5分 P8輛

↑就算等等也要吃到！總是大排長龍的人氣店

↑店內到處貼有名人的簽名板

含中腹肉的海鮮蓋飯
2300日圓

盛滿各式各樣時令魚貝、極具視覺美感的蓋飯，另附芝麻豆腐和甜點

追求高品質的料亭風味
繽紛華麗的海鮮蓋飯

鮮度、味道和分量都無可挑剔！
五顏六色的海鮮蓋飯

主廚推薦蓋飯 **2500日圓**
（附魚骨味噌湯、小菜、漬物）

超人氣蓋飯上盛滿著以竹筴魚、蠑螺等在地海鮮為主的18～20種配料，食材會視季節和進貨狀況隨時替換。大碗白飯為免費供應。

這幾道也很推薦
- 生魚片定食 **1460日圓**
- 水煮金目鯛定食 **2800日圓**
- 漁師料理貓飯 **1365日圓**

店主 遠藤孝行先生

鮮度就是生命，絕不事先做好備用，皆等點餐後才開始處理食材。

ごはん処 花季 海岸店
ごはんどころはなごよみかいがんてん

MAP 附錄P.18 D-3

位於伊東港附近，為Auberge花季的姊妹店。能以實惠的價格品嘗到花季一貫的好味道，十分受到好評。擁有海鮮、牛排、咖哩蓋飯等多樣菜色，分量飽滿的海鮮天麩羅蓋飯更是人氣首選。

📞0557-38-7543
🕐11:30～19:00 休週二（逢假日則翌日休）所伊東市靜海町5-15 土松コーポ1F 交JR伊東線伊東站車程5分 P4輛

↑以暖簾為明顯標誌，散發沉靜和風韻味的入口

這幾道也很推薦
- 鰤魚下巴定食 **2000日圓**
- 金目鯛味噌燒定食 **1500日圓**
- 海鮮天麩羅蓋飯 **2160日圓**

↗與當地魚合搭的酒款也很豐富

いとう漁協直營 漁師めしや 波魚波
いとうぎょきょうちょくえいりょうしめしやはとば

MAP 附錄P.18D-3

伊東漁協直營的海鮮餐廳。只選用店主自釣的魚、向漁夫採買的海鮮等當天早上才捕撈的在地魚產。不妨搭配靜岡的當地酒，細細品味伊東的時令佳餚。

📞0557-38-3327
🕐11:00～14:00 休週二（逢假日則翌日休）所伊東市靜海13-9 交JR伊東線伊東站車程10分 P80輛

漁協直營店才吃得到的現撈新鮮食材！
滿滿的伊豆美味海鮮

↑能邊眺望海景邊用餐的店內空間

GEO蓋飯定食 **1500日圓**
（附味噌湯、小菜、漬物）

海鮮蓋飯上鋪滿著當日現撈在地魚的生魚片。種類眾多，適合想要一次吃到多樣魚鮮食材的人。

這幾道也很推薦
- 波魚波定食 **2160日圓～**
- 在地魚生魚片定食 **1550日圓**
- 酥炸在地魚定食 **1350日圓**

伊東

●いとう

MAP 附錄P.8·18

↓能眺望港口的 SEASIDE SPA

すしの寿々丸
●すしのすずまる
美食

食材品質與廚師的技藝都令人折服

位於伊東溫泉街上的壽司店,每天皆向下田的漁夫採購新鮮的食材。能吃到加了周氏新鮮蝦肉泥的煎蛋、少見的伊豆大島醃漬劍魚等菜色,師傅的精巧手藝也是美味的關鍵秘密。

☎0557-36-7387
🕐11:00~14:00、17:00~21:30(週六日、假日11:00~21:30)
休週三
💴七島握壽司1620日圓~
所伊東市豬戶1-8-36
🚃JR伊東線伊東站步行5分
P利用契約停車場
MAP 附錄P.18 B-3

↓9貫在地魚握壽司加1條卷壽司的「相模」3240日圓

這裡要
CHECK!
只休息未免過於可惜的公路休息站

公路休息站 伊東マリンタウン
●みちのえきいとうまりんたうん
伊東

位於伊東市區北側、國道135號的沿線上,是東伊豆兜風旅遊的據點。規模為伊豆之最,除了豐富的美食和伴手禮外,還設有大海就近在眼前的足湯、入浴設施「能眺望大海的天然溫泉 SEASIDE SPA」,繞行近海一圈的遊覽船起迄站也在這裡。

☎0557-38-3811
🕐商店9:00~18:00,餐廳11:00~20:30,SEASIDE SPA 早湯時段5:00~9:30,一般時段10:00~21:00
休無休(僅SPA有不定休)
💴入場免費(SEASIDE SPA成人1000日圓、3歲~小學生540日圓,早湯為成人540日圓、3歲~小學生270日圓)※設有特定日費用
所伊東市湯川571-19
🚃JR伊東線伊東站搭東海巴士往マリンタウン方向5分,終點站下車即到
P299輛
MAP 附錄P.8 F-5

↑身為旅遊目的地之一的公路休息站

↓面朝大海的免費足湯

↑伴手禮區擺滿著伊豆的名產品

---

organic cafe chant
●オーガニックカフェ チャント
美食

替身心注入活力的有機料理

由曾於東京懷石料理店習藝的店主所開設的餐廳&咖啡廳,提供以安心、安全且對身體無負擔的嚴選有機食材製作的料理。有機咖啡和自家製甜點也廣受好評。

☎0557-37-3520
🕐11:30~14:00、18:00~20:30
休週二、第1&3週三,有不定休
💴素食咖哩飯1270日圓、無農藥南瓜滑嫩布丁480日圓、特製冰淇淋館鬆690日圓
所伊東市南町1-1-6
🚃伊豆急行南伊東站步行5分
P7輛
MAP 附錄P.18 A-6

「花午餐」1350日圓,含多道蔬食家常菜、季節野生菜、迷你沙拉拼盤的小菜類午餐

↑洋溢著樸實&自然氣息的店內有露天座、沙發區等選項,空間寬敞舒適。另備有繪本和玩具,帶小朋友來用餐也OK

泰山園
●たいざんえん
宇佐美
玩樂

栽種多達15種柑橘類的果樹園

10~1月可採收溫州蜜柑,2~6月則是甘夏蜜柑等品種的成熟季節。無時間限制,能悠閒享受採果的樂趣也是其中魅力之一,就連小朋友也能輕鬆上手。特製柑橘果醬(300g、650日圓)、柑橘羊羹(600日圓)之類的伴手禮也很受歡迎。

☎0557-47-4747
🕐9:00~17:00
休無休
💴入園費成人432日圓、兒童324日圓,外帶用的費用另計
所伊東市宇佐美1029
🚃JR伊東線宇佐美站搭計程車3分
P30輛
MAP 附錄P.8 F-4

↓已營業約50年的觀光柑橘園

松月院
●しょうげついん
伊東
景點

可一望伊東溫泉的美麗古刹

寺院座落在伊東站北側的高台上,可將街景盡收眼底。供奉著弁財天的神像,為伊東七福神巡禮的參拜地之一。修整完善的庭園內,能欣賞到大島櫻、八重櫻以及花期較早的稀有彼岸櫻等花景。

☎0557-37-2691
🕐自由參拜
所伊東市湯川377
🚃JR伊東線伊東站步行8分
P15輛

MAP 附錄P.18 A-1

↓境內擁有眺望大海的絕佳視野,1月下旬還有寒櫻綻放

和食かっぽれ
●わしょくかっぽれ
伊東
美食

鮮度即生命!品嚐在地佳餚的首選

開業已逾50年的日式料理店,因午餐的分量紮實飽滿而蔚為話題。尤其是直徑30cm的大碗內裝滿著生魚片、炸物、水煮魚等美味配菜和白飯的大名碗1240日圓,更是人氣No.1的午餐選擇。

☎0557-37-8405
🕐11:30~14:00、17:00~21:30
休週四
💴孫茶泡飯1280日圓、山藥泥麥飯1080日圓、全餐料理3240日圓~(需預約)
所伊東市中央町12-2
🚃JR伊東線伊東站步行10分
P7輛
MAP 附錄P.18 B-3

↓名物「大名碗」無論在分量、味道、價格上都絕對讓人滿意

樂味家まるげん
●らくみやまるげん
伊東
美食

以在地定食為招牌的批發商直營店

圓花鰹與糯米椒切碎拌勻的「碎切鰹魚佐糯米椒定食」,由漁民直接傳授,是一道譽為極致在地美食的佳餚。單品料理的選擇性也很豐富。

☎0557-32-5152
🕐11:00~14:30、17:00~22:00
休無休
所伊東市豬戶1-4-1
🚃JR伊東線伊東站步行5分
P無
MAP 附錄P.18 B-3

↑連外觀也相當豪華的「海鮮白蘿蔔泥蓋飯」1580日圓,途中可倒入高湯享受不一樣的美味吃法

海豚夢幻館
●ドルフィンファンタジー
伊東
玩樂

重返童心與海豚嬉遊

能與海豚近距離接觸的體驗型設施。提供觸摸海豚和餵食飼料、長約1小時的「接觸行程」以及與海豚親密交流後一起同游、長約2.5小時的「共游行程」等體驗方案。

☎0557-38-9133(自然體驗預約中心)
🕐10:00~、11:30~、13:00~、14:30~(每場皆有人數限制,需洽詢)
休無休
💴海豚接觸行程4000日圓(12~3月為2500日圓)、海豚共游行程11000日圓(12~3月為6000日圓)
所伊東市新井2-4-14
🚃JR伊東線伊東站搭東海巴士往新井方向10分,終點站下車即到
P20輛
MAP 附錄P.8 G-5

↓海豚的表情動作都可愛極具療癒感

伊豆 P.19
熱海 P.22
伊東
伊豆高原 P.32
東伊豆 P.38
下田・南伊豆 P.50
修善寺・中伊豆 P.60
西伊豆 P.66
沼津・三島 P.76
箱根 P.99

木下杢太郎紀念館

景點

伊東 ●きのしたもくたろうきねんかん

伊東引以為豪的文學家木下杢太郎

為活躍於明治到昭和時期的文學家、醫學家木下杢太郎的紀念館，展示其親筆的原稿、愛用品等文物。同時也是市內歷史最古老的民宅。

📞0557-36-7454
🕐9:00～16:30(10～3月為～16:00)
休週一(逢假日則翌日休) ¥入館費成人100日圓、中小學生50日圓 所伊東市猪川2-11-5
🚉JR伊東線伊東站步行5分 🅿3輛

MAP 附錄P.18 B-2

↪還保留木質風格的美麗空間

kitchen & Bar LAGOON

美食

伊東 ●きっちんあんどばーらぐーん

午間時段限定！大分量三明治

販售伊東當地少見的西式餐點。在老闆兼主廚的小林裕先生製作的料理當中，又以午餐菜單的培根蛋三明治套餐最具人氣。使用伊東市新名產「Island Ruby品種番茄」醬汁做成的義大利麵也很推薦。晚餐則可從近100種口味的雞尾酒中挑選，搭配單品料理享用。

📞0557-35-1119
🕐11:30～14:00、18:00～22:30 休不定休
所伊東市竹の内1-3-11
🚉JR伊東線伊東站步行15分 🅿2輛

MAP 附錄P.18 C-3

↑內夾歐姆蛋和培根、分量飽滿的培根蛋三明治，附一杯飲料900日圓

伊豆高原ビール 伊東マリンタウン店

美食

伊東 ●いずこうげんびーるいとうまりんたうんてん

海鮮堆得像小山般的著名蓋飯

使用新鮮魚貝烹調的料理選項多元，從與啤酒很合搭的義大利菜到五彩繽紛的蓋飯都有。能吃到如奢華漁夫蓋飯套餐等令人食指大動的好滋味，以及充滿地方特色的佳餚。

📞0557-38-9000 🕐11:00～20:30(視時期而異)
休不定休 ¥料理長推薦蓋飯2200日圓、梭子蟹義大利麵1250日圓 所伊東市湯川571-19
🚉JR伊東線伊東站搭東海巴士往マリンタウン方向5分，終點站下車即到 🅿299輛

MAP 附錄P.8 F-5

↪奢華漁夫蓋飯套餐2800日圓，是除了鮪魚、真鯛、碎切象拔蚌外還有滿滿鮭魚卵和海膽的奢侈&豪華蓋飯！

石舟庵 湯の花店

購物

伊東 ●せきしゅうあんゆのはなてん

選購以伊豆特產製成的糕點當伴手禮

販售融入伊豆四季不同的素材、口感優雅的糕點。其中結合日向夏蜜柑溫和酸味與奶油乳酪濃郁風味的烤乳酪蛋糕「蜜柑花開之丘」，廣受各年齡層的喜愛。

📞0557-38-1188
🕐9:30～18:00 休無休
所伊東市湯川1-14-15
🚉JR伊東線伊東站步行3分 🅿無

MAP 附錄P.18 B-2

↪「蜜柑花開之丘」，3個裝637日圓，1個189日圓

café TATI sweets

咖啡廳

伊東 ●かふぇたちすいーつ

品嘗女甜點師的手工甜點

由擔任甜點師的妻子與曾在海外進修接待服務的丈夫所共同經營的時尚咖啡廳。使用大量伊豆產水果的自家製蛋糕很適合下午茶時享用，不妨在散步途中順道進來坐坐小歇片刻吧。

📞0557-36-3732
🕐11:30～18:30 休週一(每月會有一次連休)
¥午間套餐1100日圓～ 所伊東市渚町2-6
🚉JR伊東線伊東站步行12分 🅿5輛

MAP 附錄P.18 C-3

↪草莓千層聖代702日圓

寿司の海女屋

美食

伊東 ●すしのあまや

質與量都令人大大滿意的壽司老店

以良心的價格提供每日從市場採買的新鮮海產。除了必備的壽司外，從烤魚、水煮魚之類的單品料理到定食都有，菜色豐富也是大受歡迎的理由之一。

📞0557-35-0035
🕐11:00～20:00 休週二(逢假日則翌日休)
¥花散壽司1944日圓、魚骨味噌湯324日圓 所伊東市湯川1-15-7 🚉JR伊東線伊東站步行3分
🅿利用契約停車場

MAP 附錄P.18 B-2

↪鋪上約8種海鮮配料的海女壽司2376日圓

松田椿油店

購物

伊東 ●まつだつばきあぶらてん

用途廣泛多元的萬能油

從肌膚、頭髮的保養到料理皆可使用的萬能山茶花油。100%利島產的優質天然山茶油，是最適合送給女性朋友的伴手禮。

📞0557-37-3812
🕐10:00～17:00 休週三
所伊東市猪戶1-1-18 🚉JR伊東線伊東站步行5分 🅿1輛

MAP 附錄P.18 B-2

↪瓶裝「山茶花油」900日圓～

山六ひもの総本店

購物

伊東 ●やまろくひものそうほんてん

從乾貨到珍味集結所有海鮮的精華

隨時羅列著金目鯛、肥美竹筴魚、肥美鯖魚等35種類的乾貨。設有以七輪炭火爐燒烤供客人試吃的空間，讓人吃得好不開心。以傳統方式製作的醃烏賊汐辛650日圓，是創業70年來經典不變的好味道。

📞0557-37-3039
🕐8:00～17:00 休無休
¥肥美竹筴魚(1片)400日圓～、金目鯛味噌漬(1盒2塊)1400日圓 所伊東市松原5-6
🚉JR伊東線伊東站步行10分 🅿10輛

MAP 附錄P.18 C-3

↑脂肪肥厚大受歡迎的味醂鯖魚乾(2片裝)650日圓 ↪伊東當地的老店

うなきん・きんごろう

美食

伊東 ●うなきん・きんごろう

享用伊東傳統的漁師飯

能同時品嘗在地魚和鰻魚的餐廳。以現地特有的鮮度與料理手法，提供採買自伊東港的相模灣海產。使用伊東溫泉泉水蒸煮而成的鰻魚，口感軟嫩美味非常。

📞0557-36-7588
🕐11:00～20:00 休週三
¥淺灘竹筴魚孫茶泡飯1436日圓 所伊東市猪戶1-3-14
🚉JR伊東線伊東站步行5分 🅿利用契約停車場

MAP 附錄P.18 B-3

↪外觀也很豪華的「鰻魚貓飯」2365日圓，吃到一半還可淋上高湯享受不同的美味

伊豆高原

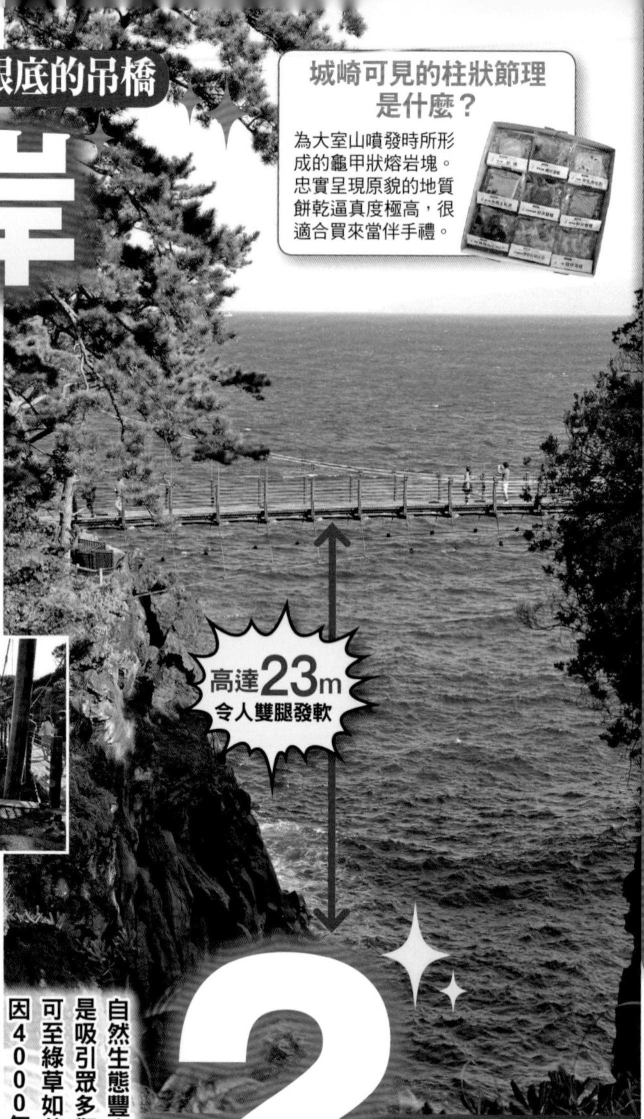

刺激度破表！將斷崖與狂浪盡收眼底的吊橋

城崎海岸

●じょうがさきかいがん　**MAP** 附錄P.16 G-1

約9km的海岸線上綿延著斷崖絕壁的海灣與海岬。門脇停車場附近有刺激滿點的吊橋及設有瞭望台的燈塔，能飽覽伊豆的絕妙美景。離伊豆高原站最近的對島瀑布有新設的觀景台，是可連同鄰近的橋立吊橋一起造訪的私房絕景景點。

☎0557-37-6105（伊東觀光協會）
🕐自由參觀　📍伊東市富戶　🚗JR熱海站走國道135號往南60分　🚃JR熱海站轉搭伊豆急行，城崎海岸站下車，步行25分
🅿123輛（收費）

值得一遊！
門脇吊橋
●かどわきつりばし

☎0557-37-6105
（伊東觀光協會）
高23m、長48m、寬1.5m的巨型吊橋，為橫跨大海的城崎海岸名勝。能俯瞰腳底的狂浪與斷崖，刺激感十足。

MAP 附錄P.16 G-2

↑也曾作為懸疑劇的拍攝舞台

值得一遊！
門脇埼燈塔
●かどわきさきとうだい

☎0557-37-6105
（伊東觀光協會）
MAP 附錄P.16 G-2
白牆燈塔在離地17m和4m處分別設有瞭望台，能從城崎海岸眺望至太平洋上的伊豆七島、天城連山等絕美景色。

↑設有離地17m、視野絕佳的第1瞭望台以及離地4m的第2瞭望台
←360度環視一圈！將城崎海岸的景色盡收眼底

還能這樣玩！
對島瀑布觀景台
●たじまのたきてんぼうだい
MAP 附錄P.17 D-4

→新設置的觀景台

新設的觀景台離伊豆高原步行約20分，可實地感受「對島瀑布」的磅礴氣勢。附近還有城崎海岸的另一座吊橋「橋立吊橋」，能近距離觀察天然形成具有獨特形狀的柱狀節理地貌。

☎0557-37-6105（伊東觀光協會）

↑因前一天的大雨而現身的夢幻瀑布

高達**23m**令人雙腿發軟

而形成的城崎海岸感受自然與歷史的氣息。因4000年前火山噴發可至綠草如茵的大室山、是吸引眾多觀光客來訪的人氣景點。自然生態豐富的伊豆高原地區

2大絕景！
盡情享受伊豆高原的

周邊MAP 附錄P.8・14～17
住宿info P.92～98
洽詢處
伊東觀光協會
☎0557-37-6105

前往這地區的交通方式

鐵道	開車
熱海站	熱海
搭乘JR伊東線普通列車、伊豆急行普通列車45分	經由國道135號約37km
↓	↓

伊豆高原

詳細交通資訊見**P.152**！

旅行願望清單！
☐ 飽覽城崎海岸與大室山的絕景
☐ 暢玩2大主題公園
☐ 到美術館親近藝術

伊豆
P.19

熱海
P.22

伊東
P.32

伊豆高原
P.38

東伊豆
P.50

下田・南伊豆
P.60

修善寺・中伊豆
P.66

西伊豆
P.76

沼津・三島
P.86

箱根
P.99

美食景點

おおむろ輕食堂
●おおむろけいしょくどう

餐廳位於大室山登山吊椅的入口處。會以別緻的陶器裝盛當地食材烹調的家庭料理，招牌菜為「酥炸伊東港在地魚蓋飯」1566日圓。

MAP 附錄P.15 C-5

☎0557-51-1455 ⏰10:00～16:00 休不定休（登山吊椅停駛時公休） ¥地海苔山藥泥烏龍麵1458日圓、宇佐美魩仔魚蓋飯1512日圓，午餐皆附5樣前菜及甜點、抹茶 所伊東市富戶1317-5大室山リフト館1F

擁有360度！眺望富士山和伊豆諸島的全景視野

大室山
●おおむろやま

MAP 附錄P.15 B-6

海拔580m的大室山可說是伊豆高原的象徵，以平滑的山表為特色。有登山吊椅直達山頂，視野遼闊可遠眺至伊豆諸島和富士山，還能繞行山頂火山口一圈體驗「鉢巡」、造訪能量景點淺間神社，為人氣度很高的觀光景點。

☎0557-51-0258（池觀光開發） ⏰自由參觀（登山吊椅9:00～17:15，10月1日～3月15日為～16:15） 所伊東市池672-2 交伊豆急行伊豆高原站搭東海巴士往シャボテン公園方向20分，終點站下車即到 P400輛

值得一遊！
鉢巡
●おはちめぐり

在山頂漫步時，能邊欣賞富士山、伊豆七島和房總半島的風光。噴火口遺跡直徑300m、深70m，繞行一周1km約需20分鐘，並奉祀著安產之神五智如來地藏尊。

⏰自由參觀

> 以順時針方向行走比較不吃力！

值得一遊！
能量景點

佇立於噴火口遺跡內側的淺間神社，供奉著富士山的祭神木花開耶姬命的姊姊磐長姬命，據說祈求長壽、安產等願望都相當靈驗。

值得一遊！
射箭

即便毫無經驗的人也能輕鬆體驗，可至山頂的賣店報名。

¥60分1000日圓

值得一遊！
登山吊椅
●とざんりふと

到大室山的山頂單程需6分鐘，高度與陡峭的坡度不禁讓人大吃一驚！可享受上山與下山的空中散步之旅。

休天候不佳時停駛 ¥來回成人500日圓、兒童250日圓

還能這樣玩！

下坡自行車導覽之旅

從大室山一路下坡急馳至城崎！熱門的A路線會由大室山行經城崎的吊橋、能量景點神社等景點，只需半天就能暢遊伊豆高原。除提供自行車租借外，還附大室山登山吊椅券和導覽服務，預約請洽Great Nature Tours（TEL:050-3740-9340）

↑自家製「小麥饅頭」1顆100日圓，可在山頂品嘗享用

●御守／於山頂的賣店販售（各500日圓）

熱衷戶外活動的人！
伊豆古蘭帕魯公園
●いずぐらんぱるこうえん

伊豆高原的 玩樂方式

騎乘近未來的移動工具一路馳騁！

電動車 norinori

遼闊腹地內可見各式各樣的遊樂設施！

MAP 附錄P.14 E-5

面積廣達5個東京巨蛋大的園內，有許多從小孩到大人、甚至寵物都能玩得開心的遊樂器材。除了大受歡迎的「高空滑索～風KAZE～」、「船型立體迷宮～海盜～」外，「戰鬥王」、「電動車norinori」、「螺旋管」等令人耳目一新的新型態遊樂設施也很吸睛。

☎0557-51-1122　🕘9:00～18:00(夏季)※視季節、星期幾會有變動　💴無休　💴成人1200日圓、小學生600日圓、幼兒(4歲以上)400日圓　🚉伊東市富戶1090　🚌伊豆急行伊豆高原站搭東海巴士往シャボテン公園方向20分，ぐらんぱる公園站下車即到　🅿1000輛

操控真實機器人來場對戰吧！

戰鬥王

可搭乘對戰型機器人與家人或朋友展開戰鬥！贏得勝利的關鍵在於能否將機器人操控自如。
【幼兒須有保護者陪伴，收費】

新遊樂設施也陸續登場！

2大主題公園

伊豆高原的2大主題公園，能讓愛好戶外活動和喜歡動物的人玩得心滿意足。不妨來擁有多款新穎遊樂設施的「伊豆古蘭帕魯公園」，以及能與動物親密接觸的「伊豆仙人掌動物公園」開心暢玩吧！

虛擬實境蛋形椅

Virtual Reality EGG椅子

New!

必須親自玩過才能體會的樂趣

能體驗當前熱門VR（虛擬實境）裝置的遊樂設施，戴上眼鏡就能享受360度全景模式的虛擬世界！
【小學高年級以上需付費】

運動廣場

可滑、可爬、可橫越 盡情地大玩特玩

位於兒童樂園內的小朋友專屬體能運動場「施工現場風～螺旋管～」
【幼兒須有保護者陪伴，免費】

位於水與冒險的廣場，能體驗9號平衡車、Tornado Spin、Space Bike等近未來的騎乘工具！其中也有可在園內自由移動的車款。
【騎乘9號平衡車身高130cm以上需付費】

高空滑索～風KAZE～

利用鋼纜垂降來回400m的索道，能感受驚險刺激與開闊視野的遊樂設施，可一路乘著風暢快滑行！
【身高120cm以上1次1200日圓】

船型立體迷宮～海盜～

翻修後重新亮相的船型立體迷宮～海盜～難度偏高，是連大人也能玩的遊樂設施。可邊收集戳章邊四面八方地在迷宮內自由移動。
【幼兒須有保護者陪伴，1次400日圓】

午餐＆伴手禮

若玩到肚子餓了，就到餐點多元豐富的園內餐廳「GRANTEI」。要買伴手禮的話則到「Clipper」，只有這裡才買得到的原創商品也相當推薦。

⬆伊豆的伴手禮館「Clipper」
⬅人氣吉祥物Sotecchi的布偶

躍動四驅

駕駛迷你四驅車在綠意環繞的路線快意奔馳！
※於週六日、假日等不定期營業
【幼兒須有保護者陪伴，小學生以上需付費】

在第三季的活動中，有使用60m寬大視野的表演秀「GRANILLUMI Show Time」、可上傳社群網站分享的「甜點燈area」等精彩亮點。第三季於2018年8月31日結束，10月20日開始為第四季。

GRANILLUMI

與可愛動物的親密接觸
真讓人興奮！

喜歡療癒系動物的人！
伊豆仙人掌動物公園
●いずしゃぼてんどうぶつこうえん

各種動物自在生活的主題公園
可與動物們親近互動　MAP 附錄P.15 C-5

能見到各式各樣放養中的動物自由自在活動的動植物園，可近距離接觸人氣度超高的水豚、松鼠猴、小袋鼠、鵜鶘、孔雀等動物。收集自全世界1500個品種的仙人掌和多肉植物分別展示於5座溫室中，另外還有墨西哥贈與的古代遺跡等眾多拍照景點。

☎0557-51-1111
🕘9:00～17:00(11～2月底為～16:00)　休無休
¥成人2300日圓、小學生1100日圓、幼兒(4歲以上)400日圓　所伊東市富戶1317-13　🚌伊豆急行伊豆高原站搭東海巴士往シャボテン公園方向20分，終點站下車即到
🅿400輛

動物相見歡

搭船巡遊錯落在園內中央水池的大小島嶼與沿岸的動物導覽行程。能從船上觀察動物，若選擇「上陸方案」還能體驗餵食飼料。

漂流探險路線

坐上船一路觀察動物來趟冒險之旅！

繞行一周方案
約需15分鐘，與嚮導同行邊環繞水池邊觀察動物。3歲以上需付費

上陸方案
約需20分鐘，可下船登島餵食松鼠猴或環尾狐猴。3歲以上需付費

水豚彩虹廣場內可以餵食水豚，或近距離接觸放養的松鼠猴

↑「活力猴館」的2樓可與動物共享歡樂時光

冬季限定！
「元祖水豚露天風呂」
為伊豆冬天特有的風情畫

水豚露天風呂

如今在全日本動物園都會推出的人氣活動「水豚露天風呂」，其實發祥地就在這裡，起源於36年前的冬天飼育員偶然發現水豚喜歡泡澡的習慣後才流行開來。2018/12/22～2019/1/6、3/21～4/7一天舉行兩次（詳情見官網）。

森林動物餐廳
GIBBONTEI

「GIBBONTEI」內能享用以公園人氣明星水豚為主題的可愛午餐，餐後還可到「伴手禮館」選購地區限定商品或水豚周邊商品當作伴手禮。

➡「水豚漢堡」
1200日圓

具療癒力量的
豐沛大自然與藝術

伊豆高原的 美術館

伊豆高原擁有綠意盎然的美麗大自然。
造訪各式各樣藝術領域的美術館，
透過視覺和聽覺親近
能讓感性變得豐富的藝術。

可愛泰迪熊世界 泰迪熊雲集的

泰迪熊特快車
↑名偵探泰德大顯身手的這班列車上，還有許多正享受著音樂與佳餚的泰迪熊乘客。會動的泰迪熊們營造出歡樂的氣氛，讓人看得目不轉睛

絨毛玩具熊美術館 伊豆泰迪熊博物館
ぬいぐるみのびじゅつかんいずてでぃべあみゅーじあむ

MAP附錄P.17 D-3

以泰迪熊的故鄉之一、座落於英國田園的宅邸為藍本所打造的紅磚建築物內，收藏了許多超過百年以上歲月、深受全世界喜愛的泰迪熊布偶。展示有泰迪熊的歷史、出自藝術創作者之手的藝術家泰迪熊等為數眾多的作品，2樓正在舉辦的特別企畫展「龍貓絨毛玩具展」更是非看不可！

☎0557-54-5001
⏰9:30～16:30 休無休（2、3、12月的第2週二及6月的第2週二＆三公休※逢假日則開館）¥成人1080日圓、國高中生860日圓、小學生640日圓
所伊東市八幡野1064-2
交伊豆急行伊豆高原站步行9分 P100輛

泰迪熊工廠

↑彷彿置身異國般的建築外觀

Teddy Girl
↻誕生於100多年前、已被列入金氏世界紀錄的泰迪熊，1994年在倫敦的拍賣會中以11萬英鎊的高價得標而聲名大噪。

↻能一窺泰迪熊的製作過程，一個個小熊成品的模樣相當可愛

Teddy's Garden
↻於開放感十足的茶館小歇片刻，點份手工甜點和飲料悠閒享受。「大布丁」540日圓、「DEN拿鐵咖啡」648日圓

博物館商店
以泰迪熊為主題的絨毛玩具、雜貨等商品琳瑯滿目

↻「Den小毛巾」各540日圓

↻「Pastel Melody」（S）各2376日圓

↻「Birthday大龍貓」1296日圓

↻「Birthday小梅螃蟹」1296日圓

↻「Cuddly Brown馬克杯」1080日圓、「Brownie馬克杯」864日圓

直擊人內心深處 充滿療癒性的美妙音色

↑音色足以洗滌心靈的音樂盒演奏會，於9～15時的每時20分與16時的整點舉辦

音樂盒DIY體驗
↻從組裝階段開始製作的一般方案為2050日圓～4000日圓，若選擇新手方案則再便宜200日圓。不妨打造一個自己專屬的音樂盒作為旅遊紀念吧

伊豆音樂盒館
いずおるごーるかん

MAP附錄P.17 C-3

每個小時皆會舉辦音樂盒的演奏會。「Seraphy Wave Musicbox」在全世界僅僅只有數台，據說光聆聽音色就能達到放鬆身心的效果。館內還能欣賞到歷史超過百年的古董音樂盒，以及大型的舞蹈風琴、留聲機等約130件的展示品。

☎0557-53-0900
⏰9:10～16:00 休無休（有臨時休館）¥成人860日圓、中小學生430日圓 所伊東市八幡野1191-1 交伊豆急行伊豆高原站步行6分 P24輛

↻能聆聽音樂盒的介紹與音色

↻位於國道135號的沿線上，可輕鬆駕車順道造訪

伊豆
P.19
熱海 P.22
伊東 P.32
伊豆高原 P.38
東伊豆 P.50
下田·南伊豆 P.60
修善寺·中伊豆 P.66
西伊豆 P.76
沼津·三島 P.86
箱根 P.99

池田20世紀美術館
いけだにじっせいきびじゅつかん

MAP 附錄P.15 D-3

美術館內收藏了創作於20世紀、約1400件以「人」為主題的作品。常設展示中有雷諾瓦、畢卡索、馬諦斯、夏卡爾、米羅、達利、安迪沃荷等多位外國藝術巨匠的大作與名作。由雕刻家井上武吉所設計的建築也很值得一看。

☎0557-45-2211
🕐9:00～17:00 休週三（逢假日則開館，7、8月及過年期間無休）¥成人1000日圓、高中生700日圓、中小學生500日圓 所伊東市十足614 🚌JR伊東線伊東站搭東海巴士經由一碧湖往シャボテン公園方向30分，池田美術館站下車即到 P50輛

畫廊咖啡廳
↑能邊欣賞藝術邊小歇一下的畫廊咖啡廳，提供「咖啡」500日圓等飲品

↓馬諦斯的《金合歡》為剪紙畫的最高傑作

聚集20世紀的現代藝術巨匠傑作

↑展示誕生於20世紀、約1400件的現代美術作品，為日本第一間現代美術的專門美術館。周邊環境綠意盎然，十分幽靜

伊豆高原 彩繪玻璃美術館
いずこうげんすてんどぐらすびじゅつかん

MAP 附錄P.8 G-6

美術館座落於可俯瞰海景的高台上。展示約300件由英國轉讓，以19世紀作品為主的經典古董彩繪玻璃等作品。柔和光線隨著時間變化而流動的夢幻空間，療癒感十足。僅支付入館費就能欣賞的音樂會，也絕不可錯過。

☎0557-44-4333
🕐10:00～17:00，咖啡廳「Bella Vita」為11:00～16:00 休第1、3週三 ¥成人1100日圓、國高中生700日圓、小學生400日圓、65歲以上900日圓 所伊東市川奈1439-1 🚌JR伊東線伊東站搭東海巴士23分，高塚站下車即到 P60輛

以迷人的光之藝術彩繪玻璃營造出有溫度的空間

咖啡廳「Bella Vita」

↑咖啡廳內也裝飾著彩繪玻璃，可享片刻的悠閒時光。「義式奶酪」650日圓

↑側面裝飾著四大天使古董彩繪玻璃的聖米歇爾教堂，每小時會舉辦一次管風琴的演奏表演

↓彩繪玻璃《守護沉睡者的耶穌（眠れる者を見守るイエス）》，是由約2000片玻璃重新組合而成的作品

伊豆高原古董珠寶博物館
いずこうげんあんてぃーくじゅえりーみゅーじあむ

MAP 附錄P.16 E-3

依照年代順序，以淺顯易懂的方式展示19世紀維多利亞時代的豪華珠寶與服飾。設有可試穿華麗禮服拍照留念的體驗區，人氣度很高。

☎0557-54-5566
🕐9:30～16:30 休第1、3週二（假日及8月無休）¥成人900日圓、國高中生700日圓、小學生500日圓 所伊東市八幡野1030-63 🚌伊豆急行伊豆高原站步行18分 P25輛

19世紀的輝煌

優雅地鑑賞多美麗的珠寶

↓館內藏有許多美麗的珠寶飾品

博物館商店
↑飾品小物和原創商品也很豐富

↑可試穿漂亮禮服拍照的體驗區，1件10000日圓

貓咪博物館
ねこのはくぶつかん

MAP 附錄P.15 D-6

為全球僅見的貓科動物單獨展示空間。館內除了以棲息地別分區陳列世界上28種品種的野生貓標本，以及劍齒虎之類的絕種動物展示外，也收藏了以貓咪為主題的世界美術品及玩具等。交流廣場上還能近距離接觸約20種品種、多達40隻的人氣貓咪，絕對是愛貓人士非去不可的景點。

☎0557-51-5133
🕐9:00～17:00 休無休 ¥成人1300日圓、國高中生1000日圓、小學生700日圓 所伊東市八幡野1759-242 🚌伊豆急行伊豆高原站搭東海巴士往シャボテン公園方向（經由桜並木）或往一碧湖方向（經由桜並木）7分，大室高原7丁目站下車，步行3分 P30輛

與討人喜歡的貓迷必訪的天堂為貓迷親密互動

世界上的貓咪

↑人氣貓咪齊聚一堂，可以在交流廣場邊休息邊逗弄貓咪玩耍

↑以愛琴海為設計意象的清爽建築物

貓咪美術館

↑展示以貓咪為主角的木雕、陶器、繪畫、玩具等形形色色的美術品

集結美味精華

伊豆高原的
美食午餐

道地泰國香料與
伊豆產食材的完美組合

↑美麗的青瓷餐具也很適合買來當伴手禮
↑流洩著古典音樂的寬敞空間

推薦菜色
- 打拋豬肉飯 `1188日圓`
- 綠咖哩 `1404日圓`
- 蝦泥吐司 `432日圓`

大量使用每日
進貨的當地新鮮時
蔬烹調而成的健康
泰式料理。

老闆兼主廚的泰機一先生

在大自然豐沛的伊豆高原，品嘗以大量伊豆食材做出的各式各樣料理。不妨置身於樹木扶疏、啁啾鳥鳴的環境中，細細品味伊豆高原的美食午餐。

泰式炒河粉
（附生春捲、甜點）
`1404日圓`
食材本身的溫和口感搭配從泰國直送的調味料，令人食慾大開。另附利用大室溫泉水培育、清晨現採萬苣葉製成的生春捲，以及每日替換品項的甜點

BAAN HATAH dining table
ばーんはただいにんぐてーぶる

MAP 附錄P.17 C-2

佇立於森林深處的獨棟式餐廳，提供使用正統泰國食材與伊豆產新鮮蔬菜烹調的泰式料理。午間時段會提供打拋豬肉飯、泰式炒河粉等4道餐點，每週替換菜色，建議可點杯有機泰國花草茶（另加630日圓）一起享用。

☎0557-53-7155
🕐11:00～16:00、18:00～21:00（晚間時段需預約）
休週三　所伊東市八幡野1307-5-1F
🚃伊豆急行伊豆高原站步行21分　P5輛

炙燒鮪魚頭肉蓋飯
（1日限定8份）
（附伊豆產正宗山葵、小菜、漬物、味噌湯）
`2808日圓`
將表面炙燒處理去除多餘油脂、鎖住鮮味，再搭配伊豆產的正宗山葵增添風味。有許多顧客甚至是專程為了這道餐點而不惜遠道而來

一日限定8份！
飽嘗黑鮪魚的稀少部位

↑能輕鬆用餐的和室座位

↑氣氛沉靜的
日式料理店

外場經理
望月勇先生

號稱比腹肉來得更好吃的鮪魚頭肉，請搭配伊豆產的正宗山葵一起享用。

本家鮪屋
ほんけまぐろや

MAP 附錄P.17 D-3

能吃到一次買下一整尾的高級黑鮪魚，以及由兼批發商的老闆親自至伊豆漁港挑選的當地新鮮海鮮。100kg等級的黑鮪魚只能取出500～600g的稀少部位「頭肉」，一放上舌尖油脂馬上融化，散開來的甜味與鮮味則滿溢於口中。

推薦菜色
- 生火腿鮪魚 `778日圓`
- 紅燒稻取金目鯛定食 `3219日圓`
- 鮪魚臉頰肉與頭肉的魚排蓋飯 `1944日圓`

☎0557-54-3088
🕐11:30～15:00、17:30～20:00※週日為17:30～19:30
休第2、4週三（逢假日則營業）
所伊東市八幡野1069-4
🚃伊豆急行伊豆高原站步行10分　P20輛

伊豆高原 城崎溫泉 花吹雪 森の料理茶屋
いずこうげんじょうがさきおんせんはなふぶきもりのりょうりちゃや

MAP 附錄P.17 D-4

佔地廣達4000坪的「花吹雪」，座落於還保留原始森林樣貌的國立公園內。不僅能欣賞四季更迭的美麗景觀，還能品嘗伊豆的櫻鱒、明日葉、大島櫻、精選頂級的羅臼昆布、無農業蔬菜等食材製作風味豐富的日本料理。

☎0557-54-1550
🕐11:30～15:00、17:30～19:30（晚間時段需預約）
休無休　所伊東市八幡野1041城崎溫泉花吹雪內
🚃伊豆急行伊豆高原站步行13分　P20輛

櫻花糯米飯套餐
（附前菜、清湯、籠壽司、炸物、櫻花糯米飯、釣樟漬物、料理屋和菓子）
`2160日圓`
有放入大量扇貝和伊豆特產大島櫻葉蒸煮的糯米飯、以當地櫻鱒製成的柿葉壽司和使用伊豆藥草、對身體有益的料理等

推薦菜色
- 櫻花糯米飯套餐 `2160日圓`
- 乙女櫻套餐 `2700日圓`
- 花吹雪 `3780日圓`

在隱密旅館深處的和式房間內
品嘗自然之美與山珍海味

請親自來嘗嘗蘊含伊豆豐富自然生態與食材原始風味的療癒料理。

料理長
市川大悟先生

↑從窗外就能眺望四季分明的景致
↑風情別有韻味的「花座敷」

伊豆
P.19

熱海
P.22

伊東
P.32

伊豆高原
P.38

東伊豆
P.50

下田·南伊豆
P.60

修善寺·中伊豆
P.66

西伊豆
P.76

沼津·三島
P.86

箱根
P.99

視覺味覺雙重享受的
美味義大利菜

鮮魚午餐
「新鮮在地魚及海瓜子、貽貝
的義式水煮魚」（數量限定）
1350日圓～
附前菜、沙拉、麵包、甜點、飲品，
口感綿密鬆軟的在地魚十分美味

イタリア料理 B-gill
いたりありょうりびーぎる

MAP附錄P.15 D-3

佇立於自然景觀豐富、綠意盎然的高原上，與一碧湖
僅咫尺之遙的獨棟式餐廳。肉、魚、蔬菜等所有的食
材，皆只選用親身品嘗後自己所認同的東西。午間時
段會供應在地食蔬義大利麵、隨心所欲義大利麵、肉
或魚料理等多款每日替換的菜色。

📞0557-44-1387
⏰11:30～14:30、18:00～22:00※晚間時段採預約制　休
週三　所伊東市十足614-204　🚃JR伊東站搭東海巴士往
シャボテン公園方向30分，池田美術館站下車即到　🅿8輛

從店內望出去的蒼鬱林木營造出高原度假地的氛圍

老闆兼主廚的
鳶田了介先生與
妻子千繪小姐

使用當地蔬菜的沙
拉和色彩繽紛的前
菜也都很好吃喲。

推薦菜色
● NEW Scampi(長臂蝦)義大利生麵　1550圓
● 義大利麵每日特餐　1180日圓～
● 約10種口味的披薩　1150日圓～
※ 以上皆為午餐菜單

ITARIAN CAFE BOSCO
イタリアンカフェ ボスコ

MAP附錄P.17 D-3

能在溫暖陽光灑落的明亮店內，吃到主廚一道道用心
烹調、深受好評的無添加物料理。以對身體有益的當
地蔬菜為主要食材，製作出季節感十足的美味佳餚。
甜點則大推四季不同風味的戚風蛋糕。

📞0557-53-5060
⏰11:00～14:30、17:00～21:00　休週二　所伊東市八幡
野1041-60　🚃伊豆急行伊豆高原站步行10分　🅿3輛

露天座位區可帶寵物一同入座，正前方即泰迪熊博物館

感受四季韻味的
極品手作義式料理

紅酒燉牛肉
（附沙拉、麵包、咖啡或花草茶）
2160日圓
將燉煮一整天的日本國產牛腱肉，以波
爾多紅酒烹煮成的人氣餐點

⬆充滿溫度感的舒適空間

請慢慢享用
從零開始純手工製
作的自豪料理。

主廚
關谷素伸先生

推薦菜色
● 義大利麵套餐　1320日圓
● 在地魚午餐　1870日圓
● 蒜香風味土雞　1520日圓

不住宿溫泉

景致幽靜宜人的伊東，擁有眾多能眺望大海的全景露天浴池、可欣賞庭園的野外浴池等絕佳視野溫泉的伊豆高原，光是漫步其間就樂趣無窮。

赤澤不住宿溫泉館

赤澤溫泉鄉 あかざわひがえりおんせんかん

由化妝品製造商DHC所營運，以美、健康和療癒為追求目標的大型入浴設施。從大露天浴池望出去的天空、大海與群山的廣角視野十分出色。約50坪大的榻榻米休息間可免費使用，另外還附設有景觀餐廳。

☎0557-53-2617 MAP附錄P.17 B-6
所伊東市赤沢字浮山170-2 交伊豆急行伊豆高原站搭免費接送巴士15分（定時發車）P160輛

◑進到浴池後目光所及盡是大海、天空與伊豆的群山。浴池與海空彷彿連成一線的無垠美景，讓人宛如置身於大海一般。

♨泡湯後來吃美食！

能欣賞海景的寬敞餐廳內，除了能吃到伊豆特有的炸什錦海鮮蓋飯外，還有生魚片拼盤、紅燒金目鯛等豐富菜色。交誼廳內的霜淇淋很受歡迎，還會有季節限定的口味。

炸什錦海鮮蓋飯 1188日圓

霜淇淋 各350日圓

不住宿資訊
【入浴費】成人（國中生以上）1550日圓、4歲～小學生850日圓（旺季期間成人（國中生以上）1900日圓、4歲～小學生1000日圓）
【附露天浴池的包廂】1小時2700日圓
⏰10:00～21:00（旺季期間為9:00～）※0～3歲禁止進入大浴場 休1‧6月有維修休館日

停留預估時間 1整天

伊豆高原 城崎溫泉 花吹雪

伊豆高原溫泉 いずこうげんじょうがさきおんせんはなふぶき

位於約4000坪的廣大森林中，備有檜木浴池、岩石浴池等7種溫泉設施以及極富高級感的4棟別墅。每間包租浴池的使用時間為50分鐘，若時間充裕的話不妨多嘗試幾種溫泉設施。溫泉皆屬於源泉放流式。

MAP附錄P.17 D-4
☎0557-54-1550
所伊東市八幡野1041
交伊豆急行伊豆高原站步行12分 P20輛

◑溫泉設施均採包租式，可以自在地享受泡湯樂。映入眼簾的綠意以及林間吹來的微風，都令人感到心曠神怡。

於綠葉扶疏的森林中 有7種溫泉設施散置其間

♨泡湯後來吃美食！

料理茶屋就位於自然資源豐富的腹地內。午間時段供應的「花吹雪」御膳，除了櫻花糯米飯、櫻葉金目鯛生魚片等著名的櫻花料理外，還能享用雙層的懷石料理。

花吹雪 3780日圓

不住宿資訊
【入浴費】每間包租浴池50分鐘1550日圓
⏰11:00～14:00
休無休

停留預估時間 1小時

◑特色十足的建築物更豐富了溫泉情調。泡湯之後不妨在館內散散步，欣賞職人的高明手藝

流露出昭和年代的懷舊風情 貼滿磁磚的大浴場

東海館

伊東溫泉 とうかいかん

還保留著昭和初期美麗建築樣式的木造三層樓，已登錄為伊東市文化財。不住宿溫泉僅於週六日、假日開放。不妨邊享受天然溫泉，邊欣賞傳統的建築風格與出自職人之手的細膩做工。

MAP附錄P.18 C-3
☎0557-36-2004
所伊東市東松原町12-10
交JR伊東線伊東站步行7分
P利用市營停車場

♨泡湯後來吃美食！

能一窺陽光從樹梢間灑落與川畔景色的茶館，靠窗的和式座位是最佳位置。提供餡蜜、鮮果汁等品項，營業時間為10:00～16:30。

冰淇淋餡蜜（附茶） 600日圓

不住宿資訊
【入浴費（包含入館費）】成人500日圓、兒童300日圓
⏰11:00～19:00
休週一～五

停留預估時間 1小時

足湯在這裡！

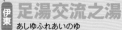

足湯交流之湯

伊東 あしゆふれあいのゆ

位於伊東站附近的松川公園內，是鮮為人知的足湯好去處。一旁還有東海館、遊步道和商店街，可作為遊逛市區時的休憩場所。

MAP附錄P.18 B-3
☎0557-37-6105（伊東觀光協會）
⏰9:00～17:00 休無休 ¥免費
所伊東市松川町488-13 交JR伊東線伊東站步行10分 P無

美足之湯

伊豆高原 おみあしのゆ

設在伊豆高原站櫻並木口的24小時足湯，最適合用來打發候車的時間。可至車站內的賣店購買小毛巾。

MAP附錄P.17 D-3
☎0557-53-1116（伊東急行觀光推進課）
⏰24小時 休無休（可能會因清掃而暫停使用）¥免費 所伊東市八幡野1183-2 交伊豆急行伊豆高原站前 P400輛（收費）

符號範例 ■…含入浴費 ■…費用另計。租借、販售等 ■…無 ☐…浴巾 ✎…毛巾 ☷…洗髮乳、潤絲精 ◯…肥皂、沐浴乳 ➤…吹風機 休…休息設施 露…露天浴池 包…包租浴池

伊豆
P.19

熱海
P.22

伊東
P.32

伊豆高原
P.38

東伊豆
P.50

下田·南伊豆
P.60

修善寺·中伊豆
P.66

西伊豆
P.76

沼津·三島
P.86

箱根
P.99

可一望海景的天然溫泉
位於交通便利的公路休息站內

♨ 泡湯後來吃美食!

位在溫泉棟1樓的「海を見ながら食べると幸せになるアイス」,推薦選擇香草冰淇淋或優格冰淇淋加上各種食材混搭後的原創口味冰淇淋。營業時間9:00～18:00。

香醇靜岡茶
(杯裝)
380日圓

伊東溫泉 みちのえきいとうまりんたうんしーさいどすぱ
公路休息站 伊東マリンタウン SEASIDE SPA

附屬於「公路休息站 伊東マリンタウン」的不住宿溫泉設施。大片面海落地窗、視野開闊的大浴場內,有露天浴池、芳療室、乾式三溫暖等各種設備。美容護膚、按摩、韓式搓澡之類的服務也很充實。

☎0557-38-1811　MAP附錄P.8 F-5
🏠伊東市湯川571-19
🚃JR伊東線伊東站搭東海巴士往マリンタウン方向5分,終點站下車即到　P298輛

不住宿資訊　停留預估時間 3小時
【入浴費】成人1000日圓、兒童540日圓,早湯成人540日圓、兒童270日圓(旺季期間設有特定日費用)
【包租按摩池】1小時2160日圓(需預約)
🕐早湯5:00～9:30、一般10:00～21:00
休不定休

➡清晨5點就能利用也是其中魅力之一

伊豆高原溫泉 いずこうげんのゆ
伊豆高原之湯

地理位置便捷的溫泉設施,位於國道135號沿線上,離車站也很近。綠意蔥蘢的天然林內野外浴池錯落其中,能享受一絲絲的秘湯氛圍。以可以飲用的源泉著稱,還有免費的大廣間休息區、按摩椅和附設餐廳。

☎0557-54-5200　MAP附錄P.17 C-3
🏠伊東市八幡野1180　🚃伊豆急行伊豆高原站步行5分　P100輛

不住宿資訊　停留預估時間 3小時
【入浴費】成人1000日圓、兒童500日圓
🕐10:00～23:00
休第1、3週四(逢假日、黃金週、春夏冬假期間則營業)

♨ 泡湯後來吃美食!

附設的「伊豆高原ビール うまいもん処」備有下嵌式座位區,是一家氛圍沉穩的日式料理店。除了放上大量海鮮的繽紛蓋飯和定食外,還能吃到伊豆的活烏賊生魚片。

伊豆在地魚海鮮蓋飯
2138日圓

飲泉、泥面膜也深受好評!
在開放感十足的野外風呂感受秘湯氣氛

➡可自行敷上泥面膜後直接入浴的「泥湯」,泡完後整個皮膚都會變得滑溜滑溜

於坐擁相模灘美景的旅館
暢快享受泡湯之樂

♨ 泡湯後來吃美食!

以炭爐烤蠑螺、扇貝、自家製乾貨為主菜,再加上前菜、醋漬物、茶碗蒸、米飯、湯品、甜點的豪華全餐,兩人以上起餐。另外還有滿滿新鮮魚貝的生魚片船全餐。

海鮮燒烤全餐(附入浴、浴衣)
5650日圓

➡天氣晴朗時甚至能遠眺相模灣對岸的房總半島

伊東溫泉 よこはまふじよしいずてん
橫濱藤吉 伊豆店

可將美麗海景盡收眼底的旅館。腹地內設有庭園、自家源泉的露天浴池,以及無需追加費用即可利用的6間包租浴池。除了面積寬敞的「新相模之湯」外,還能欣賞不同景色與韻味的「春夏秋冬之湯」、「女神之湯」等溫泉。

MAP附錄P.14 F-3
☎0557-51-3211
🏠伊東市富戶1305-8　🚃伊豆急行川奈站車程8分　P20輛

不住宿資訊　停留預估時間 3小時
【入浴費】1650日圓
🕐11:00～18:00
(なごみの湯採預約制)
※附餐方案會提供浴衣、毛巾、浴巾
休不定休

小室山公園

川奈 ●こむろやまこうえん 〔景點〕

春天賞杜鵑花、冬天賞茶花的勝地

栽種了40種、10萬株的杜鵑花以及1000種、4000棵的茶花，以賞花名勝著稱。可搭登山吊椅直達海拔321m的山頂，享受眺望相模灘、富士山等令人心曠神怡的遼闊視野。

☎0557-45-1444（小室山休息所）
🕐自由入園（登山吊椅的運行時間為8:30～16:30，視時期會有變動）💴登山吊椅費用（來回）成人470日圓、兒童240日圓 📍伊東市川奈小室山1428
🚌JR伊東線從伊東站搭東海巴士往小室山リフト方向23分，終點站下車即到 🅿270輛 **MAP** 附錄P.8 G-6

← 山頂的全景視野十分壯觀

伊豆高原ビールうまいもん処

伊豆高原 ●いずこうげんびーるうまいもんどころ 〔美食〕

在沉穩氛圍的和室大啖豪邁蓋飯

位於伊豆高原站附近，「伊豆高原之湯」腹地內的日式料理店。除了桌椅區外還設有墊高的下嵌式座位區，可以脫鞋輕鬆用餐。吃得到盛滿海鮮食材的繽紛蓋飯和定食，還能順道在不住宿溫泉泡個湯享受一下。

☎0557-54-5300
🕐11:00～20:30
休第1、3週四（逢假日、黃金週、春夏冬假期間則營業）💴伊豆活烏賊生魚片2138日圓、海膽石鍋拌飯2138日圓 📍伊東市八幡野1180 伊豆高原之湯內
🚃伊豆急行伊豆高原站步行7分 🅿100輛 **MAP** 附錄P.17 C-3

← 伊豆在地魚海鮮蓋飯2138日圓，大快朵頤吃海鮮是伊豆旅遊的樂趣之一

這裡要 CHECK！

●可作為兜風途中的休憩場所。空氣清澄時能眺望到房總半島的「伊豆戀人露台」，也很適合拍照留念

↓ 來到伊豆當然要嘗嘗海鮮燒烤！

有適合自行開車前往以及搭電車就能到的伴手禮店

可兜風途中來小歇片刻或選購伴手禮

富戶 **伊豆高原 旅遊休息站 ぐらんぱるぽーと**
●いずこうげんたびのえきぐらんぱるぽーと

約略位於伊豆東海岸的中段位置，非常適合兜風時順道造訪。設有伴手禮店、咖啡廳＆餐廳、蔬菜直賣所，還可享受足湯、炭火海鮮燒烤等各種樂趣。另備有狗狗的休憩場所。

☎0557-51-1158
🕐商店9:00～18:00，餐廳11:00～15:00
休無休 📍伊東市富戶1090 🚌伊豆急行伊豆高原站搭東海巴士往シャボテン公園方向10分，ぐらんぱる公園站下車，步行5分 🅿200輛
MAP 附錄P.14 E-5

這些也很推薦

伊豆高原

●いずこうげん **MAP** 附錄P.8・10・14～17

伊豆高原站 Yamamo Plaza

伊豆高原 ●いずこうげんえきやまもぷらざ

與車站相連的購物商場

購物商場位於車站大樓內，與伊豆急行伊豆高原站互通，能滿足旅客在搭電車前的購物與用餐需求。有伴手禮店、餐飲店等19家店鋪進駐，總是人來人往好不熱鬧。還提供免費的足湯，方便旅客有效運用候車的時間。

☎0557-54-0221 🕐視店鋪而異
休無休（視店鋪而異）📍伊東市八幡野1183
🚃直通伊豆急行伊豆高原站 🅿100輛（第1小時免費，一家店消費滿3000日圓以上可再免費停車1小時）**MAP** 附錄P.17 D-3

↑ 設有足湯，能在旅途中稍事休息放鬆

↑ 最適合用來打發候車時間的設施

可依個人喜好選擇燒製樣式

伊豆の陶芸体験 ほけきょ庵
●いずのとうげいたいけんほけきょあん

能體驗製作已被經濟產業省經營革新計劃認可之伊豆陶器的陶藝工房。

☎0557-54-0770
🕐平日10:00～15:00（週末、假日、春夏假期間為10:00～16:00）休不定休（請參照官網的假日行事曆）💴電動轆轤 不限制時間&黏土3500日圓 📍伊東市池675-62 🚃伊豆急行伊豆高原站有接送服務（請上官網確認）🅿10輛
MAP 附錄P.17 C-3

← 以綠寶石般的大海「伊豆白濱」為設計意象的陶器

原創玻璃作品的製作體驗

FLAT CREW
●ふらっとくるー

提供熔接體驗、噴砂體驗、玻璃珠製作體驗的工房，能自我挑戰設計性十足的作品正是魅力所在。

☎0557-54-5336
🕐10:00～17:00（有設定體驗報名截止時間）休不定休 💴噴砂體驗1620日圓～、熔接體驗1620日圓～ 📍伊東市八幡野947-90 🚃伊豆急行伊豆高原站步行7分 🅿4輛
MAP 附錄P.17 D-4

← 製作體驗當天報名也行，但建議還是提前預約為佳

手打蕎麥麵、握壽司、電動轆轤體驗

伊豆高原 体験の里
●いずこうげんたいけんのさと

以石臼研磨成粉的傳統手打蕎麥麵體驗、製作握壽司皆需事先預約，另外還有不需預約的電動轆轤體驗、手拉坏體驗等其他多元選擇。

☎0557-54-3006
🕐9:30～16:00 休無休 💴手打蕎麥麵2550日圓、握壽司3000日圓（舉辦時間10:00、12:00、14:00）、電動轆轤2050日圓+燒製費+運費、手拉坏1950日圓+運費 📍伊東市八幡野1666-4 🚃伊豆急行伊豆高原站步行15分 🅿50輛
MAP 附錄P.17 C-4

玻璃工藝體驗、飾品體驗

伊豆 CRAFT HOUSE
●いずくらふとはうす

能做出獨一無二的玻璃作品。座落於一望大海與伊豆七島的絕佳地理位置，提供玻璃工藝和飾品的DIY體驗。另有附設商店。

☎0557-51-5355
🕐9:30～17:00 休週三（逢假日、黃金週、夏季、過年期間則營業）💴吹玻璃3456日圓～、噴砂玻璃1900日圓～、玻璃珠2320日圓～、創意串珠900日圓～ 📍伊東市大室高原8-531 🚃伊豆急行伊豆高原站車程13分 🅿35輛
MAP 附錄P.15 D-6

蠟燭製作體驗與庭園午餐

伊豆高原 niwa cafe
●いずこうげん にわかふぇ

從多彩蠟塊中挑選喜歡顏色製成蠟燭的體驗活動，連小朋友也可以參加。還附設有吊床的咖啡廳。

☎0557-51-8253
🕐10:00～15:00 休週二～四（逢假日則營業）💴DIY彩虹燭2200日圓～（約60分鐘，需預約）📍伊東市富戶1317-851 🚃伊豆急行伊豆高原站搭東海巴士往シャボテン公園方向18分，大室高原2丁目站下車，步行3分 🅿3輛
MAP 附錄P.15 D-5

旅行 PICK UP

到體驗工房DIY伴手禮

伊豆高原有形形色色的體驗工房，如藝術家一樣！也能創造旅遊的回憶。可讓自己宛如藝術家一樣！

伊豆

熱海 P.19

P.22

伊東 P.32

伊豆高原

P.38

東伊豆 P.50

下田·南伊豆 P.60

修善寺·中伊豆 P.66

西伊豆 P.76

沼津·三島 P.86

箱根 P.99

伊豆高原地元食材豐富なイタリアン ミラコロ 美食

富戸 ●いずこうげんじもとしょくざいほうふないたりあんみらころ

將食材美味發揮至極致的義式料理

吃得到大量使用直接向當地生產者採購的新鮮食材烹調的義大利菜，享用將精華濃縮成一盤的伊豆美味。

☎0557-51-7508

🕐11:30～14:00、17:30～20:00
🈳週一、二(逢假日則另擇日休)
🏠伊東市富戸1317-1121
🚌伊豆急行伊豆高原站搭東海巴士往シャボテン公園方向12分，理想鄉東口站下車，步行2分 🅿10輛
🗺MAP 附錄P.15 D-5

↩「義大利麵午間全餐」1566日圓

ぐり茶の杉山 伊豆高原店 購物

伊豆高原 ●ぐりちゃのすぎやまいずこうげんてん

茶鋪的美味霜淇淋

創業於1960（昭和35）年。為採用深蒸法製作的「玉綠茶」專賣店，深受當地居民的喜愛。100%牛奶無任何添加物的霜淇淋是伊豆高原店的限定商品，撒上玉綠茶粉後展現出的大人風味更是廣受好評。

☎0557-37-1202(總社)

🕐9:00～17:00(霜淇淋的販售時間為週三10:30～16:30、週四～週一為～16:30) 🈳週二
🈷原味霜淇淋 350日圓
🏠伊東市八幡野二夕塚1105-120 🚌伊豆急行城崎海岸站搭計程車3分
🅿18輛
🗺MAP 附錄P.16 E-2

↩選購伴手禮時務必買來嘗嘗的霜淇淋

伊豆高原ビール本店 美食

伊豆高原 ●いずこうげんびーるほんてん

享用在地啤酒&美味又豪邁的蓋飯

備有17種蓋飯、10種定食等使用海鮮食材烹調的漁師料理，風味有口皆碑。「漁師醃漬蓋飯套餐」中醃漬鮭魚卵、竹筴魚、鮭魚、烏賊和鮪魚堆得像小山般，還可搭配從附設釀造所直接供應的新鮮啤酒一起享用。

☎0557-51-3000

🕐11:00～20:00 🈳不定休(一年約5天)
🈷漁師醃漬蓋飯套餐(午餐)2138日圓、啤酒(單杯)410日圓 🏠伊東市富戸1103-21 🚌JR伊東線伊東站搭東海巴士經由ぐらんぱる公園往シャボテン公園方向29分，高原ビール前站下車即到 🅿100輛
🗺MAP 附錄P.14 E-4

↩鋪上滿滿海鮮配料的漁師醃漬蓋飯套餐（2138日圓）飽足感十足

伊豆Horse Country 玩樂

富戸 ●いずほーすかんとりー

於眺望視野絕佳的伊豆草原體驗騎馬

座落於海拔310m的高室山山頂，為伊豆區域規模最大的馬牧場，能與體格嬌小、個性溫和的與那國馬親密互動。另設有室內馬場，即便下雨天也能照常體驗。

☎0557-51-8022

🕐10:00～15:00 🈳不定休
🈷入場費500日圓，牽繩騎馬5分鐘1500日圓～、騎馬6000日圓～ ※學齡前兒童需保護者陪同
🏠伊東市富戸1316-1
🚌伊豆急行伊豆高原站車程10分 🅿38輛
🗺MAP 附錄P.14 E-4

↩與那國馬的體型較小、性格溫和

伊豆のうさぎ 購物

富戸 ●いずのうさぎ

外觀超可愛的和菓子

位於國道135號的沿線上，以兔子為設計主題的各式各樣糕點很受歡迎。山藥泥外皮包入北海道產紅豆內餡的兔子造型「薯蕷饅頭」（10個裝1023日圓），味道和外觀都很出色。

☎0557-51-1660

🕐9:30～18:00 🈳無休 🈷兔子珠寶盒(16個裝)822日圓 🏠伊東市富戸1311-4
🚌JR伊東線伊東站搭東海巴士往シャボテン公園方向27分，富戸口站下車，步行3分 🅿20輛
🗺MAP 附錄P.14 E-3

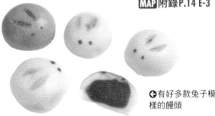

↩有好多款兔子模樣的饅頭

レマンの森 咖啡廳

伊豆高原 ●れまんのもり

在可愛的洋館享受品茶時光

宛如走進繪本世界般的可愛建築物，是一家曾在法國習藝的甜點師發揮精巧手藝的西點店。有水果蛋糕（420日圓）、飲料（全部各378日圓）等商品，不妨坐下來慢慢享用吧。

☎0557-51-8117 🕐9:00～18:00(咖啡廳～17:30) 🈳週三
🏠伊東市八幡野1244-91 🚌伊豆急行伊豆高原站搭東海巴士往シャボテン公園方向5分，大室山莊站下車，步行5分 🅿8輛

🗺MAP 附錄P.17 D-1

↩晴朗好天氣時建議選擇群樹環繞的露天座，也可以外帶

象牙和石頭雕刻博物館 ～Jewelpia～

富戸 ●ぞうげといしのちょうこくびじゅつかんじゅえるぴあ

欣賞雕刻傑作與製作體驗

位於國道135號沿線上，展示約270件以象牙和天然石為素材製成的東洋美術工藝品。也有提供果凍蠟燭、手環之類的DIY體驗。

☎0557-48-7777 🕐9:00～16:00
🈳無休 🈷成人1200日圓、兒童600日圓 🏠伊東市富戸1096-1 🚌JR伊東線伊東站搭東海巴士往シャボテン公園方向28分，栗の原站下車即到 🅿90輛
🗺MAP 附錄P.14 E-4

↩做工精細引人目光的作品羅列

野坂自動機械博物館

伊豆高原 ●のさかおーとまたびじゅつかん

細膩的舉止動作令人嘆為觀止

展示約60件以機械裝置運作的古董人偶「Automata」，還設有機械人偶的現場表演區和商店、咖啡廳。

☎0557-55-1800 🕐9:30～16:00
🈳週四(假日、8月、企畫展期間除外) 🈷成人1000日圓、國高中生600日圓、小學生以下免費 🏠伊東市八幡野株尻1283-75 🚌伊豆急行伊豆高原站搭東海巴士往シャボテン公園方向4分，高原中央站下車即到 🅿20輛
🗺MAP 附錄P.17 C-2

↩一天會有3場實地表演（週六日、假日有4場）

NEW YORK LAMP MUSEUM & FLOWER GARDEN

伊豆高原 ●ニューヨークランプミュージアム&フラワーガーデン

五彩繽紛的花朵盛開綻放

2017年12月伊豆四季之花公園以美術館之姿重新開放。能欣賞古董的TIFFANY彩繪玻璃燈，從花園還可眺望城崎的景觀與四季分明的美麗花草。

☎0557-51-1128 🕐9:00～17:00(11～2月為～16:00) 🈳無休 🈷成人(國中生以上)1200日圓、小學生600日圓、幼兒免費 🏠伊東市富戸841-1 🚌伊豆急行伊豆高原站搭東海巴士往伊豆海洋公園方向9分，終點站下車即到 🅿300輛
🗺MAP 附錄P.16 F-2

↩由此處徒步20分即可抵達門脇吊橋

旅行 PICK UP

還有許多其他的藝術景點

伊豆高原上有許多間美術館、博物館散佈其間。不妨來趟欣賞藝術的感性豐富世界之旅吧。

東伊豆

來到東伊豆一定要嚐嚐看

盡情享用美味的金目鯛

鮮美滋味令人醉心

掛保證的必點菜色！

金目鯛是這樣的魚

棲息於深海，以紅色身軀及金色大眼為特徵。一年四季的脂肪都很肥厚，魚刺少、肉質軟嫩，因此廣受歡迎。更加肥美的12月～3月是特別美味的季節。伊豆產的金目鯛更被認定為品牌魚。

招牌菜色！
金目鯛壽司
3564日圓

◆すしうおはち
寿し 魚八

MAP 附錄P.19 C-2

30年多前第一家推出金目鯛握壽司的壽司老店。為了保持鮮味表面會輕微炙燒過，也是該店的特色之一。入口即化的魚肉脂肪，值得細細品味一番。

☎0557-95-1430
🕐11:00～19:30
休週三（逢假日則營業），2、3、8月無休
所東伊豆町稻取371-4　🚃伊豆急行伊豆稻取站步行7分　🅿7輛

➡從稻取的魚市場走路馬上就到

這幾道也很推薦
◆主廚精選在地魚壽司… 3564日圓
◆紅燒金目鯛…………… 3240日圓

「金目鯛」是東伊豆的代表美食，於稻取等地捕獲的近海金目鯛更是以高品質而聞名。從正宗美食到路邊小吃，推薦菜色一次大公開！

招牌菜色！
金目鯛
1盤580日圓

➡位於國道沿線上，週末的午間時段總是座無虛席

いずのかいてんずしはなまるぎんさいかわづてん
伊豆の回転寿司
花まる 銀彩 河津店

MAP 附錄P.10 E-3

迴轉壽司店的食材除了來自鄰近的下田和伊東外，為了尋求便宜又優質的海鮮也會從真鶴等地採購魚貨。在所有的當地魚中，又以金目鯛最具人氣。店內隨時備有超過60種以上的食材。

☎0558-32-1111
🕐11:00～20:00　休無休
所河津町見高1259-281　🚃伊豆急行今井濱海岸站搭計程車5分　🅿23輛

➡竹筴魚（左）、瓜子鱲（右）等當地魚種類也很豐富
➡能飽嘗肉質厚實鮮美的「金目鯛」

這幾道也很推薦
◆竹筴魚…… 350日圓
◆櫻花蝦…… 350日圓

周邊MAP 附錄P.10・16・19
住宿info P.92～98

洽詢處
東伊豆町觀光協會
☎0557-95-0700
熱川溫泉觀光協會
☎0557-23-1505
稻取溫泉旅館協同組合
☎0557-95-2901
河津町觀光協會
☎0558-32-0290

前往這地區的交通方式

🚊鐵道	🚗開車
熱海站	熱海
小急行15分普通列車1 搭乘JR、伊豆、伊東線	號約61km 經由國道135
河津	

詳細交通資訊請見P.152！

旅行願望清單！
☐ 品嘗東伊豆的品牌魚「金目鯛」
☐ 暢遊動物園！
☐ 參加人氣祭典提早感受春意

伊豆 P.19
熱海 P.22
伊東 P.32
伊豆高原 P.38
東伊豆 P.50
下田·南伊豆 P.60
修善寺·中伊豆 P.66
西伊豆 P.76
沼津·三島 P.86
箱根 P.99

到朝市輕鬆享用金目鯛美食!

東伊豆町公所的停車場每逢週六日和假日會舉辦「漁港朝市」（MAP附錄P.19 C-2），直接在現場就能大啖金目鯛美食!建築物有屋頂,下雨天也能照常舉行。若在當地投宿,隔天不妨早點起床去逛逛吧。

☎0557-95-6301（東伊豆町觀光商工課）

能吃到這些金目鯛美食!

紅燒金目鯛包子

300日圓

輕輕鬆鬆就能品嘗,為稻取最具代表性的B級美食

魚骨味噌湯

竟然可免費享用!魚肉的鮮甜滋味已完整濃縮在湯裡

運氣好的話,說不定還能在現場吃到金目鯛釜飯!

磯料理 まると水産

いそりょうりまるとすいさん

MAP 附錄P.19 B-2

金目鯛味噌漬燒的魅力,在於酥脆的口感與撲鼻的香味。連魚皮都能吃得津津有味,吸引不少忠實的老顧客,當伴手禮送人也廣受歡迎。隨餐附上的自家製鹽辛漬物也十分可口。

☎0557-95-2173
🕐9:30〜19:00
休週二、週三不定休
所東伊豆町稻取563-1 🚃伊豆急行伊豆稻取站即到
🅿2輛

這幾道也很推薦
◆清煮整尾金目鯛‥‥‥‥2500日圓〜
◆紅燒金目鯛定食‥‥‥‥1620日圓

◆香氣濃郁讓人欲罷不能的人氣餐點

招牌菜色!
**金目鯛味噌漬燒定食
1620日圓**

招牌菜色!
**金目鯛涮涮鍋
1728日圓〜**

↑除了涮涮鍋外,還有少見的燻製等烹調手法

網元料理 德造丸本店

あみもとりょうりとくぞうまるほんてん

MAP 附錄P.19 C-2

將金目鯛的生魚片放入熱湯中快速涮過後享用的涮涮鍋,入口後的清爽口感正是新鮮食材特有的美味。溫潤醇厚的好味道與脂質的鮮甜,絕對讓人一吃就上癮。

☎0557-95-1688
🕐11:00〜17:00 休週四（逢假日則營業）所東伊豆町稻取798 2F
🚃伊豆急行伊豆稻取站步行10分
🅿40輛

↑離稻取漁港很近,細細品味餐點的同時還能眺望恬靜閒適的港口風景

這幾道也很推薦
◆金目鯛三吃套餐‥‥‥‥3780日圓
◆水煮金目鯛與生魚片套餐‥‥2268日圓

↓集各種風味於一碗的超值蓋飯

きんめ処 なぶらとと

きんめどころなぶらとと

MAP 附錄P.19 C-2

以花朵為造型的生魚片十分吸睛的「稻取金目鯛蓋飯」,內含Q彈生魚片以及搭配味噌、佐料的碎切生魚等,是一次能吃到多種風味與口感的豪華蓋飯。孫茶泡飯也很受歡迎。

☎0557-95-5155
🕐11:00〜15:00 休週二（逢假日則營業）所東伊豆町稻取396
🚃伊豆急行伊豆稻取站步行7分
🅿6輛

這幾道也很推薦
◆紅燒套餐‥‥‥‥‥‥2484日圓
◆金目鯛涮涮鍋定食‥‥‥‥3024日圓

招牌菜色!
**稻取金目鯛蓋飯
2646日圓**

↑稻取漁港就近在眼前。店家倉庫改裝而成,充滿著時尚氣息

從側面看

站起來的鱷魚

↑個性沉穩、表演「站姿」模樣討喜的「短吻鱷科」寬吻凱門鱷，超可愛！

名為「冰淇淋香蕉」的香蕉，吃起來有香草的味道！

360°震撼力十足！

熱川·稻取的

玩樂方式

由下往上看

→真驚人，能見到鱷魚肚子的水槽竟然在頭頂上！

熱川區域
熱川站
下車即到

參觀鱷魚餵食秀
週三 本園、鱷魚園
週日 分園
13:00～（冬季僅週日）

氣勢驚人的鱷魚

兩邊都玩吧！

熱川香蕉鱷魚園

本園、植物園

利用熱川溫泉地熱做為養殖用途的熱帶動植物園內，除了有17種（包含雜交種）、約140隻的鱷魚棲息外，在區分為本園和分園的園內還有象龜、亞馬遜王蓮以及日本唯一公開展示的亞馬遜海牛與西小貓熊等，展示了許多極具特色的動物和植物。

熱川香蕉鱷魚園
●あたがわばななわにえん
MAP附錄P.16 G-5
☎0557-23-1105
◷8:30～17:00 休無休 ¥成人1500日圓、兒童（4歲～國中生）750日圓 所東伊豆町奈良本1253-10
◫伊豆急行伊豆熱川站即到
Ｐ150輛

小小資訊
鱷魚屬於變溫動物，突然張開大嘴巴其實是在調節體溫！

還能見到可愛的鱷魚寶寶唷！

↑「鱷科」鱷魚以尖嘴和凶暴的表情為特徵

美食

熱帶水果

分園

香蕉汁
450日圓
←以園內栽種的香蕉製成的果汁，風味非常濃郁

←都快要滿出容器外的熱帶水果船，是連電視節目都曾經介紹過的人氣No.1商品

鳳梨船
1100日圓

本園
鱷魚園
香蕉霜淇淋
350日圓
←別處吃不到的特製口味

小小資訊
亞馬遜王蓮為一年生的草本植物，光一年就能長到這麼大也著驚人！

療癒系

全日本只有這裡有！

本園、植物園

亞馬遜海牛

海牛的年齡推估已55歲。可觀賞每日10:30和14:00的兩次餵食時間，以及每週五的搓澡模樣喔！（時程可能會有變動）

小小資訊
海牛雖然找不到耳朵但實際上卻聽得到聲音，因此據說每當下大雨的季節就會顯得躁動不安。

小小資訊
小貓熊寶寶誕生時體重才100g左右，約手掌大小，通常一次會生下兩隻。

分園

小貓熊

「西小貓熊」在全日本只有這裡才看得到，每天的9:00和16:00前後還能欣賞吃東西時的可愛模樣。

珍稀

本園、植物園

亞馬遜王蓮

已持續栽培40年，最大葉片直徑竟然高達2m的「巴拉圭王蓮」，夏天的鱷魚寶寶節期間（7月22日～8月25日）還能體驗坐在葉片上的感覺！（限重35kg）

本園、植物園

空氣鳳梨

空氣鳳梨是目前相當熱門的話題，不像植物的外觀或許正是人氣的秘密！

本園、植物園

綠玉藤

日本名為「翡翠葛」，春天會綻放翡翠色的綠色花朵。1975年首次在日本留下開花的紀錄。

鱷魚寶寶節（舉辦期間 7月下旬～8月下旬）

緊張又刺激、廣受小朋友喜愛的人氣活動，鼓起勇氣露出笑容吧。

←「摸摸鱷魚寶寶！」雖然是小鱷魚但還是很恐怖

↓體驗「坐上亞馬遜王蓮！」漂浮在水面上

↑「與象龜同樂！」可騎在力氣巨大的烏龜背上

人氣伴手禮

←小貓熊尾巴餅乾
540日圓

←原創T恤成人尺寸2160日圓、兒童尺寸1728日圓，可當親子裝穿搭！

WANI

伊豆
P.19
熱海
P.22
伊東
P.32
伊豆高原
P.38
東伊豆
P.50
下田·南伊豆
P.60
修善寺·中伊豆
P.66
西伊豆
P.76
沼津·三島
P.86
箱根
P.99

漫步野生動物區

餵食飼料或觸摸動物、聆聽飼育員的說明,能近距離地與自由活動的動物們交流互動。餵食動物(100日圓)的體驗也絕不可錯過。

近在眼前令人吃驚!

一窺動物園的後台!

園區導覽行程
¥1人500日圓
※依到達順序每梯次限定30人
導覽平常沒有對外開放的場所,真讓人期待。

比想像中來得靠近超級刺激!

走鋼絲的食蟻獸可愛度破表!

稻取區域
從稻取站
搭巴士13分

360°震撼力十足!

↑距離近到到會下意識地往後退的程度,讓人心跳加速。
※舉辦時程會因動物的狀況而變更,請事前確認!

不知能否克服恐懼感?
猛獸餵食體驗
500日圓
11:00、15:00

要選哪一邊玩?

伊豆動物王國

為伊豆半島規模最大的動物樂園。從傳說中的猛獸到掌心般大小的小動物都有,能盡情地和動物交流互動。園內除了動物區以外,還設有可玩上一整天的遊玩區與體育活動區。

與犀牛親密接觸

「與犀牛親密接觸」(100日圓)的刺激度百分百相當大推,實施時間需確認

伊豆動物王國
●いずあにまるきんぐだむ　　MAP附錄P.10 E-3
☎0557-95-3535　⏰9:00~17:00(10月1日~翌年3月31日為~16:00)　休2018年6月19~21日、12月11~13日　¥成人2400日圓、兒童(4歲以上)1200日圓　所東伊豆町稻取3344　🚌伊豆急行伊豆稻取站搭東海巴士往伊豆アニマルキングダム方向13分,終點站下車即到　P750輛(收費)

美食

超恐怖

動物王國餐廳

用餐時間也絲毫不浪費!可以邊看著猛獸一步步近身逼,邊享用緊張刺激的午餐。

兒童咖哩
700日圓
⊙獅臉造型的咖哩飯令人食慾大開

GUIDE MAP
伊豆シャボテン アニマルキングダム

療癒系

小小又暖呼呼的好可愛♥

稀有

恐龍居住的森林
1圈500日圓
(最多5人)

暴龍、三角龍……在森林中出沒的巨大恐龍不僅逼真,還會發出吼叫聲。

一起玩
歡樂廣場

只要溫柔地抱抱放養在廣場上的小動物,無論大人小孩都會覺得好療癒~,也不妨摸摸罕見的犰狳和小食蟻獸吧。

小小資訊
犰狳若遇到危險會將身體捲起來保護自己,雖然以堅硬的背甲著稱,但腹部卻非常柔軟,可以輕輕地觸摸確認看看。

人氣伴手禮

⊙白虎絨毛玩偶
2484日圓

⊙食蟻獸繪馬　1片500日圓
※10月~翌年3月販售

初體驗 其1
騎在象龜背上～！
在力氣巨大的象龜背上擺pose，感覺就像是浦島太郎般！（1次1000日圓，限重30kg）可使用自己的相機拍照！

嚇我一跳！

初體驗 其2
餵食吃飼料～！
烏龜最愛吃青江菜了，將飼料（300日圓）放在手上烏龜就會慢慢爬過來囉。

初體驗 其3
將蛇放在身上～！
可以將大蛇放在脖子上拍照留念（1次1000日圓），讓朋友看看自己勇敢的模樣吧。

走吧～！不知會遇到哪些生物呢？

今年來 iZOO（いずー）初體驗吧

初體驗 其4
每種生物都摸摸看～！
究竟能邂逅哪些生物，則是當天令人期待的樂趣之一。若遇到不曾觸摸過的爬蟲類也不妨積極地挑戰看看吧，觸感與溫度應該會完全出乎意料之外。

鬃獅蜥
分布於澳洲。與全身長刺的冷酷外表相反，個性相當親人。

陸龜
有象龜、餅乾龜等種類眾多的烏龜，能接觸的種類從小烏龜到巨型烏龜都有。

盾甲蜥
棲息於疏林草原等地的日行性生物。性格溫和、大小適中，也是很有人氣的寵物。

褶傘蜥
之前曾流行一時的褶傘蜥究竟長得什麼樣子呢？將傘狀薄膜拉開來看看吧。

爬蟲類原來這麼可愛！
能享受樂趣十足的爬蟲類初體驗，令人緊張興奮又滿心期待的世界。
其中還有許多是全日本只有這兒才看得到的生物喔～。

可愛的小寶寶誕生！

➡能見到象龜的小寶寶

魄力滿點！ 這裡也要CHECK！
鱷魚劇院
膽顫心驚地將頭探出透明的半球形物……眼前竟然有隻鱷魚正逼近中！

好開心

有這麼多No.1唷～！

體感型動物園 iZoo
たいかんがたどうぶつえんいずー
MAP 附錄P.10 E-4
☎0558-34-0003
⏰9:00～16:30
休無休 ¥成人2000日圓、小學生800日圓、幼兒（未滿6歲）免費 🚃河津町浜406-2
🚌伊豆急行河津站搭東海巴士往下田方向4分，菖蒲沢站下車即到
🅿150輛

世界最強！
黑曼巴蛇
全世界最強的毒蛇登場！攻擊性也是No.1，體型則僅次於眼鏡王蛇位居第二。

世界首次！
無耳巨蜥
受到全世界研究者矚目的罕見蜥蜴，是全球首次展示成功的案例。

日本首次！
斐濟斑鬣蜥
鮮豔的綠色外皮被譽為地球上最美，為日本首次對外公開展示！

世界最長！
網紋蟒
世界最長的蛇，甚至能纏繞整個身軀。

充滿驚奇的伴手禮！
豹紋壁虎絨毛玩偶…1200日圓
圓滾滾的眼睛十分可愛！

專門飼育青蛙！

新開張的動物園 KawaZoo
體感型動物園iZoo的姊妹設施，專門飼育與展示蛙類的「KawaZoo」已於2018年夏天正式開幕。

伊豆 P.19

熱海 P.22

伊東 P.32

伊豆高原 P.38

東伊豆

P.50

下田‧南伊豆 P.60

修善寺‧中伊豆 P.66

西伊豆 P.76

沼津‧三島 P.86

箱根 P.99

過去3年的開花日期概略

	3成	5成	滿開
2015年	2月20日	2月23日	2月28日
2016年	2月14日	2月17日	2月22日
2017年	2月1日	2月10日	2月13日

伊豆早春的人氣活動！
啟程前往欣賞
河津櫻花祭！

早春的風情畫

往年2月上旬～3月上旬

探尋早春的春意……
河津櫻花祭
かわづさくらまつり

MAP 附錄P.19 B-6

每逢2月的嚴冬之際飄散著文學氣息的河津町一帶，會染成一片美麗的粉紅色。綿延約4km的河津川沿岸以及町內各處有近8000棵「河津櫻」爭相綻放，能享受比一般櫻花盛開期提早一個月的春天氣息。

☎0558-32-0290（河津町觀光協會）
🚩河津町內 🚃伊豆急行河津站即到 🅿1500輛（收費）

↑以大片花瓣、深粉紅色為特徵的河津櫻

最佳賞櫻景點在這裡！

期間中的週六日、假日10時～15時，可以與伊豆的舞孃一起拍照留念唷♪（笹原公園～河津出湯橋）

還有能見到櫻花的Cafe喔！

❶ 溫泉會館後方櫻花林蔭道
美不勝收的櫻花隧道
若想體驗被櫻花籠罩的感覺，就來這兒吧。溫泉會館（成人1000日圓）內還設有「花見風呂」。

❷ 豐泉足湯處
在免費的足湯悠閒欣賞美景
可以一邊欣賞河津川的櫻花，邊泡足湯消除疲憊。町內有多處足湯，但須自備毛巾。

❸ 豐泉橋附近的櫻花林蔭道
賞櫻場所的首選
觀賞櫻花的主要區域。粉紅色的櫻花林蔭道與黃色油菜花、紅色橋梁的搭配組合，十分吸睛！

❹ 河津櫻母樹
全日本河津櫻的始祖
1955年左右栽植的母樹是日本河津櫻的原點，絕對不可錯過！

會場MAP
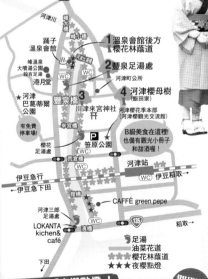

足湯
油菜花道
★★★櫻花林蔭道
★★★夜櫻點燈

還會推出「夜櫻點燈」！
期間中的18～21時會有夢幻櫻花點燈，同時搭配「夜櫻WALK」的活動。觀賞時可以利用町內旅館住宿房客的專屬服務，搭乘連結「七瀧‧湯之野、櫻花點燈會場、今井濱」3個區間的免費「夜櫻接駁巴士」（2月下旬～3月上旬）！詳細情形需洽詢。

期間中每日

LOKANTA kitchen&café
ろかんたきっちんあんどかふぇ

MAP 附錄P.19 B-6

能喝到加了櫻花利口酒的「櫻花咖啡」600日圓，頭等座位為右邊可觀海、左邊可賞川岸櫻花林蔭道的露天座。

☎0558-32-1600
🕘9:00～17:00（河津櫻花祭期間為10:00～）
休週二、三（河津櫻花祭期間無休）
🚩河津町谷津426-9 🚃伊豆急行河津站步行8分 🅿4輛

↑「天城吐司（山）（附沙拉）」1000日圓，河津產山葵漬與乳酪、蜂蜜的搭配風味絕妙

CAFFÉ green pepe
かふぇぐりーんぺぺ

MAP 附錄P.19 B-6

佇立於河津川沿岸的小木屋，露天座即賞花的最佳位置。除了人氣咖哩外還有披薩之類的輕食和甜點，能度過片刻的愜意時光。

☎090-5633-5155
🕘10:00～17:00 休不定休（2、3月無休）
🚩河津町浜75-2 🚃伊豆急行河津站步行5分 🅿20輛

↑pepe咖哩800日圓，辛辣的刺激口感好吃得讓人欲罷不能

◆不只天氣晴朗時，黃昏時分的大海景致也美不勝收

涼爽海風吹拂
眺望拔群的著名風呂

在東伊豆 泡溫泉

不住宿溫泉
＋
泡湯後美食推薦

東伊豆擁有熱川、稻取、河津等以湯量豐富自誇的溫泉。有許多能近距離欣賞海景、視野開闊的露天浴池，可以在美麗海岸與豐沛大自然的環繞下悠閒地泡湯。

（熱川溫泉） あたがわぷりんすほてる
熱川王子酒店

座落在高台上，全部房間皆為海景房的人氣旅宿。從頂樓的天空露天浴池能眺望相模灣和伊豆諸島的絕景，另外還有檜木浴池、按摩浴池等各異其趣的泡湯設施。天然溫泉水則是由兩條自家源泉汲取而來。

不住宿資訊
【入浴費】1000日圓
⏰15:00～19:00
休旺季期間（需洽詢）

停留預估時間 2小時

MAP附錄P.16 G-5
☎0557-23-1234
所東伊豆町奈良本1248-3
🚃伊豆急行伊豆熱川站步行5分
🅿50輛（以住宿客優先）

♨**泡湯後來吃美食！**
將伊豆特產「日向夏蜜柑」的果凍冷凍後製成雪酪。以新鮮現榨的果汁為原料，甜度適中、口感清爽。僅於16:10～18:00時段提供，泡湯後可免費享用。

日向夏蜜柑雪酪
免費

純和風的韻味風情
與河津的自然融合為一體

（峰溫泉） おどりこおんせんかいかん
踊子溫泉會館

位於河津七座溫泉鄉之一的「峰溫泉」，為湯量豐沛的不住宿溫泉設施。備有天然石造的大浴場與水柱按摩浴池、露天浴池，以及可供休息放鬆的25坪休憩室。每逢春天還能眺望河川沿岸的河津櫻林蔭道。

MAP附錄P.19 A-4
☎0558-32-2626
所河津町峰457-1
🚃伊豆急行河津站搭東海巴士往河津七滝、修善寺方向6分，踊り子溫泉会館站下車即到 🅿50輛

♨**泡湯後來吃美食！** **步行即到**

隔著街道的對面就是「峰溫泉 大噴湯公園」，能見到向上噴出達30m高的溫泉。還可至賣店購買雞蛋，自行製作溫泉蛋享用。

溫泉蛋 2顆150日圓

不住宿資訊
【入浴費】3小時成人1000日圓、兒童500日圓（每延長1小時成人加收200日圓、兒童加收100日圓）
⏰10:00～21:00 休無休（有維修公休日）

停留預估時間 3小時

◆男湯為岩石浴池、女湯為伊豆石浴池，別具風情，皆為可欣賞花景的露天浴池

足湯在這裡！

（熱川） 熱川溫暖公園
あたがわほっとぱぁーく

位於海岸邊的足湯公園，能將雙腳泡在流動的溫泉中邊眺望大海。另設有可刺激腳底穴道的健康步道。

MAP附錄P.16 G-5
☎0557-23-1505（熱川溫泉觀光協會）
⏰9:00～19:00 休無休（天候不佳時公休）
¥免費 所東伊豆町奈良本986-1
🚃伊豆急行伊豆熱川站步行5分 🅿無

（熱川） 熱川湯之華公園
あたがわゆのはなぱぁーく

伊豆熱川站前的足湯。從源泉不斷有湯煙冒出，還有能體驗源泉煮蛋的溫泉池。附設有溫泉資料館。

MAP附錄P.16 G-5
☎0557-23-1505（熱川溫泉觀光協會）
⏰9:00～17:00 休無休
所東伊豆町奈良本966-13
🚃伊豆急行伊豆熱川站前 🅿無

符號範例 ■含入浴費 ■費用另計。租借、販售等 ■無 🛁浴巾 🧺毛巾 🧴洗髮乳、潤絲精 🧼肥皂、沐浴乳 💨吹風機 休休息設施 露露天浴池 包包租浴池

伊豆
P.19

熱海
P.22

伊東
P.32

伊豆高原
P.38

東伊豆

P.50

下田·南伊豆
P.60

修善寺·中伊豆
P.66

西伊豆
P.76

沼津·三島
P.86

箱根
P.99

熱川溫泉　たかいそのゆ
高磯之湯

蓋在熱川海岸的露天浴池。天氣晴朗時不但能眺望伊豆七島的風光，體驗波濤大浪襲來的臨場感也相當吸引人。只設有男女別的露天浴池，禁止使用肥皂之類的清潔用品。不妨盡情享受海邊溫泉的魅力吧。

不住宿資訊
【入浴費】成人600日圓、兒童300日圓（夏季成人700日圓、兒童350日圓）
9:30～17:00
休 無休（天候不佳時公休）

停留預估時間 1小時

0557-23-1505
（熱川溫泉觀光協會）
所 東伊豆町奈良本994　伊豆急行伊豆熱川站步行8分
P 無

MAP 附錄P.16 H-5

↑位於海岸旁的小路上

感受彷彿與大海相連的磅礴氣勢與開放感

↑不僅大海近在咫尺，能容納30人的開闊空間也是魅力十足

見高入谷高原溫泉　いずみたかいりやこうげんおんせん
伊豆見高入谷高原溫泉

佇立於見高入谷山側的不住宿入浴設施，四周綠意環繞、充滿秘湯的氛圍。男女別的浴場採用了大量當地木材為原料蓋成。空間雖然不大，但因安靜沉穩的泡湯環境而廣受溫泉愛好者的青睞。

不住宿資訊
【入浴費】成人500日圓、中小學生250日圓
10:00～21:00（1月1～3日為10:00～20:00）
休 週四（逢假日則翌日休）※8月無休

停留預估時間 1小時

MAP 附錄P.10 E-3

0558-32-3556
所 河津町見高2064-13　伊豆急行今井濱海岸站車程13分
P 20輛

↑座落在從國道135號開往山側約2.5km的場所

↓還附設由鄰近農家擺攤的蔬菜直賣所和小木屋

伊豆的秘湯　森林中的源泉放流溫泉

幾乎臨海！魄力十足
海岸邊的絕景露天風呂

↓感受海天一線與迎面輕拂的海風

北川溫泉　くろねいわぶろ
黑根岩風呂

海拔0m，就蓋在海岸邊的露天浴池。於臨海的場所共有3座露天浴池，其中之一為女性專屬可以安心泡湯。夜間還設有全部露天浴池皆為女性專用的時段，只要下榻北川溫泉的任一間旅宿即可免費利用。

不住宿資訊
【入浴費】成人600日圓、兒童300日圓
6:30～9:30、13:00～22:00（19:00～21:00為女性專用）
休 無休（天候不佳時公休）

停留預估時間 30分

MAP 附錄P.10 F-2

0557-23-3997
（北川溫泉觀光協會）
所 東伊豆町北川　伊豆急行伊豆北川站步行7分
P 10輛

↑還能欣賞太陽從眼前的海平面冉冉升起的美景

洋溢著濃郁的在地風情
漁港旁的樸實露天風呂

↑一站起身大海就近在眼前！

大川溫泉　いそのゆ
磯之湯

位於小漁港附近的海邊露天溫泉。設施內只有更衣處和露天浴池的簡單構造，但擁有離海零距離的絕佳地理位置。岩石砌成的浴池可容納5～6人，中午過後人會比較少，可以悠閒享受泡湯樂。

不住宿資訊
【入浴費】500日圓
11:00～18:00
休 無休（天候不佳時公休）

停留預估時間 30分

↑從小路走到盡頭處的岸邊就是宛如秘境的溫泉設施

0557-22-0248（大川溫泉觀光協會）
所 東伊豆町大川　伊豆急行伊豆大川站步行10分
P 15輛

MAP 附錄P.10 F-2

↑5～11月能見到五顏六色的玫瑰花，12～4月的門票會有優惠

↑還可體驗調香的樂趣

這些也很推薦

東伊豆
●ひがしいず

MAP 附錄P.10・16・19

河津 美食 すし屋直伝伊豆海鮮どんぶりや
●すしやじきでんいずかいせんどんぶりや

放入整顆野生蠑螺的招牌海鮮蓋飯

店家位於車站南口前的左側，提供如「伊豆海鮮蓋飯」（2138日圓）之類盛滿海鮮配料的蓋飯。其中最著名的「豪爽海鮮蓋飯」（3110日圓），擺上了金目鯛、竹筴魚、整顆蠑螺以及本日進貨的食材，能豪邁地大口享用。

☎0558-32-0339
🕐11:00～15:00、17:00～21:00（食材用完打烊）
🈶不定休 💴自選雙色蓋飯1350日圓、紅燒金目鯛（1片）1080日圓、在地魚骨味噌湯定食1080日圓 🏠河津町浜163-1 🚃伊豆急行河津站即到 🅿11輛
MAP 附錄P.19 B-6

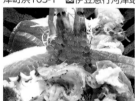

↪伊豆海鮮蓋飯2138日圓

河津 在玫瑰花園度過優雅的時光 河津巴葛蒂爾公園
●かわづばがてるこうえん

重現位於巴黎布洛涅森林的「巴葛蒂爾公園」，吸引全日本的玫瑰愛好者前來朝聖，園內栽種了約1100種、約6000株的玫瑰。還附設了園藝用品齊全的商店和咖啡廳（季節營業），玫瑰苗木也是熱賣商品之一。另有提供季節性行駛的接駁巴士。

☎0558-34-2200 🕐9:30～16:30（12月～4月27日為16:00）🈶週四（1月1～3日、2月10日～3月10日及5、6、10、11月無休）💴成人1000日圓、兒童300日圓（12月～4月27日成人300日圓、兒童100日圓）🏠河津町峰1073
🚃伊豆急行河津站搭計程車7分 🅿200輛
MAP 附錄P.19 A-5

↪建議挑春秋兩季的開花極盛期來訪

河津 美食 Antica Trattoria Dal Pirata
●アンティカトラットリアダルピラータ

必須預約的大人風味義式料理

由150年歷史的倉庫改裝而成，氣氛安靜沉穩。能品嘗到以地產地消的在地蔬菜、當令魚貝烹調的精緻全餐料理，也很適合作為約會、慶祝紀念日或女生聚會時的餐廳。

☎0558-34-1788
🕐11:30～14:00（預約優先）、18:00～20:30（最遲須於前一天預約）🈶不定休 💴午間全餐1800日圓～、晚間全餐4500日圓～ 🏠河津町谷津484 🚃伊豆急行河津站步行10分 🅿5輛

MAP 附錄P.19 B-6
↪義大利麵午餐1800日圓的前菜（時蔬佐香蒜鯷魚熱沾醬），另附甜點等

稻取 玩樂 收穫體驗農園FUTATSUBORI
●しゅうかくたいけんのうえんふたつぼり

邊欣賞海景邊體驗採果樂

能遙望太平洋風光的梯田農園內，一年間可享受採收約15種水果。無時間限制可隨意採隨意吃，伴手禮則以重量計價。還提供榨果汁（300～500日圓）和製作果醬體驗（1小時1200～1400日圓）。

☎0557-95-2747 🕐10月1日～5月下旬、9:00～16:00 🈶期間中無休（若下雨則公休）💴入園費成人600日圓、兒童500日圓（10～12月中旬成人500日圓、兒童400日圓）🏠東伊豆町稻取1813-1 🚃伊豆急行伊豆稻取站搭計程車5分（有免費送迎服務，需聯絡）🅿30輛
MAP 附錄P.19 B-2

↑有日向夏蜜柑、椪柑等水果，能品嘗新鮮現摘的好滋味

↪在地口味的伊豆日向夏蜜柑汽水250日圓也很受歡迎

熱川 景點 熱川溫泉燭光之夜
●あたがわおんせんきゃんどるないと

在如夢似幻的夜色中享受散步趣

熱川海岸旁的遊步道上放置了約2000盞燭燈，將夜晚妝點得繽紛多彩。無數個光點照亮著海岸線，營造出羅曼蒂克的氛圍。不妨聆聽海浪拍打岸邊的聲音，悠閒度過溫泉之旅的夜晚。

☎0557-23-1505（熱川溫泉觀光協會）
🕐2019年3/30（熱川溫泉潮風廣場）※天候不佳時改為翌日※舉辦日期需確認 💴免費 🏠東伊豆町熱川海岸及潮風廣場 🚃伊豆急行伊豆熱川站步行5分
🅿30輛 **MAP** 附錄P.16 G-6

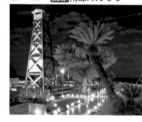
↪用過晚餐、泡完溫泉後再出門走走也十分愜意

熱川 美食 山桃茶屋
●やまももちゃや

在海鼠壁古民房中享用鄉土料理

附設在明治時代以來有不少文化界人士光顧的倉庫旅宿「作右衛門宿」。能在氣氛幽靜的空間中享用以當地山產烹調的料理，淋上芝麻味噌醬、熱騰騰的熱川名產「嘿嘿麻糬」也十分美味。

☎0557-23-0115 🕐11:30～19:00（晚間時段需預約）🈶週四 💴嘿嘿麻糬420日圓、午間全餐料理1620日圓～ 🏠東伊豆町奈良本119 🚃伊豆急行伊豆熱川站步行18分（有免費送迎服務，需聯絡）🅿40輛
MAP 附錄P.10 F-2

↪能一次飽嘗熱川美味的山桃定食（2700日圓）

熱川 茶房&体験工房 さくら坂
●さぼうあんどたいけんこうぼうさくらざか

不需預約就能輕鬆參加的藝術體驗

提供製作透明蠟燭、玻璃藝品、音樂盒裝飾之類藝術體驗的工房。以伊豆的礦砂、貝殼等為材料的蠟燭DIY，約需60分鐘、1050日圓～。附設有咖啡廳。

☎0557-22-5566 🕐9:30～16:00 🈶無休 💴玻璃藝品體驗1400日圓、音樂盒裝飾體驗2050日圓～ 🏠東伊豆町奈良本1271 🚃伊豆急行伊豆熱川站步行2分 🅿13輛
MAP 附錄P.16 G-5

↪可從1000多種玻璃飾品中自由搭配組合做成蠟燭

透過採摘花草、製皂讓身心煥然一新

熱川 熱川ハーブテラス
●あたがわはーぶてらす

在伊豆為數不多的香草園中，培育了約200種的各式香草。除了販售幼苗和食品外，還附設茶館。體驗教室約1小時、1080日圓～，有精油線香、手工皂等課程，需於1星期前預約。

☎0557-23-1246 🕐9:00～17:00 🈶週二、三（逢假日則營業）💴入園費國中生以上600日圓、小學生以下免費 🏠東伊豆町奈良本276 🚃伊豆急行伊豆熱川站步行15分 🅿20輛
MAP 附錄P.16 E-5

↪感受迷人的香氛

世界

旅行 PICK UP

體驗DIY的樂趣

能增添旅遊精彩回憶的DIY體驗，是來伊豆旅遊的人氣活動之一。熱川也有各式各樣可輕鬆嘗試的體驗景點。

伊豆 P.19
熱海 P.22
伊東 P.32
伊豆高原 P.38
東伊豆 P.50
下田·南伊豆 P.60
修善寺·中伊豆 P.66
西伊豆 P.76
沼津·三島 P.86
箱根 P.99

笑の家
稻取 ●わらいのいえ
美食

視覺味覺都是一大享受的紅燒魚

只選用在地稻取漁港捕獲的金目鯛。所有料理皆為現點現做，如此才能呈現出魚肉飽滿的口感。一起燉煮的牛蒡也十分美味。

📞0557-95-2943
🕐11:30～14:00、17:00～23:00 休週一
所東伊豆町稻取1562-3 🚃伊豆急行伊豆稻取站步行15分 🅿5輛

MAP 附錄P.19 C-3

↑充滿漁港風情的店內，也能吃到米糠漬鯖魚之類的珍味

↑紅燒金目鯛定食1944日圓，半條魚的分量絕對讓人吃得滿足

港月堂
河津 ●こうげつどう
購物

品嘗櫻花和菓子感受春天氣息

河津特有的櫻花和菓子相當受到歡迎。櫻花餡蛋糕的上方加了櫻花瓣裝飾的「河津櫻之里」（1個130日圓）、櫻花祭期間限定販售的「櫻花饅頭」（1個70日圓）等，吃起來甜度適中、風味細緻優雅。

📞0558-32-0932
🕐9:00～18:00 休週三（逢假日則營業）¥溫泉饅頭(1個)60日圓、河津櫻之里(1個)130日圓 所河津町峰495 🚃伊豆急行河津站搭東海巴士往河津七瀧方向5分，峰溫泉站下車即到 🅿3輛

MAP 附錄P.19 A-5

↑乳酪銅鑼燒（1個130日圓）是電視上曾介紹過的人氣商品

↑櫻花饅頭

つるし飾り工房 もも屋
稻取 ●つるしかざりこうぼう ももや
購物

將可愛「掛飾」當伴手禮送人

販售從挑選布料到製作皆為純手工的掛飾商品，1～3月的「雛人偶掛飾祭」期間以外也能買得到。

📞090-5870-5928(八代氏)
🕐9:00～16:00 休週一～三、週五（※祭典期間為每日營業）¥掛飾1個788日圓 所東伊豆町稻取650-3 🚃伊豆急行伊豆稻取站步行15分 🅿1輛

MAP 附錄P.19 C-2

純手工製作十分可愛

食事処 河津の庄
河津 ●しょくじどころかわづのしょう
美食

沉穩氛圍的合掌造建築

附設在「伊豆オレンヂセンター」的餐廳。以魚骨熬煮加上白味噌調味的高湯，搭配粗麵條十分對味。能徹底享受金目鯛的鮮美滋味。

📞0558-32-1134(伊豆オレンヂセンター)
🕐10:00～16:00 休不定休 ¥紅燒金目鯛定食1950日圓、海鮮蓋飯1850日圓 所河津町見高1266-31 🚃伊豆急行河津站車程10分 🅿80輛

MAP 附錄P.10 E-3

「金目鯛炸豆腐定食」1450日圓，為金目鯛與季節時蔬天麩羅、炸豆腐搭配溫熱天麩羅沾醬的新式金目鯛料理

地魚料理 磯亭
片瀨白田 ●じざかなりょうりいそてい
美食

將現撈鮮魚做成定食和壽司享用

店家自豪的招牌料理為「在地魚生魚片定食」2680日圓，除了北川、谷津的魚產做成的生魚片外，還附自家製寒天與梭子蟹味噌湯。也有人遠道而來，就是為了品嘗現撈鮮魚的好滋味。店內另設有和室座位區。

📞0557-22-0822
🕐10:30～20:00 休週二（逢假日則翌日休，旺季期間無休）¥今日特餐1080日圓～、醬煮整尾金目鯛3800日圓～ 所東伊豆町片瀨553-15 🚃伊豆急行片瀨白田站步行10分 🅿15輛

MAP 附錄P.10 F-2

↑「海鮮蓋飯」1950日圓也很受歡迎，上面鋪著以定置網捕撈的7～10種當地魚

錦
熱川 ●にしき
美食

一定會提早賣光的知名蓋飯

離熱川站3分鐘路程，每逢週末就大排長龍的人氣餐廳。以季節海鮮製成的大分量蓋飯很受歡迎，口味多達11種、選擇性豐富，生拌魚肉、餃子、魚白天麩羅等單品料理也很充實。

📞0557-23-3279
🕐11:30～14:30、17:30～20:30 休週四、週三晚間 ¥海鮮蓋飯3025日圓、納豆蓋飯2160日圓 所東伊豆町奈良本971-35 🚃伊豆急行伊豆熱川站步行3分 🅿12輛

MAP 附錄P.16 G-5

↑名物碎切竹笈魚蓋飯1620日圓也很值得一嘗

大眾磯料理 磯辺
熱川 ●たいしゅういそりょうりいそべ
美食

漁港才吃得到的特大碗海鮮蓋飯

將稻取港捕獲的新鮮魚貝，以呈現出食材原始風味的調理方式提供。最吸睛的是堆疊了十幾種當令鮮魚的綜合蓋飯3780日圓，最上面還有多到要滿出來的鮭魚卵，吃起來相當過癮。

📞0557-23-1160 🕐10:00～19:30 休不定休 ¥海膽蓋飯2700日圓、鮭魚卵蓋飯2160日圓 所東伊豆町白田1733-82 🚃伊豆急行伊豆熱川站搭計程車7分 🅿30輛

MAP 附錄P.10 F-3

↑為了飽足感十足的綜合蓋飯專程而來的人也不少

這裡吃得到 旅行 PICK UP

Clover
稻取 ●くろーば
MAP 附錄P.10 F-3

以鐵板裝盛的大碗肉絲炒飯1000日圓也深受當地人的喜愛，適合食量大＆重口味的人

📞0557-95-5556 🕐11:30～14:00；晚間採預約制 休不定休 ¥豬五花石鍋拌飯1000日圓 所東伊豆町稻取3011-266 🚃伊豆急行伊豆稻取站步行25分 🅿6輛

連男生也覺得很飽！
分量超大的鐵板炒飯

かっぱ食堂
稻取 ●かっぱしょくどう
MAP 附錄P.19 C-2

簡單風味的蛋炒飯加上厚切豬肉與重口味的蔬菜芡汁，讓人食慾大開。

📞0557-95-2092 🕐11:00～15:00 休週三 ¥肉絲炒飯950日圓 所東伊豆町稻取400-4 🚃伊豆急行伊豆稻取站步行10分 🅿2輛

怎麼吃都吃不膩
以美味芡汁為特色

↑承襲上一代的老味道

浜っ子
稻取 ●はまっこ
MAP 附錄P.19 C-2

口感蓬鬆的蛋炒飯搭配爽脆的肉絲蔬菜芡汁，堆疊得像座小山般、極具飽足感。

📞0557-95-1193 🕐11:00～14:00、17:00～19:00 休週一 ¥泡菜肉絲炒飯1100日圓 所東伊豆町稻取264-6 🚃伊豆急行伊豆稻取站步行5分 🅿7輛

分量飽滿的知名炒飯

↑能見到店主豪邁地揮動鍋鏟、甩著炒鍋

稻取B級美食「肉絲炒飯」

在蛋炒飯淋上炒肉絲與蔬菜芡汁的肉絲炒飯，一定要嘗嘗看！

↑如民宅般的可愛外觀

↑每家店的味道與特色都略有不同，不妨多吃幾家比較口味。「浜っ子」的肉絲炒飯950日圓

下田・南伊豆

附配合停留時間的旅遊流程推薦

1日or3小時

下田最佳行程指南

依山、傍海、美食，只要漫步其間就能感受到下田的無窮魅力。
以下將從各式各樣的視角，一一介紹這個瀰漫著
幕末歷史氛圍的街道風光。

巡遊下田港內 搭乘重現黑船的遊覽船

START

10:00 步行10分

1 いずきゅうこういずきゅうしもだえき
伊豆急行伊豆急下田站

10:10 步行2分

2 みちのえきかいこくしもだみなと
公路休息站 開国下田みなと

認識歷史軌跡的公路休息站

擺滿下田名產的伴手禮店與餐飲店聚集。休息站內還設有介紹下田歷史的「港口博物館」，黑船SUSQUEHANNA的起訖碼頭就緊鄰在旁。

○從觀景平台能眺望美麗的海景

→附錄P.43

10:40

3 くろふねさすけはな（しもだこうないめぐり）
黑船 SUSQUEHANNA（巡遊下田港內）

繞行位於港內的歷史景點，航程約20分鐘。能從船上眺望吉田松陰當年企圖偷渡時藏身的弁天島以及培里艦隊下錨的地方、下田的街景。

MAP 附錄P.21 D-3
☎0558-22-1151（伊豆遊覽船）
⏰9:10～15:30（每隔25～60分鐘發船） 休無休 ¥遊覽船費用成人1200日圓、兒童600日圓（2樓展望室需另付500日圓） 所下田市外ケ岡19 交伊豆急行伊豆急下田站搭東海巴士往板戶一色方向3分，道の駅開国下田みなと前站下車即到 P30輛

步行2分

美食

11:10

4 さかなどんや
魚どんや

由鮮魚店經營的迴轉壽司店。以在地鮮魚為中心的食材相當豐富，推薦菜色有炙燒金目鯛棒壽司以及金目鯛與在地魚的下田近海套餐（3樣拼盤）。

☎0558-25-5151
MAP 附錄P.21 C-3
⏰11:00～15:30、17:30～20:30 休不定休 所下田市外ケ岡1-1 公路休息站 開国下田みなと內 交伊豆急行伊豆急下田站步行10分 P223輛

步行15分

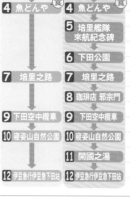

魚的下田近海套餐（3樣拼盤）
在迴轉壽司店輕鬆品嘗下田金目鯛及在地鮮魚

○炙燒金目鯛棒壽司

推薦路線一覽

3小時行程	1日行程
1 伊豆急行伊豆急下田站	1 伊豆急行伊豆急下田站
	2 公路休息站 開国下田みなと
3 黑船SUSQUEHANNA（巡遊下田港內）	3 黑船SUSQUEHANNA（巡遊下田港內）
4 魚どんや 食	4 魚どんや 食
	5 培里艦隊來航紀念碑
	6 下田公園
7 培里之路	7 培里之路
	8 珈琲店 邪宗門
9 下田空中纜車	9 下田空中纜車
10 寢姿山自然公園	10 寢姿山自然公園
	11 開國之湯
12 伊豆急行伊豆急下田站	12 伊豆急行伊豆急下田站

START&GOAL
伊豆急行
1 12 伊豆急行伊豆急下田站
11 開國之湯
10 寢姿山自然公園
9 下田空中纜車
8 珈琲店 邪宗門
4 魚どんや
2 公路休息站 開国下田みなと
3 黑船 SUSQUEHANNA（巡遊下田港內）
5 培里艦隊來航紀念碑
7 培里之路
6 下田公園
下田港

周邊MAP 附錄P.11・20～23
住宿info P.92～98
洽詢處
下田市觀光協會
☎0558-22-1531
南伊豆町觀光協會
☎0558-62-0141

前往這地區的交通方式

鐵道	開車
熱海站	熱 海
小急普通列車1小時30分普通列車伊東線	號約74km經由國道135
下 田	下 田

詳細交通資訊請見P.152！

旅行願望清單！

☐ 巡訪開國的港町

☐ 漫步培里之路

☐ 伊勢龍蝦吃到飽

取材memo 從伊豆急下田站往培里之路方向的途中，暱稱為Maimai通的道路上有間「LAWSON」掛著特別樣式的黑色招牌，很有黑船來航的應景氛圍

伊豆
P.19

熱海
P.22

伊東
P.32

伊豆高原
P.38

東伊豆
P.50

下田・南伊豆
P.60

修善寺・中伊豆
P.66

西伊豆
P.76

沼津・三島
P.86

箱根
P.99

↑也曾出現在電視、廣告中的風情小徑

成為幕末開國舞台的懷舊小徑

14:00

7 ベリーロード 培里之路

從下田港登陸的培里一行人，在前往仙寺締結「下田條約」時所行經的小路。平滑川兩岸的石板道以及瓦斯燈、伊豆石、海鼠壁建築物，交織成了充滿懷舊韻味的散步區。沿路上還有咖啡廳和雜貨鋪。

MAP附錄P.21 B-4

☎0558-22-1531
（下田市觀光協會）
所下田市3丁目 ➡伊豆急行伊豆急下田站步行15分
P無

詳情請見P.62

步行10分

15:00

8 こーひーてんじゃしゅうもん 咖啡店 邪宗門

傳統風格的咖啡廳菜單與氛圍皆一如往昔。屋齡已150餘年，海鼠壁與格子窗的外觀令人印象深刻。可以在風情獨具的空間內，一邊聽著法國香頌一邊享受咖啡時光。

MAP附錄P.21 B-2

☎0558-22-3582
🕙10:00~17:00 休週三
¥咖啡500日圓、紅茶聖代600日圓 所下田市1-11-19 ➡伊豆急行伊豆急下田站步行5分 P2輛

↑廣受歡迎的維也納咖啡與乳酪蛋糕

喝一杯講究的咖啡小歇片刻

17:05

11 かいこくのゆ 開國之湯

位於伊豆急下田站內的足湯，以海鼠壁為明顯標誌。車站就近在眼前，可利用候車時間悠閒泡個湯。

MAP附錄P.21 B-2

☎0558-22-1531
（下田市觀光協會）
所下田市東本鄉1 伊豆急下田站內 P無

空中纜車3分＋步行1分

到免費足湯小歇片刻

步行即到

↑散布在下田街上的眾多足湯之一，走累了就來舒緩一下吧

GOAL

17:30

12 いずきゅうこういずきゅうしもだえき 伊豆急行 伊豆急下田站

培里提督的登陸地

12:35

5 ぺりーかんたいらいこうきねんひ 培里艦隊來航紀念碑

佇立於港口旁的「培里登陸紀念公園」，此處為幕末時前來締結「下田條約」的培里提督登陸的地方。紀念碑上置有船錨與培里的胸像。

MAP附錄P.21 B-4

☎0558-22-1531
（下田市觀光協會）
所下田市3丁目 ➡伊豆急行伊豆急下田站步行15分 P無

↑可一望下田港的地理位置

步行10分

12:45

6 しもだこうえん 下田公園

位於能眺望下田港的海岬上，從園內3座觀景台望出去海景更是別有風味。以前曾築有北條氏的鵜島城，建築遺跡還散落在其間。也以賞花公園著稱，遊步道旁開滿四季盛綻的花卉。

MAP附錄P.21 B-4

☎0558-22-1531（下田市觀光協會）
🚶自由參觀 所下田市3-1174
➡伊豆急行伊豆急下田站步行20分
P20輛（紫陽花祭期間需確認）

歷史與四季花卉繽紛妝點 可一覽下田街道與港口的公園

memo

下田公園的紫陽花尤其有名。每年6月舉辦的「紫陽花祭」中有多達15萬株、300萬朵花綻放，總吸引大批觀光客來訪。除了各式活動外，還設有販售當地特產品的攤位。

步行10分

↑搭乘處附近有販售下田伴手禮

可直達寢姿山的山頂

16:10

9 しもだろーぷうぇい 下田空中纜車

從下田站前到寢姿山的山頂搭空中纜車約3分，每隔15分鐘運行。能邊俯瞰注入下田港的稻生澤川，邊享受一趟短暫的空中散步。

☎0558-22-1211 **MAP**附錄P.21 C-2
¥來回成人1030日圓、兒童510日圓 所下田市東本鄉1-3-2 ➡伊豆急行伊豆急下田站到站 P25輛

步行10分

空中纜車3分

16:15

10 ねすがたやましぜんこうえん 寢姿山自然公園

彷彿女子橫躺的姿態而取名為「寢姿山」。從展望台望見的伊豆七島壯觀景色，被譽為伊豆三景之一。愛染明王堂則以結緣的能量景點著稱，極具人氣。

MAP附錄P.21 D-2

☎0558-22-1211（下田空中纜車）
🚶自由參觀 所下田市東本鄉1-3-2（下田空中纜車）➡下田空中纜車山頂站即到
P25輛（下田空中纜車利用時間內）

↑山頂的自然公園設有完善的遊步道，相當好走

能欣賞下田港與相模灣的絕景 締結良緣的能量景點

下田**的**玩樂方式

感受幕末浪漫氣息
漫步培里之路

位於平滑川沿岸的小徑，有許多由古民家改裝而成的時尚咖啡廳和商店。楊柳行道樹、石板道營造出懷舊的氛圍，是悠閒漫步的好去處。

1 cafe irori
かふぇいろり

MAP 附錄P.21 B-4

不只蓬鬆柔軟的鬆餅，所有產品皆使用嚴選素材製成！咖啡、甜點、午餐等店家自豪的美味，每一樣都讓人吃得心滿意足。

☎090-1042-0459　⏰11:00～19:00　休週三　¥鬆餅1100日圓　所下田市3-10-12　🚃伊豆急行伊豆急下田站步行15分　P無

好評！蓬鬆柔軟的米粉鬆餅

↑嚴選素材製作的無麩質「鬆餅」1100日圓

晴朗好天氣時在露天座享用午餐

↑「金目鯛與海瓜子的海鮮咖哩盤餐」1550日圓（附飲料，僅午間時段供應）

2 KAMA' AINA
かまあいな

MAP 附錄P.21 B-4

行經黑色木板圍牆後，眼前即是瀰漫著熱帶氣息的咖啡廳。將金目鯛、伊勢龍蝦等當地食材以南國風調味的料理很受歡迎，鮮果汁和自家製冰淇淋也相當推薦。

☎0558-27-1580　⏰11:00～16:00、18:00～20:00　休週二（週一僅午間時段營業）　¥每日替換主菜的夏威夷盤餐1550日圓（附飲料，僅午間時段供應）　所下田市3-10-13　🚃伊豆急行伊豆急下田站步行15分　P無

何謂培里之路？

1854（嘉永7）年締結下田條約之際，培里提督一行人從下田港前往仙寺時所行經的道路，全長約700m。還保留著幕末時期的建築物和大正時代的石造洋館，洋溢著復古的風情。

黃昏時分瓦斯燈點亮後也很漂亮♪

←136　平滑川

5 了仙寺
りょうせんじ

MAP 附錄P.21 A-4

見證開國歷史的寺院，已被指定為國家史跡。於1854（嘉永7）年成為簽訂神奈川條約附錄下田條約的舞台，也以「茉莉花寺」之名而廣為人知。

☎0558-22-0657　⏰自由參觀　所下田市3-12-12　🚃伊豆急行伊豆急下田站步行10分　P30輛

守護日本新時代揭開序幕的寺院

↑境內栽種了數百株鴛鴦茉莉，賞花期為5月中旬左右

6 MOBS 黑船博物館
もっぷすくろふねみゅーじあむ

輕鬆認識開國的歷史

MAP 附錄P.21 A-3

座落在了仙寺腹地內的博物館。展示有日本最大的黑船與開國收藏品，能一窺黑船來航時的歷史。附設的商店內則有許多可當伴手禮送人的原創周邊商品。

☎0558-22-2805　⏰8:30～16:40　休12月24日～26日　¥成人500日圓、小學＆國高中生250日圓　所下田市3-12-12 了仙寺境內　🚃伊豆急行伊豆急下田站步行10分　P30輛

↑館內還能見到巨大的培里先生唷

↑「馬克杯」各1000日圓

↑「紙膠帶」各500日圓

料理和店面都充滿手作的溫度感

附麵包1600日圓～

↑軟嫩多汁的「烤豬里肌佐黑松露鹽」

4 Flamme Jacque Cafe
ふらむじゃっくかふぇ

MAP 附錄P.21 B-4

可攜帶寵物同行的家庭式咖啡廳，位居培里之路的最南端。提供適合午餐享用的義大利麵、披薩、漢堡等西式餐點，種類非常豐富。

☎0558-22-7073　⏰11:30～19:00　休不定休　¥酪梨乳酪漢堡1400日圓、晚間全餐3000日圓（需預約）　所下田市3-8-8　🚃伊豆急行伊豆急下田站步行15分　P2輛

3 下田日待
しもだひまち

MAP 附錄P.21 B-4

改裝自祭典山車倉庫的和風雜貨屋。以下田夏祭中使用的浴衣布料做成的夏威夷衫、包包、化妝包等布製品和原創木札吊飾，都很適合買回家當下田的伴手禮。

☎0558-22-1514　⏰11:00～15:00　休週二～五　¥稻荷袋900日圓、木札500日圓～　所下田市3-1174-7　🚃伊豆急行伊豆急下田站步行15分　P1輛

想找下田的特色伴手禮來這兒就對了

↑由海鼠壁倉庫改造而成，店內陳列著五顏六色的手巾、小飾物之類的和風雜貨

伊勢龍蝦

放入整隻伊勢龍蝦的豪華義大利麵
吸附著滿滿的濃郁醬汁

這幾道也很推薦
- 伊勢龍蝦咖哩 3024日圓（1天限定5份）
- 蠑螺義大利麵 1620日圓（初夏～秋天限定）

招牌店貓喵之介

在 **下田·南伊豆** 吃午餐

小さな宿＆レストラン しいの木やま
ちいさなやどとれすとらんしいのきやま

MAP附錄P.11 A-4

附設有小木屋別墅的餐廳。地處眺望視野絕佳的高台上，木製平台區可攜帶寵物進入。午餐時間推出使用當地新鮮蔬菜和海鮮烹調的義大利麵、咖哩飯都很受好評，也有物超所值的套餐選項。

☎0558-67-2111 ⏰12:00～14:30 休週二、三、四（晚間為不定休·採預約制）所南伊豆町伊浜2222-2 交伊豆急行伊豆急下田站搭東海巴士往堂ヶ島方向1小時，夕日ヶ丘站下車，步行5分 P5輛

←老闆鈴木夫婦，總是以誠摯的服務接待上門的顧客

↑附廚房的小木屋別墅可帶寵物一同入住，義大利麵之類的餐點也能端送到小木屋享用

↑從餐廳望出去的風光美不勝收，能獨享南伊豆的絕景

大啖現撈海鮮的豐盛午餐！
推薦兩家 伊勢龍蝦 餐廳

口感彈牙

大海環繞的伊豆半島是海鮮的寶庫。漁獲量在全國排名數一數二的龍蝦，更是來到此地一定要品嘗的代表性美食！

伊勢龍蝦義大利麵
1944日圓

秋～初夏季節的限定菜色。一盤會奢侈使用上一整隻的伊勢龍蝦，濃縮鮮味的醬汁實是絕品美味。還可多付216日圓換成義大利生麵。

磯料理 辻
いそりょうりつじ

MAP附錄P.21 C-5

創業已60餘年的老店。為了品嘗這鮮度超群的好滋味，連文豪三島由紀夫都曾經上門光顧過。店裡的伊勢龍蝦都在店前與自然環境相近的水槽內自在悠游，一整年都能吃得到也是令人欣喜之處。

住一晚享受美味
伊勢龍蝦方案

每年逢伊勢龍蝦捕撈解禁的9月中旬到11月下旬，下田市及南伊豆町的住宿設施即會推出「伊勢龍蝦方案」，住客可以平價享用剛撈上岸的伊勢龍蝦，深受好評。可自由選擇生魚片、鬼殼燒或水煮等料理方式。

←從店內能一望下田港的風光。為老字號海產批發商直營的餐廳，所以鮮度絕對掛保證

☎0558-22-0269 ⏰11:00～15:00、17:30～20:30 休週三（逢假日則前日或翌日休）所下田市3-19-36 交伊豆急行伊豆急下田站搭東海巴士往海中水族館方向7分，終點站下車，步行5分 P4輛

店主 渡邊順市先生

請在瀰漫著海潮香的店內慢慢享受佳餚吧。

南伊豆町觀光協會 ☎0558-62-0141

這幾道也很推薦
- 伊勢龍蝦具足煮 3000～4000日圓
- 活鮑舞蹈燒 2500～3000日圓
- 蠑螺壺燒 840日圓

這些海鮮也是名產
- **蠑螺** 下田、南伊豆的貝類也很有名。攝食大量海藻的蠑螺和鮑魚體積龐大，吃起來鮮甜又有嚼勁。
- **金目鯛** 雖然稻取的產地較為著名，但全日本漁獲量最高的卻是下田港。近海捕撈的「地金目鯛」也特別肥美。
- **在地鮮魚** 從近海的定置網到伊豆七島周邊一帶，能捕獲各式各樣的魚貝海鮮。周邊也有許多小漁港，有時還能見到罕見的魚種。

伊勢龍蝦

可將鮮味整個濃縮在肉裡
不去殼直接燒烤

伊勢龍蝦鬼殼燒御膳
3800日圓

為鮮味不易流失的鬼殼燒，熱騰騰的鬆軟龍蝦肉淋上20年來不斷加料熬煮的秘傳醬汁更增添不少香氣。另外還附生魚片和蠑螺壺燒，一次飽嘗滿滿的新鮮海味。

下田・南伊豆

●しもだ・みなみいず

MAP 附錄P.11・20～23

下田海中水族館　景點

●しもだかいちゅうすいぞくかん

利用天然海灣打造的人氣水族館

全世界第一座位於天然海灣內的水族館。飼育了各種各類多達5000隻的海洋生物，與海洋動物親密互動的體驗、雜技表演秀等多種活動也都很吸引人。

☎0558-22-3567　🕐9:00～16:30(視時期而異)※表演秀和餵食時間可能會因天候等因素而變動　休無休　¥成人2000日圓、兒童1000日圓　所下田市3-22-31　🚌伊豆急行伊豆急下田站搭東海巴士往海中水族館方向7分，終點站下車即到　P200輛

MAP 附錄P.21 B-5

↑可以親手餵食海豚，下指令做出握手、跳躍動作的節目極具人氣

↑在全新的表演座位區Amazing Seat上，能感受海豚在眼前騰空飛躍的視覺震撼

NanZ VILLAGE　玩樂

●ナンズビレッジ

嶄新落成的下田地標建築！

座落於已登錄為國家有形文化財的「舊南豆製冰所」舊址上的商業設施。以當地居民和觀光客皆能「輕鬆聚集的場所」為主題，規劃了餐廳等4間店鋪。

☎0558-25-5515　🕐視店鋪而異　休視店鋪而異　¥NanZ Kitchen的拉丁美洲菜1000日圓～(未稅)　所下田市1-6-18　🚌伊豆急行伊豆急下田站步行5分　P有合作停車場

↑直營餐廳「NanZ Kitchen」的海鮮蓋飯御膳1080日圓

MAP 附錄P.21 B-2

↑以黑色為基調的時尚平房建築，巨大的帳篷外觀讓人印象深刻

とんかつ一　美食

●とんかつはじめ

由性格爽朗的店主大展手藝的經典美味

創業已40多年的老字號豬排店。令人訝異的是白飯、味噌湯、高麗菜絲、義大利麵竟然任客人吃到飽的服務精神。不變的傳統風味以及店主散發出的熱情氛圍，正是大受歡迎的秘訣。

☎0558-22-6407　🕐11:00～19:00　休週一、二　¥豬排1150日圓、炸蝦1950日圓　所下田市東本鄉1-13-1　🚌伊豆急行伊豆急下田站步行3分　P5輛

MAP 附錄P.21 B-1

↑炸肉餅、蟹肉可樂餅、炸豬排、雞塊的綜合定食(1350日圓)是店內的人氣No.1

這裡要CHECK!

享受下田大海魅力的新形態活動

下田海洋浴

●しもだかいようよく

以更加親近大海、更加健康的旅遊為主旨所推出的在地人規劃型體驗方案「海洋浴」。除了北歐式健走之類運用身體的活動外，還有貝殼、海藻的手工藝品體驗等豐富選項。詳情請洽下田市觀光協會。

☎0558-22-1531(下田市觀光協會)　🕐8:30～17:15　休無休　所下田市外ヶ岡1-1 公路休息站開国下田みなと2F　🚌伊豆急行伊豆急下田站步行10分　P223輛

MAP 附錄P.21 C-3

田牛滑沙場　玩樂

●とうじさんどすきーじょう

乘坐滑沙板馳騁於天然滑沙道

由海風揚起的白砂堆積而成的滑沙場。能從坡度30°、高45m的斜坡上，坐著滑沙板一路往下滑、相當刺激。附近的田牛觀光協會(民宿田牛莊☎0558-22-3931)有提供租借滑沙板的服務。

☎0558-22-1531(下田市觀光協會)　🕐自由入場　休雨天、天候不佳時　¥滑沙板租借200日圓　所下田市田牛　🚌伊豆急行伊豆急下田站搭計程車20分　P10輛

MAP 附錄P.22 D-3

↑朝著鈷藍色的大海一路滑下

妻良海上體能訓練場　玩樂

●めらかいじょうあすれちっく

從溜滑梯一躍跳入海中！

為整座漂浮在海面上的體能訓練場，設有溜滑梯、跳台、空中盪鞦韆、手划遊具等10種以上的遊具，無論大人小孩都能玩得盡興。僅於夏天期間開放。

☎0558-67-0852(妻良觀光協會)　🕐7月上旬～8月下旬9:00～16:00(預定)　休期間中無休　¥免費　所南伊豆町妻良海岸　🚌伊豆急行伊豆急下田站搭東海巴士往妻良方向45分，妻良站下車，步行8分　P100輛(收費)

MAP 附錄P.11 B-5

↑還可以近距離觀察海洋生態，留下難忘的夏日回憶

龍宮窟　景點

●りゅうぐうくつ

在心形的天井呼喚愛

天井呈現出不可思議愛心形狀的洞窟。從正面與海相連的洞穴往外望去，綠寶石般的大海與水平線美得令人屏息。空間內瀰漫著浪漫的氣息，廣受情侶和家庭遊客的青睞。

☎0558-22-1531(下田市觀光協會)　🕐自由參觀　所下田市田牛　🚌伊豆急行伊豆急下田站搭計程車20分　P10輛

MAP 附錄P.22 D-3

↑洞窟的上方設有可繞行一圈的步道

Hirizo海濱　景點

●ひりぞはま

清透的程度幾乎讓人忘卻海水的存在

透明度極高、毫無人工雕琢痕跡的天然絕美海洋，深達7m的海水可以清澈見底自豪。浮潛時能見到珊瑚、海葵、黑潮魚類等海洋生物。

☎0558-65-1050(Hirizo海濱渡船工會)　※上述電話僅渡船運行期間才能利用　🕐船班僅7～9月運行　休雨天、天候不佳時　¥渡船(來回)成人1500日圓、兒童500日圓　所南伊豆町中木　🚌伊豆急行伊豆急下田站搭東海巴士27分，於下賀茂轉乘往中木方向30分，中木站下車，搭渡船5分　P100輛(收費)

MAP 附錄P.23 A-5

↑現場有救生員常駐，小朋友也能安心玩水

↑可親子同樂的海洋獨木舟＆浮潛

●海洋獨木舟＆浮潛
黃金週和夏季期間只要有兩人以上預約便可成行。限額20人，成人7500日圓、小學生4500日圓，最遲須於前一天預約。(預約請洽KAI'TO SEAKAYAK SCHOOL ☎050-3786-6779)

●北歐式健走
除了8月以外的每個月都會舉辦1～2場，活動範圍以下田區域為中心。(附午餐和溫泉)，費用3000～4000日圓，最遲須於前兩天預約。

●海灘瑜珈
於7～9月每週六的6:30～7:30舉辦。限額40人(附瑜珈墊租借)，費用1500日圓，最遲須於前一天預約。
預約：Studio MY(☎090-3467-9776)

↑在歐洲蔚為風潮的北歐式健走

→於春夏活動期間所舉辦的海灘瑜珈

伊豆 P.19
熱海 P.22
伊東 P.32
伊豆高原 P.38
東伊豆 P.50
下田・南伊豆 P.60
修善寺・中伊豆 P.66
西伊豆 P.76
沼津・三島 P.86
箱根 P.99

市場の食堂 金目亭 美食

下田 ●いちばのしょくどうきんめてい

大快朵頤金目鯛的美味

位於面下田灣的魚市場內，提供一早現撈的新鮮魚貨。正如店名所示，能以醬煮、炙燒等調理方式品嘗金目鯛的美味魅力，尤其生魚片更是產地才吃得到的好滋味。

📞0558-22-6314　MAP附錄P.21 C-3

🕐7:00～9:30（早餐定食）、11:00～15:00　休週二
💴海鮮蓋飯1800日圓、炙燒金目鯛蓋飯1500日圓
所下田市外ヶ岡1-1　🚃伊豆急行伊豆急下田站步行10分　P4輛

⬆能一次享用3種金目鯛滋味的金目三色蓋飯1400日圓

⬆能感受市場熱絡氣氛的食堂，店內懸掛的大漁旗更增添不少漁港的風情

魚でめし魚でさけ 地魚と穴子のうまい店 勝 美食

下田 ●さかなでめしさかなでさけじざかなとあなごのうまいみせかつ

可自選食材做成蓋飯

前身為壽司店，後來改經營提供海鮮蓋飯、壽司和單品料理的和食餐廳。除了鋪滿下田港當令漁獲的在地鮮魚蓋飯外，能任選4種食材的自選蓋飯1404日圓也相當推薦。

📞0558-22-7560

🕐11:00～15:00、17:00～21:00　休不定休　💴海鮮散壽司1728日圓　所下田市武ヶ浜1-14　🚃伊豆急行伊豆急下田站步行5分　P10輛

MAP附錄P.21 B-2

⬅可飽嘗下田美味的在地鮮魚蓋飯1728日圓

小木曽商店 購物

下田 ●おぎそしょうてん

一百多年來只賣乾貨一味的老店

以富含礦物質的天然鹽精心製成的乾貨深受好評。金目鯛、竹筴魚等下田的在地特產羅列，不妨挑選購買給自己的伴手禮吧。亦提供寄送至全國各地的宅配服務。

📞0558-22-0154

🕐8:30～17:00　休無休　💴竹筴魚100日圓～、梭子魚260日圓～、金目鯛420日圓～　所下田市2-9-30　🚃伊豆急行伊豆急下田站步行7分　P10輛

MAP附錄P.21 B-3

➡肥美的金目鯛乾，魚肉厚實飽滿很受歡迎

磯華亭 美食

下田 ●いそかてい

海鮮料理的食材和價格都讓人超滿意

使用直接向當地漁夫進貨的海鮮，提供便宜又美味的活魚料理。有綜合蓋飯1550日圓、磯納豆蓋飯1850日圓等菜色，選擇性十分豐富。

📞0558-23-1200

🕐11:30～14:30、17:30～21:00　休不定休　💴醬煮金目鯛蓋飯1350日圓、磯納豆蓋飯1850日圓　所下田市1-12-18　🚃伊豆急行伊豆急下田站步行5分　P3輛

MAP附錄P.21 B-2

⬇堆滿新鮮食材的海鮮蓋飯1750日圓

旅行 PICK UP

不住宿溫泉也要CHECK！

下田、南伊豆區域也有許多不住宿的溫泉設施，以下精選出3間為大家做介紹！

弓濱溫泉湊湯

南伊豆 ●ゆみがはまおんせんみなとゆ

只有室內池的簡易型浴場

深受當地人喜愛的浴場。設有男女別室內浴池各一，以泉質優良受到好評。

📞0558-62-0390

🕐14:00～19:20（旺季期間～20:20）　休週二（逢假日則翌日休）　💴成人400日圓、兒童200日圓　所南伊豆町湊972　🚃伊豆急行伊豆急下田站搭東海巴士往石廊崎方向21分，湊農協前站下車即到　P15輛

MAP附錄P.23 C-2

⬅浴槽的空間約可容納10人左右

南伊豆町營溫泉 銀之湯會館

南伊豆 ●みなみいずちょうえいおんせんぎんのゆかいかん

盡情享受下賀茂的名湯

座落於青野川沿岸。有露天浴池、寢湯、依季節添加不同香草的浴池等，種類多元。

MAP附錄P.23 A-1

📞0558-63-0026

🕐10:00～20:20　休週三（逢假日則翌日休）　💴成人1000日圓、兒童500日圓　所南伊豆町下賀茂247-1　🚃伊豆急行伊豆急下田站搭東海巴士往下賀茂、吉祥、伊浜方向26分，熱帶植物園站下車，步行3分　P50輛

➡擁有100%源泉放流溫泉的露天浴池等設施

觀音 PRINCIPLE

下田 ●かんのんぷりんしぷる

擁有卓越美肌效果的超軟水溫泉

位於以美肌之湯著稱的觀音溫泉腹地內。備有室內及露天浴池，能充分享受著名溫泉。

📞0558-28-1234（觀音溫泉）

🕐10:30～18:00　休無休　💴成人1300日圓、兒童700日圓（1小時含休息，週六日、假日的費用另計）　所下田市橫川1092-1　🚃伊豆急行伊豆急下田站搭免費接送巴士25分（需預約）　P40輛

MAP附錄P.22 C-1

➡以其滋潤功能的泉質為特色

⬆從手水舍龍口流出的
不是水而是溫泉！

1日or3小時

在有伊豆小京都之稱的
歷史溫泉老街怡然漫步

修善寺
最佳行程
指南

地處幽靜山谷間的修善寺溫泉街，
最適合悠閒漫步其間。
熱鬧的桂川沿岸
隨意逛逛也很有樂趣，
若將腳程再拉遠些彎進巷弄間
探險，還能發現與源賴家
有淵源的遺跡、文學作品的舞台
以及如秘境般的雜貨屋、
餐飲店等。

10:40 **3 獨鈷之湯** とっこのゆ

修善寺溫泉的發祥地。傳說中造訪修善寺的
弘法大師，在桂川被替生病父親清洗身體的
少年孝心所感動，遂以隨身的獨鈷杵鑿開岩
石讓溫泉湧出。以桂川中的三角屋頂為明顯
標誌，但禁止入內泡湯。

☎0558-72-2501
（伊豆市觀光協會修善寺支部）

MAP附錄P.26 B-6
🕑自由參觀 🏠伊
豆市修善寺
🚃伊豆箱根鐵道
修善寺站搭東海
巴士、伊豆箱根
巴士往修善寺溫
泉方向8分，終
點站下車，步行
5分 Ⓟ無

⬆可在一旁的足湯「河原
湯」小歇片刻

步行5分

10:10 **2 修禪寺** しゅぜんじ

據說是1200年前由弘法大師所開
創的名剎。以鎌倉幕府第二代將
軍源賴家的軟禁地而廣為人知，
亦為岡本綺堂的戲曲《修禪寺物
語》的背景舞台。春天的新綠與
秋天的紅葉也都美不勝收。

☎0558-72-0053 MAP附錄P.26 B-5
🕑8:30～16:30（10～3月為～
16:00）🏠無休（寶物殿有臨時公
休，賣店則無休）🕑自由參觀，寶
物殿成人300日圓、中小學生200日
圓 🏠伊豆市修善寺964 🚃伊豆箱
根鐵道修善寺站搭東海巴士、伊豆箱
根巴士往修善寺溫泉方向8分，終點
站下車，步行3分 Ⓟ無

步行10分

10:00 START
1 修善寺溫泉巴士站 しゅぜんじおんせんばすてい

遊逛修善寺溫泉街的起點，就從這裡
開始。充滿懷舊風情的候車室，也讓
遊客對接下來旅程更加滿心期待。

推薦路線一覽

3小時行程	1日行程
1 修善寺溫泉巴士站	1 修善寺溫泉巴士站
2 修禪寺	2 修禪寺
	3 獨鈷之湯
4 修善寺名產店街 甘泉樓	4 修善寺名產店街 甘泉樓
5 cafe 弘乃	5 cafe 弘乃
6 桂橋	6 桂橋
7 竹林小徑	7 竹林小徑
	8 茶庵 芙蓉
	9 筥湯
10 修善寺溫泉巴士站	10 修善寺溫泉巴士站

8 茶庵 芙蓉
源範賴之墓
2 修禪寺
白枝神社
1 10 START&GOAL 修善寺溫泉巴士站
河原橋
4 修善寺名產店街 甘泉樓
渡月橋
5 cafe 弘乃
新井旅館
9 筥湯 仰空櫻
虎溪橋
6 桂橋
3 獨鈷之湯
藝廊 修善寺回廊
楓橋
和布 棚屋
赤蛙公園 風の小徑
湯の花 花小道 遊技場 往御幸橋停車場
7 竹林小徑
ひょうばん堂（麵包）
源賴家之墓
十三士之墓
瀧下橋
由SORAと渡月莊金龍
十三士之墓

●しゅぜんじ・なかいず

修善寺・中伊豆

周邊MAP 附錄P.8～11、26～27
住宿info P.92～98

洽詢處
伊豆市觀光協會修善寺支部
☎0558-72-2501
伊豆市觀光協會天城支部
☎0558-85-1056
河津町觀光協會
☎0558-32-0290
伊豆之國市觀光協會
☎055-948-0304

前往這地區的交通方式

鐵道	開車
三島站	沼津IC
道搭道乘普伊通豆列箱車根35分鐵	號道約、伊32豆km國箱道根1貫36經道
修善寺	

詳細交通資訊請見P.152！

旅行願望清單！

☐ 穿著浴衣漫步竹林小徑

☐ 感受在地特色午餐的
樸實美味

☐ 越過天城巡訪名勝

伊豆
P.19
熱海
P.22
伊東
P.32
伊豆高原
P.38
東伊豆
P.50
下田·南伊豆
P.60
修善寺·中伊豆
P.66
西伊豆
P.76
沼津·三島
P.86
箱根
P.99

美食

11:30 5 かふぇひろの Cafe 弘乃

提供多款以黑米為食材的輕食與和風甜點。離主要的漫步景點也很近，很適合在途中來享用午餐或休息。另設有販售霜淇淋等商品的外帶區。

↑融合現代風與溫度感的舒適空間

MAP 附錄P.26 B-6
☎0558-72-8856
🕐10:00～16:00 休週三、不定休
所伊豆市修善寺971-1 🚌伊豆箱根鐵道修善寺站搭東海巴士、伊豆箱根巴士往修善寺溫泉方向8分，終點站下車，步行5分 P5輛

memo
山葵霜淇淋 外帶
濃醇香草冰淇淋加上山葵泥的「生鮮山葵霜淇淋」350日圓，山葵泥會等客人點好後才開始現磨。

↑「伊豆十三夜燒」趁熱吃最美味
↑已登錄為國家有形文化財的木造建築

步行1分
步行3分

購物

11:00 4 しゅぜんじめいさんてんがいかんせんろう 修善寺名產店街 甘泉樓

MAP 附錄P.26 B-6
☎0558-72-7255（いちばんかん）
🕐10:00～17:00 休不定休
所伊豆市修善寺968-3 🚌伊豆箱根鐵道修善寺站搭東海巴士、伊豆箱根巴士往修善寺溫泉方向8分，終點站下車，步行5分 P無

和洋菓子與山葵製品等特產品羅列的伴手禮店，特製內餡的「伊豆十三夜燒」120日圓～、添加生鮮山葵的「豆腐義式冰淇淋」300日圓也很熱賣。還可順道造訪店外的源泉「猿之手湯」。

12:40 6 かつらばし 桂橋

步行3分

架在流經修善寺溫泉街中心的桂川上，橋身為朱紅色。蔥鬱林木搭配橋梁的景觀美不勝收，也以電影、廣告的取景地而廣為人知。別名「結緣橋」，為祈求戀愛運的景點之一。

↑綠葉與朱紅橋梁的顏色對比極具美感

MAP 附錄P.26 B-6
☎0558-72-2501（伊豆市觀光協會修善寺支部）自由參觀
所伊豆市修善寺 🚌伊豆箱根鐵道修善寺站搭東海巴士、伊豆箱根巴士往修善寺溫泉方向8分，終點站下車，步行7分 P無

memo
戀愛成功!?
愛之橋巡禮
據說橫跨在桂川上的5座橋梁都與愛情運有關，也非常靈驗，不妨在心裡想著未來會出現的戀人或是心儀愛慕的對象，一路漫步遊逛吧。

步行1分

13:00 7 ちくりんのこみち 竹林小徑

竹林內以天然石板路與竹籬營造出的風情小徑。正如「伊豆小京都」的稱號般，能享受靜謐沉穩的氣氛。竹林的中央處有一個巨大的圓形竹椅，可以坐下來歇會兒。

↑與和服、浴衣相襯的小徑

MAP 附錄P.26 B-6
☎0558-72-2501（伊豆市觀光協會修善寺支部）自由參觀
所伊豆市修善寺桂川沿岸 🚌伊豆箱根鐵道修善寺站搭東海巴士、伊豆箱根巴士往修善寺溫泉方向8分，終點站下車，步行8分 P無

↑可暫時忘卻時間流逝悠哉度過片刻時光

步行20分
步行10分

15:30 9 はこゆ 筥湯

為了能輕鬆享受名湯，並重振鎌倉二代將軍源賴家也曾親臨過的溫泉，而設置了這處公共浴場。只提供木頭香氣濃郁的檜風呂與更衣室，空間規劃走簡單舒適的風格。泉質為鹼性淡泉。

MAP 附錄P.26 B-6
☎0558-72-5282
🕐12:00～20:30 休無休
¥成人（小學生以上）350日圓
所伊豆市修善寺924-1 🚌伊豆箱根鐵道修善寺站搭東海巴士、伊豆箱根巴士往修善寺溫泉方向8分，終點站下車，步行3分 P無

memo
可一望溫泉街
仰空樓 ぎょうくうろう
「筥湯」附設的瞭望樓，可從12m的高處眺望修善寺的溫泉街與四周群山。仰空樓之名，則是取自深愛修善寺的文豪夏目漱石的漢詩。

MAP 附錄P.26 B-6

↑光線從天窗射入照耀在檜木浴槽上，與石造地板的對比充滿美感

步行5分

GOAL
17:00 10 しゅぜんじおんせんばすてい 修善寺溫泉巴士站

14:00 8 ちゃあんふよう 茶庵 芙蓉

↑邊眺望庭園邊享受悠哉慢活時光

可以在百年屋齡風情十足的木造住宅中，享用「抹茶（附上生菓子）」780日圓、「抹茶湯圓紅豆」730日圓之類的點心。能欣賞季節花卉與紅葉的庭園也十分優美。採收庭園內的梅子醃漬而成的「自家製梅汁」420日圓也是極品美味。

MAP 附錄P.26 A-5
☎0558-72-0135 🕐10:00～16:00 休不定休 所伊豆市修善寺1082 🚌伊豆箱根鐵道修善寺站搭東海巴士、伊豆箱根巴士往修善寺溫泉方向8分，終點站下車，步行10分 P有

口感Q軟的湯圓與優雅甜味的紅豆

memo
花樣很可愛
和布 梛屋 わふなぎや
出自丈夫設計＆轉印的麻布，再由妻子親手縫製而成化妝包、束口袋等，店內陳列各種原創商品。以貓咪圖案的商品居多，也吸引愛貓人士的目光。

☎0558-88-9206
🕐10:00～17:00 休不定休 所伊豆市修善寺3451-27 🚌伊豆箱根鐵道修善寺站搭東海巴士、伊豆箱根巴士往修善寺溫泉方向8分，終點站下車，步行10分 P無

MAP 附錄P.26 A-6

於**修善寺**品嘗在地食材午餐

大飽口福
山珍與河鮮

修善寺擁有黑米、香菇、山葵、伊豆鹿等多樣當地特有的風味；能品嘗發揮食材樸實好味道的各式料理。

於復古華麗空間中享用華麗的便當

這幾道也很推薦
- 修善寺懷古蕎麥麵 **1180日圓**
- 炸蝦天麩羅蓋飯 **1080日圓**
- 晚間全餐（預約） **3240日圓~**

黑米
花車便當 1380日圓
內含黑米&白米的米飯以及燒烤、燉菜、小菜等豐富配菜，也可搭配甜點或飲料變成套餐。

黑米 為了振興地方經濟約從25年前開始栽種，以Q彈口感與深紫色的外觀為特徵。富含營養，也會運用在藥膳之類的料理中。

豆皮 汲取自當地水源的優質好水，所以能做出美味的豆皮。製作的店家不多，為隱藏版的名物。

毛蟹 棲息於河川的絨螯蟹，在伊豆地方別稱為毛蟹。可以在狩野川等地捕獲，每逢秋冬之際特有的濃郁鮮味大增，尤其美味。

香菇 伊豆市是原木香菇的發祥地。擁有適合香菇生長的氣候，以菇肉厚實有彈性&風味佳為特徵。

山葵 中伊豆周邊擁有豐富、清冽的泉水，為適合栽種山葵的產地。生鮮山葵以及山葵漬等加工品都很受歡迎。

伊豆牛 僅於伊豆之國市販售的稀有品牌牛。利用自家調配的講究飼料讓牛長肉增重，脂肪少、肉質甘甜軟嫩。

伊豆鹿 為了解決鹿群造成的作物損害而正式開始推行鹿肉加工品。透過低溫熟成的方式，能減少一般鹿肉的腥臭味、變得美味可口。

菊薯 以南美秘魯與中伊豆町（現在的伊豆市）的飲食文化交流為契機，約於15年前開始引進栽種。可用於燉物、沙拉等各式料理中，對身體健康也很有益處。

めし屋みづ
めしやみづ

MAP附錄P.26 C-5

能在融合古老氣息與老闆個人品味的店內，品嘗連視覺上也很享受的和食料理。將費工料理與黑米等佳餚放入多層飯盒裝盛的「花車便當」，以及可自行研磨生鮮山葵的「修善寺懷古蕎麥麵」都廣受好評。

☎0558-72-0546 ⏰11:00~14:00、17:00~19:00（晚間採完全預約制）休週二 所伊豆市修善寺765 交伊豆箱根鐵道修善寺站搭東海巴士、伊豆箱根巴士往修善寺溫泉方向8分，終點站下車，步行3分 P7輛

↑古舊溫暖的氛圍很受女性客群的青睞

在口中蔓延開來濃郁的毛蟹風味

毛蟹
狩野川毛蟹烏龍麵 1080日圓
濃郁鮮味從連殼磨碎的毛蟹流出，融入味噌湯頭與烏龍麵緊密結合。

安兵衛
やすべえ

MAP附錄P.26 C-5

能吃到春天的山菜、夏天的香魚以及四季伊豆美味的和食餐廳。招牌菜為使用捕獲自狩野川、風味馥郁毛蟹煮成的烏龍麵。水槽內會確保一整年的食用分量，漁期以外的季節也能大飽口福。

☎0558-72-0917 ⏰11:00~13:30、17:00~23:00 休週三 所伊豆市修善寺868-1 交伊豆箱根鐵道修善寺站搭東海巴士、伊豆箱根巴士往修善寺溫泉方向6分，みゆき橋站下車即到 P4輛

↓不只有觀光客，連不少當地居民也是座上賓

這幾道也很推薦
- 天然山藥料理 **1000日圓~**
- 駿河灣各種鮮魚的生魚片拼盤 **2000日圓~**
- 天然香魚料理 **800日圓~**

源氏釜飯膳
賴家、山菜釜飯膳
1814日圓
除了以修善寺品牌米搭配大量配料煮成的釜飯外，還附上多道季節小菜與水果的豪華御膳。

滿滿的山珍美味連鍋巴也很好吃

松葉茶屋
まつばぢゃや

MAP附錄P.9 D-5

創業已50多年的老店。能邊眺望修善寺自然公園內的扶疏林木，邊享用口感豐富的豪華釜飯。由於釜飯需費時30分鐘左右才能炊熟，建議先行聯絡店家再登門光顧。9月中旬以後還會推出栗子釜飯膳。

☎0558-72-0576 ⏰10:30~15:00、17:00~18:30 休不定休 所伊豆市修善寺4281-41 交伊豆箱根鐵道修善寺站搭東海巴士往戶田方向14分，もみじ林前站下車即到 P20輛

這幾道也很推薦
- 稍微豪華的源氏釜飯膳 範賴 **2354日圓~**
- 烏膳 **2138日圓**
- 特產山菜釜飯 **1296日圓**

↑空間寬敞、氣氛沉穩的和式座位區

伊豆
P.19

熱海
P.22

伊東
P.32

伊豆高原
P.38

東伊豆
P.50

下田・南伊豆
P.60

修善寺・中伊豆
P.66

西伊豆
P.76

沼津・三島
P.86

箱根
P.99

在巷弄間的咖啡廳
輕鬆大啖品牌牛

伊豆牛
伊豆牛牛肉燴飯
（附迷你沙拉）950日圓
帶番茄酸味、洋蔥甜味的醬汁
與伊豆牛的鮮味完美地融合。

→Q彈＆鬆軟的「黑米戚風蛋糕」
黑米

honohono cafe
ほのほのかふぇ

MAP附錄P.26 B-6

添加當地食材入菜的健康餐點頗受歡迎，以黑米
和季節食材製成的甜點也擁有不少忠實客群。還
有販售使用黑米、伊豆鹿等調製的狗狗食品「伊
豆鹿黑米餅乾」。

☎0558-72-2500　⏰11:00～16:00　休不定休
所伊豆市修善寺882-9　🚌伊豆箱根鐵道修善寺站搭
東海巴士、伊豆箱根巴士往修善寺溫泉方向8分，終
點站下車，步行8分　🅿4輛

這幾道也很推薦
- 黑米戚風蛋糕　**450日圓**
- 瑪格麗特披薩　**880日圓**
- BLT三明治　**850日圓**

→狗狗也能一起入店

やまびこ

MAP附錄P.9 D-5

能享用添加大量野生山菜、自家有機蔬
菜的季節風味手打蕎麥麵，還會附上以
蔬菜為主的前菜，服務相當貼心。餐廳
地處高台上，從露天座望出去的視野絕
佳。

☎0558-72-7575
⏰11:00～16:30　休週五　所伊豆市修善
寺3726-1　🚌伊豆箱根鐵道修善寺站搭東
海巴士往虹の郷、戸田方向14分，もみじ林
前站下車，步行3分　🅿25輛

這幾道也很推薦
- 香味蕎麥麵（5～10月）　**1280日圓**
- 蔬菜蕎麥麵　**980日圓**
- 修善寺產原木香菇天麩羅　**700日圓**

→口感酥脆＆鮮嫩多汁的「修善寺產原木香菇天麩羅」
香菇

↑座落在廣大腹地、如山小屋般的樸實建築物

受惠於大自然的恩澤
加上精心費工的烹調

豆皮　山葵

修善寺豆皮蕎麥麵
1280日圓
蕎麥麵中還能吃到以天
城山系清澈泉水細心製
成的在地豆皮，另附時
令小菜。

修善寺そば処 四季紙
しゅぜんじそばどころしきし

MAP附錄P.26 B-6

位於旅館「湯の宿 花小道」內，能吃到蕎麥麵和
山藥泥飯的餐廳，蕎麥麵有菊薯、黑米、更科蕎
麥麵、讚岐烏龍麵等4種類可選。旅館內還有另一
家能享用燉牛肉的餐廳「ロマン亭」（→P.71）。

☎0558-72-1178　⏰11:30
～14:00　休不定休　所伊豆市
修善寺3465-1 湯の宿 花小道內
🚌伊豆箱根鐵道修善寺站搭東海
巴士、伊豆箱根巴士往修善寺溫
泉方向8分，終點站下車，步行5
分　🅿15輛

↑從店內可眺望桂川
及獨鈷之湯等地，景
觀一流

↓以嚴選素材慢慢熬煮而成的燉牛肉

菊薯　黑米

四季紙御膳
2160日圓
含天麩羅竹簍蕎麥麵、山
藥泥飯、蔬菜湯等菜色的
套餐，還能一嘗特製的蕎
麥麵醬汁與辣味香菇

這幾道也很推薦
- 山藥泥膳　**1080日圓**
- 香菇蕎麥麵　**860日圓**
- 燉牛肉B套餐　**2060日圓**

能一次吃到多樣
滿足貪吃的味蕾

「伊豆鹿」
以法式料理呈現

伊豆鹿

伊豆鹿蓋飯　1450日圓
高蛋白質、低熱量的健康蓋
飯，鹿肉經過細心的處理所以
毫無腥味。

修善寺no洋食屋
しゅぜんじのようしょくや

MAP附錄P.26 C-5

位於修善寺溫泉入口處的西餐廳。由曾於一流
飯店習藝的法式料理主廚，提供如咖哩飯、蛋
包飯之類的經典菜色。能在日式的空間，品嘗
傳統與創新調和的西式佳餚。

☎0558-72-8971　⏰11:00～14:00、18:00～
20:00　休週三、第1&3週四　所伊豆市修善寺
697-1　🚌伊豆箱根鐵道修善寺站搭東海巴士、伊
豆箱根巴士往修善寺溫泉方向6分，修善寺總合会館
站下車即到　🅿利用修善寺溫泉會館停車場

↑下嵌式座位、小電燈泡、矮飯
桌等散發著昭和氣息的店內

這幾道也很推薦
- 自家製蔬菜咖哩飯　**1380日圓**
- 特製牛肉醬
- 蛋包飯　**1550日圓**
- 蘋果塔　**540日圓**

←一年四季百花齊放的菲勒麗庭園，5月和10月玫瑰盛開時更是美不勝收！

天城　天城天空冒險　玩樂
●あまぎスカイアドベンチャー

玩樂離地6m高的大冒險，新型態的娛樂

全長206m，挑戰14個關卡的冒險遊樂設施，無論大人小孩都能玩得不亦樂乎。得克服左搖右晃的繩索橋、越過攀岩板等難關，體驗時必須穿戴救生索和安全帽。

☎0557-29-1187　⏰週六日、假日及黃金週、暑假的9:00～17:00（平日需預約，冬天暫停營業）　休天候不佳時　¥國中生以上2800日圓、小學生以下2400日圓　所伊豆市冷川1524　🚃JR伊東線伊東站搭接駁巴士（500日圓）45分　P10輛

MAP 附錄P.10 E-1

←利用限制規定為身高120cm以上、體重120kg以內（未滿120cm者須有保護者同行）

修善寺　Baird Brewery Gardens修善寺　美食
●べあーどぶるわりーがーでんしゅぜんじ

能盡享啤酒魅力的樂園

人氣精釀啤酒Baird Beer的釀造廠。可至3樓的酒吧品嘗所有在此處生產製造的特色啤酒，還能聽到有關酒標與命名的背後秘辛。

☎0558-73-1225　⏰12:00～19:00（週六日、假日為11:00～20:00）　休無休　¥Baird Beer Sampler Set 800日圓（可任選3款）　所伊豆市大平1052-1　🚃伊豆箱根鐵道修善寺站搭東海巴士往松崎方向10分，ラフォーレ修善寺入口站下車，步行5分　P20輛

MAP 附錄P.9 D-5

←不提供餐點，但可自帶外食　→款的啤酒。總共備有多達20

這裡要 CHECK!

夢幻氛圍的花與綠之庭園

修善寺　修善寺 虹之鄉
●しゅぜんじにじのさと

園區佔地廣達10座東京巨蛋大，擁有四季花卉繽紛盛綻的庭園。英國風的街道上還設有羅慕尼鐵道蒸汽小火車等設施，能欣賞宛如風景明信片般的童話世界風光。

☎0558-72-7111　⏰9:00～17:00（10～3月為～16:00，12月上旬～2月為10:00～16:00）　休週二（視時期而異）　¥成人1200日圓、4歲～小學生600日圓，3歲以下免費　所伊豆市修善寺4279-3　🚃伊豆箱根鐵道修善寺站搭東海巴士往虹之鄉、戶田方向16分，修善寺虹之鄉站下車即到　P1000輛（收費）

MAP 附錄P.9 C-5

←有如置身歐洲庭園般的美麗園內

↑造型可愛、廣受歡迎的羅慕尼鐵道蒸汽小火車，單程成人400日圓、兒童200日圓
↑匠之村內有提供陶藝等課程的體驗工房，能輕鬆享受DIY的樂趣

修善寺　修善寺香菇之鄉　玩樂
●しゅぜんじしいたけのさと

採收後可大飽口福BBQ

一整年都能體驗採收原木栽培香菇的設施。約1萬根的段木上，布滿著巨大厚實的香菇。採收下來的香菇可當場用炭火燒烤，另有提供BBQ的套餐。即便下雨天也不會影響採香菇的體驗。

☎0558-72-8484　⏰9:30～15:00　休週三　¥採香菇（300g）1080日圓、香菇BBQ套餐1620日圓　所伊豆市年川785-1　🚃伊豆箱根鐵道修善寺站搭東海巴士往伊東方向4分，年川下車，步行20分　P30輛

MAP 附錄P.9 D-5

↑營養豐富的香菇，外帶回家享用也OK

中伊豆　自行車運動中心　玩樂
●じてんしゃのくにさいくるすぽーつせんたー

騎上單車隨心所欲暢遊！

位於修善寺山中，腹地廣大的自行車專用運動設施。從適合新手的騎乘路線到競技用賽道，甚至連遊樂設施都有，能自由自在地享受各種玩樂方式。

☎0558-79-0001　⏰10:00～16:30　休週四（逢假日則營業，有維修公休日）　¥成人820日圓、兒童620日圓　所伊豆市大野1826　🚃伊豆箱根鐵道修善寺站搭東海巴士往サイクルスポーツセンター方向18分，終點站下車即到　P700輛

←有經典路線、MTB路線等多元選擇
←雲霄飛車1次310日圓也很有人氣

也有些奇特的商品！

天城　小戶橋製菓
●ことばしせいか

販售素材、製法都很講究的糕點產品，其中又以山豬最中130日圓最受好評。附設有喫茶區。

☎0558-85-0213　⏰8:00～17:00　休不定休　所伊豆市月ヶ瀬580-6　🚃伊豆箱根鐵道修善寺站搭東海巴士往湯ヶ島方向22分，月ヶ瀬溫泉站下車即到　P15輛

MAP 附錄P.27 C-3

→濃郁的紅豆餡是店家自豪之作

天城　マルゼン精肉店
●まるぜんせいにくてん

山豬肉加上特製味噌醬汁酥炸而成的天城山豬可樂餅160日圓，調味香濃，滋味豐富。

☎0558-85-0429　⏰9:00～16:00（售完打烊）　休週三、日　所伊豆市湯ヶ島234　🚃伊豆箱根鐵道修善寺站搭東海巴士往湯ヶ島方向27分，湯ヶ島站下車即到　P3輛

MAP 附錄P.27 D-4

↑小山豬側面造型的可樂餅

天城　伊豆の佐太郎
●いずのさたろう

古民家風格的用餐處，淋上美味秘傳醬汁的天城蓋飯1836日圓是人氣招牌。

MAP 附錄P.27 C-6

天城　ささの
●ささの

除了完整濃縮鮮甜味的燒肉蓋飯外，還有山豬鍋、雉雞料理等菜色。

MAP 附錄P.27 D-2

天城　鈴木屋食堂
●すずきやしょくどう

創業已80餘年，使用越嚼越夠味的山豬肉烹調而成的蕎麥麵和蓋飯都廣受好評。

MAP 附錄P.27 D-4

☎0558-85-0534　⏰10:30～傍晚左右　休週四（逢假日則營業）　¥小分量山豬肉鍋（2.5人份）4320日圓　所伊豆市湯ヶ島2859-29　🚃伊豆箱根鐵道修善寺站搭東海巴士往中津屋方向33分，淨蓮の滝站下車即到　P20輛

←「伊豆の佐太郎」的天城蓋飯有附小菜和味噌湯

☎0558-87-0736　⏰11:00～19:30　休不定休　¥山豬肉蓋飯1296日圓　所伊豆市月ヶ瀬128-1　🚃伊豆箱根鐵道修善寺站搭東海巴士往湯ヶ島方向19分，篠原站下車即到　P30輛

→「ささの」最推薦的山豬鍋。1人份1944日圓

☎0558-85-0039　⏰11:00～18:00　休不定休　¥香蔥山豬肉蕎麥湯麵1080日圓、山豬肉蓋飯1080日圓　所伊豆市湯ヶ島185-1　🚃伊豆箱根鐵道修善寺站搭東海巴士往湯ヶ島方向27分，湯ヶ島站下車即到　P7輛

MAP 附錄P.27 D-4

↑「鈴木屋食堂」的山豬肉蒸籠蕎麥麵，能品嘗到山豬肉的鮮味

旅行 PICK UP

大快朵頤天城名物「山豬肉」

棲息在天城連山翠綠山林間的山豬，是來到天城非吃不可的名物美食。一般多做成火鍋享用，但也有推出可樂餅、糕點之類的產品。

伊豆

P.19
熱海
P.22
伊東
P.32
伊豆高原
P.38
東伊豆
P.50
下田·南伊豆
P.60
修善寺·中伊豆
P.66
西伊豆
P.76
沼津·三島
P.86
箱根
P.99

湯島 Bakery & Table 東府や ☕咖啡廳
●ベーかりーあんどてーぶるとうふや

邊泡足湯邊享用麵包

附設在吉奈溫泉的老字號旅宿「東府やResort&Spa-Izu」內的麵包坊＆咖啡廳。眼前即天城自然景致的長條型足湯旁設有桌椅，能坐下來品嘗剛出爐的麵包。

☎0558-85-1000（東府やResort&Spa-Izu）
🕐10:00～17:00（週日、假日為9:30～，咖啡廳為～16:30）　休無休　所伊豆市吉奈98
🚌伊豆箱根鐵道修善寺站搭東海巴士往湯ヶ島方向20分，吉奈溫泉口站下車，步行20分　P50輛

MAP 附錄P.27 C-3

↑咖啡廳顧客可使用的開放式足湯

↑也有提供湯品套餐、咖哩飯套餐、熱狗＆漢堡的套餐

集結伊豆在地美味的蕎麥麵

修善寺 独鈷そば 大戸
●とっこそばおおど

菜單只有蕎麥冷麵和蕎麥湯麵兩種。蕎麥冷麵會附上天城產的山葵，吃不完還可以帶回家；蕎麥湯麵則加了山菜和香菇等配料。以戶田的天然鹽製成的醬汁也十分美味。

☎0558-72-0247　🕐11:00～15:00
休週二（逢假日則翌日休）　¥蕎麥湯麵1300日圓　所伊豆市修善寺765-6
🚌伊豆箱根鐵道修善寺站搭東海巴士、伊豆箱根巴士往修善寺溫泉方向8分，終點站下車即到　P5輛

MAP 附錄P.26 B-5

選用無農藥栽培的蕎麥籽

修善寺 朴念仁 旅行 PICK UP
●ぼくねんじん

位於竹林小徑旁、由古老旅館改裝而成的餐廳。店內只有7桌位子因此無法容納太多人，但還是吸引不少觀光客前來享用以無農藥食材製作、香氣撲鼻的十割蕎麥麵。

☎0558-73-0073　🕐11:00～15:00（售完打烊，不可預約）　休週三　¥香蔥鴨肉蕎麥湯麵1700日圓　所伊豆市修善寺3451-40　🚌伊豆箱根鐵道修善寺站搭東海巴士、伊豆箱根巴士往修善寺溫泉方向8分，終點站下車，步行5分　P4輛

MAP 附錄P.26 A-6

修善寺名物「蕎麥麵」

風情獨具的修善寺當地有許多蕎麥麵店。有的選會附上一整條的山葵，或是搭配店主精選的優質食材，可享受風味豐富的好味道。

↑麵條平滑入口順暢的蕎麥冷麵1300日圓

↑天麩羅蒸籠蕎麥麵2200日圓，能吃到以生櫻花蝦為食材的炸什錦與蒸籠蕎麥麵

修善寺 琴茶庵 ☕咖啡廳
●ことーさん

啜飲美味咖啡小歇一下

由熱愛咖啡的店主親自沖泡的咖啡，香氣飽滿、口感圓潤。店內擺放的蝴蝶桌為1920年代的英國製古董。可以在散步途中來享受片刻的優雅時光。

☎0558-73-2313　🕐10:00～16:00　休週三，有臨時公休　¥冰咖啡450日圓、漂浮咖啡550日圓　所伊豆市修善寺3458-26　🚌伊豆箱根鐵道修善寺站搭東海巴士、伊豆箱根巴士往修善寺溫泉方向8分，終點站下車，步行8分　P無

MAP 附錄P.26 B-6

了44年的英國製磨豆機。咖啡豆等客人點好後才新鮮現磨，然後再一杯一杯仔細地手沖

原本是獸醫師的店主持續使用會

↑「特調咖啡」400日圓，還有機會能喝到以Old Noritake杯組裝盛的咖啡

修善寺 ロマン亭 美食
●ろまんてい

料理長引以為傲的燉牛肉

位於桂川沿岸的旅館「湯の宿 花小道」內的燉牛肉專賣店。以嚴選食材慢慢熬煮而成的自豪餐點，風味香醇馥郁卻保有清爽的口感。店內洋溢著懷舊氛圍，讓人覺得很放鬆。

☎0558-72-1178（湯の宿 花小道）
🕐11:30～14:00　休不定休　¥特調咖哩套餐1550日圓　所伊豆市修善寺3465-1 湯の宿 花小道內　🚌伊豆箱根鐵道修善寺站搭東海巴士、伊豆箱根巴士往修善寺溫泉方向8分，終點站下車，步行5分　P15輛

MAP 附錄P.26 B-6

↑燉牛肉加上沙拉、白飯、甜點、咖啡的「B套餐」2060日圓

中伊豆 鮎茶屋 美食
●あゆちゃや

傳承香魚美味的老店

位於釣香魚的聖地——狩野川附近的香魚料理店。提供鹽烤、雜燴粥等各種烹調方式的香魚佳餚，5～10月還能吃到香魚的生魚片。人氣招牌菜為鹽烤香魚搭配釜飯的定食。

☎0558-76-5222
🕐11:30～13:30、17:30～19:30
休週一　¥香魚雜燴粥1300日圓　所伊豆の国市大仁440　🚌伊豆箱根鐵道大仁站步行3分　P10輛

MAP 附錄P.9 D-5

↑能一次品嘗兩種香魚料理的香魚釜飯與鹽烤定食2200日圓

中伊豆 中伊豆Winery Chateau T.S 🛍購物
●なかいずわいなりーしゃとーてぃーえす

葡萄園環繞的複合設施

座落於廣大山丘上的酒莊，若天氣晴朗還能眺望到富士山。除了試喝、挑選中意的酒款外，還能參觀葡萄酒工廠、視野開闊的葡萄園以及體驗騎馬。

☎0558-83-5111　🕐9:30～21:00（週六日、假日為9:00～）　休不定休　所伊豆市下白岩1433-27　🚌伊豆箱根鐵道修善寺站搭計程車15分（從修善寺站約每小時會有1班免費接送巴士）　P200輛

MAP 附錄P.8 E-5

↑從牽著走的騎馬體驗到正統的美式騎馬課程皆有

↑能在餐廳「Napa Valley」享用適合搭配葡萄酒的料理

湯島 茶気茶気 ☕咖啡廳
●ちゃきちゃき

在溪流沿岸的咖啡廳深呼吸！

四周環繞著天城的豐沛大自然，地理位置魅力十足的和風咖啡廳。每日不同口味的和菓子、以石花菜為原料製成的寒天、梅汁等，所有的產品皆出自店主之手。晴朗好天氣時，不妨在猶如納涼床般的露天座享受悠閒時光吧。

☎0558-85-0888　🕐11:00～15:00　休週日、一、二　所伊豆市吉奈5-1　🚌伊豆箱根鐵道修善寺站搭東海巴士、伊豆箱根巴士往湯ヶ島方向20分，吉奈溫泉口站下車，步行10分　P4輛

MAP 附錄P.27 C-3

↑悠然開闊的露天座位區，幾乎讓人忘了時間的流逝

大仁 柳光亭 美食
●りゅうこうてい

飽嘗狩野川流域的鄉土料理

能大快朵頤鄉土菜的餐廳，提供捕獲自狩野川、擁有鮮甜蟹肉與美味蟹膏的毛蟹料理。融入蟹肉濃郁鮮味的釜飯和味噌湯也相當推薦。以狩野川地下水養殖的香魚、嚴選鰻魚料理也是店家自豪的招牌菜。

☎0558-72-5550
🕐11:00～14:30、17:00～20:30　休週二（逢假日則營業），第2週四僅晚間營業　¥狩野川毛蟹烏龍麵1080日圓　所伊豆市熊坂502　🚌伊豆箱根鐵道大仁站步行15分　P10輛

MAP 附錄P.9 D-5

↑能徹底品嘗毛蟹鮮甜風味的螃蟹釜飯定食1950日圓

中伊豆的

玩樂方式

徹底剖析

韭山反射爐！

為何能成為世界遺產？

step1 幕末日本的大砲鑄造工廠

探索製造大砲的4座高塔！

熔解鐵塊、鑄造大砲，日本唯一現存實際使用過的反射爐之構造為何？

鑄台 いだい
深達地下3m的鑄台，熔解的鐵液由出湯口流入。設有數個爐子，以便同時運轉鑄造巨型大砲。

方孔
出湯口
出渣口

➡竣工當時塗有灰泥的白色煙囪

24磅加農砲 24ボンドカノンほう
參考設計圖重現而成的大砲。為用鐵鑄成的複製品，長3.5m、重3.5t。

鑄口　煙道
爐床　生鐵　出湯口

爐體 ろたいぷ
內部組成與反射的構造
內部以耐火磚砌成拱型，熱能反射後集中在生鐵可達1300度的高溫使其熔解。鐵液則流向通往鑄台的出湯口。

➡保溫性、耐久性俱佳的伊豆石

幕末時因國防需求而建造的反射爐已成功登錄為世界遺產，以下將分2個階段來介紹其箇中魅力。

焚口 たきぐち
燃料放入燃燒室的入口。使用鑄後，常譬的煤炭與天城的木炭為燃料，光是讓爐內上升溫就費時3小時。

鑄口 いぐち
生鐵放入熔解室的入口。生鐵採購自大阪，有島根以踏鞴製鐵法製成的鐵塊以及來自釜石市的鐵礦。

燃燒室送風口&灰燼收集口 たきしょぷうにゅうこうあんどはいあな
將燃料放在鋪設於鐵棒上方的網子，導入空氣後燃燒效率提高，灰燼則往下掉落。

韭山反射爐的導覽人員　土屋先生

何謂韭山反射爐？

為製造大砲的築造物，分成煙囪及熔解鐵塊的爐體兩部分。幕末時期外國船隻來航，作為海防政策的一環開始打造由幕府直營的製砲工廠。爐體內部的天井設計成拱型，利用反射將熱能集中至生鐵並使其熔解的構造，所以被稱為反射爐。由精通蘭學、身為韭山代官的江川英龍提案興建，於1857（安政4）年完工。是目前全日本曾實際運轉的反射爐中，唯一一座還保留完整結構的世界遺產。

國家指定史跡 韭山反射爐
●くにしていしせきにらやまはんしゃろ
☎055-949-3450
🕘9:00～17:00（10～3月為～16:30）　休第3週三　¥成人500日圓、中小學生50日圓　所伊豆の国市中268-1　🚉伊豆箱根鐵道伊豆長岡站步行20分　🅿150輛
MAP 附錄P.26 D-1

step2 若無這號人物就不會有韭山反射爐

認識打造出世界遺產的名代官！

將反射爐、麵包等西洋事物引進日本的了不起人物

長年來深受韭山居民愛戴的
江川英龍究竟是誰？

自平安時代的源賴親以來傳承約900年的名家第36代當家。因提出懲戒奢侈、減輕領民負擔的政策，備受景仰而有「淑世江川大明神」之稱。於幕末的動亂時期，江川英龍認為必須強化國防因此向幕府建議營造反射爐，並於品川設置了目前依然存留的砲台。明治維新之後各地的反射爐陸續被拆除，但韭山市民卻集資買下土地並捐贈給國家。正因為有廣受人民愛戴的代官，才有如今的世界遺產。

傳說No.1
製作出日本最初的麵包！
1842（天保13）年開始生產麵包作為軍糧。當地還能買到重現當時乾硬口感的麵包，不妨試吃看看吧。

傳說No.2
設計出軍隊口令！
不僅組織農兵隊，還導入了「立正！向前看齊」之類的西洋軍隊口令。

若想更深入瞭解
重要文化財 江川邸
じゅうようぶんかざいえがわてい
為江川家代代相傳的宅邸，展示有古文書、江川英龍的遺物等文物。

MAP 附錄P.9 D-3
☎055-940-2200
🕘9:00～16:30（週三為9:30～15:00）
休第3週三　¥成人500日圓、中小學生300日圓　所伊豆の国市韭山韭山1　🚉伊豆箱根鐵道韭山站步行20分　🅿50輛

伊豆長岡站前設有自行車租借站

➡土間置有培里贈送給幕府的砲車

➡從畫作可知江川英龍的手相當靈巧

➡川英龍的手相當靈巧

年的歷史、能見到極具特色的天井與活樹柱

建築物已有400多年的歷史，能見到極具特色的天井與活樹柱

伊豆 P.19
熱海 P.22
伊東 P.32
伊豆高原 P.38
東伊豆 P.50
下田·南伊豆 P.60
修善寺·中伊豆 P.66
西伊豆 P.76
沼津·三島 P.86
箱根 P.99

伊豆長岡

●いずながおか　MAP附錄P.9·26

富士山與駿河灣的全景視野！

伊豆之國全景公園
●いずのくにばのらまぱーく

位於葛城山的山頂，可搭空中纜車直達的休閒景點。除了360度遼闊視野的觀景台外還有足湯、體能遊樂設施等，不論大人小孩都能玩得開心。

☎055-948-1525
⏰9:00～16:40 (10月16日～2月15日為～16:10)
休無休 (6月4～8日有維修公休日)
¥空中纜車來回成人1800日圓、小學生900日圓、學齡前兒童免費 所伊豆的国市長岡260-1
🚃伊豆箱根鐵道伊豆長岡站搭伊豆箱根巴士溫泉場循環或往伊豆、三津シーパラダイス方向8分，伊豆の国市役所站下車即到 P200輛
MAP附錄P.26 A-3

↑能飽覽伊豆一流風景的空中纜車

↑山頂かつらぎ茶寮的富士見糯子（380日圓）很有人氣

↑2017年夏天新設置的沙發床區「Premium Lounge」（付費）

美食
伊豆長岡
蔵屋鳴沢
●くらやなるさわ
大啖網烤料理與精釀啤酒！

能在餐廳內暢飲以腹地內的湧水釀造而成的精釀啤酒「反射爐啤酒」。精釀啤酒共有4款口味，還可搭配肉、魚、蔬菜的網烤料理一起享用。春秋兩季會推出採茶體驗，也有販售茶葉產品。

☎055-949-1208
⏰11:00～15:00（週六日、假日為10:00～21:30）
休無休 ¥岡村牛特選五花肉1836日圓、反射爐啤酒（單杯）453日圓 所伊豆的国市中272-1 🚃伊豆箱根鐵道伊豆長岡站搭計程車5分
P50輛
MAP附錄P.26 D-1

↑採茶體驗（附綠茶、手巾）1人1400日圓～

↓享受大口吃喝的暢快感

玩樂
伊豆長岡
江間採草莓中心
●えまいちごがりせんたー
現採草莓隨意吃到飽！

伊豆半島規模最大的草莓園，提供30分鐘無限量吃到飽的消費方式。有靜岡原產、顆粒碩大的章姬及紅頰等品種，能盡情享受甘甜多汁的草莓饗宴。

↑大人小孩都樂在其中的採草莓體驗

☎055-948-1115
⏰9:00～16:00（預定12～5月開園） 休無休 ¥入園費成人1800日圓～（視時期而異） 所伊豆の国市北江間563-7 🚃伊豆箱根鐵道韮山站搭計程車10分 P70輛 MAP附錄P.9 D-3

美食
伊豆長岡
伊豆とうふ豆庵
●いずとうふまめあん
自然派的手作豆腐料理

能吃到選用優質的減農藥國產大豆與天然海水鹽滷製作，不添加消泡劑、對身體溫和的豆腐料理。除了竹簍豆腐之類的傳統口味外，還有咖啡豆腐、豆漿乳酪蛋糕等多樣創意商品，也販售伴手禮。

☎0558-76-5286
⏰11:00～14:00（賣店9:00～18:00）休週一（逢假日則翌日休）¥特製套餐1620日圓～、無菜單全餐2160日圓～ 所伊豆の国市田京24-1 🚃伊豆箱根鐵道田京站步行8分
P10輛
MAP附錄P.9 D-4

↑咖啡豆腐130日圓

↑豆腐可樂餅套餐1300日圓

購物
伊豆長岡
手作りとうふ みずぐち
●てづくりとうふみずぐち
以伊豆天然水製成的極品豆腐

使用北海道產嚴選大豆與伊豆長岡天然水做成的白蘿蔔泥豆腐（216日圓）十分美味，還能買到生豆皮、熟食等物。除了各式各樣的豆腐外，也有豆漿布丁（98日圓）之類的產品。

☎055-948-0779
⏰9:00～18:00 休週日、第4週三 ¥豆腐172日圓～ 所伊豆の国市長岡647-1 🚃伊豆箱根鐵道伊豆長岡站搭伊豆箱根巴士溫泉場循環或往伊豆、三津シーパラダイス方向8分，宗德寺前站下車即到 P10輛

MAP附錄P.26 A-2

↑加了豆漿的霜淇淋280日圓，味道樸實頗受好評

泡溫泉 不住宿溫泉＋泡湯後美食推薦

有弘法大師開創的修善寺溫泉、被譽為「美人之湯」的伊豆長岡溫泉等，與沿海區域呈現出來的風情各異其趣，能在綠意盎然、寧靜祥和的氛圍中享受泡湯的樂趣。

AMAGISO－天城莊－[LIBERTY RESORT]

擁有伊豆最大瀑布「大瀧」眺望景致的河原之湯、縱深30m的洞窟浴池等，能盡享天城大自然的絕景溫泉。共有5條自家源泉、面積廣達15萬坪的腹地內，室內溫泉相當充實。野外溫泉位於路程約5分鐘的山裡，泡湯時須著泳裝。

☎0558-35-7711　MAP 附錄P.27 A-4
所河津町梨本359　伊豆急行河津站搭東海巴士往河津七滝、修善寺方向23分，大滝入口站下車即到　P25輛

不住宿資訊
停留預估時間**3小時**
【入浴費】成人2000日圓、小學生1500日圓、幼兒1000日圓（泳裝、毛巾的租借套組1000日圓）
11:00～17:00※視季節會延長　休不定休

眺望伊豆最具規模的大瀧瀑布　感受大自然的療癒力量

🍴**泡湯後來吃美食！**
步行即到
鄰近的「七瀧茶屋」有多款以完熟草莓製成的甜點，人氣商品為集結草莓果凍、草莓冰沙和草莓果汁的「莓三昧」套餐。
莓三昧　1296日圓

↑能呼吸清新空氣、近距離觀賞大瀧的露天浴池。可能會因天候因素而暫停開放，請多留意

全長15m視野遼闊 能眺望富士山美景的大浴池

新八景園 天空風呂

開時片設
片時刻的提
光　供免
　　費休
　　憩室
　　和躺
　　椅
　　能
　　度
　　過
　　舒
　　適
　　的
　　悠
　　小

從飯店頂樓的大露天浴池「天空風呂」可遙望富士山，夜晚還能仰望滿天的星斗。提供浴巾到浴衣等各種用品，不需自備任何東西就能輕鬆泡湯。入浴＋午餐的套裝組合方案也十分推薦。

🍴**泡湯後來吃美食！**
為附午餐不住宿入浴方案（最遲需於前一天預約）中所提供的餐點。能奢侈享用一早自沼津內浦捕獲的新鮮竹筴魚烹調的新菜色，炸物則由開放式廚房現做供應。
駿河御膳方案　2400日圓～

不住宿資訊
【入浴費】成人1500日圓、兒童800日圓（週六日、假日為成人2000日圓、兒童800日圓）
【附午餐方案】2000日圓～（完全預約制）
11:00～翌1:00　休無休

☎055-948-1500　MAP 附錄P.26 B-3
所伊豆の国市長岡211　伊豆箱根鐵道伊豆長岡站搭伊豆箱根巴士溫泉場循環或往伊豆、三津シーパラダイス方向6分，溫泉駅站下車，步行5分　P70輛

純泡湯天然溫泉 湯之國會館

面朝綠意蔥籠的狩野川而建的不住宿溫泉設施。從備有室內浴池、露天浴池的浴場可飽覽清流景色，沉浸在清爽的空氣中。混合了14種藥草的藥草露天浴池也廣受好評。另設有可付費購買溫泉水的溫泉站。

MAP 附錄P.27 D-1
☎0558-87-1192
所伊豆市青羽根188　伊豆箱根鐵道修善寺站搭東海巴士往湯ヶ島方向15分，湯の国会館站下車即到　P60輛

不住宿資訊
停留預估時間**2小時**
【入浴費】成人860日圓、兒童430日圓　休第2、4週三（逢假日則營業）
10:00～21:00

↓提供硫酸鈉鹽溫泉及鹼性淡泉兩種源泉，可一次滿足雙重體驗

邊欣賞四季自然風光 邊享受多樣化的溫泉

🍴**泡湯後來吃美食！**
附設的「Kitchen EBISEN」能吃到以當地食材入菜的家庭料理，「特製炸雞塊」則是泡湯後暢飲啤酒時的最佳搭檔。
特製炸雞塊　480日圓

足湯在這裡！

伊豆之國全景公園　→P.73

座落於葛城山山頂的休閒景點，可搭空中纜車直達。能邊眺望駿河灣和富士山的風光邊泡足湯，若需毛巾可至商店購買。

古奈湯元公園　賴朝之足湯

位於狩野川附近，備有大片草坪、長椅、健康遊步道等設施的公園。附屋頂的足湯只能容納8人左右，溫泉的水溫偏高。

MAP 附錄P.26 B-1
☎055-948-2909（伊豆之國市都市計畫課）　自由入園（足湯為8:00～22:00）　休無休　費免費　所伊豆の国市古奈1199-3　伊豆箱根鐵道伊豆長岡站步行20分　P4輛

伊豆
P.19

熱海
P.22

伊東
P.32

伊豆高原
P.38

東伊豆
P.50

下田・南伊豆
P.60

修善寺・中伊豆
P.66

西伊豆
P.76

沼津・三島
P.86

箱根
P.99

現代版 越過天城

深入伊豆半島的內陸部！

天城地區在江戶時代被稱為險峻之地，國道414號（舊下田街道）修建完成後，則搖身一變成了熱門的兜風路線＆健行景點，可一路暢遊小說的背景舞台與知名瀑布。

START 修善寺站

↻ 附近還有山葵田和付費的釣魚場

品嘗 中伊豆美食
山豬肉、山葵、山葵鍋、香魚等中伊豆的山珍美味也很值得一嘗。

湯島溫泉↑ 淨蓮の滝

❶ 淨蓮瀑布
離修善寺站約15km

公路休息站 天城越え（天城山葵之里）

本谷川

水生地下 P

天城峠
新天城隧道

二階瀧停車場（洗手間）P
414

❷ 舊天城隧道

河津川

❹ 河津七瀧

河津工
七瀧 上条
離河津站約9km

❸ 河津七瀧迴旋橋

水垂

體驗舞孃的氣氛越過天城
天城是伊豆人氣度很高的健行景點，以下為大家介紹可當天來回的路線。

舞孃步道
●15.9km／所需5.5小時
由淨蓮瀑布停車場出發行經舊天城隧道，最後抵達河津七瀧的山頂健行路線。

天城遊步道
●來回3km／所需1小時
起點為湯島溫泉入口、終點為淨蓮瀑布，為沿著狩野川畔前進的輕鬆健行路線。

初景瀧 ↻ 立有舞孃雕像的拍照景點

❶ 淨蓮瀑布
●じょうれんのたき

首先映入眼簾的是伊豆最大級的知名瀑布

MAP 附錄P.27 C-6

高約25m、寬約7m的瀑布氣勢磅礡，也已列入「日本瀑布100選」之一。入口附近設有淨蓮瀑布資料館（成人200日圓），不妨順道入內參觀。

☎0558-85-1056（伊豆市觀光協會天城支部）🕐自由參觀 📍伊豆市湯ヶ島
🚌伊豆箱根鐵道修善寺站搭東海巴士往河津駅方向33分，淨蓮の滝站下車，步行10分
🅿110輛

↻ 也出現在演歌〈越過天城〉歌詞中的名瀑

❷ 舊天城隧道
●きゅうあまぎとんねる

建在天城山險處的石造隧道

MAP 附錄P.27 B-1

為日本最長的石造道路隧道，也曾在松本清張的小說《天城山奇案》中登場過。於明治時期完工，目前已登錄為國家重要文化財。

☎0558-85-1056（伊豆市觀光協會天城支部）🕐自由參觀（下雨天可能會禁止通行）
📍伊豆市天城 🚌伊豆箱根鐵道修善寺站搭東海巴士往河津駅方向42分，水生地下站下車，步行35分 🅿15輛（利用水生地下停車場）

↻ 11月時為賞紅葉的熱門景點

《伊豆的舞孃》故事舞台！
川端康成的小說《伊豆的舞孃》中，男主角與舞孃邂逅的精彩場景就是在這個隧道。

❸ 河津七瀧迴旋橋
●かわづななだるるーぷきょう

雖然得繞上一圈又一圈但能平緩地開下陡坡！

MAP 附錄P.27 A-4

高45m、總長度1.1km的雙層迴旋橋，是以記取因地震引發土石流災害的教訓所研發出的新工法建造。位於國道414號線上，也是廣受歡迎的兜風景點。

☎0558-32-0290（河津町觀光協會）
🕐自由參觀 📍河津町梨本
🚌伊豆急行河津站車程15分
🅿約20輛（利用町營免費停車場）

徒步前做好萬全準備
遊步道有部分路段為斜坡或容易打滑，因此請穿著運動鞋並選用後背包讓雙手空出來。

蟹瀧
↻ 瀑潭呈現綠寶石色澤的美麗瀑布

❹ 河津七瀧
●かわづななだる

約1小時路程的7座瀑布巡禮

MAP 附錄P.27 A-4

能遍訪大小7座瀑布的人氣觀光景點。遊步道規劃完善行走輕鬆，沿途還有餐飲店、伴手禮店散布其間，相當值得花點時間去一趟。

☎0558-32-0290（河津町觀光協會）
🕐自由參觀 📍河津町梨本
🚌伊豆箱根鐵道修善寺站搭東海巴士往河津駅方向52分水垂站下車，或1小時3分河津七滝站下車即到／也可由伊豆急行河津站搭東海巴士往修善寺駅方向25分，河津七滝站下車即到 🅿60輛（七瀧觀光中心停車場）、10輛（水垂停車場）

七瀧不唸成「Nanataki」而是「Nanadaru」
河津以前將瀧（Taki）稱為「垂水（Tarumi）」，取自「水流垂落」的意思，因此七瀧的讀音會唸成「Nanadaru」。

釜瀧
↻ 高約22m，遠古時代熔岩凝固後形成的柱狀理地景也相當吸睛

西伊豆

恣意馳騁的暢快感
讓人欲罷不能

富士山與夕陽的賞景兜風路線

2天1夜 西伊豆 最佳行程指南

11:30

3 にしいずすかいらいん
西伊豆Skyline（免費）

沿途能眺望富士山與駿河灣風光的蜿蜒道路。達磨山到土肥峠之間的路段是沿著山脊前進，相當好走。冬天等時節路肩或日蔭處會出現結冰、積雪的狀況，請小心。之後會連結至西天城高原道路（免費）。**MAP**附錄P.9 B-5

車程10分

11:00

2 だるまやまこうげん
達磨山高原

可飽覽富士山的絕景景點。前面即駿河灣，右手邊是箱根的群山，左手邊則是南阿爾卑斯山脈的壯闊風光。不僅白天的景色迷人，晚上還能欣賞市區的夜景。

MAP附錄P.9 C-5
☎0558-72-0595（達磨山高原休息所）
△瞭望台可自由參觀（休息所為10:00～17:00，冬天為～16:30）休無休（休息所週二公休）交伊豆市大沢1018-1 鐵伊豆箱根鐵道修善寺站車程20分 P50輛

富士山搭配駿河灣和晚霞的畫面，是其他地區看不到的西伊豆特有美景。隨著兜風時的季節和天候因素影響，映入眼簾的風光與吸睛焦點也千變萬化，不妨在一年之中多造訪幾次吧。

推薦路線一覽

回程	去程
6 堂島	1 沼津IC
7 旅人岬	2 達磨山高原
8 出逢岬	3 西伊豆Skyline（免費）
9 閃耀之丘	4 在土肥吃午餐！食
10 在沼津港吃午餐！食	5 戀人岬
11 沼津IC	6 堂島 住

10:00 START

1 ぬまづいんたー
沼津 IC

車程60分

伊豆縱貫自動車道等

START&GOAL
1 11 沼津IC
三島站
東海道新幹線
東海道本線
駿河灣
伊豆箱根鐵道
10 在沼津港吃午餐！食
9 閃耀之丘
17
2 達磨山高原
8 出逢岬
18
7 旅人岬
17
3 西伊豆Skyline（免費）
136
4 在土肥吃午餐！食
5 戀人岬
黃金崎
136
6 堂島 住

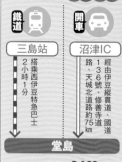

周邊MAP 附錄P.9・11・24～25
住宿info P.92～98
洽詢處
伊豆市觀光協會土肥支部
☎0558-98-1212
西伊豆町觀光協會堂島觀光服務處
☎0558-52-1268
松崎町觀光協會
☎0558-42-0745

前往這地區的交通方式

鐵道	開車
三島站	沼津IC
搭乘西伊豆特急巴士 2小時1分	經由伊豆縱貫道、136號、修善寺道路、國道136號、天城北道路約75km
堂島	堂島

詳細交通資訊請見P.152！

旅行願望清單！

☐ 大啖駿河灣的海鮮佳餚！

☐ 搭乘遊覽船飽覽令人感動的美景

☐ 在海邊溫泉眺望夕陽

伊豆
P.19

熱海
P.22

伊東
P.32

伊豆高原
P.38

東伊豆
P.50

下田·南伊豆
P.60

修善寺中伊豆
P.66

西伊豆

P.76

沼津·三島
P.86

箱根
P.99

回程 除了原路返回外 也可選擇眺望富士山的路線

戶田～西浦 ～內浦海岸線路線

緊鄰大海的海岸線路線。為上下坡、彎道較多的複雜道路，開車時須多加留意。

10:00 **6** どうがしま **堂島** START

車程30分

10:30 **7** たびびとみさき **旅人岬**

若天候狀況良好，能眺望到對岸的南阿爾卑斯山脈和日本平的夕陽絕景景點。還置有青銅雕像以及能確認日落位置的方位盤等設施。

📞0558-98-1212(伊豆市觀光協會土肥支部) MAP附錄P.25 C-2
🕐自由參觀 🚩伊豆市土肥 🚌伊豆箱根鐵道修善寺站搭東海巴士往土肥松崎方向49分，土肥漁協站下車，步行5分 🅿30輛

車程30分

11:10 **8** てあいみさき **出逢岬**

左手邊能欣賞戶田港和御濱岬，右手邊可一望富士山的美景。紀念碑的中央有個環，有時還能從中間見到富士山的身影。

📞0558-94-3115 MAP附錄P.24 A-4 (戶田觀光協會) 🕐自由參觀 🚩沼津市戶田 🚌伊豆箱根鐵道修善寺站搭東海巴士往戶田方向50分，終點站下車轉乘計程車5分 🅿20輛

車程10分

11:30 **9** きらめきのおか **閃耀之丘**

因陽光反射而閃閃發光所以得此名稱。能欣賞到駿河灣、富士山以及夕陽落入水平線的絕景景點。沿著階梯往下走即松江古墳群。

📞0558-94-3115(戶田觀光協會) MAP附錄P.9 A-4
🕐自由參觀 🚩沼津市井田 🚌伊豆箱根鐵道修善寺站搭東海巴士往戶田方向50分，終點站下車轉乘計程車15分 🅿10輛

車程60分

12:40 **10** ぬまづこう **在沼津港吃午餐！** 美食

有沼津魚市場食堂街、港八十三番地等眾多用處處，也能買到伴手禮。 詳情請見P.88

車程30分

GOAL 15:00 **11** ぬまづいんたー **沼津IC**

若要返回靜岡、名古屋方向的話

也很推薦搭乘駿河灣渡輪

土肥～清水港的航程僅需70分鐘，車子也可以上船。 詳情請見P.84

來這兒午餐

寿司·地魚料理 松の家

すしじざかなりょうりまつのや

除了必備的壽司和生魚片外還能吃到烤魚、煮魚定食、散壽司等菜色，其中又以丁香魚壽司為人氣招牌。

↑食材新鮮才能做出的丁香魚壽司（900日圓）
網羅各種新鮮食材的人氣壽司店

📞0558-98-0174 MAP附錄P.25 C-2
🕐11:00～15:00，17:00～21:00（週二（逢假日則營業），夏天、過年期間無休 🚩伊豆市土肥412-6 🚌伊豆箱根鐵道修善寺站搭東海巴士往松崎方向51分，土肥溫泉站下車即到 🅿11輛

車程30分

12:00 美食 **4** とい **在土肥吃午餐！**

面朝駿河灣的溫泉地，名勝、史蹟、觀光設施、海水浴場等齊聚。

車程15分

13:15 **5** こいびとみさき **戀人岬**

海岬的前端設有愛之鐘「LOVE CALL BELL」，據說只要情侶一起敲響三聲愛情就能長長久久。眺望視野也很出色，還可至戀人岬STERA HOUSE購買戀人宣言證書（500日圓～）。

📞0558-99-0270(戀人岬STERA HOUSE) MAP附錄P.11 A-1
🕐自由參觀(STERA HOUSE為9:00～17:00) 🚩伊豆市小下田242-1 🚌伊豆箱根鐵道修善寺站搭東海巴士往松崎方向1小時7分，恋人岬站下車，步行15分 🅿100輛

一年約有27萬人次造訪

14:30 **6** どうがしま **堂島**

有許多大自然鬼斧神工、風光明媚的絕景景點。

來這兒喝咖啡&買伴手禮

● 提供樸實美味點心的老店「菓子司菊水」➡P.83 能買到罕見口味的糖果與菓子。

● 在廣受當地居民好評的蛋糕店「Satouya」➡P.83 享受咖啡時光。

來這兒玩

推薦搭乘堂島遊覽船，近距離欣賞堂島海岸線的壯闊美景。 詳情請見P.81

 住宿

在旅宿觀賞夕陽

堂島溫泉飯店 どうがしまおんせんほてる

早一點到飯店辦理入住手續，即可至渚之露天風呂享受染上夕陽餘暉的海空美景。能見到陸連島現象的三四郎島也近在咫尺。 詳情請見P.94

要看夕陽就來這兒

往北車程15分

黃金崎 こがねざき

因金黃色的夕陽光影照耀在岩石表面而得此名。從岩漿冒出的熱水將安山岩染成了整片黃褐色，已被指定為靜岡縣的天然紀念物。海岬又被暱稱為「馬頭岩」。

📞0558-52-1114（西伊豆町まちづくり課） MAP附錄P.25 A-3
🕐自由參觀 🚩西伊豆町宇久須3566-7 🚌伊豆箱根鐵道修善寺站搭東海巴士往土肥松崎方向1小時14分，黃金崎クリスタルパーク站下車，步行10分 🅿20輛

要選
哪一道呢？
駿河灣的海味

在西伊豆
吃午餐

西伊豆的午餐

滿腹美味精選

忍不住就想
拍照上傳♪

料理呈現的高CP值

淺灘竹筴魚孫茶食定食1575日圓為招牌
商品之一，也有鰹魚孫茶食定食

伊豆的午餐與都會區不同，會以分量和種類的滿足度來取勝，大多為飽足感十足的定食＆蓋飯類。以下將以駿河灣特有名物、當地食材、豪華程度為基準，為大家精選出西伊豆地區的推薦午餐！

吃到一半時淋上熱騰騰的高湯，碎切竹筴魚會呈現出絕妙的風味

↑定食有提供寒天凍吃到飽的服務，可依喜好搭配醋醬油、黑蜜、黃豆粉享用

↑樸實的待客氛圍讓人越光顧越著迷

じざかなりょうりさくら
地魚料理 さくら **松崎町**

MAP 附錄P.25 A-5

不論味道還是分量都引以為傲的店家。所有定食皆註明日葉等食材炸成的天麩羅，因此挑選生魚片、煮魚、烤魚類的主菜整體來說會比較平衡。週末、假日及午間時段總是座無虛席，人氣滿滿。每一道都是費時費工的佳餚，建議預留充裕的時間。

☎0558-43-1532
🕐11:30左右～19:00（有時會提早打烊） 休不定休 💴飛魚天麩羅定食1620日圓、在地鮮魚生魚片定食2100日圓～、炸魚丸定食1620日圓、烏龍麵定食920日圓 所松崎町松崎22-3 🚃伊豆急行伊豆急下田站搭東海巴士往堂ヶ島方向50分，松崎站下車，步行15分 Ｐ30輛

美味的祕訣
待客人點餐後才將白米放入一人份的釜鍋炊煮（約25分～）。悠然緩慢的步調，正是這家餐廳的風格。

戶田

うおしげしょくどう
魚重食堂

MAP 附錄P.24 B-5

販售深海魚料理的人氣特色食堂。熟知生魚片、天麩羅、炸物等各種深海魚的調理方式，豐富多元的菜色簡直稱得上是專賣店。值得一嘗的日本腔吻鱈定食，就連戶田當地也只有這裡才吃得到。

↑日本腔吻鱈定食1800日圓，能一次吃到生魚片、天麩羅兩種調理方式的日本腔吻鱈珍貴美味

☎0558-94-2381
🕐11:00～14:00、17:00～19:30 休週四（有時會週三四連休） 💴魚重御膳1950日圓、在地鮮魚天麩羅蓋飯1350日圓、深海小蝦炸什錦蓋飯1600日圓 所沼津市戶田303-5 🚃伊豆箱根鐵道修善寺站搭東海巴士往戶田方向50分，終點站下車即到 Ｐ8輛

美味的祕訣
選用當日捕獲的新鮮深海魚，雖為味道清淡的白肉魚卻很鮮甜

↑「店主自豪的一品」みーちゃん特製「焗烤海鮮」500日圓

まるきちしょくどう
丸吉食堂 **戶田**

MAP 附錄P.24 B-5

推薦料理會視當日的魚貨而定，點餐前記得先詢問一聲。老闆擁有挑選食材的眼光及烹調手藝，任何魚料理都十分可口美味。

☎0558-94-2355
🕐10:30～17:00（週六日、假日為～19:00） 休週五（逢假日則營業，8月無休，有臨時公休日） 💴在地鮮魚生魚片拼盤3240日圓、高腳蟹可樂餅（2個）540日圓 所沼津市戶田566-2 🚃伊豆箱根鐵道修善寺站搭東海巴士往戶田方向50分，終點站下車，步行8分 Ｐ12輛

美味的祕訣
直接向契約漁船採購優質的魚貝海鮮，有時還會有罕見的魚種。

↑「高腳蟹天麩羅蓋飯」1780日圓，蟹腳和深海魚等食材堆疊像高塔一般

↑同時經營餐廳與割烹民宿

來自駿河灣深海的大自然恩惠！

水深2500m的駿河灣為日本第一的深海，與名列第二、水深1500m的相模灣差距明顯可見。深海部與灣岸部的深淺落差極大，也因此孕育了豐富多樣的海洋生物。

富含特色的魚貝類

高腳蟹、深海魚（青旦狗母魚、半紋水珍魚、發光鯛等）、長臂蝦、鬍赤蝦、貝類（馬蹄螺、蠑螺等）、海草類（羊栖菜、日本溪菜等）

伊豆 P.19
熱海 P.22
伊東 P.32
伊豆高原 P.38
東伊豆 P.50
下田‧南伊豆 P.60
修善寺‧中伊豆 P.66
西伊豆
P.76
沼津‧三島 P.86
箱根 P.99

【美味的祕訣】
高腳蟹能以一根蟹腳為單位進行點餐，將蟹膏拌飯享用更是絕品美味。

◆「高腳蟹定食」4860日圓，以實惠價格就能吃到昂貴的高腳蟹

↓每到漁期期間巨大水槽內就會擠滿高腳蟹

さかなや魚清 〔戶田〕
さかなやうおせい

MAP 附錄P.24 B-5

能輕鬆享用各式定食料理，食材有高腳蟹、深海魚、在地鮮魚等戶田港捕獲的魚貝海鮮。被列為沼津品牌商品的鹽烤深海鬚赤蝦1296日圓、當地名物的戶田炸魚餅也都很推薦。店內的水槽也是吸睛焦點。

☎0558-94-2114
🕙11:00～17:00（週六日、假日為～20:00）
休不定休　¥鬚赤蝦定食1620日圓、煮深海魚定食1620日圓、高腳蟹全餐6480日圓　🚌伊豆箱根鐵道修善寺站搭東海巴士往戶田方向50分，終點站下車，步行10分　🅿10輛

◆「高腳蟹特選定食」17280日圓（2人份）。特大隻的高腳蟹可供兩個人奢侈享用，還附生魚片、味噌湯、小菜等

【美味的祕訣】
待客人點餐後才開始烹調活跳跳的高腳蟹，正是美味的關鍵所在。

沖あがり食堂 〔仁科〕
おきあがりしょくどう

MAP 附錄P.25 D-5

位於漁協直賣所內、猶如內用區般的用餐處，營業時間只有午間的短短4小時。盛行於仁科漁港、清晨至中午進行作業的「日釣烏賊」在全日本也很罕見，烏賊的種類則視季節會有不同。

☎0558-52-0018
🕙11:00～15:00　休週二
¥夕陽蓋飯820日圓、槍烏賊蓋飯1300日圓、紅燒日釣烏賊（200g）780日圓（6～9月）　🚗西伊豆町仁科980-6　🚌伊豆急行伊豆急下田站搭東海巴士往堂ヶ島方向56分，沢田站下車即到　🅿30輛

【美味的祕訣】
肉質肥厚的槍烏賊帶有獨特的甜味。魷魚經過瞬間宰殺處理，更加美味。

お食事処かにや 〔戶田〕
おしょくじどころかにや

MAP 附錄P.24 B-5

捕撈高腳蟹、深海魚已經有半世紀以上的歷史，提供各式各樣講究品質與鮮度的螃蟹料理。高腳蟹水槽也是參觀的焦點，1樓的賣店還能買到水產加工品之類的西伊豆在地特產。

↑大海近在眼前的網元光德丸直營店

☎0558-94-2235
🕙10:30～16:00　休週二　🚗沼津市戶田354-4　🚌伊豆箱根鐵道修善寺站搭東海巴士往戶田方向50分，終點站下車，步行3分　🅿20輛

◆也有販售仁科港的水產加工品

◆魷魚蓋飯820日圓，能一次吃到生鮮與醃漬兩種風味

紅一点 〔土肥〕
こういってん

MAP 附錄P.25 D-2

由創業80餘年、目前已傳承至第四代的鮮魚店所經營的餐廳。能吃到每日從市場採購的日本各地時令鮮魚及當地漁夫捕獲的駿河灣海味，除了定食外也以在地鮮魚烹調的單品料理也很值得一嘗。

☎0558-97-3377
🕙11:00～15:00　休不定休　¥酥炸青目狗母魚864日圓、軟絲864日圓～　🚗伊豆市土肥2658-1湯茶寮マルト1F　🚌伊豆箱根鐵道修善寺站搭東海巴士往松崎方向46分，馬場站下車即到　🅿30輛

認識各港口的漁業種類和漁期！

漁港美食會依各港口的漁法、海鮮種類不同而變化，非常有趣。例如戶田的拖網漁法（底拖網漁業）是駿河灣自古以來的傳統方式，漁期為9月中旬～5月中旬，能捕獲到深海魚之類的海鮮。漁期以外也有些餐廳會以放養在水槽或冷凍食材來提供。

◆單獨一人前來或闔家聚餐都很舒適自在的店內空間

◆以駿河灣的時令鮮魚為中心、用船型容器裝盛6種海鮮食材的「生魚片定食」2160日圓，分量十足

【美味的祕訣】
擁有魚店特有的超群鮮度，蠑螺、竹筴魚、金目鯛等當季鮮魚的種類也很豐富。

↑赤腳踩在榻榻米的舒適觸感加上夕陽時分的駿河灣夢幻美景，能讓身心感受到滿滿的療癒能量

土肥溫泉 たたみのやどゆのはなてい

畳之宿 湯之花亭

面駿河灣而建的旅館。正如其名不只大廳和走廊，就連頂樓的露天浴池也鋪著榻榻米。屬於水質滑順的天然溫泉。能邊享受榻榻米的舒適觸感邊眺望落日餘暉的景致，請務必體驗看看。

MAP附錄P.25 C-3
☎0558-98-1104
所伊豆市土肥2849-5
伊豆箱根鐵道修善寺站搭東海巴士往松崎方向52分，湯の川站下車即到　P40輛

不住宿資訊
入浴預估時間2小時
【入浴費】成人1500日圓、兒童1000日圓
⏱15:00～18:30
休不定休

半著浪濤聲與徐徐海風
感受舒適放鬆的露天浴池

←正前方即三四郎島，能欣賞毫無遮蔽物、一望無際的美景

堂島溫泉 うみべのかくれゆせいりゅう

海辺のかくれ湯　清流

佇立於堂島海邊的絕景旅館。面海的景觀大浴場和露天浴池也開放給不住宿的旅客使用。可以沉浸在海風與浪濤聲中，享受片刻的舒適時光。泡湯受理至17時，若於白晝較短的季節還能邊欣賞夕陽邊泡湯。

MAP附錄P.25 C-5
☎0558-52-1118
所西伊豆町仁科2941
伊豆急行伊豆急下田站搭東海巴士往堂ヶ島方向60分，終點站下車，步行5分　P30輛

不住宿資訊
入浴預估時間2小時
【入浴費】成人1000日圓、兒童500日圓
⏱12:00～17:00
休無休

從海邊高台欣賞絕妙景色
內行人才知道的露天風呂

↓可居高臨下俯瞰大海、開放感超群！溫泉的水溫偏熱，但因為有海風吹拂所以感覺剛剛好

堂島溫泉 さわだこうえんろてんぶろ

澤田公園露天風呂

座落於仁科漁港附近的高台，可將大海盡收眼底的地理位置。浴槽下方就是激起浪花的礁岩，兩側則是美麗的蜿蜒海岸線與小島。從只能容納4、5人的小小浴池，能欣賞到夕陽落入海平面的美景。

MAP附錄P.25 C-5
☎0558-52-0220
所西伊豆町仁科沢田2817-1
伊豆箱根鐵道修善寺站搭東海巴士往松崎方向1小時30分，沢田站下車，步行5分　P15輛

不住宿資訊
入浴預估時間2小時
【入浴費】成人600日圓、兒童200日圓
⏱9:00～18:00（視時期而異）
休週二（逢假日則翌日休）

🈺泡湯後來吃美食！

不住宿的泡湯客可於15時之後前往交誼廳，享用西伊豆名產「寒天凍」和伊豆的「夏蜜柑汁」。寒天凍請淋上醋醬油享用。

寒天凍　200日圓

戶田溫泉 みちのえきくるらへだいちのゆ

公路休息站 くるら戶田「壹之湯」

休息站位於從戶田稍微往內陸移動的地點。源泉放流的天然溫泉「壹之湯」費用便宜，也廣受當地居民的青睞。還設有能吃到戶田特產的咖啡廳和伴手禮區，以及免費的戶外足湯。

MAP附錄P.9 B-5
☎0558-94-5151
所沼津市戶田1294-3
伊豆箱根鐵道修善寺站搭東海巴士往戶田方向45分，くるら戶田站下車即到　P47輛

當地特產品琳瑯滿目！在溫泉&咖啡廳小歇片刻

不住宿資訊
入浴預估時間1小時
【入浴費】成人500日圓、兒童250日圓
⏱10:00～21:00
休無休

→室內大量使用木質裝潢，營造出開闊的空間感

🈺泡湯後來吃美食！

除了以戶田產橘子做成的微苦果醬與霜淇淋風味也很合搭的「橘子鬆餅」外，還有鹹味讓人欲罷不能的「戶田鹽義式冰淇淋」、酥炸深海青目狗母魚蓋飯等各式各樣的在地美味。

橘子鬆餅　400日圓

戶田鹽義式冰淇淋　各300日圓

符號範例　■含入浴費　■費用另計，租借、販售等　■無

🛁浴巾　🧖毛巾　🧴洗髮乳、潤絲精　🧼肥皂、沐浴乳　💨吹風機　休休息設施　露露天浴池　包包租浴池

まっぷる **80**

在西伊豆 泡溫泉

不住宿溫泉
+ 泡湯後美食推薦

在緊鄰駿河灣的沿海溫泉地，可以欣賞沉降式海岸等景觀以及格外迷人的夕陽美景。也有不少入浴設施能眺望到以陸連島現象著名的「三四郎島」。

日本版的「藍洞」

堂島

震撼感十足 遊覽船

幾乎逼近岩壁！

能近距離觀賞沉降式海岸的粗獷岩壁
與清澄大海風光的遊覽船，
國家天然紀念物的藍洞「天窗洞」
更是不可錯過。

何謂堂島？

風景勝地「堂島」是伊豆半島尚為海底火山的時代，因爆發出現的輕石和火山灰堆積而成的地層受到波浪與海風侵蝕所形成的自然地形。海域內散落著多座小島，是擁有蔚藍大海、洞窟、陸連島現象、夕陽等諸多亮點的伊豆觀光地。

START

體驗「周遊洞窟」之旅

前往備有完善休憩所的售票處購買當日票。每隔10~15分鐘就會發船，因此不需等候太久即可搭船。航向大海，出發吧！

景點❶ 龜甲岩

位於安城岬前端的岩石，正如其名外形酷似龜甲，也是熱門的岩石垂釣地點。

景點❷ 三四郎島

為象島、中之島、高島、沖之瀨島的總稱，能見到因潮汐漲退導致通往島嶼的沙堤忽隱忽現的罕見「陸連島現象」。

最大焦點！

依光線的強弱海水顏色也隨之不同！

景點❹ 天窗洞

屬於國家指定的天然紀念物。共有東口、南口、西口三個入口，尤其是南口竟長達147m。當陽光從裂開的大洞射入，海面就會出現神秘的藍色光影變化。

終於來到最精彩的「天窗洞」裡面，斷崖也越來越貼近了～！

景點❸ 象島

是三四郎島中離海岸最近的島。因形似大象而得此名，再靠近一點看即可發現岩質也有如象皮一般。

還有其他路線

總共有4條路線，皆會前往天然紀念物「天窗洞」。

周遊洞窟

巡遊沉降式海岸、散落其間的諸島以及天窗洞的路線，是輕鬆出遊的最佳首選。
票價 成人1200日圓、兒童600日圓
航行時間 8:15~16:30（每隔10~15分出航）
所需時間 20分

堂島遊覽船

搭乘高速遊覽船在海上奔馳，若天氣晴朗還能看到眼前的富士山。
票價 成人1700日圓、兒童850日圓
航行時間 9:30、14:30等 **所需時間** 25分
※詳情請見官網

千貫門觀光船

在50分鐘的船旅中造訪千貫門、赤壁、觀音島等眾多景點的超充實行程。
票價 成人2300日圓、兒童1150日圓
航行時間 10:30、12:00等 **所需時間** 50分
※詳情請見官網

Geo Site遊覽船

僅於週六航行，船上會有伊豆半島認定的地質導遊提供解說。
票價 成人1900日圓、兒童1100日圓
航行時間 每週六12:00~ **所需時間** 50分

堂島Marin ●どうがしままりん

搭船享受堂島的風光

遊覽船是西伊豆觀光不可或缺的交通工具，可以搭乘機動性強、擁有大片玻璃窗的遊覽船巡遊堂島周邊，飽覽風光明媚的西伊豆海岸線。

☎ 0558-52-0013 ⏰ 8:15~16:30（有季節性變動）
🈺 天候不佳時 🏠 西伊豆町仁科2060 🚉 伊豆箱根鐵道修善寺站搭東海巴士往松崎方向1小時32分，堂ヶ島站下車即到 🅿 300輛
MAP 附錄P.25 D-5

Geo Site遊覽船

堂島Marin
天窗洞
三四郎島

田子島

周遊洞窟

千貫門觀光船

堂島遊覽船

左側縱向目錄

松崎 Provence de Suzuki 🍴美食
●プロヴァンスドすずき

由出身西伊豆的主廚經營的法國菜餐廳

可從菜單中任選前菜、主餐等自由搭配，再依餐點數量計算費用。以當地食材為主，視季節還會推出野味料理。

📞0558-42-3701
🕐11:30～14:00、17:30～20:00　休週二（逢假日則營業）　💴午間A餐1500日圓　所松崎町道部103-3　🚃伊豆急行伊豆急下田站搭東海巴士往堂ヶ島方向50分，松崎站下車，步行15分　P3輛
MAP 附錄P.25 A-6

美結合的法式料理 享用新鮮食材與主廚手藝完

堂島 海鮮食堂岩屋 🍴美食
●かいせんしょくどういわや

與溫泉蛋一起品嘗

可一望堂島景致地理位置絕佳的海鮮料理店。加了鹹味鰹魚的「潮鰹烏龍麵」（950日圓）上面有顆溫泉蛋，將蛋劃開與鹹味鰹魚拌勻後會更加美味！

📞0558-52-0390
🕐11:00～16:00　休不定休　💴蠑螺炸什錦蓋飯1680日圓、金目鯛濱漬蓋飯1680日圓　所西伊豆町仁科2049-10　🚃伊豆箱根鐵道修善寺站搭東海巴士往松崎方向1小時32分，堂島站下車，步行5分　P6輛
MAP 附錄P.25 D-5

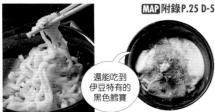

還能吃到伊豆特有的黑色鰭寶

堂島 瀬浜寿司 🍴美食
●せばまずし

放上大片在地鮮魚的握壽司

供應店主每天早上親自前往採買的松崎港在地漁獲，隨時備有10種左右。鮪魚的品種為南方黑鮪，握壽司的配料選項總共約25種。「堂島壽司」（2250日圓）是店內最熱賣的餐點。

📞0558-52-0124
🕐11:00～20:00　休週五（過年期間、黃金週、暑假期間照常營業）　💴磯之香定食2250日圓、上等壽司2050日圓　所西伊豆町仁科2909-10　🚃伊豆箱根鐵道修善寺站搭東海巴士往松崎方向1小時32分，堂ヶ島站下車即到　P6輛
MAP 附錄P.25 D-5

➡配料大到幾乎看不見醋飯，讓人吃得心滿意足的「堂島壽司」

這裡要CHECK!　欣賞整排海鼠壁的松崎懷舊散步之旅

以獨特技法打造而成的「海鼠壁」外牆在松崎到處可見。充滿復古氛圍的街景，也經常成為電影和電視劇的取景地。不妨邊享受街頭漫步的樂趣，邊一路探訪市區內的三個景點。

松崎 海鼠壁通
●なまこかべどおり

📞0558-42-0745（松崎町觀光協會）
🕐自由參觀　所松崎町松崎　🚃伊豆急行伊豆急下田站搭東海巴士往堂ヶ島方向50分，松崎站下車，步行15分　P無
MAP 附錄P.25 A-5

➡街道上有綿延約50m的海鼠壁外牆，別有一番風情

➡展示出身松崎的灰泥雕塑「鏝繪」名匠入江長八的作品

松崎 淨感寺內長八紀念館
●じょうかんじないちょうはちきねんかん

📞0558-42-0481　🕐9:00～15:30　休不定休　💴成人500日圓、國中生以下免費　所松崎町松崎234-1　🚃伊豆急行伊豆急下田站搭東海巴士往堂ヶ島方向50分，松崎站下車，步行15分　P30輛
MAP 附錄P.25 A-5

作〈八方睨龍〉能欣賞到入江長八的代表

松崎 伊豆長八美術館
●いずのちょうはちびじゅつかん

📞0558-42-2540　🕐9:00～17:00　休無休　💴成人500日圓、國中生以下免費　所松崎町松崎23　🚃伊豆急行伊豆急下田站搭東海巴士往堂ヶ島方向50分，松崎站下車，步行20分　P50輛
MAP 附錄P.25 A-5

堂島 堂島之陸連島（瀬濱海岸） 😊景點
●どうがしまのとんぼろ（せばまかいがん）

僅出現約60分鐘的海中道路！

3～9月能看到的陸連島現象是退潮之際潮位低於50cm時，在海濱與島嶼之間浮現出的海中道路（海底露出水面）。為相當罕見的現象，已經被指定為靜岡縣的天然紀念物。

📞0558-52-1114（西伊豆町まちづくり課）
🕐自由參觀　所西伊豆町堂島　🚃伊豆箱根鐵道修善寺站搭東海巴士往松崎方向1小時30分，瀬浜下車，步行5分　P附近有免費停車場
MAP 附錄P.25 C-4

➡出現陸連島現象的退潮時間請上「堂島Marin」官網查詢

堂島 漁師カフェ 堂ヶ島食堂 🍴美食
●りょうしかふぇどうがしましょくどう

邊眺望堂島邊大啖漁夫飯

以使用新鮮魚貝做成的大分量漁夫飯為自豪招牌，從店內就能欣賞近在眼前的堂島風光也極具吸引力。點餐皆可享用免費的寒天凍。

📞0558-52-0134
🕐11:00～15:30　休週四、不定休　所西伊豆町仁科2045-3　🚃伊豆箱根鐵道修善寺站搭東海巴士往松崎方向1小時32分，堂ヶ島站下車即到　P16輛
MAP 附錄P.25 D-5

➡俺の海鮮蓋飯1825日圓，能大飽口福拌入大塊魚肉的豪邁料理

松崎 加山雄三博物館 😊景點
●かやまゆうぞうみゅーじあむ

粉絲憧憬的「若大將」世界

演員兼歌手的加山雄三以「若大將」的暱稱為人熟知，博物館就設在他所鍾愛的堂島，展示有珍藏的膠捲、電影布景等物。還附設由他本人親自設計菜單的餐廳，十分受到歡迎。

📞0558-52-1122　🕐8:30～16:00　休無休　💴成人720日圓、小學生以下免費　所西伊豆町仁科2048-1　🚃伊豆箱根鐵道修善寺站搭東海巴士往松崎方向1小時32分，堂島站下車即到　P300輛
MAP 附錄P.25 D-5

➡以港口市場為意象的商店內有3000樣產品羅列，並提供免費的咖啡

松崎 重要文化財 岩科學校 😊景點
●じゅうようぶんかざいいわしながっこう

擁有美麗海鼠壁的舊小學校舍

能見到以海鼠壁妝綴的外牆、融合社寺風建築與露台等洋風建築的舊小學校舍。內部展示著明治時期的資料，並重現當時的授課場景。

📞0558-42-2675
🕐9:00～17:00　休無休　💴成人300日圓、國中生以下免費　所松崎町岩科北側442　🚃伊豆急行伊豆急下田站搭東海巴士往堂ヶ島方向50分，松崎站下車後轉乘東海巴士往八木山方向9分，重文岩科學校站下車即到　P25輛
MAP 附錄P.11 B-4

➡感受明治時期的開國浪漫風潮

伊豆 P.19
熱海 P.22
伊東 P.32
伊豆高原 P.38
東伊豆 P.50
下田·南伊豆 P.60
修善寺·中伊豆 P.66
西伊豆 P.76
沼津·三島 P.86
箱根 P.99

咖啡廳
松崎 樹菓香味菓子 フランボワーズ
●じゅかこうみかしふらんぼわーず

舒適愜意的露天座最具人氣

位於松崎市中心的咖啡廳，店內隨時備有約20種口味的蛋糕。有多款使用當地產季節水果製成的蛋糕，添加大量松崎蜜柑皮的蜜柑蛋糕180日圓為熱賣商品。另規劃有能欣賞庭園景致、享受涼風輕拂的露天座。

☎0558-42-1101 ⏰9:00～18:00 休無休 ¥草莓塔440日圓、蜜柑之木420日圓 所松崎町宮內23 ➡伊豆急行伊豆急下田站搭東海巴士往堂ヶ島方向49分，松崎小學校前站下車，步行5分 P20輛
MAP附錄P.25 B-5

← 有屋頂遮蓋的露天座即便下雨也OK

美食
松崎 食彩 久遠
●しょくさいくおん

享用江戶前壽司與平價和食午餐

曾於東京壽司店等地累積經驗的年輕老闆出身於松崎町，不只善用松崎米、天城深層水等在地食材，還從日本各地選購各種優良產品。江戶前壽司界的橫綱「新子」、櫻煮章魚、特製干瓢、甜醋醃生薑等，能一次品嘗職人手藝的好滋味。除了壽司外，以麥豬做成的精力蓋飯等創作和食也廣受好評。

☎0558-42-1597 ⏰11:30～14:00，17:30～22:00 休週一 ¥各式午間蓋飯865日圓～、各式兒童午間蓋飯540日圓 所松崎町松崎316-8 ➡伊豆急行伊豆急下田站搭東海巴士往堂ヶ島方向50分，松崎站下車，步行20分 P10輛
MAP附錄P.25 A-5

← 午間菜單中的上等壽司2700日圓，包含7貫壽司、壽司捲1條、玉子燒、小菜、沙拉、湯品和漬物。也有特上壽司10貫3780日圓可選

購物
堂島 菓子司菊水
●かしつかさきくすい

傳承樸實好味道的老店

堅持純手工的老字號糕點店，蕗蕎、柴魚片等罕見口味的糖果及和菓子羅列。夏季限定的「飴屋刨冰」會淋上以麥芽糖製成的糖漿，是菊水才吃得到的風味。

☎0558-52-0044 ⏰9:00～18:00 休不定休 ¥鯛魚造型落雁糕(各款)250日圓～、特製栗子饅頭(1個)250日圓 所西伊豆町仁科802-4 ➡伊豆箱根鐵道修善寺站搭東海巴士往松崎方向1小時37分，大濱站下車即到 P25輛 MAP附錄P.25 D-6

← 可從9種糖漿口味中任選的「飴屋刨冰」500日圓

咖啡廳
堂島 Satouya
●さとうや

當地有口皆碑的蛋糕店

以嚴選優質素材製作的蛋糕深受當地居民喜愛，種類豐富的烘烤點心也很適合當伴手禮送人。設有內用區，可坐下來享用聖代之類的餐點。

☎0558-52-3108 ⏰10:00～18:00(咖啡廳為～16:30) 休週二 (逢假日則有補休) ¥草莓蛋糕420日圓、蒸栗蒙布朗520日圓 所西伊豆町仁科257-2 ➡伊豆箱根鐵道修善寺站搭東海巴士往松崎方向1小時37分，大濱站下車，步行5分 P7輛
MAP附錄P.25 D-6

← 新鮮莓果和果凍層層堆疊的莓果聖代850日圓

將櫻葉運用在和菓子上的老店

松崎 菓子処 永樂堂
●かしどころえいらくどう

創業於明治時代，有許多使用櫻葉製成的糕點商品，也可以在附設的喫茶空間內享用。

☎0558-42-0270 MAP附錄P.25 A-5
⏰8:00～17:00
休週四 ¥抹茶套餐350日圓
所松崎町宮內300-2
➡伊豆急行伊豆急下田站搭東海巴士往堂ヶ島方向50分，松崎站下車，步行15分
P無

← 以櫻葉包覆紅豆泥及麻糬的長八櫻花麻糬118日圓

松崎 御菓子処 甘泉堂
●おかしどころかんせんどう

加入櫻葉的西洋點心很受歡迎

人氣商品為杏仁風味外皮包入櫻葉與內餡的櫻花芙利安蛋糕160日圓。

☎0558-42-0076
⏰9:00～19:30
休週二 ¥抹茶蛋糕捲(1條)1600日圓
所松崎町松崎293-1 ➡伊豆急行伊豆急下田站搭東海巴士往堂ヶ島方向50分，松崎站下車，步行15分 P1輛
MAP附錄P.25 A-5

← 創業已140餘年的老字號糕點店

松崎 梅月園 櫻田店
●ばいげつえんさくらだてん

有多款使用特產櫻葉製成的糕點

鹽漬櫻葉的鹹味與內餡甜味堆疊出豐富口感的金鍔燒等產品都很熱銷。

☎0558-42-0010
⏰8:00～19:00
休無休 ¥櫻葉麻糬150日圓
所松崎町桜田149-1
➡伊豆急行伊豆急下田站搭東海巴士往堂ヶ島方向47分，伏倉橋站下車即到 P15輛
MAP附錄P.11 B-3

→ 櫻金鍔燒238日圓

旅行 PICK UP
松崎的推薦伴手禮

能買到各式各樣鹽漬櫻葉糕點的店家。鹽漬大島櫻葉為松崎的特產，以下為大家介紹

伊豆市松原公園

玩樂

● いずしまつばらこうえん

位於迎賓入口的世界最大花鐘

也以夕陽美景著稱的松樹林公園。置有五彩繽紛的巨大花鐘，周圍還用石頭鋪成腳底按摩步道。公園旁就有足湯「黃金之湯」，可前往泡湯舒活一下。

📞0558-98-1212（伊豆市觀光協會土肥支部）
🕐自由入園　📍伊豆市土肥　🚌伊豆箱根鐵道修善寺站搭東海巴士往松崎方向50分，土肥溫泉站下車即到
🅿200輛（僅夏天須付費）　**MAP** 附錄P.25 C-2

← 園內有若山牧水等人的和歌碑、雕刻等散佈其間

這裡要
CHECK!

↑ 向遠方的富士山宣誓愛情，戀人宣言證書（500日圓～）一年的發行量約達6000張

土肥

戀人岬

● こいびとみさき

海岬位於富士見遊步道往下走15分鐘之處，每年約吸引約27萬人次造訪。在能眺望海景的前端設有浪漫景點愛之鐘「LOVE CALL BELL」，據說只要敲響三聲愛情就能長久。要購買戀人宣言證書請至戀人岬STERA HOUSE。

📞0558-99-0270（戀人岬STERA HOUSE）
🕐自由參觀（STERA HOUSE為9:00～17:00）
📍伊豆市小下田242-1　🚌伊豆箱根鐵道修善寺站搭東海巴士往松崎方向1小時7分，恋人岬站下車，步行15分　🅿100輛
MAP 附錄P.11 A-1

宣誓永恆愛情的能量景點

附設在停車場

土肥

戀人岬 STERA HOUSE

● こいびとみさきすてらはうす

販售戀人岬周邊商品以及土肥名產的觀光伴手禮店，幸運的話還有機會邂逅貓咪店長。

📞0558-99-0270
🕐9:00～17:00
🈚無休
💴Only You布丁378日圓
MAP 附錄P.11 A-1

食事処 ゆうなぎ

美食

● しょくじどころゆうなぎ

來店前最好先撥電話確認

能吃到在東京都心難以見到的高級魚和珍奇海鮮。特別是使用拖網漁法（底拖網）的9月～翌年5月，能捕撈到不少的在地深海魚，著實令人期待。

📞0558-94-4405　　**MAP** 附錄P.24 B-5
🕐11:00～19:00　🈚不定休　💴碎切竹筴魚定食1400日圓、天麩羅蓋飯1250日圓、鮮蝦咖哩飯1250日圓
📍沼津市戶田312-1　🚌伊豆箱根鐵道修善寺站搭東海巴士往戶田方向50分，終點站下車即到　🅿8輛

使用當季在地生魚片和小菜
成的紅燒魚定食1350日圓（照片中為平鯛魚），附

土肥金山

玩樂

● といきんざん

伊豆的金錢運能量景點！

能觀賞、觸摸實際體驗「世界最大金塊」的「黃金」主題公園。坑道內可見等身大的人像，真實重現江戶時代的採礦場景。採砂金的體驗活動也廣受好評。

MAP 附錄P.25 D-3

📞0558-98-0800　🕐9:00～16:30（採砂金為～16:20、套組方案為～15:50）　🈚12月中旬會有公休，需洽詢　💴入場費成人860日圓、兒童430日圓、採砂金體驗（30分）成人720日圓、兒童610日圓、入場+採砂金體驗的套組方案成人1350日圓、兒童930日圓　📍伊豆市土肥2726　🚌伊豆箱根鐵道修善寺站搭東海巴士往松崎方向52分，土肥金山站下車即到　🅿200輛

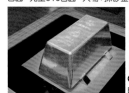

← 可以摸摸看全世界最大的金塊

黃金崎水晶公園

景點

● こがねざきくりすたるぱーく

現代玻璃作品羅列

為玻璃主要原料產地的西伊豆特有的玻璃主題公園。美術館內展示的日本國內外玻璃作品美得讓人目不轉睛，另外還附設有萬花筒房間與玻璃體驗工房。

📞0558-55-1515　🕐9:00～16:30　🈚無休（有臨時公休）　💴美術館成人800日圓、兒童400日圓、體驗工房1405日圓～　📍西伊豆町宇久須2204-3　🚌伊豆箱根鐵道修善寺站搭東海巴士往松崎方向1小時14分，黃金崎クリスタルパーク站下車即到　🅿160輛
MAP 附錄P.25 A-3

← 玻璃DIY體驗1405日圓～（30分～）

駿河灣渡輪

景點

● するがわんふぇりー

從海上欣賞富士山的絕景

已被認定為海上縣道223號的航路，土肥港和清水港間的航程僅需70分鐘。從海面眺望富士山極具震撼力，別有一番風情。車輛也能直接搭船，因此相當推薦排入兜風路線的行程中。

📞054-353-2221
🕐土肥出發9:20～17:45，1天4班
🈚無休（1月中旬會因定期檢修而暫停運航）
💴單程成人2260日圓、兒童1130日圓※每名成人可免費攜帶1名幼兒同行（國中生以上以成人計價）、未滿1歲的嬰兒免費／車輛運送費（車身長度4～5m、含1名駕駛的旅客運費）單程6200日圓　※視時期會有預約優惠
🚌若由土肥港出發，從伊豆箱根鐵道修善寺站搭東海巴士往松崎方向53分，土肥港站下車即到。若由清水港出發，從JR清水站搭定時發車的免費接駁巴士10分
MAP 附錄P.25 C-3

↑ 從船上可眺望富士山和三保松原

御濱岬

景點

● みはまみさき

能拍到富士山與大海的絕佳照片

位於猶如守護著戶田港般、綿延約700m長的半島附近。海岬是隨著駿河灣海流漂來的土砂而形成的帶狀堆積，為伊豆半島的罕見地形景觀。灣內的沙灘綿長寬廣、海浪平穩，因此成為西伊豆最熱門的海水浴場。

📞0558-94-3115（戶田觀光協會）
🕐自由參觀　📍沼津市戶田2710-1　🚌伊豆箱根鐵道修善寺站搭東海巴士往戶田方向50分，終點站下車後轉乘往土肥方向5分，健康の森入口站下車，步行10分　🅿350輛（海水浴期間須付費）

MAP 附錄P.24 A-4

← 御濱岬的前端設有諸口神社，安奉著保佑漁獲豐收與守護海上安全的神明

伊豆 P.19
熱海 P.22
伊東 P.32
伊豆高原 P.38
東伊豆 P.50
下田・南伊豆 P.60
修善寺・中伊豆 P.66
西伊豆 P.76
沼津・三島 P.86
箱根 P.99

體驗熱門的豪華露營

豪華露營為大受歡迎的奢華型戶外活動，西伊豆的田子海岸有座很難預約得到的高人氣設施。

AQUA VILLAGE/REN VILLAGE

田子
●あくあういれっじれんういれっじ

屬於私人的露營場，位於搭船才能抵達的交通不便之處。無須在意四周旁人的眼光，能享受專屬於自己的空間。睡袋以外的住宿用具皆可免費租借使用，即便是露營新手也完全不用擔心。

必須搭船才能抵達的私人空間

📞0558-36-4063
🕙IN10:00左右 OUT16:00左右 休1～3月
💴1泊1人16200日圓(6人以上需預約)
📍西伊豆町田子海岸
🚌伊豆箱根鐵道修善寺站搭東海巴士往松崎方向1小時26分，田子站下車，搭船10分
MAP 附錄P.11 A-2

↑餐具、調理器具皆提供免費租借的服務，親手烹調自己釣到的魚也很有樂趣

或是另外加租海洋獨木舟出海從海面上欣賞

↺可一人獨佔夕陽落入海平線的西伊豆著名美景，

↑小海灣就近在眼前，可獨享波浪平穩的海域盡情玩樂

旅行 PICK UP

戶田漁協直売所 （購物）

戶田
●へだぎょきょうちょくばいじょ

用便宜價格買到駿河灣的海產

由於是戶田漁協的直賣所價格比市價還低，因此大受歡迎。能買到乾貨、蠑螺、鬚赤蝦、日本後海螯蝦，9月～翌年5月還有少見的深海魚、高腳蟹等。

📞0558-94-2082
🕙8:00～17:00
休週三 💴依鮮魚時價
📍沼津市戶田523-9
🚌伊豆箱根鐵道修善寺站搭東海巴士往戶田方向50分，終點站下車，步行6分 🅿39輛
MAP 附錄P.24 B-5

↺除了戶田的特產高腳蟹外，還有日本對蝦、長臂蝦等多樣選擇

カネサ鰹節商店 （購物）

黃金崎
●かねさかつおぶししょうてん

以傳統製法創造出的絕品

1882（明治15）年創業的柴魚老店，仍維持西伊豆町田子地區的「手火山式」傳統製法。與一般的商品相比風味較為濃郁，廣受好評。也有販售鰹魚鹽辛、生利節之類的加工品。

📞0558-53-0016
🕙8:00～17:00(11～3月為～16:00) 休不定休
💴柴魚(1條)1200日圓～
📍西伊豆町田子600-1
🚌伊豆箱根鐵道修善寺站搭東海巴士往松崎方向1小時22分，中谷站下車即到 🅿10輛
MAP 附錄P.11 A-2

↺有機會還能參觀製造的過程

區域特別專欄

絕景中的免費休憩所

こがねすと位於西伊豆的風景勝地黃金崎。不只提供西伊豆的觀光資料，也有販售在地伴手禮和輕食，是旅遊途中可以順道造訪的景點。還能索取有關介紹周圍自然環境的「地質導遊（Geo Guide）」資訊。

こがねすと

黃金崎

↑夕陽聖代400日圓等甜點也很暢銷

📞0558-55-0580 🕙9:00～17:00(輕食為～16:00) 休週二 📍西伊豆町宇久須3566-7
🚌伊豆箱根鐵道修善寺站搭東海巴士往松崎方向1小時14分，黃金崎クリスタルパーク站下車，步行10分 🅿20輛 **MAP** 附錄P.25 A-3

新造屋 （美食）

黃金崎
●しんぞうや

品嘗西伊豆的當季美味

能大飽口福西伊豆鮮魚佳餚的店。絕不事先做好放置，而是用心提供現點現做的料理。只選用新鮮時令食材、分量飽滿的各式定食及海鮮飯碗、醃生魚片蓋飯都很有人氣。

📞0558-55-1126 🕙11:00～15:00(週六日、假日為～20:00) 休無休 💴生魚片定食2160日圓、醃生魚片蓋飯1944日圓 📍西伊豆町宇久須725 🚌伊豆箱根鐵道修善寺站搭東海巴士往松崎方向1小時12分，宇久須站下車，步行3分 🅿35輛

↺盡享現撈海味的海鮮蓋飯2160日圓

やぶ誠 （美食）

黃金崎
●やぶせい

手打蕎麥麵與香氣芳醇的醬汁

古民家風格的外觀十分吸睛，廣受當地居民與觀光客青睞的餐廳。麵體選用口感Q彈、入喉滑順的細條狀二八蕎麥麵，醬汁則是採用將瓶罐埋入地底使其發酵的「土返」方法製成，味道香濃馥郁。

📞0558-55-1431 🕙11:00～14:00、17:00～20:00(食材用完打烊) 休週四 💴鴨肉蒸籠蕎麥麵910日圓、青蔥山豬肉蕎麥湯麵(冬天限定)1290日圓 📍西伊豆町宇久須647-3 🚌伊豆箱根鐵道修善寺站搭東海巴士往松崎方向1小時12分，宇久須站下車，步行5分 🅿12輛
MAP 附錄P.25 B-2

↺肉質甘甜、嚼感十足的軟絲天麩羅蕎麥麵1450日圓為人氣商品

駿河灣深海生物館 （景點）

戶田
●するがわんしんかいせいぶつかん

深奧的魅力令人醉心不已！

單層樓的空間內有約150個浸液標本、30個剝製標本、40個模型等展示，並於各處設置螢幕提供動畫解說方便理解。

📞0558-94-2384 🕙9:00～16:30 休週三、假日隔天 💴入館費成人200日圓、中小學生100日圓 📍沼津市戶田2710-1 🚌伊豆箱根鐵道修善寺站搭東海巴士往戶田方向50分，終點站下車後轉乘往土肥方向5分，健康の森入口站下車，步行10分 🅿20輛
MAP 附錄P.24 A-4

↺皺鰓鯊有「活化石」之稱，游動時會像鰻魚般彎曲著身體

↺世界最大的螃蟹——高腳蟹也是深海生物的一種

附配合預定行程的推薦路線一覽

1日or3小時

三島
最佳行程指南

富士融雪之水在三島的各處湧出，
在散步的範圍內也有許多可輕鬆探訪的景點。
在有著美麗溪流的城鎮，
來趟洗滌身心的散步之旅，就此出發吧。

●ぬまづ・みしま

沼津・三島

周邊MAP 附錄P.8〜9、24
住宿info P.92〜98

洽詢處
沼津觀光協會
☎055-964-1300
三島市觀光協會
☎055-971-5000

11:25
3 源兵衛川 水邊的散步道
げんべえがわみずべのみち

全長1.5km的河川上，設置有完善的木棧道與踏腳石，耳邊盡是潺潺流水聲，能享受到舒適的水邊散步。
MAP 附錄P.24 B-2
☎055-971-5000（三島市觀光協會）　自由散步
JR三島站步行8分

步行15分

11:40
4 大社之杜 MiSHIMA
たいしゃのもりみしま

在其中悠閒地度過，還能在此用餐，是個相當方便的複合性設施。咖啡廳、甜點就不用多說了，這裡還能夠找到伴手禮的商店。
MAP 附錄P.24 C-2
詳細請見P.90

↑舒適的露臺座位

步行10分
↑水邊有著非凡的療癒效果

10:15
2 樂壽園
らくじゅえん

自然環境富饒的市立公園，曾是舊小松宮親王的別墅，為國家天然紀念物。夏秋兩季時，小濱池的湧水期間最為美麗，復古的旋轉木馬和動物們也令人感覺備受療癒。

☎055-975-2570　MAP 附錄P.24 B-2
9:00〜17:00（11〜3月為〜16:30）　休週一（逢假日則翌日休）　成人300日圓，兒童、學生免費（未滿15歲、學生須出示學生證）
三島市一番町19-3　JR三島站即到
P82輛

步行5分

START
10:00
1 JR三島站南口
じぇいあーるみしまえきみなみぐち

車站前也有自行車租借與觀光服務處。先坐下來安排今天的行程吧。

小袋鼠與羊駝就在眼前！

散步路線約4km

推薦路線一覽

3小時行程	1日行程
1 JR三島站南口	1 JR三島站南口
2 樂壽園	2 樂壽園
3 源兵衛川水邊的散步道	3 源兵衛川水邊的散步道
4 大社之杜 MiSHIMA 食	4 大社之杜 MiSHIMA 食
5 三嶋大社	5 三嶋大社
	6 三島 SKY WALK大吊橋
7 JR三島站南口	7 JR三島站南口

START&GOAL
1 7 JR三島站南口　6 三島SKY WALK大吊橋
東海道新幹線
JR三島站
觀光服務處
南口
市民文化會館
2 樂壽園
鄉土資料館
正門
白瀧公園
水邊的文學碑
Café&Gallery RAKU
南出口
水ガキの遊び場
3 源兵衛川水邊的散步道
源兵衛川・溪流散步　三島信金
圓明寺
国分寺跡
靜岡銀行
5 三嶋大社
Café&Bakery グルッペ
4 大社之杜 MiSHIMA
樋口本陣跡
御殿川
時の鐘
切割不動尊
川の道
#dilettante café
腰切不動尊
社會福祉協議會
gawa Mishima
西小學校
三島市役所
祐泉寺・大興寺跡
三島メディカルセンター
伊豆箱根鐵道
三島田町站
三島梅花藻之里
柿田川公園

前往這地區的交通方式

鐵道	開車
東京站	東京IC
時間9分／搭乘JR東海普通回聲號列車，53分〜1小時東海道新幹線光號東海道本線	109km 縣道4及83號、國道246號，約1號經由東名高速道路
沼津	
普通／回聲號列車約2小時35分／搭乘JR東海光號新幹線東海道本線2小時11分	約246km 縣道4及1號、國道246、3號經由東名高速道
名古屋站	名古屋IC

詳細交通資訊見P.152！

旅行願望清單！

☐ 在一大美食景點沼津港大快朵頤！

☐ 前往在電視上也引起話題的深海水族館！

☐ 吃遍三島美食

採訪memo　山嶋大社的門前也有可外帶三島可樂餅、山葵霜淇淋的店家。也有長凳和椅子，因此推薦在此稍作休息

伊豆 P.19

熱海 P.22

伊東 P.32

伊豆高原 P.38

東伊豆 P.50

下田·南伊豆 P.60

修善寺·中伊豆 P.66

西伊豆 P.76

沼津·三島 P.86

箱根 P.99

14:25 日本最長的大吊橋

6 三島 SKY WALK 大吊橋
みしますかいうぉーく

📞 055-972-0084 **MAP** 附錄P.8 E-2
🕐 9:00～17:00 休無休 ¥成人1000日圓、國高中生500日圓、小學生200日圓、幼兒免費
所 三島市笹原新田313
🚌 JR三島站搭東海巴士25分，三島スカイウォーク站下車 P 400輛

中午過後，從JR三島站稍微走遠一些，前往長400m、日本最長的大吊橋去看看吧。在講究使用當地食材的餐廳「森のキッチン」還有種類豐富的鬆餅。除了大吊橋以外的好玩之處也十分之多。

MISHIMA 400m SKYWALK

雄壯的富士山！

① 挑戰大吊橋

360度大全景

往橋的出入口前進就能望見富士山、駿河灣、伊豆群山，令人感動！步道意外寬廣，輪椅也能交錯而過，讓人安心。

↩ 美景在此展現

春天在神社腹地內也能見到美麗的櫻花

↩ 名物——福太郎餅（附茶）200日圓

步行5分

12:45 🕐 ⑤ 三嶋大社
みしまたいしゃ

MAP 附錄P.24 C-2
📞 055-975-0172
🕐 腹地內自由參觀，社務所為8:30～17:00
休無休 所 三島市大宮町2-1-5 🚶JR三島站步行13分 P 68輛

伊豆國內地位最高的神社。自古以來，作為掌管富士、伊豆火山帶的神祇受人民所敬畏，並因源賴朝在此祈求源氏再興而聞名。來祈求神明保佑事業開創順利成功吧。

步行13分

\再次回到JR三島站/

14:00 🕐 「前往三島SKY WALK 大吊橋！

JR三島站 搭巴士26分

可搭巴士前往喲！

於JR三島站南口5號乘車處，搭東海巴士「往元箱根港方面」在「三島スカイウォーク」下車即到。※也可在三嶋大社搭乘。所需時間22分。

---

② 用 flower drop 許願

在吊橋前端的展望台，買下「flower drop（200日圓）」吧。聽說將心願注入其中，從橋上投擲出去的話，就會綻放願望成真的「希望之花」。

↩ 正面有花的種子，背面有給你的訊息

↩ 可看見下方！最高可窺見70m的谷間景色，超級刺激
↩ 魅力就在這裡面

③ Kicoro之森

走過吊橋後，到森林吉祥物——Kicoro的森林散步吧。推開隱藏在森林中的小門，就能收到來自Kicoro的可愛訊息。鋪滿木屑的小路鬆軟好走。

Kicoro之森
FLOWER DROP

↩ 在散步小徑上與Kicoro對話

---

④ SKYGARDEN

天花板滿是花朵的SKYGARDEN。這裡齊聚了輕食、當地蔬菜與特產品，在旅途的最後悠閒地挑選也很不賴呢！

↩ 冰沙全5種。其中也有使用三島蔬菜製作的口味。400日圓～【箱根西麓三島農園831 JUICE】

↩ 出沒在散步小徑的Kicoro，變成商品登場囉！各種300日圓～

④⑤ 為免費入場！

↩ 有伴手禮也有輕食

⑤ 森のキッチン

講究使用當地食材的森のキッチン。首要推薦的是「三島可樂餅」、「箱根山麓豬」、「箱根西麓三島蔬菜」三種全都鋪在其上的三島Brand咖哩飯。口味有甜、辣兩種可選。

2018年7月下旬 在絕景中放聲大叫吧！

Athletic Park 開幕！

位於三島SKY WALK大吊橋內，能夠在森林中玩樂的Athletic Park開幕。來回長達560m的鋼索滑行、能夠攀爬的Cliff Challenger等，擁有諸多能夠在大自然中玩樂的活動。在綠意中活動身體，好好放鬆吧！

🕐 9:00～15:00（預定） ¥ 4600日圓（含設施入場費）
所 三島SKY WALK大吊橋北區（過吊橋處）
使用條件 身高140cm或小學4年級以上、體重130kg以下（未滿18歲須有大人陪同）

↩ 鋼索滑行示意圖
↩ 穿過大吊橋鋼索滑行示意圖

1日路線 GOAL

搭巴士26分

16:30 🕐 ⑦ JR三島站南口
じぇいあーるみしままえきみなみぐち

↩ 滿是草莓的鬆餅 1000日圓
↩ 三島Brand咖哩飯 1200日圓

在沼津港 吃午餐

令人大吃一驚的聳立高塔

沼津みなと新鮮館

あじや
MAP 附錄P.24 C-5

為沼津魚仲買商協同組合的直營店，可在店面購得店家從組合成員購得最高品質的「沼津乾物」。能用經濟實惠的價格，品嘗到使用盤商精挑細選的海鮮所製作出的海鮮料理。

☎ 055-964-1400 🕙 10:00～14:45(商品販售為9:00～16:30) 休每月第2、4週二 所沼津市千本港町128-1 沼津みなと新鮮館內 P使用共同停車場(有優惠券)

※照片僅供參考

這個一定要吃
- 金目鯛姿煮定食(附生魚片) **1400日圓**
- 酥炸當地竹筴魚定食 **1350日圓**

令人不禁想踏入店內，充滿活力的店面，

沼津魚市場食堂街
うおがしまるてんみなとてん

魚河岸丸天 港店
MAP 附錄P.24 D-5

在靜岡縣東部拓展了4家分店的魚河岸丸天。港店最多可容納120名顧客。各種蓋飯全都有附魚肉湯。

☎ 055-954-1028 🕙 10:00～21:45 休週四(逢假日則前日休) 所沼津市千本港町100-1 P使用共同停車場(有優惠券)

這個一定要吃
- わいわい蓋飯(附魚肉湯) **1685日圓**
- 燉鮪魚尾肉 **1296日圓**

炸海鮮蓋飯
〈附魚肉湯〉**1188日圓**
高15cm左右的炸海鮮令人吃驚，是代表魚河岸丸天的經典菜色。盡情大啖品嘗鮮蝦與干貝的美味。

沼津站搭車即到

在沼津港品嘗 海鮮料理！

沼津港直送的駿河灣海味！

地魚蓋飯 1350日圓
蓋飯上鋪滿沼津港直送的新鮮海鮮。食材內容依當日進貨調整。

從近海魚到深海魚，沼津港齊聚了在駿河灣捕獲的新鮮海鮮。在這個海港能吃到比任何地方都新鮮且美味的鮮魚，就在這裡品嘗極上的「海鮮料理」吧。

特選海鮮ひつまぶし 2376日圓
滿滿的鮮魚。首先當海鮮蓋飯吃，接著可分別配上山葵醬油、辛香佐料與溫泉蛋、高湯湯頭三種調味，品嘗不同的滋味。

大漁

鮮度超群的食材堆得要滿出來

沼津魚市場食堂街
ぬまづかねはち

沼津 かねはち
MAP 附錄P.24 D-5

在有如咖啡廳的店內，能夠品嘗到的是盤商直營店才有的精選鮮魚料理。每日替換的黑板菜單也很受關注。由他們自家公司製造的「OIL SABADINES」則推薦買來當伴手禮。

☎ 055-954-0008 🕙 10:00～20:30(平日為～18:30) 休不定休 所沼津市千本港町109 P使用共同停車場(有優惠券)

➲在沼津港捕獲的當地鮮魚

這個一定要吃
- 地魚握壽司 **1944日圓**

一旁還有這樣的景點

沼津港大型展望水門Byuo
ぬまづこうおおがたてんぼうすいもんびゅうお

設置於連接沼津港內外的航線上，為日本最大的水門。從高30m的展望迴廊可一口氣眺望富士山、南阿爾卑斯、箱根連山、我入道海岸、駿河灣盡收眼底。

☎ 055-934-4746 (沼津市觀光戰略課) 🕙 10:00～20:00(週四為～14:00) 休無休(保養維護期間休) ¥成人100日圓、中小學生50日圓 所沼津市本字千本1905-27 P40輛

MAP 附錄P.24 C-6

沼津 我入道的渡船
ぬまづがにゅうどうのわたしぶね

沿著狩野川，有從あゆみ橋來回於河口的あゆみ橋航線，以及從沼津港來回於對岸我入道的狩野川河口航線，從這兩條航線眺望絕美的富士山。

☎ 055-934-4746 (沼津市觀光戰略課) 🕙僅於3月21日～5月27日、7月14日～29日、9月15日～11月25日的週六、假日航行／9:00～17:00(1日班來回，11月為～16:00) ¥國中生以上100日圓、小學生50日圓 ※定額12名 P無

MAP 附錄P.24 D-6

[地圖]

港八十三番地
- 沼津港深海水族館 腔棘魚博物館
- 海賊亭
- Humburger & Cafe 沼津バーガー

沼津港大型展望水門Byuo

沼津魚市場食堂街
- 魚河岸丸天 港店
- 沼津 かねはち
- かもめ丸

沼津港

願いかなう亀

沼津みなと新鮮館
- あじや

沼津魚市場INO
- 沼津魚市場食堂

八幡神社

沼津站 / 港大橋 / 國道414號 / 狩野川

搭乘處(蓼原) / 沼津 我入道的渡船 / 搭乘處(我入道)

伊豆
P.19

熱海
P.22

伊東
P.32

伊豆高原
P.38

東伊豆
P.50

下田·南伊豆
P.60

修善寺·中伊豆
P.66

西伊豆
P.76

沼津·三島
P.86

箱根
P.99

港八十三番地

對「港八十三番地」的深海魚大喊

魚凵´!!

以沼津千本港町83番地命名的美食街。除了以深海作為主題的沼津港海水族館之外，還齊聚了能盡情品嚐駿河灣美食的餐飲店。

必看！活化石『腔棘魚』

看到會大吃一驚

↑ 遠從3億5千萬年前就存活於世上的腔棘魚之冷凍標本

↓ 這裡有非常不可思議的扁面蛸，以及許許多多未曾見過的生物

沼津港深海水族館 腔棘魚博物館

● ぬまづこうしんかいすいぞくかんし—らかんすみゅ—じあむ

MAP 附錄P.24 D-5

至今全貌仍未解開的深海之謎。觀賞水深達2500m的駿河灣的深海生物時，說不定會有些新發現。世界稀有的腔棘魚冷凍標本也非常值得一見。

✆ 055-954-0606 ⌚10:00～18:00（夏季、冬季、繁忙時期有變更）㊡無休（1月有保養維護休）¥成人1600日圓、中小學生800日圓、幼兒（4歲以上）400日圓 ㊟沼津市千本港町83 ㋿使用共同停車場

吃了會大吃一驚！

滿滿駿河灣的當季漁獲

海賊亭

● かいぞくてい

MAP 附錄P.24 D-5

師傅使用新鮮的海鮮，仔細製作料理。不僅有生食、燉煮和炸物也很好吃。位置距離鬧區稍遠，是間隱密好店，當地客人就不用說了，遠道而來的熟客也相當多。

限定海賊蓋飯 2808日圓

鋪上令人驚豔的長臂蝦、生鮋仔魚、生櫻花蝦、鮪魚、季節性白肉魚等的豪華蓋飯。附魚肉醬湯與醃漬小菜。

✆ 055-952-5525 ⌚8:00～20:00 ㊡週五 ㊟沼津市千本港町115-4 ㋿5輛

Hamburger&Cafe 沼津バーガー

● はんば—が—あんどかふぇぬまづば—が—

MAP 附錄P.24 D-5

菜單上滿是鮪魚漢堡、炸竹筴魚漢堡等光聽就想吃的當地漢堡。副餐選項也相當豐富，不論是帶孩子一起或一人旅遊，一定都能在此獲得大大滿足。

✆ 055-951-4335 ⌚9:00～17:30（週二為～16:30、週六日、假日為～19:30）㊡無休 ¥烏賊章魚塊380日圓、朝霧高原牛乳聖代380日圓 ㊟沼津市千本港町83-1 ㋿使用共同停車場（有優惠券）

鮮嫩的白肉魚，充滿深海美味

深海魚漢堡 680日圓

用拖網法捕獲的當地漁獲——半紋水珍魚經油炸後夾入漢堡中。肉質肥厚的白肉魚與金黃醬超級對味！

雜炊飯與海鮮食材的絕妙組合

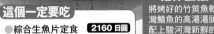

沼津蓋飯 1620日圓

將烤好的竹筴魚乾弄碎，用駿河灣鯖魚的高湯湯頭炊製米飯，再配上駿河灣新鮮的海鮮，成就鮮美滋味融合一體的沼津美味。

沼津魚市場食堂街

🚩 かもめまる

かもめ丸

MAP 附錄P.24 D-5

這個一定要吃
● 綜合生魚片定食 ... 2160日圓
● 無菜單握壽司 ... 2160日圓

位於魚市場正面的千本一大樓1樓走道旁，是間人潮絡繹不絕、氣氛輕鬆的鮮魚料理店。可以依喜歡的料理方式點餐，也可以全權交給店家處理，能視顧客需求彈性調整，這也是店家廣受歡迎的原因之一。

✆ 055-952-3639 ⌚11:00～15:00、17:00～21:00（週六日、假日為11:00～21:00）㊡週三（逢假日則翌日休）㊟沼津市千本港町101 ㋿使用共同停車場（有優惠券）

↳ 充滿活力的食堂街。逛起來也很有趣味

生魚片定食 1680日圓

放上大量當日捕獲的極品新鮮海產，令人欣喜的一道料理。愉快享用競標市場才有的美味。

量多滿滿的新鮮生魚片

沼津魚市場INO

🚩 ぬまづうおいちばしょくどう

沼津魚市場食堂

MAP 附錄P.24 C-6

位於水產批發市場2樓——INO魚食館一角，能品嘗到當地漁獲料理的餐廳。也是魚市場的員工餐廳。由於提供的食材為當日競標所購得，因此能享受到每日不同的鮮魚料理。

✆ 055-954-3704 ⌚10:00～15:00（夏季、大型連休時有變動）㊡週二（逢假日則營業，有補休）㊟沼津市千本港町1283-3 沼津魚市場INO2F ㋿使用共同停車場（有優惠券）

這個一定要吃
● 炸鮪魚頰肉蓋飯 ... 1680日圓
● 豪爽鮪魚蓋飯 ... 1680日圓

↳ 在設有食堂的INO也能參觀競標

伊豆水果公園
玩樂

●いずふる〜つぱ〜く
採草莓＆哈密瓜活動很受歡迎

冬天～春天是草莓，夏天是哈密瓜，能享受採收當季水果的水果天堂。2015年起也有採蜜柑活動。園內也有名產販售處、起司蛋糕工房、餐廳等，有很多能夠遊玩的人氣景點。

☎055-971-1151
🕐8:30～19:30（採水果活動為9:00～16:00）休無休　¥免費入園（採哈密瓜活動　採哈密瓜1顆+試吃1/8x2片1836日圓～，完全預約制）所三島市塚原新田181-1　🚃JR三島站搭計程車20分
🅿110輛
MAP附錄P.9 D-2

哈密瓜
↑在這個珍貴的景點能享受到甜美多汁、誘人的哈密瓜

gawa Mishima
美食

●がわみしま
輕鬆品嘗正統法式料理

外觀為白牆與三角屋頂，宛如佇立於歐洲郊外的獨棟餐廳。使用鮮魚與新鮮的當地蔬菜，能感受到伊豆風情的料理，親民的正統法式料理。午餐菜單附有隨餐享用的飲品，以及飯後飲品共兩杯。

☎055-972-5040　🕐11:40～13:30、18:00～21:00休週四的白天、週日所三島市北田町1-13
🚃伊豆箱根鐵道三島田町站即到　🅿2輛
MAP附錄P.24 C-3

↑店內可望見河川，挑高的天花板營造出開闊空間
↑貼近三島、伊豆之風土與四季的全餐4298日圓

大社之杜 MiSHIMA
購物

●たいしゃのもりみしま
三嶋大社前的新景點

以「小巷精華」為概念，齊聚了餐飲、雜貨、甜點等13家以上的獨特店家。

☎055-975-0340
🕐10:00～20:00，4～9月的週五六、假日前日為10:00～22:00（視店家而異）
休週二（逢假日則翌日休）所三島市大社町18-52
🚃JR三島站步行10分
🅿無
MAP附錄P.24 C-2

↑遊逛一下齊聚於此的個性店家吧
↑購得的餐點飲品可在露臺的座位區自由享用

這裡要CHECK!

↑庭園中展示著雕刻作品的Vangi雕刻庭園美術館
¥成人1200日圓；高中、大學生800日圓；中學生以下免費（11月～3月為成人1000日圓；高中、大學生500日圓；國中生以下免費）

鐵線蓮之丘
長泉
藝術與花的度假區域

●くれまちすのおか

庭園、美術館、餐廳、商店齊聚的複合文化設施。接觸藝術的同時還能享受花園散步，午餐有5家餐廳可選擇，可依喜歡的方式過上充實的一天。

☎055-989-8787　🕐各館共通10:00～17:30（11～1月為16:00；9、10、2、3月為～16:30）休週三（逢假日則翌日休）、過年期間所長泉町東野クレマチスの丘347-1　🚃JR三島站北口搭免費接駁巴士25分（固定班次）🅿200輛
MAP附錄P.9 C-1

↑↑有能享用正統拿坡里披薩甜點的餐廳與咖啡廳

這些也很推薦
三島
●みしま
MAP附錄P.9・24

Photo：Yamamoto Tadasu
↑收藏並展示畢費作品的貝爾納・畢費美術館
¥成人1000日圓；高中、大學生500日圓；國中生以下免費
↑販售可愛物品的商店也一定要去看看

Brasserie Mugi³
美食

●ぶらっすりーむぎ
用筷子輕鬆享用正統法式料理

宛如在家的氛圍也是其魅力之一，也歡迎孩子一同用餐。能用筷子品嘗當地食材製作的法式料理。

☎055-973-3226　🕐11:30～13:30、18:00～21:00休週二　¥午餐1200日圓（未稅），晚餐全餐3300日圓～所三島市本町3-8　🚃JR三島站步行10分　🅿無
MAP附錄P.24 B-2

↑あしたか牛的一分熟牛排套餐（2300日圓（未稅））

柿田川公園
清水
景點

●かきたがわこうえん
湧出伏流水的神秘世界

全長短短1.2Km的柿田川，每日約湧出110萬t的水。清澈澄淨的水由散布在河底的湧泉湧出，在公園內的散步路徑能看見部分的湧水點。

☎055-981-8224（清水町都市計畫課）
🕐自由入園所清水町伏見71-7
🚃JR三島站搭東海巴士往沼津商業高校方向13分，柿田川湧水公園前站下車即到　🅿50輛（1次200日圓）
MAP附錄P.9 C-2
↑深處為能望見富士山營造出的美景景點。也獲指定為國家天然紀念物

Cafe&Bakery グルッペ
三島

●かふぇあんどべーかりーぐるっぺ

連霸日本全國當地麵包祭的人氣麵包店。用三島產米製作的Q彈鬆軟蒸麵包中，再夾入可樂餅的知名美食，一定要吃吃看。

☎055-973-1153
🕐9:30～18:30
休無休
所三島市本町2-27
🚃伊豆箱根鐵道三島廣小路站步行5分
🅿2輛
MAP附錄P.24 B-2

↑目標為三島可樂餅麵包281日圓

大村精肉店
三島
心形的可愛可樂餅

●おおむらせいにくてん

使用購自合作牧場的上等霜降肉製作，並以親民的價格販售。三島可樂餅凸顯出馬鈴薯與和牛的鮮甜＆香濃！

☎055-972-2981
🕐9:00～18:00
休週日、假日為不定休
所三島市大社町2-27
🚃伊豆箱根鐵道三島田町站步行3分
🅿10輛
MAP附錄P.24 C-2

歡迎會馬上賣完
↑三島可樂餅140日圓超受歡迎

ころっけスタンド葉庵
三島
能享受多種口味

●ころっけすたんどひこばえあん

以「三島可樂餅」為主，還有販售使用伊豆鹿肉製作的「伊豆鹿炸肉餅」、100%使用當地產牛乳的「丹那牛乳奶油可樂餅」等各式各樣的口味。

☎055-983-1108
🕐10:00～17:30（週六日、假日為～18:00，有季節性變動）休無休所三島市大社町1-28　🚃JR三島站步行13分　🅿無
MAP附錄P.24 C-2

↑外皮酥脆、內餡微微濕潤的「三島可樂餅」150日圓

旅行PICK UP

最適合散步時品嘗

享用三島名物「三島可樂餅」！
知名度傳遍全國的B級美食「三島可樂餅」，是100%使用當地產「三島馬鈴薯」的美食名物。

伊豆 P.19
熱海 P.22
伊東 P.32
伊豆高原 P.38
東伊豆 P.50
下田·南伊豆 P.60
修善寺·中伊豆 P.66
西伊豆 P.76
沼津·三島 P.86
箱根 P.99

沼津御用邸紀念公園 [景點]
●ぬまづごようていきねんこうえん

讓人憶起過去的昭和天皇別墅

此別墅歷經明治、大正、昭和,是曾有諸多皇族人士在此靜養的歷史性建築。1970(昭和45)年以紀念公園的型態對外開放,是能讓人回憶起往日時光的貴重建築。

📞055-931-0005
🕐9:00～16:30 休無休 ¥入園門票成人100日圓、中小學生50日圓、御用邸門票(含入園門票)成人400日圓、中小學生200日圓 📍沼津市下香貫島鄉2802-1 🚃JR沼津站搭伊豆箱根巴士,往多比方向13分,御用邸站下車即到 🅿83輛

MAP 附錄P.9 C-3

← 居室為優雅的和洋折衷樣式

餃子の店 中央亭 [美食]
●ぎょうざのみせちゅうおうてい

美味多汁的名物餃子

在沼津有數家人氣餃子店,其中的中央亭是創業約70年的餃子專賣店。以獨特手法製作的餃子滿溢著豬肉與高麗菜的鮮甜。

📞055-962-4420
🕐11:00～售完打烊※預約外帶的領取時間為～18:00 休週一、每月第3週二 ¥小(6個含稅583日圓～ 📍沼津市大手町4-4-7 🚃JR沼津站步行6分 🅿無

MAP 附錄P.9 C-3

← 煎過後水煮的獨特口感非常美味。外皮與內餡全部都是手工製

Tam Tam gallery [咖啡廳]
●たむたむぎゃらりー

能夠邊鑑賞藝術邊度過時光的咖啡廳

展示3D立體藝術家田村映二作品的藝廊咖啡廳。採取在咖啡廳用餐抵門票的方式營運。可享受到講究的咖哩與自家栽培的新鮮香草茶等餐點。

📞055-933-2030
🕐週六、日的12:00～18:00 休週一～五 ¥咖啡1500日圓、義大利麵1280日圓(皆為飲料套餐) 📍沼津市獅子浜22-28 🚃JR沼津站搭東海巴士19分,静浦地区センター前站下車,步行6分 🅿10輛

MAP 附錄P.9 C-4

← 好天氣時,推薦露臺座位
← 也能在此購買喜歡的原畫

這裡要 CHECK!
← 滿滿鋪上2條竹筴魚的「極鮮竹筴魚蓋飯」880日圓

いけすや [沼津]

位於內浦港前,由當地的媽媽們所經營的食堂。能盡情享用新鮮的養殖竹筴魚。享受竹筴魚緊實彈牙的口感。

📞055-943-2223
🕐11:00～15:00(商品販售為9:00～16:00) 休週三 ¥二食感極鮮竹筴魚蓋飯980日圓、炸極鮮竹筴魚定食980日圓 📍沼津市內浦小海30-103 🚃伊豆箱根鐵道伊豆長岡站搭伊豆箱根巴士,往伊豆·三津シーパラダイス方向25分,終點站下車步行10分 🅿50輛

MAP 附錄P.9 C-4

因鮮度與味道俱佳成為話題的食堂

千本濱公園 [景點]
●せんぼんはまこうえん

獲選為「白砂青松100選」的風景勝地

作為東海道第一的風景勝地而廣為人知的千松濱,沿著海岸線延綿的黑松,據傳是增譽上人在此種植的。走在海邊的散步路徑「潮の音プロムナード」也很愉快。公園內也立有若山牧水的歌碑與井上靖的文學碑。

📞055-934-4795(沼津市綠地公園課) 🕐自由入園 📍沼津市本千本 🚃JR沼津站搭東海巴士,往沼津港方向6分,千本浜公園站下車即到 🅿110輛(6:00～21:00)

MAP 附錄P.9 C-3

← 能就近眺望富士山的景點

淡島海洋公園 [景點]
●あわしまマリンパーク

能看見富士山的無人島水族館

位於浮在駿河灣內的淡島上,活用自然的水族館,需搭專船前往。除了海豚、海獅的「零距離秀」等活動之外,還有海岸步道等可享受。展示種類、數量以日本第一為傲的青蛙館也廣受好評。

📞055-941-3126 🕐9:30～15:30(17:00閉園) 休無休(視園內維護暨天候狀況臨時休) ¥門票(包含船資與青蛙館費用)成人1800日圓、兒童(4歲～小學生)900日圓 📍沼津市內浦重寺186 🚃JR東海道本線沼津站搭東海巴士,往大瀬崎、江梨方面32分,マリンパーク站下車即到 🅿150輛(1日500日圓)

MAP 附錄P.9 C-4

← 眺望著富士山,搭乘專船2～3分前往無人島「淡島」

這些也很推薦

沼津
●ぬまづ

MAP 附錄P.9・24

← 總是售罄的人氣商品「極鮮竹筴魚的山葵壽司」980日圓。使用中伊豆產的山葵葉

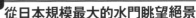

工作人員,用笑容迎接來客的漁協職員,店長土屋真美(左)與員

沼津港大型展望水門Byuo [景點]
●ぬまづこうおおがたてんぼうすいもんびゅうお

從日本規模最大的水門眺望絕景

守護市民避免海嘯,日本規模最大的巨大水門。在離地30m的展望迴廊,可欣賞到360度的大全景。能盡情享受富士山、駿河灣、千本松原等隨四季流轉變換的美景。

📞055-934-4746(沼津市觀光戰略課) 🕐10:00～20:00(週四為～14:00) 休無休(有保養維護休) ¥成人100日圓、中小學生50日圓 📍沼津市本千本1905-27 🚃JR沼津站搭東海巴士往沼津港方向15分,びゅうお入口站下車即到 🅿40輛

MAP 附錄P.24 C-6

← 位於沼津魚市場INO旁,一定要從展望迴廊眺望壯麗的富士山

伊豆·三津海洋樂園 [景點]
●いずみとしーぱらだいす

初次飼育寬吻海豚

日本初次飼育寬吻海豚的地方。還能看見許多北海獅、海象、海獅等海洋哺乳動物,是能玩上一整天的水族館。眺望著世界遺產「富士山」的同時,也一定要看看海豚秀。

📞055-943-2331 🕐9:00～17:00(入館為～16:00) 休無休(12月預定有保養維護休館日) ¥成人2200日圓、兒童1100日圓(4歲～小學生) 📍沼津市內浦長浜3-1 🚃伊豆箱根鐵道伊豆長岡站搭伊豆箱根巴士,往伊豆·三津シーパラダイス方向25分,終點站下車即到 🅿300輛(1次500日圓)

MAP 附錄P.9 C-4

← 第一目標為海豚秀,除此之外還有體驗型態的區域可供遊樂

可享受名湯與當地食材的實力派！
伊豆的推薦住宿

除了眺望大海美景的住宿之外，還有佇立於寧靜山區的隱密住宿等，伊豆的住宿擁有眾多類型可選擇。也盡情享受使用豐富山珍海味做成的晚餐吧！

享盡伊豆3大料理
為豪華的海鮮所感動！

住宿時間該怎麼過？

引人矚目的個性派住宿

伊豆區域在這幾年，相繼有新的溫泉住宿開張。更加重視隱私的高級住宿也相當多。連同矚目焦點資訊一起為您奉上！

瞩目焦點！
大套房房型「海音」-KANON-大小達135 ㎡，寬敞奢華，在客房露天浴池可享受私人的入浴時光。

稻取溫泉
食之宿 濱之湯
◆たべるおやどはまのゆ

MAP 附錄P.19 D-2

生魚片船、金目鯛姿煮、酒蒸鮑魚。能盡情享受「濱之湯」的人氣豪華經典料理。2016年7月推出內附露天浴池的大套房房型。吃得飽飽之後，也一定要將這裡多樣豐富的浴池都泡過一遍，好好享受一下溫泉。

☎0557-95-2151
所東伊豆町稻取1017　交伊豆急行伊豆稻取站步行20分（從伊豆稻取站有接送服務，需聯絡）　P50輛

◐隔日一早，泡在屋頂露天浴池中，接受朝陽的洗禮

住宿資訊
住宿費用 1泊2食26070日圓～
IN 15:00　OUT 10:00
客房數 50間　信用卡 不可
露天浴池　包租浴池
客房露天浴池　不住宿溫泉

用餐 check!
名物料理「金目鯛姿煮」，鹹甜濃厚的秘傳醬汁是美味的關鍵。相當鮮甜美味，淋在飯上吃也很好吃。每2個月更換一次菜單。

下田溫泉
下田聚樂酒店
◆しもだじゅらくほてる

MAP 附錄P.20 C-4

全客房都能眺望到展現於眼前的下田灣，是家海景飯店。2016年推出自助式餐廳，為住宿增添新的魅力。客房皆為沉靜的純和風裝潢，也備有附露天浴池的高級房型。

☎0558-22-2230
所下田市柿崎21-5　交伊豆急行伊豆急下田站步行15分　P60輛

盡情享受喜歡的料理！餐廳全新整修

◐從客房可眺望來往於下田灣的黑船造型遊覽船

瞩目焦點！
晚餐為自助式的型態，能品嘗到使用伊豆山珍海味製作的60道以上料理。早餐也有40道以上。

住宿資訊
住宿費用 1泊2食14040日圓～
IN 15:00　OUT 10:00
客房數 51間　信用卡 可
露天浴池　包租浴池
客房露天浴池　不住宿溫泉

用餐 check!
自助式晚餐為烤海鮮風格。以貝類為主的新鮮食材，只要有想吃的都可用無煙烤爐邊烤邊吃。也有豐富的生魚片與肉類！

↑客房有8種房型。 即使是標準房型空間也相當寬敞

可享受閱讀與美酒，浮於空中的白色沙灘誕生

熱海溫泉
星野集團 RISONARE 熱海
◆ほしのりぞーとりぞなーれあたみ

MAP 附錄P.12 B-3

在最頂樓，重現海灘的「ソラノビーチBooks&Café」開幕了。在白色的沙灘上看書，或眺望熱海的夜景，隨心度過美好的時光。此外，也請前往看看翻新的「Activity Lounge」。

☎0570-073-055
（RISONARE預約中心）
所熱海市水口町2-13-1
➡JR熱海站車程20分（從熱海站有接送巴士，固定班次） P50輛

瞩目焦點！
在飯店最高樓層重現海灘的「ソラノビーチBooks&Café」，以及9樓的「Activity Lounge」也很受住宿客人歡迎

住宿資訊
住宿費用 1泊2食20400日圓～
IN 15:00　OUT 12:00
客房數 77間　信用卡 可
露天浴池　包租浴池
客房露天浴池　不住宿溫泉

用餐 check!
在自助式餐廳「STUDIO BUFFET MOGMOG」可品嘗到熱海的山珍海味。兒童可穿上廚師服體驗盛裝甜點。

八幡野溫泉
THE KEY HIGHLAND IZU
◆ざきーはいらんどいず

MAP 附錄P.15 C-6

佇立於大室山山麓的度假村，以打開非日常之門的鑰匙為主題。除了有可俯瞰相模灣與大島的客房之外，還有私人泳池、摩登的包租露天浴池等，宛如身在海外的度假村一般。在隱藏住宿中度過特別的時光，好好釋放一下身心吧。

☎0557-52-6221
所伊東市八幡野1253-25
➡伊豆急行伊豆高原站車程10分（從伊豆高原站有接送服務，需事先預約） P13輛

瞩目焦點！
以「RESORT ELEGANCE」、「SLOW TIME」、「NATURE & WATER」三把鑰匙為概念誕生出為大人而造的度假村。

用餐 check!
創作懷石料理，奢侈使用了伊豆大自然孕育出的海鮮與高原蔬菜，還有從全國產地挑選出的當季食材。每一口都令人感動滿分。

↑大套房房型有面對庭園的寬敞陽臺與景觀浴缸

↓標準房型的室內浴池也有導入溫泉

住宿資訊
住宿費用 1泊2食27150日圓～
IN 16:00　OUT 12:00
客房數 10間　信用卡 可
露天浴池　包租浴池
客房露天浴池　不住宿溫泉

以3把鑰匙為主題，大人的秘密度假村

送給尋求療癒放鬆的大人們，豪華的非日常世界

瞩目焦點！
10間大套房房型有英國風、法國風等各種不同的佈置裝設，全部附有源泉放流的美景觀浴池與沙發床。

伊東溫泉
HOTEL Futari Komorebi
◆ほてるふたりこもれび

MAP 附錄P.12 D-6

位在能眺望相摩灣的高地，天空私人飯店距離都心最快60分可到。10間客房全部是達100m²的大套房房型，有著優雅的吊燈與許多家具。露臺附有源泉放流的美景景觀浴池也十分豪華。能盡情品嘗名主廚的法式料理與美體沙龍，邀請來客前往非日常的世界。

用餐 check!
主廚在國內著名餐廳磨練過手藝，在此能品嘗到主廚的創作法式料理。嚴選出的伊豆食材，在全7～8道的珠玉主餐中一一登場。費用為全包制，含住宿期間內的飲料等。

☎0557-52-6510　所伊東市宇佐美字留田3594-809　➡JR伊東線網代站車程7分 P10輛

住宿資訊
住宿費用 1泊2食54000日圓～
IN 15:00　OUT 12:00
客房數 10間　信用卡 可
露天浴池　包租浴池
客房露天浴池　不住宿溫泉

↑美式家具與裝潢風格統一的「Stone Spa Suite」，此房型還備有岩盤浴

↑洗完澡後直接走到客房露臺「In Garden」。披上一件睡袍，好好休息放鬆

伊豆住宿的精髓！

大海的美景展現在眼前

海景住宿

從浴池、房間眺望時時刻刻變換風貌的大海，度過休閒舒適的時光為伊豆最大的樂趣之一。同時享受溫泉和美景吧。

伊東溫泉

星野集團 界 Anjin
◆ほしのりぞーとかいあんじん

MAP附錄P.18 C-3

和日本最初的西式帆船製造有關的伊東地區，出現了可在充滿海洋氣息的空間內，享受海上旅遊氣氛的溫泉旅館。只要一踏入這裡，就能感受到大航海時代悠閒舒適的氛圍。在美景露天浴池，應該能讓人忘卻日常，獲得療癒。

☎0570-073-011（界預約中心）
🏠伊東市渚町5-12　🚃JR伊東線伊東站車程5分　🅿53輛

Best View
大浴場（室內浴池）

望著眼前的大海，能忘卻時間，悠閒地入浴泡湯。

用餐check！

伊豆的風味加上一匙英國的精油。茶樹風的「宝楽盛り」，以及高湯風味香醇的「金目鯛與蛤蠣的紙包燒」等別出心裁的日式宴席。

住宿資訊		
住宿費用	1泊2食27000日圓～	
IN 15:00	OUT 12:00	
客房數 45間	信用卡 可	
露天浴池	包租浴池	
客房露天浴池	不住宿溫泉	

➡全客房皆為海景房的「按針港客房」

北川溫泉

吉祥CAREN
◆きっしょうかれん

MAP附錄P.10 F-2

全客房為皆可眺望伊豆大島的海景房。可享受到自家源泉放流的露天浴池，以及附有展望露天浴池的客房等。在使用大島產山茶花油、伊豆玉綠茶的當地美體沙龍，以及正統海洋療法的人氣SPA好好恢復精神吧。

☎0557-23-1213
🏠東伊豆町北川溫泉　🚃伊豆急行伊豆熱川站車程8分（從伊豆熱川站有接送巴士，固定班次）　🅿30輛

Best View
碧海（露天）

天空與樹木包圍著露天浴池。浸泡在浴池的同時，俯瞰到的相模灣堪稱絕景。眺望朝日或月光之路的同時，能度過在海洋的懷抱中獲得療癒的美好時光。

➡附有景觀浴池的客房，不管是從房間或從浴池都能眺望到壯麗的美景

住宿資訊		
住宿費用	1泊2食29160日圓～	
IN 14:00	OUT 11:00	
客房數 30間	信用卡 可	
露天浴池	包租浴池	
客房露天浴池	不住宿溫泉	

用餐check！

廣受好評的晚餐，除了有能以筷子享用的法式懷石料理之外，還有鐵板燒或在包廂品嘗的宴席料理可選。可盡情享用龍蝦、鮑魚、金目鯛、明日葉等山珍海味。用虹吸式塞風壺沖泡的飯後咖啡也很好喝。

堂島溫泉

堂島溫泉飯店
◆どうがしまおんせんほてる

MAP附錄P.25 C-4

能看見因退潮而出現陸地的陸連島現象，三四郎島與瀨濱海岸近在眼前。白天可望見太陽光將海洋照得閃閃發亮的景象，黃昏時可看見到夕陽沉入海中，將海染成橘紅的光景，在此能夠一邊看著美景一邊過著奢華的時光。

☎0558-52-0275　🏠西伊豆町仁科2960
🚃伊豆急行伊豆急下田站搭東海巴士，往堂ヶ島方向58分，終點站下車，步行5分（從堂ヶ島巴士站有接送巴士，需預約）　🅿100輛

用餐check！

廚師長親自前往市場，食材經過精挑細選。有龍蝦生魚片、陶板酒蒸活鮑的豪華海鮮宴席「磯之香」方案很受歡迎。

住宿資訊		
住宿費用	1泊2食13110日圓～	
IN 15:00	OUT 10:00	
客房數 80間	信用卡 可	
露天浴池	包租浴池	
客房露天浴池	不住宿溫泉	

➡眺望三四郎島的客房。浴池也是引用自家源泉

海岸與三四郎島就在眼前，擁有自家源泉放流的住宿

Best View
海岸的露天浴池

能一邊吹著海風一邊泡湯的露天浴池，感覺與海成為一體，讓人覺得特別舒服。染成茜色的黃昏也非常美麗。

熱海溫泉

HOTEL MICURAS
◆ほてるみくらす

MAP附錄P.13 B-3

位在熱海陽光海灘前的摩登度假村飯店。從海景客房、大浴場的露天浴池等處可一覽相模灣，能觀賞熱海海上煙火與日出。使用海洋療法品牌「THALGO」的SPA也很受歡迎。

☎0557-86-1111
🏠熱海市東海岸町3-19　🚃JR熱海站步行12分　🅿25輛（住宿者專用）

用餐check！

活用當地合作農家的有機蔬菜與季節食材，製作出對身體溫和的法式料理，連甜點也是絕品！醬汁、沙拉醬、果醬等全都是自家製。

住宿資訊		
住宿費用	1泊2食20650日圓～	
IN 15:00	OUT 10:00	
客房數 62間	信用卡 可	
露天浴池	包租浴池	
客房露天浴池	不住宿溫泉	

➡在床上翻滾的同時，還可享受美景的高樓層雙床房

滿月之夜映照於海上的月光之路

受大海療癒的高級溫泉度假村

Best View
景觀大浴場

來這裡眺望從水平線上升起的朝陽，以及月光照映的海洋吧。

眺望蔚藍海洋與白色沙灘，客房全部為海景房的住宿

下田溫泉
下田大和館
◆しもだやまとかん

MAP 附錄P.20 A-5

旅館所在的高地可俯瞰透明度超群的多多戶濱，一覽海灘與又藍又清澈的海洋所交織出的海岸線，這美麗的風光堪稱絕景。其中從Spa Villa與山頂露天浴池看出的景色格外漂亮。盡情享受海邊的度假時光吧。

☎0558-22-1000

🏠下田市吉佐美2048　🚃伊豆急行伊豆急下田站搭免費接送巴士10分（固定班次）　🅿100輛

Best View
和風山頂露天浴池「雲母」
從露天浴池「雲母」望見的海洋大全景精采絕倫！尤其推薦海天染為橘紅的夕陽時分。

住宿資訊
住宿費用 1泊2食11340日圓～
IN 15:00　OUT 11:00
客房數 60間　信用卡 可
露天浴池　包租浴池
客房露天浴池　不住宿溫泉

🔺最有人氣的邊間——附有露天浴池的邊間大套房

海風環繞　奢華的入浴泡湯

熱海溫泉
秀花園 湯之花膳
◆しゅうかえんゆのはなぜん

MAP 附錄P.13 B-6

從位於靠海側的屋頂大浴場，可望見熱海的海洋與街道，能感受到旅遊的浪漫氛圍。全客房和大浴場都靠海側，也有附露天浴池的客房。晚餐就好好享受在當地捕獲的新鮮海產吧。

☎0557-83-5151

🏠熱海市和田浜南町7-13　🚃JR熱海站搭東海巴士往熱海港·後楽園方向10分，熱海港站下車即到　🅿30輛

Best View
展望露天浴池「月下美人」
以熱海第一景為傲的美景浴池。夜晚，絢爛華麗的熱海夜景將會展現於眼下。

住宿資訊
住宿費用 1泊2食18900日圓～
IN 15:00　OUT 10:00
客房數 23間　信用卡 可
露天浴池　包租浴池
客房露天浴池　不住宿溫泉

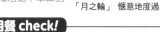

🔺在設樂燒的甕形浴池「月之輪」愜意地度過

伊豆山溫泉
星野集團 界 熱海
◆ほしのりぞーとかいあたみ

MAP 附錄P.12 C-2

位於可將相模灣盡收眼底的高地，由創辦於江戶時代、具有歷史的本館，還有以法式風情餐館為主的別館所組成。除了在兩處浴場都能享受到源泉放流的溫泉之外，每晚舉辦的熱海藝妓之舞也請一定要觀賞看看。

☎0570-073-011（界預約中心）

🏠熱海市伊豆山750-6　🚃JR熱海站車程5分　🅿30輛

🔺客房等處處能感受到創業於江戶時代末期的溫泉旅館傳統之美

用餐 check!
在本館，可在房間內放鬆享受以海鮮為主的宴席料理，在別館則能品嘗到一期一會的法式海鮮大餐，不管是哪種都能盡情品嘗到熱海的當季美味。

住宿資訊
住宿費用 1泊2食34000日圓～
IN 15:00　OUT 12:00
客房數 23間　信用卡 不可
露天浴池　包租浴池
客房露天浴池　不住宿溫泉

受到尊榮款待而獲得療癒，創業於江戶時代的溫泉住宿

Best View
奔騰之泉
使用檜木以圓木架構法打造的浴池，名字取自日本三大古泉、伊豆山溫泉的源泉「奔騰之泉」。屋外的樹林前方，便是壯麗的相模灣。

北川溫泉
望水
◆ぼうすい

🔺在日式氛圍中感到平靜。全客房皆可望見大海

MAP 附錄P.10 F-2

踏入大廳的瞬間，令人驚豔的大海美景映入眼簾。客房、附有露天浴池的私人觀景涼亭都能看見海景，並且於2016年夏天推出了兩個新的觀景涼亭。和重要的人一起度過幸福的時光吧。

☎0557-23-1230

🏠東伊豆町北川溫泉　🚃伊豆急行伊豆熱川站車程7分（從伊豆熱川站有接送服務，需預約）　🅿30輛

用餐 check!
晚餐擺滿使用定置網捕獲的新鮮海產所製作的料理，可在房間內自在地享用。可品嘗到名物料理「海鮮石燒」的標準方案等方案也十分豐富。

住宿資訊
住宿費用 1泊2食30390日圓～
IN 14:00　OUT 10:00
客房數 34間　信用卡 可
露天浴池　包租浴池
客房露天浴池　不住宿溫泉

Best View
白金觀景涼亭
「Blue Temptation」「Rising Moon」
2016年8月，私人觀景涼亭「ときの凪」再新增了2個白金觀景涼亭。可近距離感受大海。

新開幕的觀景涼亭　大海環抱的頂級休假日

擁有包租浴池與客房露天浴池

奢華的悠閒放鬆住宿

不會被任何人打擾，只想好好享受溫泉！
「悠閒放鬆住宿」讓人能度過如此奢華的時光，
在此為大家介紹其中最推薦的7家住宿吧。

度過專屬自己的私人時光！

熱海溫泉

熱海海峰樓飯店
◆あたみかいほうろう

MAP 附錄P.13 C-2

由世界級建築師——隈研吾設計的水、玻璃、藝術之住宿。全4間客房皆為海景房。也有具備專屬露天按摩池與景觀浴缸的奢華客房，泡在浴缸中的同時還能一覽相模灣美景。大廳有襖繪與玻璃藝術，在館內也能欣賞藝術。

大海與藝術環繞，僅有4間客房的高雅空間

☏0557-86-5050
所熱海市春日町8-33
JR熱海站車程5分（從熱海站有接送服務，需預約） P4輛

◎從房間可一覽相模灣美景的奢華大套房

住宿資訊
住宿費用	1泊2食32550日圓～
IN 15:00	OUT 11:00
客房數 4間	信用卡 可
露天浴池	包租浴池
客房露天浴池	~~不住宿溫泉~~

用餐 check!
以當地捕捉的魚類為主，將當季山珍海味料理成色香味俱全的正統懷石料理。特別方案中的「香味鍋」，將當季龍蝦與當地海鮮調理成和風馬賽魚湯風格，可以品嘗看看。

悠閒放鬆Point
4間客房中有2間附有專屬露天按摩池與景觀浴缸。其他也有包租浴池可供使用。

土肥溫泉

～圍爐裏餐廳～ Yutorelo西伊豆
◆いろりだいにんぐゆとりろにしいず

MAP 附錄P.25 C-2

進到入口處，就會看見設置於大廳的氣派地爐在此迎接來客。2015年11月開幕的和式摩登旅館，半數以上的客房都附有露天浴池。浴缸中放流著名湯——土肥溫泉，泡著湯的同時，映入眼簾的駿河灣夕景，真的堪稱絕景。

邊望著美麗的夕陽，邊泡在溫泉中的幸福時光

☏0570-015-333
所東伊豆市土肥324 伊豆箱根鐵道修善寺站搭東海巴士，往土肥‧松崎方向48分，中浜站下車即到 P35輛

悠閒放鬆Point
34間客房，半數以上附有露天浴池。最頂樓有包租浴池「遊月」，能邊一覽駿河灣一邊入浴泡湯。

住宿資訊
住宿費用	1泊2食14040日圓～
IN 15:00	OUT 11:00
客房數 34間	信用卡 可
露天浴池	包租浴池
客房露天浴池	~~不住宿溫泉~~

用餐 check!
部分食材是自己邊烤邊享用的創作和食宴席。炙烤食材時散發出香氣和聲響，眼前也是多道色彩繽紛的料理，能品嘗到西伊豆新鮮的食材。

↑設置於露臺的露天浴池，盡情享受私人溫泉吧
↑入口處有著大型地爐，溫暖地迎接來客

悠閒放鬆Point
別館的客房附有舒適寬敞的半露天浴池，可盡情享受肌之湯。綠樹的另一頭是蔚藍的大海，從浴池望出去的景觀也十分出色。

樹木與寂靜環繞的獨立客房，能盡情享受優質的美肌之湯

用餐 check!
細心熬煮的高湯，以及將當季食材裝盛得色彩繽紛的晚餐。現煮的米飯為善用自然農法栽培出的講究米山山麓米——越光米。

↑日西式客房雙床房型。有和室與寢室

伊豆高原溫泉

海を臨む全室半露天付離れ御宿 夢のや
◆うみをのぞむぜんしつはんろてんつきはなれおんやどゆめのや

MAP 附錄P.16 E-1

受森林樹木包圍、幽靜的雅緻住宿。別館內的全6間客房，各自附有舒適的半露天浴池。想一邊欣賞伊豆大島、大海的美景，一邊盡情泡著美肌溫泉。可悠閒地在包廂中品嘗當季的美味。

☏0557-33-1088
所伊東市富戶927-9
伊豆急行伊豆高原站車程5分 P7輛

住宿資訊
住宿費用	1泊2食24650日圓～
IN 15:00	OUT 10:30
客房數 6間	信用卡 可
露天浴池	包租浴池
客房露天浴池	~~不住宿溫泉~~

伊東溫泉
星野集團 界 伊東
◆ほしのりぞーとかいいとう

MAP 附錄P.18 B-3

除了大浴場與足湯之外，還有注滿溫泉的泳池等，推薦給想充分享受伊東溫泉的您。半包廂式的餐廳，備有龍蝦、鮑魚、金目鯛等豐富海鮮，是在伊東才品嘗得到的日式宴席。

☎0570-073-011（界預約中心）
🏠伊東市岡広町2-21
🚃JR伊東線伊東站步行10分
🅿25輛

↑名為「神木」的古代檜木浴缸，其中注入的溫泉為美肌之湯

用餐 check!
裝盛在熱石釜上的金目鯛，淋上名產——玉綠茶的「蒸金目鯛玉綠茶」。融合金目鯛的鮮甜與茶香的名物料理。

悠閒放鬆Point
除了露天浴池之外，還附有套房、西式床鋪，裝飾著掛飾、具有當地風情的客房等，房型多元豐富。也有包租浴池。

住宿資訊
住宿費用	1泊2食25000日圓~	
IN 15:00	**OUT** 12:00	
客房數 30間	信用卡 可	
露天浴池	包租浴池	
客房露天浴池	不住宿溫泉	

（伊豆的四季與大海的恩惠）
在半包廂式的餐廳可盡情享受伊豆的四季與大海的恩惠

熱海溫泉
湯宿一番地
◆ゆやどいちばんち

MAP 附錄P.13 C-3

優質溫泉與風情洋溢的浴池相當受歡迎的溫泉旅館。露天浴池有俯瞰大海與街道的「芭蕉之湯」，以及使用伊豆石的「紅葉之湯」兩種。分別有寬敞的室內浴池，注滿了自家源泉放流的溫泉。

☎0557-81-3651
🏠熱海市春日町1-2
🚃JR熱海站步行3分
🅿20輛

用餐 check!
推薦名物料理「金目鯛熱海煮」。使用於伊豆近海捕獲的金目鯛，用加了梅肉的特製煮汁完成調味。用熱熔岩烤製的和牛餐點也很有人氣。

↓源泉放流的包租露天浴池「宮之湯」

住宿資訊
住宿費用	1泊2食13800日圓~	
IN 14:30	**OUT** 10:00	
客房數 33間	信用卡 可	
露天浴池	包租浴池	
客房露天浴池	不住宿溫泉	

悠閒放鬆Point
除了寬廣的大浴場之外，還有露天浴池及2間包租露天浴池，十分奢華。能盡情享受源泉放流的溫泉。

復古的民藝風情令人感覺好療癒，靠近車站的舒適住宿

悠閒放鬆Point
除了全24間客房中有11間附有專屬露天浴池之外，也有飄著木頭香氣的2間包租浴池。能享受私人泡湯時光。

修善寺溫泉
登錄國家文化財的住宿 新井旅館
◆くにのとうろくぶんかざいのやどあらいりょかん

MAP 附錄P.26 B-6

創業於1872（明治5）年，芥川龍之介與高濱虛子等文人墨客曾住宿於此，館內15棟建築獲登錄為國家有形文化財。5座浴池全部是源泉放流。處處可接觸到保存下來的名建築，讓人想好好緬懷過去的古早時光。

☎0558-72-2007 🏠伊豆市修善寺970 🚃伊豆箱根鐵道修善寺站搭伊豆箱根巴士或東海巴士，往修善寺溫泉方向8分，終點站下車，步行3分 🅿30輛

用餐 check!
每月更換的宴席料理，使用的食材以伊豆當季的山珍海味為主。中伊豆清流孕育出的生山葵，用來當作生魚片的佐料及配著熱呼呼的白飯一起享用也很好吃。

住宿資訊
住宿費用	1泊2食24990日圓~	
IN 15:00	**OUT** 11:00	
客房數 24間	信用卡 可	
露天浴池	包租浴池	
客房露天浴池	不住宿溫泉	

← 1934（昭和9）年建，全檜木造的大浴場也是名物

伊豆川奈溫泉
絕景獨立旅館 月野兔
◆ぜっけいのはなれのやどつきのうさぎ

MAP 附錄P.14 G-3

海洋與大島的大全景展現於眼前的絕景住宿。全客房皆為獨立客房，並附有絕景露天浴池。能品嘗到伊豆當季豪華食材的創作日式宴席也很受歡迎。

☎0557-52-0033
🏠伊東市富戶1299-3 🚃伊豆急行川奈站車程10分 🅿8輛

→添加了亞洲風格，風情滿溢的古民宅風獨立客房（一例）

悠閒放鬆Point
獨立客房有著寬廣的庭院與絕景溫泉露天浴池，隨時都能享受入浴泡湯的樂趣。

住宿資訊
住宿費用	1泊2食37000日圓~（未稅、服務費另計）	
IN 15:00	**OUT** 11:00	
客房數 8間	信用卡 可	
天浴池	包租浴池	
客房露天浴池	不住宿溫泉	

用餐 check!
除了伊豆的豪華食材「龍蝦、鮑魚、金目鯛、靜岡品牌ふじやま和牛」之外，還能享受到地魚生魚片、新鮮海鮮、季節當地蔬菜等的創作日式宴席（一例）。

魅力在於十分優惠超值！CP值廣受好評

經濟實惠的住宿

為您送上想到就能輕鬆前往入住，1泊12000日圓以下的18間住宿。

網羅大量在伊豆因CP值高而廣受歡迎的住宿。

1泊
12000日圓以內！

3間包租浴池可免費使用，
晚餐的口味與分量都令人大大滿足！

CP值Point
料理當然就不多說，還有3間免費的包租浴池，24小時隨時皆可入浴。

熱海溫泉

味與湯之宿　新富良酒店

◇あじとゆのやどにゅーとみよし

MAP附錄P.12 C-5

此住宿位於長濱海水浴場的正面。擁有嵌入自然石的庭園露天浴池，以及使用信樂燒、木曾檜木、日本金松打造的包租露天浴池等設施。

📞0557-67-0017
🏠熱海市下多賀1472-1
🚃JR伊東線伊豆多賀站步行10分　🅿40輛

住宿資訊	
住宿費用 1泊2食11800日圓～	
IN 13:00	OUT 10:00
客房數 22間	信用卡 可
露天浴池	包租浴池
客房露天浴池	不住宿溫泉

↑鄰接本館的別棟大浴場「濱之湯」，內有室內浴池、三溫暖、露天浴池，男女分開使用，大小一樣寬敞

稻取	**伊東園飯店稻取** P C ♨
いとうえんほてるいなとり	

📞0557-95-8500　🏠東伊豆町稻取1021-24
🚃伊豆急行伊豆稻取站步行25分
¥1泊2食7800日圓　IN 15:00 OUT 12:00　**MAP**附錄P.19 D-2

熱川	**伊東園飯店熱川** P C ♨
いとうえんほてるあたがわ	

📞0570-035-780　🏠東伊豆町奈良本1267-2
🚃伊豆急行伊豆熱川站步行15分
¥1泊2食8000日圓～　IN 15:00 OUT 12:00　**MAP**附錄P.16 G-6

下田	**下田伊東園飯店榮岬** P C ♨
しもだいとうえんほてるはなみさき	

📞0570-038-780　🏠下田市武ガ浜6-12
🚃伊豆急行伊豆急下田站步行8分
¥1泊2食7800日圓　IN 15:00 OUT 12:00　**MAP**附錄P.21 C-3

下田	**下田海濱飯店** P C ♨
しもだかいひんほてる	

📞0558-22-2065　🏠下田市3-26-7
🚃伊豆急行伊豆急下田站車程5分
¥1泊2食6800日圓　IN 15:00 OUT 12:00　**MAP**附錄P.21 A-4

大仁	**大仁飯店** P C ♨
おおひとほてる	

📞0558-76-1111　🏠伊豆之國市吉田1178
🚃伊豆箱根鐵道大仁站車程3分
¥1泊2食8800日圓　IN 15:00 OUT 12:00　**MAP**附錄P.9 D-4

伊豆長岡	**伊豆長岡 金城館** P C ♨
いずながおかきんじょうかん	

📞055-948-6500　🏠伊豆之國市長岡1035-1
🚃伊豆箱根鐵道伊豆長岡站車程10分
¥1泊2食8800日圓　IN 15:00 OUT 12:00　**MAP**附錄P.26 B-2

松崎	**西伊豆松崎伊東園飯店** P C ♨
にしいずまつざきいとうえんほてる	

📞0558-42-2111　🏠松崎町江奈211-5
🚃伊豆急行伊豆急下田搭東海巴士，往松崎・堂ヶ島方向50分，松崎站下車，步行3分
¥1泊2食7800日圓(視季節而異)　IN 15:00 OUT 12:00　**MAP**附錄P.25 A-4

土肥	**伊東園飯店土肥** P C ♨
いとうえんほてるとい	

📞0558-98-0168　🏠伊豆市八木沢3864
🚃伊豆箱根鐵道修善寺搭東海巴士，往土肥・松崎方向54分，湯谷站下車即到
¥1泊2食7800日圓　IN 15:00 OUT 12:00　**MAP**附錄P.25 C-3

一整年均一價、自助式餐點相當有人氣

伊東園Hotels

◇いとうえんほてるず

經濟實惠的價格全年不變，自助式餐點也廣受好評的飯店集團。

從都心前往各飯店的來回巴士正運行中！

熱海	**伊東園飯店熱海館** P C ♨
いとうえんほてるあたみかん	

📞0557-83-2000　🏠熱海市田原本町4-16
🚃JR熱海站步行2分
¥1泊2食7800日圓　IN 15:00 OUT 11:00　**MAP**附錄P.13 B-2

熱海	**魚見崎飯店** P C ♨
ウオミサキホテル	

📞0557-86-2211　🏠熱海市和田浜南町7-2
🚃JR熱海站車程10分
¥1泊2食7800日圓　IN 15:00 OUT 12:00　**MAP**附錄P.13 B-5

伊東	**伊東園飯店** P C ♨
いとうえんほてる	

📞0570-200-110　🏠伊東市松川町1-12
🚃JR伊東線伊東站步行7分
¥1泊2食7800日圓　IN 15:00 OUT 12:00　**MAP**附錄P.18 B-3

伊東	**伊東園飯店別館** P C ♨
いとうえんほてるべっかん	

📞0570-033-780　🏠伊東市寿町2-4
🚃JR伊東線伊東站步行10分
¥1泊2食6800日圓　IN 15:00 OUT 12:00　**MAP**附錄P.18 B-3

伊東	**伊東園飯店松川館** P C ♨
いとうえんほてるまつかわかん	

📞0570-034-780　🏠伊東市寿町1-1
🚃JR伊東線伊東站步行8分
¥1泊2食7800日圓　IN 15:00 OUT 12:00　**MAP**附錄P.18 B-3

在伊東園Resort探訪多處溫泉

在伊東園Resort不僅只有住宿而已，在這裡還能搭乘「伊東園Resort巡迴巴士」或採步行方式，將4館的溫泉泡到心滿意足。盡情享受各種名湯吧！

料理與客房全面升級的

「伊東園Resort」全新登場！

2017年4月，以下4間位於熱海的旅館，開始以「伊東園Resort」之姿營運。除了升級為自助式料理與飲料無限暢飲之外，目前仍接連著要將客房改裝成更加舒適的空間。也有可自由上下車的巴士行駛於4間旅館與熱海溫泉街間！

熱海	**熱海新富士屋酒店** P C ♨
あたみにゅーふじやほてる	

📞0570-022-780　🏠熱海市銀座町1-16
🚃JR熱海站步行15分
¥1泊2食9800日圓～　IN 15:00 OUT 12:00 **MAP**附錄P.13 B-4

熱海	**熱海 金城館** P C ♨
あたみきんじょうかん	

📞0557-81-6261　🏠熱海市昭和町10-33
🚃JR熱海站車程10分
¥1泊2食9800日圓～　IN 15:00 OUT 12:00 **MAP**附錄P.13 A-5

熱海	**大野屋酒店** P C ♨
ほてるおおのや	

📞0570-024-780　🏠熱海市和田浜南町3-9
🚃JR熱海站車程7分
¥1泊2食9800日圓～　IN 15:00 OUT 12:00 **MAP**附錄P.13 B-5

熱海	**熱海季節酒店** P C ♨
アタミシーズンホテル	

📞0557-86-1551　🏠熱海市咲見町6-1
🚃JR熱海站車程5分
¥1泊2食9800日圓～　IN 15:00 OUT 12:00 **MAP**附錄P.13 B-3

※服務項目、費用視各飯店而異，有可能變更　　※費用全部未稅

P=有停車場　C=可使用信用卡　♨=代表溫泉

まっぷる　**98**

箱根

はこね

絕景與溫泉齊聚的山岳度假勝地！

從蘆之湖望見的富士山，是代表箱根的風景

享受豐富海產的城下町
小田原・湯河原 P.140
おだわら・ゆがわら

往返箱根時想要順道探訪
御殿場 P.140
ごてんば

值得一見的動態火山活動
大涌谷 P.126
おおわくだに

沉醉在自然&藝術美之中
仙石原 P.128
せんごくはら

遊玩箱根的方式視區域不同，相當豐富多元。伴手禮店相連林立的箱根湯本與宮之下；受自然環繞，幽靜的仙石原等，依喜好選擇想去的區域吧。

在遊玩的寶庫——蘆之湖，盡情享受度假樂趣
蘆之湖・舊街道 P.132
あしのこ・きゅうかいどう

←搭箱根海盜船遊覽玩樂，是蘆之湖的經典休閒活動

復古的街道與豐富的溫泉很受歡迎
宮之下・強羅・小涌谷 P.118
みやのした・ごうら・こわきだに

商店林立，箱根的出入口
箱根湯本 P.110
はこねゆもと

並排著伴手禮店
←和式摩登的空間裡，

茶屋本陣 畔屋
茶屋本陣 畔屋 P.138
ちゃやほんじんほとりや

地圖標示
御殿場
仙石原
強羅
大涌谷
小涌谷
宮之下
小田原
箱根湯本
蘆之湖
元箱根
舊街道
湯河原
小田急線
箱根登山鐵道
東海道本線
相模灣

季節行事曆

夏

往年6月中旬～7月下旬
箱根本線
箱根登山電車的繡球花電車
はこねとざんでんしゃのあじさいでんしゃ
→P.104

初夏的這個時期，箱根登山電車的軌道旁會開滿色彩繽紛的繡球花，能享受從車窗望出的美景。除了會有期間限定的繡球花車頭銘板登場之外，晚上繡球花號也會行駛。
MAP 附錄P.33 A-2

往年5月上旬～中旬
蘆之湖
小田急 山之飯店的杜鵑花
おだきゅうやまのほてるのつつじ

從岩崎男爵別墅時代就開始種植的杜鵑花，會在5月連休結束起綻放。越過宛如要將庭園淹沒的紅色、粉色花朵，看見的富士山與蘆之湖也相當美麗。石楠花也與杜鵑花差不多時期開花。
MAP 附錄P.38 A-2
☎0460-83-6321（小田急 山之飯店）

從名物電車車窗眺望初夏的箱根風物詩

花園內有鮮豔&多彩的30個品種、3000株的杜鵑花

8月　**7月**　**6月**　**5月**　**4月**　**3月**

往年8月16日
強羅
箱根強羅夏祭大文字燒
はこねごうらなつまつりだいもんじやき

在強羅，送魂火的大文字燒從1921（大正10）年起延續至今。以明星岳山腰浮現的「大」字為背景，釋放煙火。
MAP 附錄P.34 E-2
☎0460-85-5700
（箱根町綜合觀光服務處）

往年7月31日～8月上旬
蘆之湖
湖水祭
こすいまつり

配合箱根神社的例大祭等神事活動，舉辦約1週的夏日祭。在蘆之湖湖畔也會舉辦煙火大會，湖上遊覽船也會行駛特別航班。
MAP 附錄P.38 B-2
☎0460-85-5700
（箱根町綜合觀光服務處）

往年6月上旬～中旬
小田原
小田原城繡球花與花菖蒲祭
おだわらじょうあじさいはなしょうぶまつり

在小田原城址公園的本丸東堀，約有2100株的繡球花和6000株的花菖蒲會綻放盛開。在此期間中，預定會有攤販與夜間點燈活動。
MAP 附錄P.40 B-4　**→P.140**

往年5月下旬～6月
箱根湯本～強羅
箱根登山電車與新綠
はこねとざんでんしゃとしんりょく

從5月下旬開始的新綠季節中，箱根群山會覆上一層有著透明感的綠意。從穿梭於山間的箱根登山電車望出的景色也相當美麗。
MAP 附錄P.33 A-2　**→P.104**

往年4月上旬～中旬
強羅
箱根強羅公園的櫻花
はこねごうらこうえんのさくら

這裡有在箱根全域中，僅少數幾株未獲確認的八重豆櫻等10個品種以上的櫻花，盛開綻放。來欣賞有別於都市公園風情的盎然春意吧。
MAP 附錄P.35 D-2　**→P.123**

往年3月下旬～4月下旬
仙石原
箱根濕生花園的水芭蕉
はこねしっせいかえんのみずばしょう

3月下旬冬季休園結束，濕原中可愛的水芭蕉就會盛開齊放。使用水溫不同的湧泉，調整延長開花期。
MAP 附錄P.37 B-3　**→P.130**

氣溫與其他

箱根（蘆之湖）的平均最高氣溫(℃)　　箱根（蘆乃湯）的平均降雨量(mm)

東京的平均最高氣溫(℃)

觀光人數

旅遊高峰季，觀光與午餐最好都提早進行

繡球花的最佳觀賞期。要盡早預約

氣溫大概是東京-5℃！

451.4　248萬人　30.8　24.5
383.6　167萬人　29.0　23.1
431.9　156萬人　25.2　19.3
335.7　184萬人　22.7　17.1
309.2　175萬人　18.4　13.3
287.1　182萬人　12.9　8.1

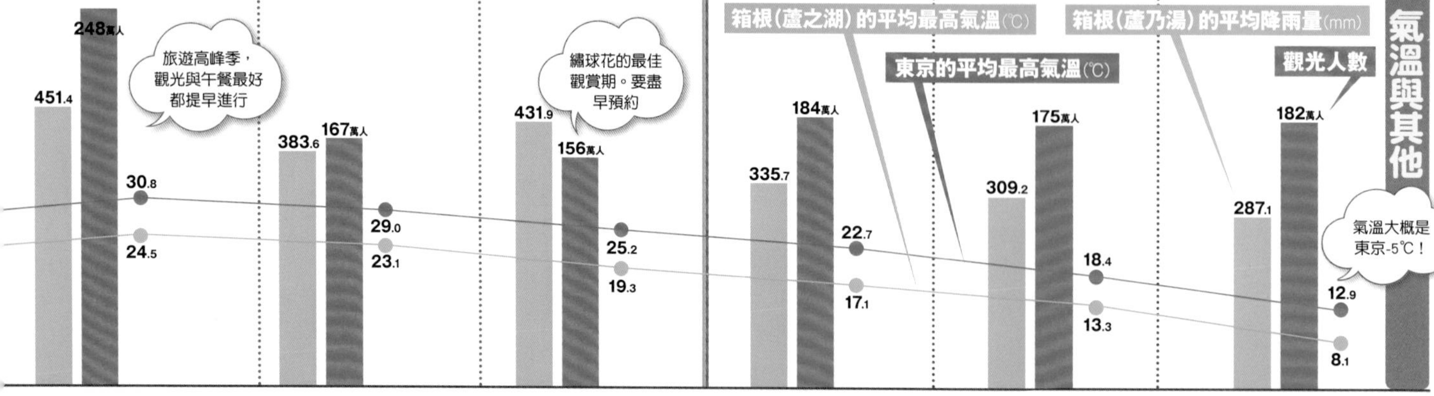

每季活動與當季食材 Check!

箱根 活動 &

箱根 活動&季節行事曆

冬

如鏡子般清澄的蘆之湖，戴著和服新娘白帽子的富士山，竟又多出了一頂！

2018年12月上旬～2019年2月上旬
蘆之湖 元箱根港的逆富士 もとはこねこうのさかさふじ ➡P.133
空氣乾燥且晴朗的冬天，蘆之湖的湖面上清楚地倒映著富士山，而這美麗的倒影被大家稱為逆富士。最佳觀景地點是靠近湖面，能眺望上下對稱景象的元箱根港附近。
MAP附錄P.38 B-3

秋

金黃色的花穗隨風搖曳台岳山麓整片都是芒草

往年10月上旬～11月中旬
仙石原 仙石原芒草原 せんごくはらのすすきそうげん ➡P.130
綠色莖葉與白色芒花形成美麗的對比，過9月進入10月時，整個就會轉變為金黃色。一直到11月會變成茶褐色，在這裡能觀賞到夢幻的風景。在最佳賞景時期也會舉辦仙石原芒草祭。
MAP附錄P.31 C-3

2月

1月

12月

11月

10月

9月

往年2月3日～3月4日
小田原 小田原梅花祭 おだわらうめまつり
舉辦地點有2處，分別是小田原城址公園，以及約3萬5000株的白梅與富士山競相爭色的美麗曾我梅林。舉辦期間會有餐飲與伴手禮的攤位。
MAP附錄P.30 G-2
📞0465-42-1965
（梅花祭舉辦期間綜合服務處）

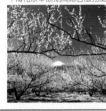

2019年1月2·3日
箱根 箱根驛傳 はこねえきでん
東京大手町與蘆之湖南岸總計10個區間、217.1km，是學生長程賽中規模最大的馬拉松接力賽。以去程5區的山路為最大關卡而聞名。
http://www.hakone-ekiden.jp/（關東學生陸上競技聯盟 箱根驛傳官網）

往年11月初旬～1月初旬
仙石原 小王子博物館 箱根聖修伯里 Romantic Starry night ほしのおうじさまみゅーじあむはこねさんてぐじゅぺりろまんてぃっくすたーりーないと
聖誕節造景的法式庭園城牆上映出光雕投影。《小王子》的世界就在庭院中展現。
MAP附錄P.37 C-3 ➡P.128

往年11月1日～3月中旬（預定）
仙石原 箱根玻璃之森美術館 拉·科碧亞 はこねがらすのもりびじゅつかんらこっぴあ
使用約15萬顆的水晶玻璃製作出世界唯一的水晶玻璃聖誕樹。有高10m和8m，大小2株，不管是點燈照亮的夜晚，或是陽光照耀的白天都相當美麗。
MAP附錄P.37 D-3 ➡P.129

往年10月下旬～11月中旬
蘆之湖 蘆之湖的紅葉 あしのこのこうよう
每年從10月下旬起，箱根外輪山就開始進入紅葉時節。群山染上鮮麗似錦的景色，從蘆之湖區域漸漸擴展至箱根各地。
MAP附錄P.31 C-4
📞0460-85-5700
（箱根町綜合觀光服務處）

往年9月～11月上旬
廣域 箱根甜點博覽會 はこねすいーつこれくしょん
箱根觀光資訊網站「箱根導航」每年舉辦2次的甜點祭典。依照每次的主題，人氣飯店與咖啡廳等會推出限定甜點。春天為2月～4月舉行。
http://www.hakonenavi.jp/（箱根導航）

●參考 降雨量：氣象廳氣象統計資訊／
平均最高氣溫：箱根導航／觀光客人數：箱根町 2014 年資料
※活動等的日程有可能會有變更，請於出發前再次確認

箱根最閒靜的季節！

紅葉時期擁擠的程度與8月不相上下，因此需多加注意！

	2月	1月	12月	11月	10月	9月
觀光客人數	112萬人	141萬人	173萬人	219萬人	184萬人	440.5 178萬人
降雨量	149.8	127.0	87.4	200.5	334.3	
			12.3	16.7	21.6	26.8
氣溫	10.0	9.8	8.0	13.0	17.0	20.8
	5.9	5.3				

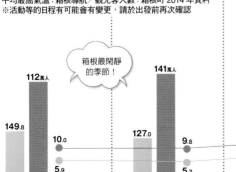

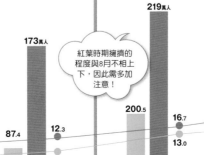

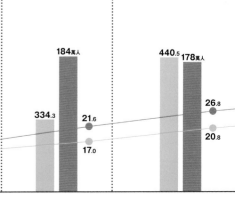

101 まっぷる

最棒的行程計畫！箱根

來遊覽一遍人氣景點吧！

行程 不住宿

箱根的魅力之一是從東京前來即使不住宿也能愉快遊玩。搭電車、巴士，或是開車前往都可以，在此列出對應各交通工具的推薦行程！

主題1 王道景點 路線

🚃 搭電車前往

9:00 箱根湯本站
搭箱根登山鐵道40分，強羅站下車，步行6分

10:00 箱根強羅公園（箱根CraftHouse）
箱根強羅公園為美麗的法式庭園，在公園內的「CraftHouse」參加陶藝體驗。體驗結束後，就在公園內散散步吧。
嘗試使用電動式手拉坯機的陶藝體驗
P.123

步行8分

12:00 田むら銀かつ亭
午餐就吃一定要排隊的箱根名物——店家原創的豬排豆腐煮。
造成排隊的豆腐料理人氣店家
這就是箱根名物！
P.124

搭箱根登山纜車&箱根空中纜車18分·大涌谷站

主題2 悠閒享受 路線

♨ 搭電車前往

10:00 箱根湯本站
搭箱根登山鐵道35分，雕刻之森下車即到

10:40 雕刻之森美術館
首先前往能觀賞到世界級雕刻作品的美術館。內有畢卡索館，及大受孩童歡迎的遊戲造型作品，很受廣泛世代喜愛！
在晴空之下來趟藝術散步
P.122

搭箱根登山鐵道8分，宮之下站下車即到

12:30 sora Anna
午餐目標為講究當季蔬菜美味的義式料理。品嘗午餐全餐，好好填飽肚子，為下午的散步做準備。
午餐享用重視食材的義式料理
P.124

步行即到

主題3 飽覽富士山 路線

🚗 開車前往

9:00 早川IC
阿利思特岩田收費高速公路箱根15km

9:20 大觀山展望園地
一早就先去看富士山×蘆之湖的遠景
一開始最先衝去造訪蘆之湖＆富士山的最佳觀景點吧！也有餐廳及廁所，可暫時休息一下。
MAP 附錄P.31 D-5

縣道75號、國道1號5km

10:00 蘆之湖湖畔
在湖畔沿線，元箱根港周邊能從富士山看得最清楚。箱根支所停車場可免費停車！
從湖岸眺望的富士山也很棒
強力推薦元箱根港
P.132

國道1號、縣道75、735、734號12km

主題4 高原兜風 路線

🚗 開車前往

9:00 御殿場IC
國道138號、縣道75號12km

9:20 箱根濕生花園
首先，先前往國立公園的特別保護區
開園期間為3月20日～11月30日，在此自然景點，可觀賞到各種令人愉悅的花草。首先，就先來接觸一下箱根豐富的自然吧！
春天也有水芭蕉
P.130

一般道路2km

11:00 仙石原芒草原
10月上旬～11月中旬能見到金黃色芒草的景點。綠意時節的風景也十分生機蓬勃。
秋天時為箱根首屈一指的名勝！
金黃色的芒草搖曳著
P.130

各博物館在數km範圍內

想要泡在溫泉裡悠哉地度過啊♪

就算不住宿也有很多地方可以逛呢！

箱根強羅溫泉的"ごうらん"

18:30

箱根湯本站

從步行10分的箱根神社前巴士站，往箱根湯本駅方向35分，終點下車

16:30

祈求愛情圓滿與工作成功

箱根神社　P.135

以祈求良緣的能量景點作為旅途的結尾。鳥居建在湖畔，此美景請務必一見。

開運小槌也一定要摸！

15:40

蘆之湖畔的超人氣景點

Bakery & Table 箱根　P.136

位於蘆之湖畔，烘焙坊與餐廳的複合設施。在室外的溫泉足湯區，泡著足湯品嘗甜點，消除旅途的疲勞吧。

步行10分

15:00

說到蘆之湖的話，就是這個了！

箱根海賊觀光船　P.132

從桃源台往蘆之湖南側，搭乘獨特的遊覽船來趟湖上遊覽。從湖面望見的富士山也很NICE！

富士山好漂亮♪

搭箱根海賊觀光船35分，元箱根港下船即到

13:30

來去獲得地球的能量吧

大涌谷　P.126

一邊眺望著從箱根空中纜車也能看見的世界文化遺產——富士山，一邊前往感受地球能量的名勝。

搭箱根空中纜車16分，桃源台站下車即到

19:00

箱根湯本站

搭免費接送巴士3分

17:00

最後當然是泡溫泉囉

箱根湯寮　P.106

前往附包廂包租浴池的熱門不住宿入浴設施。可選擇在包租浴池盡情泡湯，或在寬敞的大浴場悠閒泡湯。

從箱根湯本站搭免費接送巴士3分

16:30

箱根名物「湯麻糬」的咖啡廳

茶のちもと　P.117

以箱根銘菓「湯麻糬」聞名的和菓子店所經營的日式咖啡廳。柔軟的麻糬與上等抹茶，讓人感到溫暖平靜。

步行5分

15:00

箱根湯本散步漫遊

逛著延綿在車站前或小巷內的伴手禮等店家，同時尋找著箱根獨有的伴手禮。邊走邊吃也很有樂趣！　P.110

13:30

來懷舊氛圍的街道散個步

宮之下散步　P.118

國道1號旁，是復古骨董店等林立的區域。也來試著走一回卓別林的散步路徑吧。

約翰藍儂也來過！

搭箱根登山鐵道27分，箱根湯本站下車

18:00

御殿場IC

一般道路2km

15:00

在富士山邊盡情購物

御殿場 Premium Outlets　P.142

從御殿場IC踏上回程時，一定要順道去一下的人氣景點就是這裡。遼闊的腹地有8個東京巨蛋大，將超值珍品納入囊中！

13:30

能看見多達1300種各式各樣的植物

箱根濕生花園　P.130

在樹林環繞的步道，也來享受一下小小的登山健行吧。

縣道75號、國道138號13km

12:00

午餐與伴手禮的新景點

大涌谷黑蛋館　P.127

商店、餐廳都有許多大涌谷名物！也能買到大涌谷名物的黑蛋。

縣道75號6km

11:00

能實際感受富士火山帶的地點

大涌谷　P.126

前往白煙與蒸氣往上翻湧，箱根第一的絕景景點。散步完，就來看看從大涌谷停車場可望見的巨大富士山吧！

黑蛋是名物！

步行即到

17:00

小田原西IC

箱根新道16km

16:00

美景連連的兜風路

蘆之湖Skyline　P.13

奔馳在聳立於湖岸旁群山稜線上的美景收費道路。在杓子、山伏等展望台一覽蘆之湖、富士山、駿河灣，一邊朝箱根IC前進。

國道1號17km

13:30

在視野良好的大浴場消除平日的疲勞吧

箱根てのゆ　P.107

包廂家庭浴池可租借長達2小時，因此可以悠閒地泡湯，真是令人欣喜。

國道138號5km

12:00

藝術與午餐都可在此解決的實力派

仙石原的博物館

P.128 小王子博物館 箱根聖修伯里

P.128 POLA美術館

P.129 箱根玻璃之森美術館

P.129 箱根拉利克美術館

仙石原聚集了一年到頭都很有人氣的4間博物館。在其中一間細細鑑賞也好，遊覽數間也很不賴！

運用交通工具完全制霸

箱根值得一見的景點！

在有山有湖的箱根，有許許多多活用地形的獨特交通工具。這條就是制霸交通工具與王道景點的最佳路線！

要搭的是這個！
箱根登山電車
●はこねとざんでんしゃ

登上陡峭的山坡
世界屈指可數的山岳鐵道

MAP 附錄P.33 A-2

高低差達445m的登山電車，馳騁在箱根湯本～強羅之間，一邊前後更換行車方向，一邊以之字形往上爬。到終點站的所需時間約40分。車輛「ALLEGRA號」有著大大的窗戶，可從窗戶欣賞鮮明的箱根自然風光。

☎0465-32-6823 ⏰行駛時間：箱根湯本出發往強羅站為5:50～23:09，強羅出發往箱根湯本站為5:23～22:41（平日、週六日、假日皆是）

> 世界屈指可數的山岳鐵道！

> 就算只是單純搭乘也有點像在玩遊樂設施

> 朝箱根出～發～囉！

雕刻之森
9:46

箱根登山電車
車資：130日圓
所需時間：2分

所需時間90分

在「雕刻之森美術館」進入畢卡索的世界

在人氣戶外美術館實際感受大自然與世界級藝術（→P.122）

在車站內的「箱根の市」尋找伴手禮

伴手禮及便當的種類相當豐富。在回程享受一番購物的樂趣。

☎0460-85-7428
⏰8:30～21:00 休無休
MAP 附錄P.32 G-5

箱根登山電車
車資：400日圓
所需時間：約35分

箱根湯本
9:11
17:20

小田急浪漫特快
特急費用&車資：2280日圓
所需時間：約90分
※視電車而異

新宿
7:20發

※所記載的行程時間是以週六日、假日的行駛時間為參考，標示前往各站、巴士站等處的概略抵達時間。

※浪漫特快的列車車型要從時刻表等處確認

要搭的是這個！
小田急浪漫特快
●おだきゅうろまんすかー

要往箱根旅遊的話，就搭這個

全車對號座的特急電車行駛於新宿到小田原之間，如中途不停靠的スーパーはこね號等，視電車不同停靠站也各有不同。有不需另付特別費用就能享受眺望席的車廂，非常受歡迎。

☎03-3481-0066（小田急顧客服務中心為10:00～18:00）

元箱根港
16:25

箱根登山巴士
車資：960日圓
所需時間：約25分

在超能量景點「箱根神社」提升運氣

所需時間30分

擁有1250年以上歷史的古老神社，祈求愛情圓滿也很靈驗（→P.135）

箱根區域還有這樣的巴士

Skylight巴士
●かんこうしせつめぐりばす

連接強羅站與御殿場Premium Outlets。遊覽美術館也相當方便。

☎0460-86-0880
（箱根登山巴士宮城野營業所）

伊豆箱根巴士
●いずはこねばす

起點為小田原、湯河原、熱海。也有箱根區域無限搭乘的優惠周遊券。

☎0465-22-3166（小田原站前服務處）

優惠info

各種交通工具無限搭乘！箱根周遊券

自由搭乘箱根區域的交通工具，充分運用優惠車票，實現高CP值之旅！

除了小田急之外，還能使用的交通工具是？

- ●箱根登山電車
- ◎箱根登山巴士
- ●箱根景點巡遊巴士（箱根登山巴士）
- ●箱根登山纜車
- ●箱根空中纜車
- ●箱根海賊觀光船
- ◎小田急箱根高速巴士
- ◎東海巴士Orange Shuttle

※◎為有指定區間

費用為？

出發站	2日內有效（日圓）		3日內有效（日圓）	
	成人	兒童	成人	兒童
新宿	5140	1500	5640	1750
新百合丘	4890	1450	5390	1700
小田急多摩中心	5010	1480	5510	1730
町田	4820	1420	5320	1670
小田原、箱根湯本、湯河原、三島、沼津等	4000	1000	4500	1250

震撼力十足的大涌谷就在正下方！

要搭的是這個！

箱根登山纜車
●はこねとざんけーぶるかー

往上攀升209m

MAP 附錄P.35 D-2

以纜繩連結，2節車廂編成的車輛上下行駛。強羅到早雲山所需時間約10分。從強羅山腰悠閒地往早雲山前進。

☎ **0465-32-6823**
（箱根登山鐵道 鐵道部）

強羅
11:34

箱根登山纜車
車資：420日圓
所需時間：10分

要搭的是這個！

箱根空中纜車
●はこねろーぷうえい

離地130m的空中散步

MAP 附錄P.35 A-3

此空中纜車全長約4km，連結早雲山～桃源台，並以世界少見的長度自豪。從高低差最大的130m處俯瞰的大涌谷令人讚嘆。由於可在中途下車，所以推薦車票可直接買到最終想去的目的地。營業時間視季節不同，因此要事先確認好喔。

☎ **0460-82-3052**（箱根空中纜車早雲山站）
🕐9:00～17:00（12～2月為～16:15）
休無休（天候不佳時停駛） P110輛（早雲山站）、112輛（大涌谷站，520日圓）、約80輛（姥子站）、40輛（桃源台站）

從空中還能觀賞到蘆之湖與富士山呢

早雲山
13:05

箱根空中纜車
車資：1370日圓（早雲山～桃源台，可中途下車）
所需時間：約8分（早雲山～大涌谷之間）

大涌谷
13:15

所需時間 60分

千萬不能錯過箱根數一數二的觀光勝地「大涌谷」。在這白煙上升，箱根最讚的大自然景點中散步。名物黑蛋一定要吃！（→P.126）

所需時間 60分

「田むら銀かつ亭」的人氣美食一定要吃！造成排隊的名物美食，最好在人潮湧至前來吃（→P.124）

還有還有！蘆之湖的交通工具

箱根蘆之湖遊覽船
●はこねあしのこゆうらんせん

從元箱根、箱根關所朝箱根園方向前進，相當方便的定期船班。除了定期船班之外，還有行駛周遊船班。（→P.133）

划槳船＆天鵝船
●てこぎぼーとあんどすわんぼーと

可向散布於桃源台、湖尻、元箱根、箱根町湖畔的船家租借。所有店家收費均一。（→P.133）

箱根空中纜車
車資：請參考上述
所需時間：約16分
（大涌谷～桃源台之間）

所需時間 30分

在湖畔的「Bakery ＆Table 箱根」稍作休息
湖畔最受矚目的店家。在附有足湯的座位，享受絕景＆甜點（→P.136）

桃源台
15:00

元箱根港
（步行）
15:40

箱根海賊觀光船
車資：1000日圓
所需時間：40分

以優雅的氣氛一同來趟湖上探索吧！

要搭的是這個！

箱根海賊觀光船
●はこねかいぞくせん

在蘆之湖搭乘人氣No.1的交通工具

以17～18世紀的戰艦為範本打造的觀光船。以船內裝飾著3D藝術的Royal Ⅱ南歐皇家太陽號為首，共有三艘色彩鮮艷的船隻在航行。從船上欣賞壯觀的富士山也是箱根之旅的精華所在。（→P.132）

要搭的是這個！

箱根登山巴士
●はこねとざんばす

以箱根最大的路線網為傲

幾乎涵蓋箱根全區的路線巴士。也有從小田原站～箱根湯本站～箱根町港可無限搭乘的「箱根舊街道1號線車票」等優惠車票，請上網站確認。

☎ **0465-35-1201**（箱根登山巴士運輸部）
HP http://www.hakone-tozanbus.co.jp

不住宿溫泉

箱根自古以來作為溫泉勝地，人潮絡繹不絕，散布著許多不住宿溫泉設施。在此為大家介紹推薦11家溫泉設施！

↑和休息包廂一起的包租包廂露天浴池

↑位於大浴場「大湯」中，靠近樹林的露天浴池

有19間包租浴池可選
不住宿溫泉的殿堂！

塔之澤溫泉 はこねゆりょう
箱根湯寮

以「古民宅風的山間溫泉」為理念的不住宿溫泉設施。除了擁有首都圈最大規模的19間包租包廂露天浴池之外，也還有設備完善、有著豐富多元浴池的大浴場。

☎0460-85-8411 **MAP**附錄P.32 E-3
⏰溫泉10:00～21:00（週六日、假日為～22:00，最終入館為打烊前1小時）；餐廳11:00～21:00（週六日、假日為～22:00，最後點餐為打烊前1小時）
休無休（有臨時休） 所箱根町塔之澤4
箱根登山鐵道箱根湯本站搭免費接送巴士約3分 P92輛

不住宿資訊　**入浴預估時間 2小時**
■本殿 湯樂庵 大湯
450日圓　250日圓
【入浴費】成人1400日圓、兒童700日圓
※小學生以下不可使用

入浴預估時間 1.5小時
■獨立湯屋 花傳
【入浴費】1間60分 4000・5000・6000日圓

↑氣泡浴池、溫泉水柱浴池等，能充分享受泡遍各種浴池

箱根湯本溫泉 ゆのさとおかだ
湯之里 岡田

以擁有餐廳與休閒等豐富設施為傲的大型溫泉設施。能在7種多樣的浴池裡享受5道自家源泉的溫泉。（住宿情報→P.150）

☎0460-85-3955 **MAP**附錄P.33 D-4
所箱根町湯本茶屋191 箱根登山鐵道箱根湯本站，搭旅館巡迴巴士往滝通り方向7分，ホテルおかだ下車即到 P70輛

不住宿資訊　**入浴預估時間 1小時**
【入浴費】
200日圓　200日圓
成人1450日圓、兒童600日圓
⏰6:00～9:00、11:00～23:00
休不定休
45分1100日圓

能將箱根群山盡收眼底的寬敞露天浴池

在寬敞的溫泉設施，盡情泡在各種溫泉裡！

↑自然環繞的「一休」露天浴池相當棒！

箱根湯本溫泉 てんざんとうじきょう
天山湯治鄉

佇立於須雲川旁，有如隱居之處的不住宿溫泉設施。在此能享受到引自7道源泉，使用豐富的溫泉所打造的多種浴池。僅平日能用的「はしご券」也十分優惠。

MAP附錄P.33 D-4
所箱根町湯本茶屋208 箱根登山鐵道箱根湯本站，搭湯本旅館組合巡迴巴士10分 P140輛
※附設在「天山」館內的人氣咖啡廳

不住宿資訊　**入浴預估時間 2小時**
■かよい湯治 一休
【入館費】成人1100日圓、兒童650日圓
☎0460-85-8819 ⏰11:00～19:00（週六日、假日為～20:00）
休週四（12月中旬有5天左右休）
350日圓　200日圓　360日圓

還有還有！

塔之澤 かみゆおんせんたいしゅうよくじょう
上湯溫泉 大眾浴場

如民宅般的公共浴場散發樸實氛圍。因十分溫熱廣受好評的自家源泉溫泉，對花粉症、風濕性關節炎、傷勢復原都很不錯。

MAP附錄P.33 D-3　休館中
☎0460-85-7683 ⏰11:00～19:00（週六、日為9:00～；休息為～18:00）
休週五 ¥成人600日圓、兒童300日圓
所箱根町塔之沢112 箱根登山鐵道塔之澤站步行即到 P5輛

箱根湯本 やじきたのゆ
彌次喜多之湯

有純住宿設施的不住宿溫泉。除了有6種浴池之外，還有2間包租室內浴池。也有附卡拉OK的休息包廂。

MAP附錄P.32 F-6
☎0460-85-6666 ⏰10:00～21:00
休週四（逢假日則有變更，需洽詢） ¥成人1100日圓、兒童500日圓（假日前日、假日為成人1200日圓；兒童600日圓） 所箱根町湯本694 箱根登山鐵道箱根湯本站即到 P35輛

符號範例 ■…含入浴費 ■…費用另計・租借、販售等 ■…無
…浴巾 ✎…毛巾 …洗髮乳、潤絲精 …肥皂、沐浴乳 …吹風機 休…休息設施 露…露天浴池 包…包租浴池

飄蕩著日式風情、設施豐富的溫泉設施

↑包廂家庭浴池，可租借長達2小時

底倉溫泉　はこねてのゆ
箱根 てのゆ

除了有能感受箱根季節的露天浴池之外，還以擁有家庭浴池、休閒、用餐等豐富的設施為傲。大露天浴池有5種浴池，獨立的包租浴池則有3種。

MAP 附錄P.35 A-5
☎0460-86-1026
所箱根町底倉555
■箱根登山鐵道宮之下站步行13分
P50輛

不住宿資訊　入浴預估時間 **2小時**
【入浴費】國中以上1300日圓、3歲以上400日圓
（週六日、假日為成人1700日圓、兒童500日圓）
⌚11:00～18:00（週六日、假日為～19:00）
休不定休　※不可包尿片

↑景觀視野良好的大浴場露天浴池

箱根湯本溫泉　ゆあそびどころはこねのゆ
湯遊處 箱根之湯

擁有2道自家源泉，以溫泉量豐沛為傲的溫泉設施。在庭園風格的腹地內，有著氣泡震動浴池、溫泉水柱浴池等備有多元豐富的浴池。

MAP 附錄P.32 E-4
☎0460-85-8080　所箱根町湯本茶屋100-1　■箱根登山鐵道箱根湯本站，搭湯本旅館組合巡迴巴士8分　P60輛

不住宿資訊　入浴預估時間 **1小時**
【入浴費】成人1050日圓、兒童500日圓　一組350日圓
⌚10:00～22:00
休不定休

自然環繞、溫泉量豐沛的溫泉庭園

↑使用檜木製作的柱子等，散發出的香氣也很療癒身心

↑打開間內浴池的窗戶，可眺望箱根群山

宮之下溫泉　たいこうゆ
太閤湯

注入自噴源泉放流的溫泉，由當地自治會營運的共同浴場。旅行者也可使用。

MAP 附錄P.35 B-5
☎無　所箱根町宮ノ下223
■箱根登山鐵道宮之下站步行5分
P4輛

不住宿資訊　入浴預估時間 **30分**
【入浴費】成人500日圓、兒童400日圓　150日圓 50日圓 50日圓
⌚10:00～20:00（冬季為～19:30）
休週三、週四（視月份變動）

↑位於宮之下路口的斜坡稍微往下一些就能看到的地方

箱根湯本溫泉　かっぱてんごく
河童天國

位於箱根湯本站步行3分之處，能泡湯享受到接近電車出發的小時。也有能眺望箱根登山電車的足湯200日圓。

☎0460-85-6121　**MAP** 附錄P.32 G-5
所箱根町湯本777　■箱根登山鐵道箱根湯本站步行3分　P30輛

不住宿資訊
【入浴費】成人800日圓、兒童400日圓
休無休

入浴預估時間 **30分**
1200日圓 150日圓　45分1000日圓

鄰近車站，採源泉放流的便利泡湯處

↑能享受到源泉放流，泉質優良的露天浴池

還有還有！

箱根町 宮城野溫泉會館
はこねまちみやぎのおんせんかいかん

此共同浴場使用了宮城野初次湧出的溫泉。有男女分開的室內浴池與露天浴池。

MAP 附錄P.34 E-1
☎0460-82-1800　⌚10:00～20:00
休週四（逢假日則營業，有補休）
¥成人650日圓、兒童300日圓　所箱根町宮城野922　■箱根登山鐵道箱根湯本站，搭箱根登山巴士往桃源台方向16分，宮城野站下車即到　P45輛

宮城野 勘太郎の湯
かんたろうのゆ

連淋浴用水都是使用汲取自自家源泉的優質溫泉。有大理石露天浴池等。

MAP 附錄P.34 E-1
☎0460-82-4477　⌚11:00～19:00（週六日、假日為10:00～20:00）　休週五　¥國中生以上800日圓、兒童400日圓（含休息費）　所箱根町宮城野923　■箱根登山鐵道箱根湯本站搭箱根登山巴士往桃源台方向16分，宮城野站下車即到　P50輛

麵包店

想把暢銷商品都帶走！

箱根　**好吃的麵包店圖鑑**

西洋文化從很久以前就深植於箱根，有著連箱根通也稱讚的麵包名店。當成簡單午餐或買回家吃都很受歡迎的4間店都在這裡！

宮之下

BAKERY&SWEETS PICOT
ベーカリー＆スイーツピコット

位於富士屋飯店腹地入口的麵包店。除了約20種的固定商品之外，也備有能讓人同時享受到箱根四季的期間限定商品。伴手禮也相當豐富。

☎0460-82-5541　MAP附錄P.35 B-5
🕐8:30～18:00（因工程影響，有變更的可能性）
休無休　所箱根町宮ノ下359 富士屋飯店腹地內
➡箱根登山鐵道宮之下站步行7分
P10輛

出爐時間

開店時幾乎全商品都準備齊全。隨時會有咖哩麵包、葡萄乾麵包等的人氣商品出爐。

內用

沒有能在店內品嘗麵包的區域。

祕笈公開！
飯店因改裝工程休館中，所以店內較不擁擠，可舒適購買。

↑也備齊了人氣的咖哩調理包等伴手禮

NO.2
↑運用代代相傳的食譜所製作的吐司麵包。推薦切成吐司一片一片吃
吐司麵包（1.5斤）496日圓

NO.5
↑核桃與裸麥的風味令人想一吃再吃，是這裡的人氣商品
核桃裸麥麵包 702日圓

NO.3
↑裹入葡萄乾，直接這樣烤也很好吃
葡萄乾麵包 648日圓

想在家裡品嘗飯店傳統的風味

NO.1
↓可愛的蘋果造型之中，有滿滿切碎的蘋果肉
↓接近飯店咖哩味道的咖哩餡配上甜麵包麵團的經典咖哩麵包。餡料大塊，分量十足！
經典咖哩麵包 324日圓

NO.4
蘋果麵包 259日圓

NO.3
↓持續受到廣泛人群喜愛的吐司麵包1.5斤。微微濕潤的口感很受歡迎
箱根山麵包 494日圓

NO.4
↑靈感源自箱根町之花「箱根薔薇」，最頂端做成薔薇花的模樣
箱根山薔薇 464日圓

NO.2
↑滿滿的紅豆餡加上一整顆自家醃漬的梅乾。微酸的風味相當可口
梅乾紅豆麵包 259日圓

名物為舉辦驛傳時所供應的溫泉燉牛肉麵包

NO.1
↑將仔細慢燉的燉牛肉放入法國圓麵包中
溫泉燉牛肉麵包 621日圓

NO.5
↑放入甜度醇厚的豆漿鮮奶油，口感輕盈的輕食系
豆漿鮮奶油麵包 216日圓

祕笈公開！
從開店後就有客人造訪。不過由於燉牛肉麵包會持續地出爐不會售完，瞄準14時過後再來。

宮之下

渡邊ベーカリー
わたなべベーかりー

長久持續受到當地人與觀光客喜愛的老字號麵包店。使用大地食材，有許許多多令人眼花撩亂、每個都讓人想吃吃看的麵包。尤其是很受歡迎的溫泉燉牛肉麵包，從一早就有許多人為此麵包而來，相當熱鬧。

➡P.125

出爐時間

有40～50種麵包，隨時有麵包出爐，商品視時間而異。12～14時品項數量豐富。

內用

一共有10席座位，也有供應飲品。

四大

四大麵包店

➡ 在奧湯本能買到飯店的人氣麵包！

➡ 法式長棍麵包麵團加上滿滿的加工起司＆格呂耶爾起司，烤得香噴噴的

起司巴塔麵包
390日圓
NO.5

➡ 全麥麵粉與裸麥揉出的麵糰，揉入滿滿的山葡萄和核桃
NO.2

核桃裸麥葡萄乾麵包（半條）
390日圓

蘆之湖

Bakery & Table 箱根『Bakery & Shop』

べーかりーあんどてーぶるはこねべーかりーしょっぷ

餐廳（→P.136）也很有人氣的麵包店，以「講求使用當地蔬菜及嚴選食材製作麵包」為理念。全年備有80種左右的麵包。也販售原創食品與雜貨。

📞 0460-85-1530　　　　MAP 附錄P.38 B-2

🕙10：00～17：00（咖啡廳～16：30）　休無休　所箱根町元箱根9-1 1F　🚃箱根登山鐵道箱根湯本站，搭箱根登山巴士往元箱根・箱根町方向32分，元箱根港站下車即到　P無

➡ 在專用紙上填寫商品名稱

出爐時間
開店時大約會備妥約7成的麵包，12時左右會的種類最多。咖哩麵包會發號碼牌。

內用
可在2樓的咖啡廳或1樓間外的足湯享用麵包。

秘笈公開！幾乎在開店後就會準備好全部種類的麵包，可鎖定這個相對較不擁擠的時段。過了中午就會有商品售完的情況。

➡ 內有香辣的咖哩與整顆水煮蛋，吃起來很有飽足感
NO.1

➡ 四角丹麥麵包中加了根菜與培根，是店內的招牌商品
箱ね
216日圓
NO.2

➡ 放入滿滿卡士達奶油的甜麵包。口感鬆軟
克林姆麵包
206日圓
NO.3

咖哩麵包
346日圓

也有許多與箱根有關的獨特麵包！

箱根山 酒種龍神紅豆麵包
180日圓
NO.4

➡ 使用箱根神社的龍神水與酒種製作，包裹上等的紅豆餡，是經典的美味

箱根咖哩麵包
250日圓
NO.3

➡ 使用雞絞肉、番茄，以及10種辛香料的肉末咖哩風麵包

NO.1

➡ 使用高級奶油，中間蓬軟有嚼勁，外皮酥酥脆脆的口感

可頌
230日圓

➡ 處於遠離箱根湯本鬧區的位置

箱根湯本

Hakone Bakery

はこねべーかりー

位於奧湯本，箱根湯本酒店所開的麵包店總店。除了與箱根神社有關的紅豆麵包之外，從餐點類的麵包到點心類的麵包種類豐富多元。

📞 0460-85-8876　　　　MAP 附錄P.32 E-4

🕙9：00～17：00（內用為～16：30）　休無休　所箱根町湯本茶屋184　🚃箱根登山鐵道箱根湯本站步行20分　P10輛

秘笈公開！夏季的11～13時左右經常人多擁擠。瞄準開店後的時間較好，但在住宿退房的時刻會比較多人。

出爐時間
9時開店的時候，幾乎就會呈列好所有種類的麵包，人最多的12時30分左右也會陸續有麵包出爐。

內用
可點飲品，並且也能享用麵包的座位。

鹽麵包
108日圓
NO.4

➡ 僅添加了鹽巴，讓人想配飽吃的簡單味道

巧克力蔓越莓
314日圓
NO.5

➡ 巧克力口味的麵糰中揉入大量的蔓越莓與堅果，最適合有點餓時吃

徹底採訪全部店家！
伴手禮
箱根湯本街

詳盡導覽
附祕笈！

在國道1號旁齊聚許多伴手禮店和美食小吃。將箱根第一的購物街概況全部報你知！

說到經典的箱根名物，就是這個！

寄木細工
承襲自江戶末期的傳統工藝品。可在伴手禮店購得。

魚板
過去箱根難以取得新鮮海鮮，遂以發展出魚板文化。

溫泉饅頭
國道1號旁有多家溫泉饅頭店，來找找喜歡的吧。

周邊MAP 附錄P.32~33
住宿info P.146~151
洽詢處
箱根湯本觀光協會
☎0460-85-7751
箱根町綜合觀光服務處
☎0460-85-5700

有多功能廁所＆尿布更換台（1F剪票口內）

WC 廁所　EV 電梯
投幣式置物櫃　方便帶孩童的遊客使用
¥ 銀行ATM　方便乘坐輪椅的遊客使用

WC

箱根登山豪華計程車（計程車）乘車處

詳細的巴士資訊請見P.156

Ⓐ BUS　Ⓑ BUS　Ⓒ BUS

地下樓層的公共廁所相對較乾淨

① BUS　② BUS　③ BUS　④ BUS

EV

富士屋ホテル PICOT

② PICOT 湯本站前店 **WC**

ガラスアート体験工房
小田原報德自動車
湯本派出所

① 箱根sagamiya
箱根登山觀光巴士
箱根町綜合觀光服務處
箱根登山巴士湯本服務處
箱根觀光導遊處

前往這地區的交通方式

鐵道	開車
新宿站	東京IC

搭小田急浪漫特快 スーパーはこね 1小時25分、2280日圓

經東名高速道路、小田原厚木道路約73km

箱根湯本

搭箱根登山鐵道（箱根登山電車）15分、310日圓

經國道138、1號約25km

| 小田原站 | 御殿場IC |

詳細交通資訊見P.152！

有什麼問題的話，可以到此洽詢

可暫時寄放行李。大型行李＆嬰兒推車（折疊式）510日圓，小型360日圓。營業時間為8：30～16：30

可寄宅配（不過需要用箱子先打包好）

箱根登山巴士的洽詢處在此

【3F】可製作筷架或耳環。無須預約

可包計程車或豪華計程車

➡巴士搭乘處有服務導覽的員工，不知道如何搭乘的話可來此詢問

有大、中、小尺寸

➡巷子內散布著女孩喜愛的可愛店家

あじさい橋

經典咖哩麵包 324日圓

② ➡以富士屋飯店的名物咖哩為形象所製作的逸品

① 箱根sagamiya
はこねさがみや

使用堅果烤製的點心專賣店。全部都是手工製作，也可試吃。山之布朗尼285日圓（切片）也很有人氣。

☎0460-85-6610　⌚9：00～17：00（週六為～17：30）　休無休　所箱根町湯本706-35　交箱根登山鐵道箱根湯本站即到　P無
MAP附錄P.32 H-5

➡一邊吃點東西，一邊散步閒晃，非常愉快

PICOT 湯本站前店
ぴこっとゆもとえきまえてん

由湯本富士屋飯店直營的外帶店。店內陳列著飯店的麵包與甜點等。也有販售咖啡及霜淇淋。

☎0460-85-6111（湯本富士屋飯店）　⌚10：00～16：00（視時期而異）　休無休　所箱根町湯本256-1　交箱根登山鐵道箱根湯本站即到　P無
MAP附錄P.32 H-5

nuts vessel 430日圓

➡餅乾上擺滿7種堅果，再覆上一層焦糖的甜點

旅行願望清單！

☐ 在箱根第一的購物街買到伴手禮

☐ 一邊品嘗小吃一邊逛街

☐ 在氣氛超群的日式咖啡廳享用人氣菜單

※為將店家依序表示，部分建築照片經過加工。

伊豆 P.19
箱根 P.99
箱根湯本 P.110
宮之下·強羅·小涌谷 P.118
大涌谷 P.126
仙石原 P.128
蘆之湖·舊街道 P.132
小田原·湯河原·御殿場 P.140

【2F】
⑥ 旅靴屋 箱根站前店
たびくつやはこねえきまえてん

以「穿著日本製鞋子出遊吧」為理念。以神戶長田製為主，精選久走也不累的鞋子。

☎0460-85-5544 ⌚9:30～18:00
休無休 所箱根町湯本706-1 湯本名產店ビル2F 箱根登山鐵道箱根湯本站即到
P無 MAP附錄P.32 G-5

INCHOLJE
貨號8303/RED
11670日圓

➔相繼有回頭客的低反發材質

【4F】
溫泉義大利麵有名的義式餐廳

【3F】
拉麵使用真鯛熬製的高湯，堪稱絕品(→P.116)

【2F】
能吃到丸嶋本店的饅頭

【1F】
專賣海鮮的伴手禮店。也有削賣昆布

【1F】
⑤ 丸嶋本店
まるしまほんてん

創業120年的老字號饅頭店。販售每天早晨在店面現作的饅頭。也可單買1顆。

☎0460-85-5031 ⌚8:30～17:30(視時期而異) 休無休 所箱根町湯本706 箱根登山鐵道箱根湯本站即到 P無
MAP附錄P.32 G-5

元祖箱根溫泉饅頭(1個)90日圓

➔外皮添加黑糖蜜，帶有微微的香氣

伴手禮店與咖啡廳相當多的箱根湯本站，也是旅行往返時必逛的地點。

BUS 不住宿溫泉箱根湯寮的免費接送巴士搭乘處

¥

⑤ BUS

有大、中、小尺寸（2F開票口外）
有中、小尺寸（2F開票口內）

箱根湯本站

EV 數量多，可鎖定這裡。有大、中、小尺寸（1F車站外）

❶ 國道1號（伴手禮街）

ますや湯本店
文教學院
摘取完全成熟的梅子，醃漬成的「梅の宿」很受歡迎

まるきや
販售每日從伊東送來的乾貨＆魚板

⑥ 2F旅靴屋箱根店
1F海鮮市場 箱根登山名產店

加滿幸
2Fお茶處·甘味處 萩 3F簡らーめん 麺處彤 4Fイタリア食堂 オルテンシア
能一邊眺望早川一邊用餐。也有和式座位

⑤ 1F丸嶋本店

吉田本店
販售許多寄木細工、民俗藝品的伴手禮店

④ 菊川商店
蕎麥麵、蓋飯、定食等，菜單相當豐富

食事處みはらし

往小巷內散步①

❸ 田中屋土產店

要搭乘巴士或計程車時，就走天橋迴廊經過到車站和另一頭吧

小巷內 散步①

烤起司三明治810日圓

➔滿滿的起司與蜂蜜芥末結合的熱三明治

Cafe Timuny.
かふぇていむにー

木質調的店內放置著色彩繽紛的家具，藝術空間氛圍的咖啡廳。可享用到冰滴咖啡與用心製作的食物。

☎0460-85-7810
⌚10:00～18:30 休週三 所箱根町湯本706-32 1·2F 箱根登山鐵道箱根湯本站步行3分 P無
MAP附錄P.32 G-6

早川
はやかわ

從あじさい橋的東西兩側可下到河邊。是能慢慢品嘗外帶美食的私房好去處

❸ 田中屋土產店 たなかやみやげてん

1872（明治5）年創業，從方便發送的點心，到寄木細工、魚板，陳列著大量的伴手禮。

☎0460-85-5351 ⌚8:30～18:00
休週四(逢假日有補休) 所箱根町湯本706 箱根登山鐵道箱根湯本站即到 P無
MAP附錄P.32 H-5

❹ 菊川商店 きくかわしょうてん

在店面能看到烤製饅頭模樣的人氣店家。可單買到的現烤饅頭，最適合邊走邊吃。

☎0460-85-5036
⌚8:00～19:00
休週四(逢假日則營業) 所箱根町湯本706 箱根登山鐵道箱根湯本站即到 P無
MAP附錄P.32 G-5

在あじさい橋上招一輛遊覽溫泉街的人力車吧

蜂蜜蛋糕燒箱根饅頭(1個)70日圓

➔微甜的蜂蜜蛋糕麵糊中，加入白豆沙餡的洋風饅頭

⑧ 杉養蜂園 (すぎようほうえん)

擁有各式各樣花蜜、果汁蜜、蜂王乳等產品的養蜂場直營店。蜂蜜霜淇淋也是人氣商品。

☎0460-85-7183 ⏰9:30~18:00 (視時期而異) 休無休 所箱根町湯本704 交箱根登山鐵道箱根湯本站即到 P無

MAP 附錄P.32 G-5

漂浮藍莓 540日圓

也能作熱飲
將蜂蜜與藍莓混合

⑨ GRANDE RIVIERE箱根 湯本店 ぐらんりういえーるはこねゆもとてん

以箱根麵包脆餅廣為人知的人氣店家，湯本店離車站又近又方便。滿滿蜂蜜的蜂蜜起司塔250日圓很受歡迎。

☎0120-396-852 ⏰9:00~18:00 (有季節性變動) 休無休 所箱根町湯本704 交箱根登山鐵道箱根湯本站即到 P無

MAP 附錄P.32 G-5

除了能買到人氣的麵包脆餅之外，還有新登場的麵包脆餅走邊吃的塔類點心、最適合逛邊

蜂蜜起司塔 250日圓

⑨ GRANDE RIVIERE 箱根 湯本店

⑧ 杉養蜂園

⑦ 1Fまんじゅう屋 菜の花

EV

【1F】⑦ まんじゅう屋 菜の花 まんじゅうやなのはな

排滿了講究使用自然食材，在工房細心手作的和菓子人氣店。從車站下樓梯即到。

☎0460-85-7737 ⏰8:30~17:30 (週六日、假日為~18:00) 休不定休 所箱根町湯本705 交箱根登山鐵道箱根湯本站即到 P無

MAP 附錄P.32 G-5

箱根的月亮 (1個) 100日圓

使用沖繩縣波照間產的黑糖，以及北海道的紅豆等，對食材相當講究

小巷內散步②

用100%國產蒟蒻製作的海綿，將毛孔中的髒污完全洗淨

箱根系列溫泉宿 (小尺寸) 378日圓

蒟蒻洗臉海綿 (綠茶) 853日圓

箱根限定商品

ひより 箱根湯本店 ひよりはこねゆもとてん

由職人精心製作的吸油面紙專賣店。柔軟且吸油性高，是最棒的吸油面紙。不含化學藥品，因此能安心使用。

☎0460-85-7055 ⏰10:00~18:00 休不定休 所箱根町湯本702-1 交箱根登山鐵道箱根湯本站即到 P無

MAP 附錄P.32 G-6

有許多店家在店門外都會放置長凳或椅子，因此很方便吃小吃

從這裡可不用過馬路就到車站

EV

沒有用餐也能使用廁所。也有多功能廁所＆尿布更換台

WC

そば処治兵衛
寬廣舒適的蕎麥麵店

⑰ 箱根焙煎珈琲 星崎商店

ギャラリー風知草
展示＆販售箱根鄰近的作家作品

⑯ 村上二郎商店

往小巷內散步②

マイアミ
從8:30起營業。也備有三明治等輕食

⑮ 田雅重

⑫ 1Fみつき
⑬ 2F籠清 Mitsukitenn
⑭ 3FDELI&CAFE みつき

富士山七變化 富士山仙貝 390日圓

也備有諸多與富士山有關的點心與商品

---

⑯ 村上二郎商店 むらかみじろうしょうてん

擁有70年歷史的梅乾。不使用添加物，售有3~5年的醃漬梅乾，使用特徵是果肉柔軟的紀州和歌山梅製作。

☎0460-85-6171 ⏰8:30~18:00 休無休 所箱根町湯本702 交箱根登山鐵道箱根湯本站即到 P無

味ぴったり 190日圓

有少鹽和古早味酸梅乾兩款，小包裝販售

【1F】⑫ みつき

以「備齊箱根所有伴手禮」為理念的伴手禮店。在店面有現炸的魚板可外帶。

☎0460-85-5238 ⏰9:00~18:00 (週六日、假日為~19:00) 休週三 所箱根町湯本701 交箱根登山鐵道箱根湯本站即到 P無

MAP 附錄P.32 G-6

【2F】⑬ 籠清 Mitsukitenn かごせいみつきてん

小田原的老字號魚板專賣店。能買到贈禮用的商品，也可以宅配。還有販售乾貨與瓶裝小菜。

☎0460-83-8411 ⏰9:00~18:00 (週六日、假日為~19:00) 休無休 所箱根町湯本702 交箱根登山鐵道箱根湯本站即到 P無

MAP 附錄P.32 G-6

切塊山葵 540日圓

滿滿切成大塊的山葵。不管配肉或配魚都非常對味

⑮ 田雅重 たがじゅう

要買小田原名店「鈴廣」魚板的話，就是這裡了。除了魚漿製品之外，還有只有在這裡才買得到的山葵製品。

☎0460-85-5770 ⏰9:00~17:30 (逢假日則翌日休) 休不定休 所箱根町湯本702 交箱根登山鐵道箱根湯本站即到 P無

MAP 附錄P.32 G-6

【3F】⑭ DELI&CAFE みつき でりあんどかふぇみつき

最適合輕食午餐的美食廣場。其中有販售漢堡、豆腐甜點、拉麵的3間店。還有露臺座位。

☎0460-83-8412 ⏰11:00~18:00 (週六日、假日~19:30) 休不定休 所箱根町湯本702 交箱根登山鐵道箱根湯本站即到 P無

MAP 附錄P.32 G-6

炸肉餅漢堡 600日圓

使用箱根山麓豬製作

烏賊墨汁炸彈 (1個) 237日圓

使用加了烏賊墨的魚肉泥。在箱根只有這裡才有

伊豆 P.19
箱根 P.99
箱根湯本 P.110
宮之下・強羅・小涌谷 P.118
大涌谷 P.126
仙石原 P.128
蘆之湖・舊街道 P.132
小田原・湯河原・御殿場 P.140

小巷內散步③

竹製書籤
各324日圓

→有像進入箱子的貓咪「箱貓」等滿溢玩心的設計

雙面束口袋
各864日圓

季節の雜貨 折折
きせつのざっかおりおり

以日本四季為主題的日式雜貨店。與箱根有關的設計，當成伴手禮還蠻特別的。

→新設計陸續登場
☎0460-85-5798
🕙10:00～17:00，視天候變動
休週三　所箱根町湯本694
🚃箱根登山鐵道箱根湯本站步行4分　P無
MAP附錄P.32 F-6

箱根湯本見番
はこねゆもとけんばん

藝妓們練舞、練唱的場所。每月會舉辦一次公開練習，或體驗與藝妓互動遊戲的活動。洽詢請至☎0460-85-5338
MAP附錄P.32 F-6

11 德造丸 箱根湯本店
とくぞうまるはこねゆもとばいてん

伊豆稻取的餐廳「網元 德造丸」的海產專賣店。備齊使用金目鯛等的海產所製作的加工品。

☎0460-85-5665　🕙9:00～17:30
休無休　所箱根町湯本703　🚃箱根登山鐵道箱根湯本站即到
P無
MAP附錄P.32 F-6

↑廚師親手使用秘傳醬汁燉煮。只要加熱就能品嘗到令人感動的美味

金目鯛漁師煮
(2片)1641日圓

販售在店內的工房製作的饅頭「ご黑うさん」

可品嘗到使用相模灣直送海鮮製作的蓋飯＆御膳

ご黑うさん　料理茶屋 花さがみ

滿滿野山藥泥的蕎麥麵為名物

除了蕎麥麵之外，釜飯也很受歡迎的樸素餐廳

販售服飾、足袋、草鞋等的商店

德造丸 箱根湯本店　山そば　ひちの　はこね　10 手焼堂箱根湯本店　内田商店

海苔卷仙貝
250日圓

→直徑15cm左右大的仙貝，心型的海苔卷仙貝也很受歡迎

10 手焼堂箱根湯本店
てやきどうはこねゆもとてん

為仙貝專賣店。將濕仙貝乾燥2～3天，讓它變得酥脆的「濕脆仙貝」540日圓，當成伴手禮也廣受好評。

☎0460-85-6003　🕙9:30～18:00　休不定休　所箱根町湯本704-7　🚃箱根登山鐵道箱根湯本站即到　P無
MAP附錄P.32 G-5

1 國道1號
（伴手禮街）

7-11　觀光物產館　消防局　21 草源

想喝熱的、想要領錢，或想寄宅配等時相當方便。

有美術館等各設施的折價券。也可使用廁所。開館時間為10:00～16:00　WC

往小巷內散步③

↑↓將現捕的槍烏賊仔細去皮，超薄鹽醃漬而成。鮮美滋味凝聚！

去皮鹽漬烏賊
980日圓

20 たてうら　19 はこねゆもと福住屋　ちく膳　18 藤屋商店 民芸店

供應使用自然海鹽製作的手打烏龍麵

→多的時候，1天可賣出1000支的超人氣霜淇淋。不使用香料

17 箱根焙煎珈琲
はこねばいせんこーひー

店家會在點單後，現場烘焙咖啡豆，約需5分。也新發售了1杯杯沖泡的手沖咖啡150日圓。

☎0460-85-5139　🕙10:00～17:00
休不定休　所箱根町湯本702　🚃箱根登山鐵道箱根湯本站即到　P無
MAP附錄P.32 G-6

咖啡牛乳霜淇淋
350日圓

てりふり人形
2900日圓～

↪晴天的話，女娃娃會往前，下雨的話，男娃娃會往前跑出來，預報天氣

20 たてうら

販售商品除小田原名產的土岩魚板外，到醃漬山葵等皆有。也有工藝品「てりふり人形」區。

☎0460-85-5620　🕙8:30～17:00
休週四、不定休　所箱根町湯本699-1
🚃箱根登山鐵道箱根湯本站步行3分　P無
MAP附錄P.32 F-6

21 草源
そうげん

展示、販售近代木芥子人偶。從可以輕鬆當成伴手禮的人偶，到數萬日圓的名家作品，販售的人偶等級相當廣泛。

☎0460-85-5643　🕙9:00～17:30
休週四　所箱根町湯本699　🚃箱根登山鐵道箱根湯本站步行3分　P無
MAP附錄P.32 F-6

若侍
2400日圓

→使用木工旋盤削製而成。一個個的表情都不一樣

19 はこねゆもと福住屋
はこねゆもとふくすみや

原創的鹽漬去皮烏賊非常受歡迎的「好吃商店」。擁有超過100種的豐富商品。

☎0460-85-5415　🕙9:00～17:30
休無休　所箱根町湯本699-1
🚃箱根登山鐵道箱根湯本站步行3分
P無
MAP附錄P.32 G-6

↪組合天然木頭的原色，描繪出花樣

18 藤屋商店 民芸店
ふじやしょうてんみんげいてん

位於箱根湯本站周邊，要買正統的寄木細工，就來這裡。店內網羅了箱根、小田原附近的現役工匠作品。

☎0460-85-8071　🕙9:00～17:00（週六日、假日為8:30～）　休無休　所箱根町湯本699　🚃箱根登山鐵道箱根湯本站步行3分　P無
MAP附錄P.32 G-6

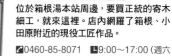

無垢茶筒
14580日圓～

魚肉泥糰子
（15個入）
2106日圓

↑使用嚴選的石首魚與鱈魚親手製成。炙燒一下再吃，會變得超級好吃

㉓ 竹いち たけいち

魚漿製品伴手禮老店。由於只製作當日販售的分量，如果一定要買的話，最晚可前一天先預約。也有販售乾貨與魚板。

☎0460-85-6556　⏰9:00～18:00
休週四　所箱根町湯本729　🚃箱根登山鐵道箱根湯本站步行3分　🅿1輛
MAP附錄P.32 F-5

➡選喜歡的麵，加上點心拼盤、一口飯、醃製品的套餐

㉒ ハイカラ中華 日清亭
はいからちゅうかにっしんてい

創業約100年的手打拉麵店。使用竹子打出的扁麵特徵是彈牙口感、富含嚼勁。17～19時酒精性飲品半價。

☎0460-85-5244　⏰11:00～15:00、17:00～20:00（週六日、假日為11:00～21:00）
休週二（逢假日則翌日休）、週一不定休　所箱根町湯本703　🚃箱根登山鐵道箱根湯本站步行3分　🅿4輛
MAP附錄P.32 F-5

ハイカラ旨々麵定食
麵類的價格
+600日圓（未稅）

㉔ みのや吉兵衛 箱根湯本店
みのやきちべえはこねゆもとてん

創業450年。主力商品為鹽漬產品，也有販售魚板、大吟釀漬山葵等商品。也有適合當小吃的150～300日圓外帶美食。

☎0460-83-8800　⏰10:00～17:00（週六日、假日～17:30）　休週三
所箱根町湯本691-5　🚃箱根登山鐵道箱根湯本站步行5分　🅿無
MAP附錄P.32 F-5

鹽漬可樂餅
150日圓

↑加了鹽漬的獨特可樂餅

小田原當地特產「竹筴魚壽司」相當受歡迎的壽司店

手作大堡排、拿坡里義大利麵為名物

咖啡廳內裝飾有摩里斯・郁特里羅的畫。咖哩為名物

4輛
7:00～20:00
35分500日圓
20:00～7:00
60分200日圓

6輛
500日圓／1小時

15輛
400日圓／1小時，往後每30分200日圓

畫廊喫茶ユトリロ

㉔ みのや吉兵衛 箱根湯本店

BUS

はこね 中村家

喫茶&スナック 淺乃

祕笈　溫泉場入口巴士站。也有能搭回箱根湯本站的巴士！

Tahara

桜木薬局

㉗ 山安箱根湯本店（ひもの店山里）

㉖ 凸凹堂 湯本店

17輛
400日圓／1小時，往後每30分200日圓

㉘ 藤屋商店

さがみ信用金庫

玻璃珠飾品

¥ ATM營業時間為8:00～21:00（週日、假日為～19:00）

販售陶瓷器與生活小物的小店

萬一有需要藥品時，可來這裡購買

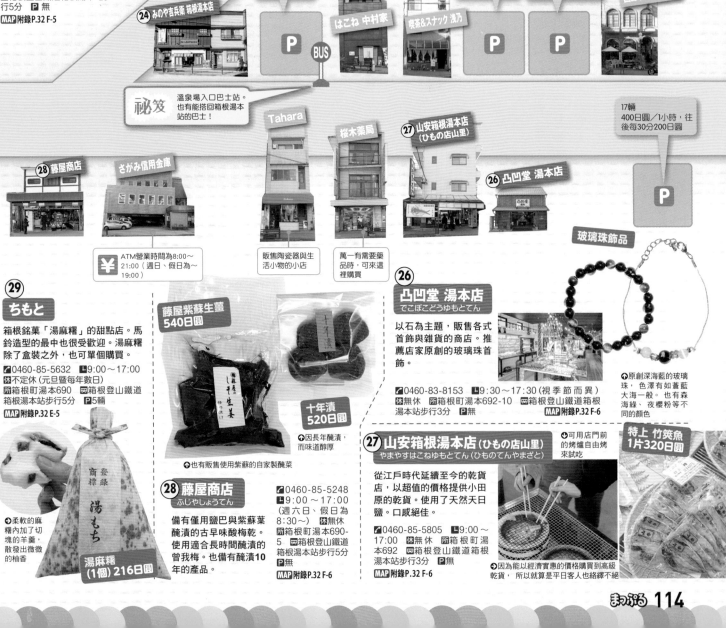

㉙ ちもと

箱根銘菓「湯麻糬」的甜點店。馬鈴造型的最中也很受歡迎。湯麻糬除了盒裝之外，也可單個購買。

☎0460-85-5632　⏰9:00～17:00
休不定休（元旦暨每年數日）
所箱根町湯本690　🚃箱根登山鐵道箱根湯本站步行5分　🅿5輛
MAP附錄P.32 E-5

↑柔軟的麻糬內加了切塊的羊羹，散發出微微的柚香

湯麻糬
（1個）216日圓

商標登録
ちもと

湯もち

藤屋紫蘇生薑
540日圓

↑也有販售使用紫蘇的自家製醃菜

十年漬
520日圓

↑因長年醃漬，而味道醇厚

㉘ 藤屋商店
ふじやしょうてん

備有僅用鹽巴與紫蘇葉醃漬的古早味酸梅乾。使用適合長時間醃漬的曾我梅。也備有醃漬10年的產品。

☎0460-85-5248　⏰9:00～17:00（週六日、假日為8:30～）　休無休
所箱根町湯本690-5　🚃箱根登山鐵道箱根湯本站步行5分　🅿無
MAP附錄P.32 F-6

㉖ 凸凹堂 湯本店
でこぼこどうゆもとてん

以石為主題，販售各式首飾與雜貨的商店。推薦店家原創的玻璃珠首飾。

☎0460-83-8153　⏰9:30～17:30（視季節而異）
休無休　所箱根町湯本692-10　🚃箱根登山鐵道箱根湯本站步行3分　🅿無
MAP附錄P.32 F-6

↑原創深海藍的玻璃珠，色澤有如蒼藍大海一般。也有森海綠、夜櫻粉等不同的顏色

㉗ 山安箱根湯本店（ひもの店山里）
やまやすはこねゆもとてん（ひものてんやまざと）

從江戶時代延續至今的乾貨店，以超值的價格提供小田原的乾貨。使用了天然天日鹽。口感絕佳。

☎0460-85-5805　⏰9:00～17:00　休無休　所箱根町湯本692　🚃箱根登山鐵道箱根湯本站步行3分　🅿無
MAP附錄P.32 F-6

↑可用店門前的烤爐自由烤來試吃

↑因為能以經濟實惠的價格購買到高級乾貨，所以就算是平日客人也絡繹不絕

特上 竹筴魚
1片320日圓

伊豆 P.19
箱根 P.99
箱根湯本 P.110
宮之下・強羅 小涌谷 P.118
大涌谷
P.126 仙石原
P.128 蘆之湖・舊街道
P.132 小田原・湯河原・御殿場 P.140

像這種時候該怎麼辦!?
箱根湯本 Q & A

Q 想要停車

A 國道1號旁總計有4處停車場。不管是哪個收費都頗高，因此推薦短時間使用。

祕笈 較經濟實惠的停車場有3處。過了湯本大橋，位於前方的箱根役場前停車場（可全天使用）；箱根臨時觀光客停車場（僅週六日、假日），每4小時500日圓；箱根仲町停車場位於步行10分的早雲寺旁，1天最高收費1000日圓。

Q 想要寄送行李

A 可在7-11與迴轉分隔島旁的箱根觀光旅館協會寄送。

Q 想要丟垃圾

A 只有車站閘票口內有垃圾桶，因此請購得外帶美食的店家幫忙丟棄吧。

Q 想要包計程車

A 與迴轉分隔島並排的箱根登山豪華計程車，或小田原報德自動車皆可包車。

Q 想幫小孩換尿布

A 在車站閘票口內與DELI＆CAFE みつき的廁所有尿布更換台。

祕笈 箱根湯本站進站不需月台票，因此要使用廁所時，可跟車站人員說一聲，請他讓您進去使用。

Q 想要哺乳

A 祕笈 只要跟車站人員說的話，他就會帶你到後方可哺乳的空間。

! 遊逛此處的小提醒

大多數的店家都在**18：00**前後打烊，由於時間較早，需多加留意！車站內的「箱根的市」與車站前的「**DELI ＆CAFE みつき**」等店的打烊時間相對較晚。

➡從古早就被稱作湯場的區域。氛圍非常復古

小巷內 散步 ④

はつ花本店
はつはなほんてん

創業80年的野山藥蕎麥麵店。不加水，僅使用蕎麥粉、山藥、蛋打製出的蕎麥麵，其魅力就是富含嚼勁。

☎0460-85-8287 ⏰10:00～19:00（逢假日則後天休）休週三 所箱根町湯本635 交箱根登山鐵道箱根湯本站步行6分 P6輛 MAP附錄P.32 E-6

➡淋上野山藥泥享用的人氣菜單
➡週六日要排隊的人氣店家

蒸籠蕎麥麵 1200日圓

烤蒙布朗 1個300日圓
➡裡頭包入一整顆帶皮栗子，外皮烤得酥酥脆脆，中間微微濕潤的人氣甜點

九頭龍霜淇淋 香草400日圓 抹茶、綜合450日圓
➡使用箱根山麓丹那牛乳製作，風味濃厚的霜淇淋。店主講究的抹茶訂購自京都

➡箱根緣結·九頭龍餅的麵糰是以九州產的餅粉為主，再加上馬鈴薯製作出來的。1個120日圓、8個960日圓

箱根緣結· 九頭龍餅 120日圓

25 福久や ふくや

是位於車站前的人氣店家「まんじゅう屋 菜の花」的姊妹店。以每日在店內製作的「箱根緣結•九頭龍餅」為主力商品，也有販售在店內製作的「烤蒙布朗」。

☎0460-85-8818 ⏰9:00～17:30（週六日、假日為～18:00）休不定休 所箱根町湯本729 交箱根登山鐵道箱根湯本站步行5分 P無 MAP附錄P.32 F-5

➡也可在店門前的長凳上享用

位於車站前的旅靴屋分店。有很多男鞋
古民宅改裝成的豆漿甜點咖啡廳（→P.117）
➡可享受源泉放流的足湯。使用過去溫泉設施的源泉

旅靴屋 箱根湯本本店 | **craft & café ISAMIYA** | **25 福久や**

祕笈 往御殿場アウトレット、宮ノ下、箱根町、大涌谷方面的巴士等會停靠「溫泉場入口」，因此能很有效率地前往下個目的地

1 國道1號
（伴手禮街）

BUS

日產租車
日產レンタカー NISSAN
營業至18:00

茶のちもと | **29 ちもと**
也一併設有能坐下來享用ちもと點心的茶房

30 箱根 浪漫亭 珈琲
橫濱銀行
￥ ATM使用時間至21:00為止

➡芝麻風味相當濃厚。冰涼又滑順

芝麻豆腐 360日圓

豆腐處 萩野
とうふどころはぎの

以擁有200年歷史為傲的豆腐店。使用國產大豆、天然滷汁、湯板山的湧泉製作出傳統的美味。可在店門前品嘗。

☎0460-85-5271 ⏰8:00～18:00 休週三 所箱根町湯本607 交箱根登山鐵道箱根湯本站步行7分 P無 MAP附錄P.32 E-5

30 箱根 浪漫亭 珈琲
はこねろまんていこーひー

大雄山和菓子店＆茶房的姊妹店。在併設的咖啡廳中，活用和栗風味的箱根蒙布朗相當受歡迎。

☎0460-83-8571 ⏰10:00～17:00 休週三、四 所箱根町湯本690 交箱根登山鐵道箱根湯本站步行5分 P無 MAP附錄P.32 F-6

湯乃花餅乾 120日圓
➡花形的可愛餅乾。稍微有點厚度，吃起來酥脆可口

➡使用沖繩產的黑糖。微微濕潤，口感Q軟

溫泉饅頭 100日圓

鯛らーめん 麺処 彩
箱根湯本 ●たいらーめんめんどころさい
風味富饒又清爽的絕品拉麵
跟店名一樣的鯛魚拉麵相當受歡迎，高湯未使用動物系食材，而是使用羅臼昆布與真鯛熬製。清爽又帶有深厚的風味，只要吃過一次就會上癮。推薦配上鯛魚烤飯糰的套餐。

☎0460-83-8282
⏰11:00～14:30(高湯用完打烊)
🈺週三 💴鯛魚拉麵(鹽味、醬油)880日圓、鯛魚拉麵套餐1240日圓 📍箱根町湯本706 丸嶋ビル3F 🚃箱根登山鐵道箱根湯本站即到 🅿無
🗺附錄P.32 G-5

⬆麵吃完之後，將鯛魚烤飯糰放進湯裡，變成鯛魚茶泡飯

⬆位於伴手禮店林立的站前大樓中

画廊喫茶ユトリロ
箱根湯本 ●がろうきっさゆとりろ
品嘗味道醇厚的名物
店內展示著摩里斯·郁特里羅的繪畫，有如畫廊一般，在這裡能享用餐點與飲品。用一整隻雞熬製高湯，耗費一週製作出的咖哩飯1100日圓也很有人氣。

☎0460-85-7881 ⏰9:00～19:00
🈺不定休 📍箱根町湯本692 🚃箱根登山鐵道箱根湯本站即到 🅿無
🗺附錄P.32 F-6

⬆味道濃厚的人氣牛肉燴飯1500日圓

⬆古典音樂流淌，充滿懷舊的氛圍

手打ち蕎麦 彦(げん)
箱根湯本 ●てうちそばげん
自然風味的蕎麥麵配上濃厚醬汁享用
此名店供應自學研究出的蕎麥麵。有用石臼磨帶殼蕎麥，製作出野趣滿溢的二八「彦」(1日15份)與一九「蒸籠蕎麥麵」。

☎0460-85-3939
⏰11:00～14:30 🈺週一、二 💴彦950日圓、蒸籠蕎麥麵950日圓 📍箱根町湯本茶屋183-1 🚃箱根登山鐵道箱根湯本站搭計程車5分 🅿6輛
🗺附錄P.33 D-4

⬆鴨肉美味與蕎麥麵的風味融合一起的鴨汁蕎麥1850日圓
⬆位於接近須雲川的地方

本間寄木美術館
箱根湯本 ●ほんまよせぎびじゅつかん
收藏諸多寄木細工的名作
收藏暨展示由傳統工藝士──本間昇所收集，約800件的名匠作品。也有許多貴重的江戶時代作品。除了有寄木細工的工房可參觀之外，也有製作體驗(需預約)可參加。

☎0460-85-5646 ⏰9:00～17:00 🈺無休 💴成人500日圓、兒童300日圓、體驗工房(2名以上、預約制)900日圓 📍箱根町湯本84 🚃箱根登山鐵道入生田站步行10分 🅿12輛
🗺附錄P.30 E-4

⬆透過名匠打造的精美作品，進入寄木細工的世界

⬆除了能體驗寄木製作之外，也有販售區

湯本觀光人力車 海風屋
箱根湯本 ●ゆもとかんこうじんりきしゃうみかぜや
還會細心導覽歷史景點
要遊覽一趟箱根湯本溫泉街的必逛景點的話，推薦以あじさい橋為據點營運的人力車。從溫泉街的歷史與自然，到人氣商店資訊都能請教拉車師傅。有20分、40分與60分的路線。

☎090-3930-1895
⏰9:00～日落 🈺雨天時 💴早川路線(20分・2名)4000日圓、湯場路線(40分・2名)8000日圓 📍箱根町湯本 🚃箱根登山鐵道箱根湯本站即到(あじさい橋) 🅿無
🗺附錄P.32 H-6

⬆沿著清流與樹林讓人感覺清新舒暢的早川河畔前進

FOREST ADVENTURE HAKONE
箱根湯本 ●ふぉれすとあどべんちゃーはこね
源自法國，穿越林間的「森林遊戲」
穿上專用的繫帶，循著架設在樹林間的纜繩，能享受空中散步的設施。與自然融為一體，是源自法國的戶外活動。也有身高110cm以上就能體驗的方案。

☎080-4219-2206 ⏰9:00～17:00(有時期性變動) 🈺不定休 💴成人3600日圓、兒童(小學4年級生～17歲)2600日圓 📍箱根町本字茶ノ花749-1 🚃箱根登山鐵道箱根湯本站步行12分(搭免費接送巴士2分) 🅿30輛
🗺附錄P.32 E-2

⬆像泰山一樣從空中滑過或慢慢的順著索前進，享受所需時間2～3小時的空中散步吧

這裡要CHECK!
箱根湯本 早雲寺
●そううんじ

戰國武將·後北條氏5代在此長眠

北條早雲以小田原為根據地，並以身為一大勢力自豪的小田原北條五代之祖。這裡是北條氏綱遵循其遺命，於1521(大永元)年創建的菩提寺。11月3～5日(2018年)會特別公開受指定為重要文化財的寺寶等物品。

☎0460-85-5133
⏰境內自由
🈺無休 💴免費
📍箱根町湯本405 🚃箱根登山鐵道箱根湯本站步行10分 🅿5輛
🗺附錄P.32 F-3

⬆據傳是豐臣秀吉攻略小田原城之際，作為陣鐘使用的梵鐘

⬆境內也能欣賞到隨四季綻放的花朵，室町時期樣式的日本庭園也非常美麗

玉簾瀑布／飛煙瀑布
箱根湯本 ●たまだれのたき／ひえんのたき
位於旅館「天成園」的能量景點
位於建在須雲川旁的溫泉旅館「天成園」(→P.150)腹地內。有如簾子般流下的玉簾瀑布，以及水沫濺起又散落的飛煙瀑布2處瀑布，是非常受歡迎的能量景點。

☎0460-83-8511(天成園)
⏰8:00～17:00 🈺無休 💴免費 📍箱根町湯本682 天成園內 🚃箱根登山鐵道箱根湯本站步行12分 🅿250輛
🗺附錄P.32 E-4

⬆源流的湧泉自古以來就以「延命之水」備受喜愛。照片為玉簾瀑布

伊豆
P.19
箱根
P.99
箱根湯本
P.110
宮之下・強羅・小涌谷
P.118
大涌谷
P.126
仙石原
P.128
蘆之湖・舊街道
P.132
小田原・湯河原・御殿場
P.140

coco-Hakone
咖啡廳
●ここはこね
箱根湯本

彌榮橋旁的新面孔

使用浸漬過特製醬汁的國產雞肉,現炸的炸雞塊專賣店。設有內用區,也可以外帶。

☎070-4006-5212　⏰11:30～18:30（逢假日則營業）　休週一、二　所箱根町湯本475-8 1F　交箱根登山鐵道箱根湯本站步行10分　P無
MAP附錄P.32 E-6

➔鋪上黑色炸雞塊等食材的綜合蓋飯「箱根溶岩」1000日圓

茶のちもと
咖啡廳
●ちゃのちもと
箱根湯本

能品嘗到箱根銘菓的咖啡廳

製造、販售湯麻糬的「ちもと」所附設的茶屋。可選擇店家用心準備的茶飲（煎茶、冷煎茶、抹茶3選1），配上湯麻糬甜點一起享用。春天有櫻花麻糬,夏天有刨冰等的季節菜單。

☎0460-85-5632　⏰10:00～16:00（週六日、假日為～17:00）　休不定休（元旦暨每年數日）　所箱根町湯本690　交箱根登山鐵道箱根湯本站步行5分　P5輛
MAP附錄P.32 E-5

➔鬆鬆軟軟的麻糬配上羊羹甜味與柚香,湯麻糬與茶飲套餐700日圓

箱根・ルッカの森
購物
●はこねるっかのもり
箱根湯本

まんじゅう屋 菜の花的姊妹店!

位於離箱根湯本站稍遠的住宅區。目標為年輪蛋糕。揉入沖繩黑糖的硬式年輪蛋糕,以及使用柑橘類特產的湘南黃金柔軟年輪蛋糕,都相當受歡迎。

☎0460-85-6222　⏰9:30～18:00（週六日、假日為～18:30）　休不定休　所箱根町湯本307　交箱根登山鐵道箱根湯本站步行8分　P9輛
MAP附錄P.32 G-3

➔許多人都會買來自己吃,很受歡迎的沖繩黑糖硬式年輪蛋糕1260日圓

➔也有部分まんじゅう屋菜の花商品,有停車場,相當方便

イタリア食堂 オルテンシア
美食
●いたりあしょくどうおるてんしあ
箱根湯本

透過礦物質從體內開始變美

位於車站前,經濟實惠的義式餐廳。招牌菜單——溫泉義大利麵是使用與溫泉相同的成分製作而成的。也一定要吃看風味濃厚的新商品——新鮮海鮮的Aqua義大利麵1250日圓。

☎0460-85-8388　⏰11:00～18:00左右　休不定休　所箱根町湯本706 丸嶋ビル4F　交箱根登山鐵道箱根湯本站即到　P無
MAP附錄P.32 G-5

➔使用擁有豐富礦物質的喜馬拉雅岩鹽,製作成與溫泉相同成分的溫泉義大利麵套餐1100日圓

craft & cafe ISAMIYA
咖啡廳
●くらふとあんどかふぇいさみや
箱根湯本

在屋齡100年的古民宅品嘗豆漿甜點

豆漿甜點大受好評的古民宅咖啡廳。在復古摩登的店內,也有販售原創雜貨。還有供應午餐。

☎0460-85-5147　⏰10:00～16:00　休週三（逢假日則營業）　所箱根町湯本729　交箱根登山鐵道箱根湯本站步行5分　P無
MAP附錄P.32 F-5

➔廣受歡迎的豆腐鬆餅980日圓

➔復古摩登的店內,令人想久坐其中

茶房うちだ
咖啡廳
●さぼううちだ
箱根湯本

以用箱根名水沖泡的咖啡為傲

位於豆腐、蕎麥麵老店林立的一角,充滿懷舊氛圍的咖啡廳。一定要喝喝使用虹吸式賽風壺仔細沖泡的傳統咖啡。也推薦於當天早上製作,限量16份的戚風蛋糕。

☎0460-85-5785　⏰10:00～18:00　休週三（逢假日則營業）　所箱根町湯本640　交箱根登山鐵道箱根湯本站步行6分　P2輛
MAP附錄P.32 E-5

用虹吸式賽風壺一杯一杯沖泡的咖啡,和甜點十分相搭。本日戚風蛋糕套餐950日圓

知客茶家
美食
●しかぢゃや
箱根湯本

使用豆腐與山藥製作的素食料理

以早雲寺的素食料理為靈感的豆腐&山藥料理店。用田舍味噌調味的山藥泥淋在豆腐上的早雲豆腐為名物。昭和初期建造的建築也務必一見。

☎0460-85-5751　⏰11:00～14:15、16:30～18:45（週三僅中午）　休週四（逢假日則營業）　所箱根町湯本640　交箱根登山鐵道箱根湯本站步行7分　P5輛
MAP附錄P.32 E-5

➔附有山葵味噌豆腐、早雲豆腐、豆腐排等的人氣知客點心2360日圓

鯛ごはん懐石 瓔珞
美食
●たいごはんかいせきようらく
箱根湯本

盡情品嘗鯛魚的美味

在京都老舖料亭精進手藝的店老闆與第2代共同經營,使用鯛魚的懷石料理店。以昆布和赤穗天然鹽湯頭炊煮的米飯,有著細膩富饒的味道。

☎0460-85-8878　⏰11:30～14:30、17:30～19:00（週一、二、四僅中午）　休週三　所箱根町塔之沢84　交箱根登山鐵道箱根湯本站步行12分　P6輛
MAP附錄P.32 E-3

➔鯛魚飯加上當季料理、鮮魚生魚片等的午餐限定菜單「鯛魚飯松花堂」3780日圓（數量限定）

湯葉丼 直吉
美食
●ゆばどんなおきち
箱根湯本

豆皮料理為名物的排隊店家

使用優質的水與大豆所製作的豆皮為名物。除了人氣No.1的湯葉丼,也推薦能直接品嘗到豆皮風味的生豆皮650日圓。

☎0460-85-5148　⏰11:00～18:00（豆皮用完打烊）　休週二（逢假日則營業）　所箱根町湯本696　交箱根登山鐵道箱根湯本站即到　P無
MAP附錄P.32 G-6

➔眺望早川,氛圍寧靜的店內

➔用湯頭燉煮豆皮,最後加上蛋的招牌菜單——湯葉丼980日圓

與NARAYA CAFE的**安藤先生**一同走在

這裡有許多有趣的地方哦！

決定！區域No.1 行程方案

既古又新的 宮之下

新舊交織融合，醞釀出獨特氛圍的宮之下。試著一邊了解道路或建築的故事，一邊愉快地在街道上散步吧。

profile
安藤義和先生。為曾在當地經營了300年以上的老字號「奈良屋旅館」之繼承人，將奈良屋旅館延續轉變成了「NARAYA CAFE」，現在作為咖啡廳老闆繼續默默守護著宮之下。

←宮之下為豐臣秀吉淵源之地。地上有與秀吉有關的葫蘆

→有名的富士屋飯店就在SEPIA通旁

從宮之下站開始散步

←6月時，繡球花會在車站內綻放的花之站

推薦的時段

10時～16時

遊逛過國道1號，俗稱的SEPIA通之後，再前往巷內行人喜愛的小巷內探索。由於是環繞一周的路線，因此也可倒著逛。

←也有安藤先生父親所做的青苔盆栽1000日圓～

A NARAYA CAFE

←咖啡廳的2樓設置了小小的藝廊

←約翰藍儂拜訪宮之下的照片也務必一看
←櫥窗上裝飾有過去的宮之下照片

這裡很讚！
過去地名被稱為溫泉村的宮之下。在嶋写真店內，仍保留著當時拍下的照片。

明治時代　奈良屋旅館

明治十七年頃的 宮ノ下全景

B 嶋写真店

這裡很讚！
這裡有藝廊與商店，觀賞得到與箱根有關的展覽，或鄰近手工作家的手作作品。

→在商店裡也有販售與小田原木工作家合作的托盤4050日圓（大）、湯匙各930日圓等，還有仿葫蘆造型的原創雜貨

周邊MAP 附錄P.34～35
住宿info P.146～151

洽詢處
宮之下觀光服務處
📞0460-82-1311
箱根町綜合觀光服務處
📞0460-85-5700

前往這地區的交通方式

鐵道🚃	開車🚗
箱根湯本	
圓25分（箱根登山電車）、270日 箱根登山鐵道	約6km 經國道1號
宮之下	
1號約173.8km 經國道138	御殿場IC

詳細交通資訊請見**P.152**！

旅行願望清單！
☐ 在復古古又新潮的溫泉街散步
☐ 將巨大的溫泉遊樂園玩透透！

C cafe de motonami
●かふぇどもとなみ

個性派「日式甜品咖啡廳」
改裝大正時代建築的咖啡廳。將日式甜品配上咖啡的「motonami流」甜點很受歡迎。
📞0460-87-0222　🕙10:00～17:30
🈡週四　💴宮ノ下小町800日圓　📍箱根町宮ノ下366　🚃箱根登山鐵道宮之下站步行6分　🅿無
MAP 附錄P.35 B-5

↳此建築曾是富士屋飯店的巴士候車室

B 嶋写真店
●しましゃしんてん

了解宮之下的歷史
創業於1878（明治11）年。店內展示著古董相機等。
📞0460-82-3329　🕙10:00～18:00
🈡不定休　💴深褐色照片攝影1個姿勢5400日圓　📍箱根登山鐵道宮之下站步行5分　🅿無
MAP 附錄P.35 B-5

↳拍張深褐色紀念照留下旅途的回憶吧

A NARAYA CAFE
●ならやかふぇ

令人期待的足湯咖啡廳
古民宅咖啡廳的足湯引流自「奈良屋旅館」的源泉。
📞0460-82-1259　🕙10:30～18:00（12～2月為～17:00）　🈡週三、每月第4週四　💴奈良屋聖代500日圓　📍箱根町宮之下404-13　🚃箱根登山鐵道宮ノ下站即到　🅿5輛
MAP 附錄P.35 C-6

↳宮之下站即到，位於アジサイ坂旁

伊豆 P.19
箱根 P.99
箱根湯本 P.110
宮之下·強羅·小涌谷 P.118
大涌谷 P.126
仙石原 P.128
蘆之湖·舊街道 P.132
小田原·湯河原·御殿場 P.140

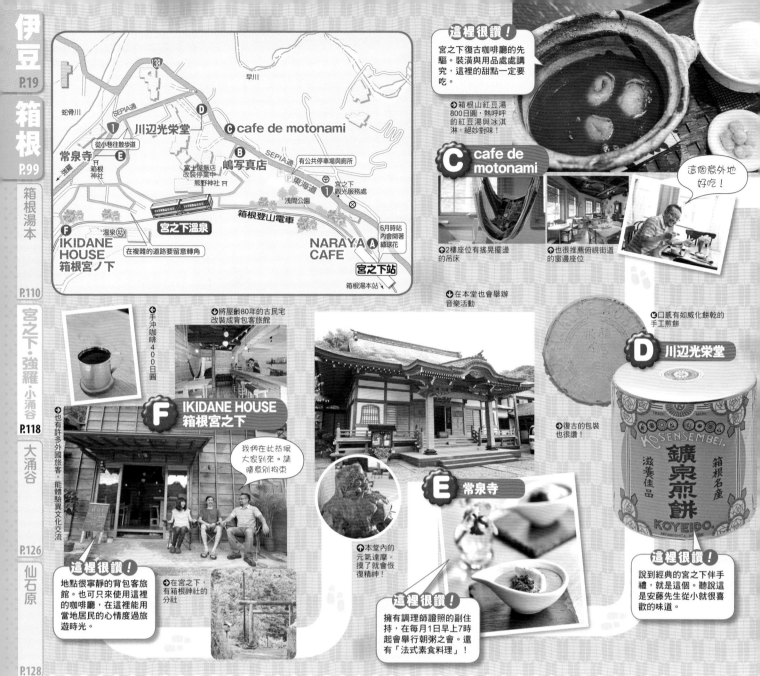

這裡很讚！
宮之下復古咖啡廳的先驅。裝潢與用品處處講究，這裡的甜點一定要吃。

→箱根山紅豆湯800日圓，熱呼呼的紅豆湯與冰淇淋，絕妙對味！

この意外地好吃！

C cafe de motonami

→2樓座位有搖晃擺盪的吊床

→也很推薦俯視街道的窗邊座位

→在本堂也會舉辦音樂活動

→手沖咖啡400日圓

→將屋齡80年的古民宅改裝成背包客旅館

→口感有如威化餅乾的手工煎餅

D 川辺光栄堂

→復古的包裝也很讚！

F IKIDANE HOUSE 箱根宮之下

我們在此恭候大家到來。諸多隨意別拘束

這裡很讚！
地點很寧靜的背包客旅館。也可只來使用這裡的咖啡廳，在這裡能用當地居民的心情度過旅遊時光。

→在宮之下，有箱根神社的分社

→本堂內的元氣達摩。摸了就會恢復精神！

E 常泉寺

這裡很讚！
擁有調理師證照的副住持，在每月1日早上7時起會舉行朝粥之會。還有「法式素食料理」！

這裡很讚！
說到經典的宮之下伴手禮，就是這個。聽說這是安藤先生從小就很喜歡的味道。

F IKIDANE HOUSE箱根宮ノ下
●いきだねはうすはこねみやのした

能夠體驗異文化交流的住宿
此住宿位於可俯瞰蛇骨川的高地上。也可在此享受早餐與小酌時光。

MAP附錄P.34 G-4
☎0460-83-8309
🕐Check-in 15:00～22:00（咖啡廳菜單為～17:00）
💴用餐700日圓、1泊純住宿3500日圓～
🏠箱根町宮ノ下278
🚃箱根登山鐵道宮之下站步行10分
🅿3輛

→也有個人房與女性專用多人房

E 常泉寺
●じょうせんじ

宮之下的開運景點
創立於天正年間的曹洞宗禪寺。也是求善緣的景點。

MAP附錄P.35 A-5
☎0460-82-2654
🕐7:00～17:00
休無休
🏠箱根町宮ノ下289
🚃箱根登山鐵道宮之下站步行10分
🅿有

→本堂內部於十年前重建過

D 川辺光栄堂
●かわべこうえいどう

傳統箱根名物
1879（明治12）年創業。販售使用白玉粉、名水製成的鑛泉煎餅。

☎0460-82-2015　🕐9:30～17:00（視季節而異）
休週三　💴鑛泉煎餅1300日圓（16片）　🏠箱根町宮ノ下184　🚃箱根登山鐵道宮之下站步行7分　🅿無

→店家散發出復古的氛圍

MAP附錄P.35 B-5

箱根小涌園
天悠

B&B
パンシオン箱根
Yunessun

ミーオモール

森之湯

箱根ホテル小涌園　アロマ de massa オリーブ

眾神的愛琴海
這座大型浴池可說是Yunessun的象徵。每30分會有噴水及泡泡秀

穿泳衣或全裸，
泡遍園內**豐富多元**的浴池！

箱根小涌園 Yunessun ♨

人氣祕訣
★能穿著泳衣和大家一起玩樂！
★擁有多樣豐富的個性浴池！
★有住宿設施，想在這裡住也OK

在這裡靜靜地享受溫泉也很不錯，快來全面攻克這處能跟同行友人一起歡樂享受的超人氣景點吧！

**一日中盡情
爽泡溫泉！**

YunessunStyle①
想靜靜泡湯的話♪
就前往「森之湯」Go!

可全裸悠閒享受溫泉的入浴區域。眺望著箱根外輪山，男女有別的庭園露天浴池很受歡迎。想在寢湯與特別訂製的箱根陶器浴池悠哉地放鬆。

箱根　陶器浴池
林木近在眼前的露天浴池。也有信樂燒的浴池

免費休息空間
燈光微暗的和式摩登空間。也有1日5000日圓的收費包廂

庭園露天浴池
眺望箱根群山的開放性露天浴池。也有室內浴池、寢湯、按摩浴池

包租浴池
有室內浴池、半露天浴池、休息空間。1小時5000日圓，2名以上使用

箱根小涌園 Yunessun
●はこねこわきえんゆねっさん

擁有獨特浴池的溫泉主題樂園。館內有泳裝區域「Yunessun」，以及有著包租浴池的全裸區域「森之湯」。園內還有按摩沙龍＆餐廳，也能享受購物樂趣，是一大溫泉遊樂園景點。

☎0460-82-4126　　**MAP** 附錄P.35 D-5
休不定休　所箱根町二ノ平1297　交箱根登山鐵道箱根湯本站搭箱根登山巴士，經由宮ノ下往箱根町・箱根神社入口方向20分，小涌園站下車即到
P1000輛（2小時內免費，1日1200日圓）
HP https://www.yunessun.com/

不住宿資訊

◆**Yunessun**
◐9:00～19:00
★費用 成人2900日圓・兒童1600日圓

◆**森之湯**
◐11:00～20:00
★費用 成人1900日圓・兒童1200日圓

全場2區域套票　★費用 成人4100日圓　兒童2100日圓

伊豆 P.19

箱根 P.99

箱根湯本 P.110

宮之下・強羅・小涌谷 P.118

大涌谷

仙石原 P.126

箱根 P.128

蘆之湖 舊街道

小田原・湯河原・御殿場 P.132

P.140

YunessunStyle② 想在獨一無二的浴池裡玩耍的話！

就前往「Yunessun」Go!

酒浴池

第2名

真的酒從大酒桶嘩啦嘩啦流入浴池中，溫泉＆酒的功效讓身體從內暖和起來，廣獲好評

家庭、情侶、團體能一起歡樂享受的穿著泳裝區域。擁有各式各樣新奇特異的浴池，更多泡湯樂趣也不勝枚舉。

紅酒浴池

第3名

1日中會倒入數次真的紅酒。據說過去埃及艷后也十分喜愛紅酒浴池。為香醇風味繚繞的名物浴池之一

新奇特異浴池 Best5

正宗咖啡浴池

第1名

注入低溫萃取粗磨滴濾式的咖啡。在好聞的香氣中放鬆！？

Dr. Fish 魚醫生足湯

浴池中放入會幫忙吃腳部角質的魚。也許會獲得一雙乾爽的腳！？
1次3分100日圓

第4名 綠呂

綠茶浴池

第5名

倒入綠茶，顏色鮮明的浴池散發令人平靜的香氣。可期待它所帶來的美膚與改善手腳冰冷等的功效

還有這些變化多端的浴池！

活動浴池

也有每季會舉行各式各樣活動的浴池

Boxappy的攀爬架

一下穿過橋樑，一下玩溜滑梯，有許多供孩子玩樂的遊具

ロデオマウンテン

整年都能玩的室外滑水道。有3條曲線各異的水道。身高需110cm以上

Boxappy的湯遊廣場

園方吉祥物箱根貓Boxappy會在此出沒，專為兒童設計的浴池

YunessunStyle③ 想充實玩上一整天的話！

就前往「自助餐&甜點」Go!

盡情玩樂後也想好好享受美食。這裡有能在開放式的露臺，品嘗世界各國料理的自助餐。廣受歡迎的切片蛋糕和散發香氣的麵包，皆可在Sweets & Bakery內用品嘗。也可僅來餐廳用餐，真是貼心。

➡外皮酥脆，裡頭鬆軟的麵包也很有人氣

➡花式蛋糕需預約

➡人氣切片蛋糕用水果裝飾得很漂亮

✿ Sweets & Bakery　無需Yunessun入場費

曾在箱根ホテル小涌園大廳販售，擁有超級人氣的切片蛋糕。還有內用空間，因此可當場品嘗。有麵包等輕食，有點餓的時候，一定要來這裡填一下肚子。

🍰切片蛋糕5種500日圓〜、季節切片蛋糕5種450日圓〜、麵包、輕食13種160日圓〜、霜淇淋、飲品15種220日圓〜　🕙10:00〜17:30

Yunessun 3F ミーオモール內

➡世界料理齊聚一堂

✿ 大文字テラス　無需Yunessun入場費

在可一覽箱根群山，視野景觀良好的店內，能盡情品嘗烤牛肉、新鮮蔬菜、西式、中式、甜點等60〜70種料理。

💰成人2500日圓、小學生1800日圓、學齡前兒童（3歲以上）1000日圓（僅平日含飲料吧）
🕙11:00〜14:00

Yunessun 5F

➡店內景觀優美且明亮開放

想舒適放鬆的話…

✿ アロマ de massa オリーブ

消除浮腫，提高免疫力的美體沙龍。在森之湯也有指壓、全身舒壓的設施。

🕙10:00〜18:00
💰油壓按摩40分6000日圓等

✿ 休息空間

有大小不同的各式包廂。費用一律為1日8000日圓。可攜帶在場內購買的食物與飲品。

🔲包廂休息室1日1間8000日圓

也有住宿！

一旁也有開了箱根小涌園天悠（→P.146）、箱根小涌園 美山楓林（→P.151）、B&Bパンシオン箱根3間官方住宿設施。

…免費（內含或需租借）　…收費（需租借或有販售）　…無
🛁浴巾　🧺毛巾　🚿洗髮乳　🧼肥皂・沐浴乳　💨吹風機　休…休息室　…露天浴池　包…包租浴池

Symphonic Sculpture

這座高18m的塔是由加布里爾·洛伊爾於1975年打造的。牆面上裝飾的是手工切割的花窗玻璃！

Point 1 在大自然中 遊賞藝術

室外展示有約120件藝術作品。可近距離觀賞或模仿，隨著感受自由地鑑賞吧。也務必逛逛陸續展出畢卡索319件作品的PICASSO館。

要說箱根最讚的藝術景點,就是這裡!

雕刻之森美術館

年間有50萬人到訪的人氣美術館。能無拘無束地鑑賞真正的藝術,獲得許多獨特的體驗。來這裡度過珍貴的一天吧。

Intersecting Space
男性雕像與女性雕像交叉的作品。1978年,後藤良二作。

Miss Black Power
法國女性藝術家Niki所作,高5m的巨大作品。

PICASSO館
日本第一座私立畢卡索美術館。以主題分類展示畢卡索的大量作品。

Point 2 對孩子們來說也很棒 體驗型藝術

最受家庭歡迎的是運用全身邊玩邊鑑賞的各種作品,跳進美麗又不可思議的世界裡看看吧,也別忘了帶上相機。

網羅之森
進入色彩繽紛的巨大吊床,就感覺好像自己也成了作品的一部分

泡泡城堡
內部有如立體迷宮構造的作品。小學生(含)以下可進入其中。

Point 4 在別的地方買不到! 藝術雜貨

這裡擁有豐富的國內外藝術家、商店聯名的原創商品。買來當伴手禮就不用多說了,也很推薦當成禮物送人。

購物中心
美術館原創雜貨品味絕佳,種類豐富

空氣之器 650日圓
有如包裹著空氣般,形狀可自由變換的紙製容器。形狀會依展開的方式改變。

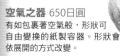

榮太樓POP-UP BOX CANDY 540日圓
美術館與創業200年的和菓子老店榮太樓總本舖攜手打造。原創包裝內有4種口味的糖果。

Point 3 旅遊氛圍滿溢 放鬆時間

走累的話,就到免費足湯,或是去散布在園內的3家餐飲店吧。每一處都是時尚且開放感十足的空間,在其中能悠閒地眺望藝術與自然風景,真的很棒。

足湯
不額外收費!盡情享受源泉放流的天然溫泉。

CAFÉ & RESTAURANT

The Hakone Open-Air Museum Café
ざはこねおーぷんえあーみゅーじあむかふぇ
在充滿開放感的咖啡廳裡,可品嘗到日本茶套餐600日圓和原創甜點。

BELLA FORESTA
ベラフォレスタ
在這裡享用箱根銀豆腐等擁有豐富當地名物的自助式午餐吧。

雕刻之森美術館
ちょうこく之もりびじゅつかん

在占地約7萬m²的廣大腹地中,能夠實際接觸世界級巨匠作品與箱根大自然的美術館。搭箱根登山鐵道可到,交通方便也是其魅力之一!

📞0460-82-1161
🕘9:00〜17:00 休無休 ¥成人1600日圓,高中、大學生1200日圓,中小學生800日圓 🏠箱根町二ノ平1121 🚉箱根登山鐵道雕刻之森站即到 🅿400輛 **MAP**附錄P.34 F-3

伊豆 P.19
箱根 P.99
箱根湯本 P.110
宮之下·強羅·小涌谷 P.118
大涌谷 P.126
仙石原 P.128
蘆之湖·舊街道 P.132
小田原·湯河原·御殿場 P.140

箱根邁森古董美術館

強羅　景點

●はこねまいせんあんてぃーくびじゅつかん

擁有諸多受貴族喜愛的邁森作品

此美術館展示著受歐洲貴族們喜愛的邁森瓷器。一定要看看19世紀製作的吊燈、人偶等，跨越時代仍熠熠生輝的古董作品。在花園咖啡廳也能品茶。

☎0460-83-8855　⏰9:00～17:00　休無休　¥成人1600日圓、學生(所有高中以上的學生)1100日圓，4歲～國中800日圓　🚉箱根登山鐵道強羅站步行12分　🅿25輛(大型車可)

MAP 附錄P.35 C-1

◆在咖啡廳很受歡迎的蛋糕與咖啡套餐1500日圓(未稅)

◆1815年製的古董邁森人偶

這裡要 CHECK!

↑獲認可為國家登錄紀念物的法式庭園

季節花朵與手作體驗廣受歡迎的景點

箱根強羅公園

強羅

●はこねごうらこうえん

1914（大正3）年開園的日本第一座法式庭園。除了擁有綻放四季花朵的庭園之外，在「箱根CraftHouse」可參加吹玻璃、陶藝等收費體驗，也有販售手作首飾與雜貨的商店，能夠在這裡開心度過一整天。

☎0460-82-2825
⏰9:00～16:30(17:00閉園)　休無休
¥成人550日圓、小學生以下免費(各體驗另外收費)　🚉箱根町強羅1300　🚉箱根登山纜車公園下站下車即到　🅿43輛(收費)
MAP 附錄P.35 D-2

這些也很推薦

宮之下·強羅·小涌谷

●みやのした·ごうら·こわくだに　MAP 附錄P.31·34～35

◆使用電動式手拉坯，慢慢仔細地做出喜愛的容器

在「箱根Craft House」製作紀念品吧

可觀賞約200種熱帶植物的熱帶植物館

◆也有以強羅園咖哩950日圓為名物的咖啡廳餐廳

鮨みやふじ

宮之下　美食

●すしみやふじ

凸顯竹筴魚美味的特製醬汁為絕品

位於宮之下小巷，小而舒適的壽司店是以元祖竹筴魚丼為名物的名店。元祖竹筴魚丼是店老闆將每天早上在小田原港購得的新鮮竹筴魚塗滿甜鹹醬汁，鋪在醋飯上的原創料理。

☎0460-82-2139
⏰11:30～14:30、17:30～19:30　休週二、三(逢假日則翌日休)　¥本日無菜單壽司2268日圓
🚉箱根町宮ノ下310　🚉箱根登山鐵道宮之下站步行10分　🅿2輛
MAP 附錄P.35 A-5

↑切成小塊的竹筴魚，口感彈牙的元祖竹筴魚蓋飯1620日圓

◆店老闆與老闆娘經營的平民壽司店

千條瀑布

小涌谷　景點

●ちすじのたき

螢火蟲棲息的清澈水源

高3m左右的瀑布，寬綿延有12m長，給人溫和形象的名瀑。生著青苔的岩石表面上落下數條流水的風景，讓人實際感受到箱根豐富的自然。

☎0460-85-5700(箱根町綜合觀光服務處)
⏰自由參觀　🚉箱根町小涌谷　🚉箱根登山鐵道箱根湯本站，搭箱根登山巴士經由小涌谷往箱根町方向20分，蓬萊園站下車，步行10分　🅿無
MAP 附錄P.34 E-6

↑位於蓬萊園旁的道路再往前走，處在自然豐富的山間

太閤石浴池／太閤瀑布

宮之下　景點

●たいこういわぶろ／たいこうのたき

飄蕩戰國浪漫風情，與秀吉有淵源的古蹟

相傳太閤石浴池是豐臣秀吉攻打小田原之際，為士兵挖掘的。在太閤石浴池的下流有落差10m、寬3m的太閤瀑布。兩者皆只能從步道往下俯瞰，石浴池也不可入浴。

☎0460-82-1311(宮之下觀光服務處)
⏰自由參觀　🚉箱根町底倉547　🚉箱根登山鐵道宮之下站步行15分　🅿無　MAP 附錄P.34 G-4

◆建在河邊的石浴池，位於從國道138號走5分左右的地方

宮ノ下 あじさい坂上 森メシ

宮ノ下　美食

●みやのしたあじさいざかうえもりめし

宮之下站前的時髦食堂

位於宮之下站前的雅致餐廳。在這間改建古民宅、復古摩登的店裡能吃到使用當地蔬菜與相模灣海產製作、對身體好的健康料理。也備有豐富的嚴選酒品。

☎0460-83-8886
⏰11:30～14:30、17:00～20:30　休週二
¥相州牛活力丼1382日圓、關東煮與生魚片定食1598日圓　🚉箱根町宮ノ下404-13　🚉箱根登山鐵道宮之下站即到　🅿無
MAP 附錄P.35 C-6

◆使用小田原產的新鮮竹筴魚和當地漁獲、顏色美麗的あじ彩蓋飯1382日圓

↑從宮之下站出來，就位在眼前

箱根美術館

強羅　景點

●はこねびじゅつかん

箱根最古老美術館的青苔庭園必看

展示作品以從繩文土器到江戶時代的古陶瓷器為主。腹地獲指定為國家登錄紀念物，其中有種植著約130種青苔和約200株紅葉的青苔庭園等，散布著許多值得一見的美景。

☎0460-82-2623
⏰9:30～16:30(12～3月為～16:00，最晚入館時間為閉館前30分)　休週四(逢假日則開館，11月為無休)　¥成人900日圓、高中·大學生400日圓、國中生以下免費　🚉箱根町強羅1300　🚉箱根登山纜車公園上站即到　🅿100輛
MAP 附錄P.35 D-3

↑一整年會變換各種樣貌的青苔庭園

◆在前方可於青苔庭園的茶室享用抹茶與季節和菓子

岡田美術館

小涌谷　景點

●おかだびじゅつかん

東洋美術齊聚的藝術殿堂

展示面積約5000 m²，以腹地為箱根數一數二自豪的小涌谷藝術景點。展出近世、近代的日本畫，以及日本東洋的陶瓷器等，約450件作品。足湯咖啡廳、美術館商店等設施也相當豐富。

☎0460-87-3931　⏰9:00～16:30(17:00閉館)　休無休(有換展會臨時休)　¥2800日圓　🚉箱根町小涌谷493-1　🚉箱根登山鐵道箱根湯本站搭箱根登山巴士、經由宮之下往箱根町港·箱根神社入口、箱根小涌園ユネッサン方向18分，小涌園站下車即到　🅿80輛
MAP 附錄P.34 E-5

↑展示尾形乾山的重要文化財〈色繪竜田川文透彫反鉢〉等貴重作品

↑長12m、寬30m的風神、雷神大壁畫為象徵

そば処 奈可むら
●そばどころなかむら
美食 二ノ平

纏繞當地鴨肉鮮美滋味的二八蕎麥麵

店家自豪的二八蕎麥麵使用從北海道幌加內母子里的合作農家購得的黑蕎麥，用石臼磨粉製成。使用當地鴨肉的鴨肉蒸籠蕎麥麵是招牌菜單。也推薦使用天然蝦和當地食材製作的天婦羅蕎麥麵1500日圓。

📞0460-82-1643 🕐11:00～18:30 🈺週四 📍箱根町二ノ平1156 🚃箱根登山鐵道雕刻之森站即到 🅿8輛
MAP附錄P.34 F-3

➡味道醇厚，絕品鴨肉沾醬與蕎麥麵十分相搭的鴨肉蒸籠蕎麥麵1550日圓

RESTAURANT ROI
●レストラン ロア
美食 二ノ平

盡情享受講究的洋食吧

鄰近雕刻之森美術館的洋食店。備有諸多講究手作的菜色，牛排、燉牛肉，以及用派皮包裹燉得柔嫩的牛肉所製成的酥脆肉派（套餐各3085日圓）很有人氣。

📞0460-82-4720 🕐11:30～14:30、17:00～21:00 🈺週二（逢假日則翌日休）💴足柄牛蛋包飯2880日圓 📍箱根町小涌谷520 🚃箱根登山鐵道雕刻之森站步行5分 🅿7輛
MAP附錄P.34 E-4

➡酥脆肉派的牛肉經仔細燉煮，柔軟得令人驚訝

⬆在滿潢時髦的店裡，品嘗傳承親子2代的洋食

天ぷら じゅらく
●てんぷらじゅらく
美食 宮之下

將相模灣海產炸成天婦羅

在以黑色為基調的店內，能品嘗到使用在相模灣捕獲、鮮度超群的海鮮與當季蔬菜炸出的天婦羅。用芝麻油炸得酥脆，味道清爽是受歡迎的原因。

📞0460-82-2318 🕐11:00～14:00、17:00～19:00 🈺週一（逢假日則週三休），有不定休（需確認）💴天婦羅全餐2500日圓～，各種天婦羅蓋飯附味噌湯1404日圓 📍箱根町宮ノ下310 🚃箱根登山鐵道宮之下站步行7分 🅿2輛
MAP附錄P.35 A-5

➡除了提供現炸料理的吧檯之外，還有桌位席

平日到14時為止，限定的ひめしゃら194 4日圓，是非常優惠的菜單

---

sora Anna
●ソラアンナ
美食 宮之下

食材講究的義式料理

三島露天栽培的蔬菜等，能品嘗到當季蔬菜美味的義式料理。依購入食材變換的午餐全餐，是包含蔬菜湯、前菜，並有3～4種義大利麵可選的套餐。也有義式冰淇淋可外帶。

📞0460-83-8016 🕐11:30～17:30 🈺週一 📍箱根町宮ノ下105 🚃箱根登山鐵道宮之下站步行3分 🅿3輛
MAP附錄P.35 C-6

⬆店裡散發木頭溫暖的氛圍

➡料理外觀也賞心悅目的午餐全餐1650日圓

箱根自然薯の森 山薬
●はこねじねんじょのもりやまぐすり
美食 宮之下

大啖味道富饒的山薬美食

位於宮之下路口西側的山薬專賣店。從店內能眺望群山與瀑布，是位置絕佳的好地點。菜單主要是早餐2種、午餐3種定食，非常簡潔。講究的生雞蛋配上山薬也很好吃。

📞0460-82-1066 🕐10:00～20:00（週六日、假日為7:00～）🈺無休 📍箱根町宮ノ下224 🚃箱根登山鐵道宮之下站步行7分 🅿7輛
MAP附錄P.35 A-5

➡山薬泥膳（肉）2180日圓，附有富士湧水豬的西京燒等數種配菜的人氣料理

マダム・スン
美食 宮之下

採取韓國宮廷料理的作法

供應採用韓國飲食基礎——藥食同源製作的韓國料理。齊聚了採用宮廷料理作法、高雅精緻的餐點。如食材裝盛美麗的正統石鍋拌飯等，也有許多大家熟悉的菜單。

📞0460-82-2122 🕐11:00～14:00、18:00～20:00 🈺週一 💴海鮮烏龍麵1050日圓 📍箱根町宮ノ下368 🚃箱根登山鐵道宮之下站步行7分 🅿無
MAP附錄P.35 B-5

⬆人氣的石鍋拌飯1160日圓，盛裝9種食材，蔬菜也非常多

⬆店裡採用韓國家飾裝設。也有販售韓國雜貨

田むら銀かつ亭
●たむらぎんかつてい
美食 強羅

健康的豬排為箱根的代表性美食

就算在平日，排隊人潮也絡繹不絕，是強羅第一的人氣店家。2代老闆研發的豬排豆腐煮是將訂製的箱根銀豆腐，夾入絞肉後油炸，再加上高湯與雞蛋完成的原創料理。

📞0460-82-1440 🕐11:00～ 14:30、17:30～ 19:30（週二僅中午，視時期而異）🈺週三 📍箱根町強羅1300-739 🚃箱根登山鐵道強羅站步行3分 🅿14輛
MAP附錄P.34 E-2

➡豬排豆腐煮御膳2050日圓，有著絞肉與高湯的美味，是受到男女老幼喜愛的味道

豆腐又對胃溫和，是受到男女

純手打そば 喜楽荘
●じゅんてうちそばきらくそう
美食 強羅

只採用店老闆認可的嚴選食材

此蕎麥麵店只採用從日本各生產地運送過來的嚴選食材。蕎麥粉與決定湯頭味道的昆布產自北海道。有箱根西麓蔬菜的辛味蘿蔔沾醬等3種沾醬可沾取享用的喜樂三昧很受歡迎。

📞0460-82-4465 🕐11:30～售完為止（學齡前兒童不可入店）🈺週二，每月第2、4週一（逢假日則翌日休，8、11月僅週二休）💴おしぼりせいろ1300日圓 📍箱根町強羅1300-10 🚃箱根登山鐵道強羅站即到 🅿15輛
MAP附錄P.34 E-2

⬆位於強羅站即到的閑靜地點

➡有辛味蘿蔔沾醬等與蕎麥麵對味的3種醬汁，喜楽三昧1950日圓

いろり家
●いろりや
美食 宮之下

白天是一般餐廳，晚上則變身居酒屋

白天是以鮑魚和足柄牛為主的餐廳。晚上則擁有豐富的居酒屋菜單，變成因觀光客與在地客而熱鬧的喝酒處。其中，午餐的鮑丼，使用了鮑魚肝製作的醬汁，是非常好吃的人氣丼。

📞0460-82-3831 🕐11:30～13:30、18:00～22:00 🈺週四 💴足柄牛的牛排丼（中餐1650日圓、晚餐1980日圓）📍箱根町宮ノ下296 🚃箱根登山鐵道宮之下站步行15分 🅿2輛
MAP附錄P.35 A-6

➡位於離宮之下國道有點遠的住宅區，有許多外地顧客，食材高級的鮑魚丼，午餐2000日圓～

伊豆 P.19
箱根 P.99
箱根湯本 P.110
宮之下・強羅・小涌谷 P.118
大涌谷 P.126
仙石原 P.128
蘆之湖 舊街道 P.132
小田原・湯河原・御殿場 P.140

強羅 Pleine de Verre 購物
●ブラン・ド・ヴェール

將可愛的玻璃藝品當作伴手禮

加了金箔、銀箔的墜飾等，這裡有著許多因為漂亮，所以光看也會感到開心的玻璃藝品。

☎0460-82-1336 ⏰9:30〜17:00(視時期而異)
🈺無休(冬季不定休) 💴小型裝飾品300日圓〜，耳環(夾式、穿式)450日圓〜 📍箱根町強羅1300-525
🚃箱根登山鐵道強羅站步行3分 🅿無
MAP附錄P.34 E-2

→600日圓〜 使用原創玻璃藝品製作的墜飾

↑1個幾百日圓起，親民合理的價格也很讚

宮之下 豐島豆腐店 購物
●とよしまとうふてん

散步途中邊走邊吃豆腐&豆漿

只用箱根湧泉製作，型狀尚未冷卻定型的「汲み豆腐」很受歡迎。能感受到大豆自然的香甜。口感滑順的豆漿110日圓也一定要喝喝看。

☎0460-82-2545
⏰9:00〜17:00 🈺週三 📍箱根町宮ノ下340-2
🚃箱根登山鐵道宮之下站步行7分 🅿無
MAP附錄P.35 A-5

↗汲み豆腐比一般豆腐更無鹽鹵味，並能品嘗到大豆的風味。外帶用340日圓

→也陳列著許多炸豆皮等

宮城野 Lunch & Drinks ぱんのみみ 美食
●ランチ＆ドリンク ぱんのみみ

吐司與焗烤的夢幻共演！

箱根的有名餐點在此。向人氣的渡邊貝克力訂製的吐司麵包近1斤，加上香氣四溢的奶油焗烤，一邊破壞吐司的造型一邊享用。蛋包飯980日圓也很受歡迎。

☎0460-82-4480 ⏰11:00〜16:00左右
🈺週二、三 📍箱根町宮城野170 🚃箱根登山鐵道箱根湯本站，搭箱根登山巴士往湖尻・桃源台方向20分，宮城野營業所前站下車，步行3分 🅿14輛
MAP附錄P.34 F-1

→奶油焗烤麵包1058日圓，大塊干貝、蝦子等食材加上滿滿的鮮奶油・附沙拉

強羅 強羅花詩 購物
●ごうらはなことば

誕生自傳統技藝的和菓子

1921（大正10）年創業的老字號和菓子店。蘊含季節感的傳統菓子，外觀也十分令人驚艷。使用被稱作子育ての水的名水製作。

☎0460-82-9011
⏰10:00〜17:00 🈺週三
💴箱根八里の半次郎950日圓(5個入) 📍箱根町強羅1300
🚃箱根登山鐵道強羅站即到
🅿2輛
MAP附錄P.34 E-2

↑箱根八里の半次郎很有人氣　↑店內也設有內用區

宮之下 渡邊ベーカリー 購物
●わたなベベーかりー

溫泉燉牛肉麵包為箱根名物！

擁有創業120年歷史的老字號麵包店。從早便有為了箱根名物——溫泉燉牛肉麵包而來的人們，門庭若市。在內用區可享用現作的麵包。

☎0460-82-2127 ⏰9:30〜17:00(視時期而異)
🈺週三，每月第3週二 📍箱根町宮ノ下343
🚃箱根登山鐵道宮之下站步行7分 🅿3輛
MAP附錄P.35 A-5

→將細細燉煮的燉牛肉，放入整個法國麵包中的溫泉燉牛肉麵包 621日圓

強羅 paSeo 咖啡廳
●ぱせお

讓女性欣喜的家庭咖啡廳

此咖啡廳附設有花店，在這裡可享受到自家製麵包的早餐套餐很受歡迎。午餐還能品嘗到咖哩飯和家庭披薩。在散步的途中順道去看看吧？

☎0460-82-6100
⏰7:00〜15:30(12〜3月為8:00〜)
🈺週二、每月第1、3週三 📍箱根町強羅1320-634
🚃箱根登山纜車上強羅站步行3分
🅿5輛
MAP附錄P.35 C-2

→特製咖哩飯850日圓，使用大量蔬菜和口味溫潤，使用大量番茄糊製作

↗除了露臺座之外，也有可攜寵物的室內空間

宮之下 箱根光喜號
●はこねこうきごう

擁有大量歐洲雜貨與首飾

經營二手首飾與進口雜貨的選貨店。尤其是使用比利時蕾絲製作的首飾與歐洲雜貨品種類相當豐富。

☎0460-82-5776
⏰11:00〜17:00
🈺週二、不定休
📍箱根町宮ノ下379
🚃箱根登山鐵道宮之下站步行4分
🅿無
MAP附錄P.35 B-6

↗在國外也非常珍貴的比利時蕾絲首飾等種類豐富

宮之下 大和屋商店
●やまとやしょうてん

代表宮之下的古董店

創業超過100年的日本古董專賣店。如古伊萬里、浮世繪、漆藝品等，以豐富多元的品項為傲。而且還備有諸多高級紙製品。

☎0460-82-2102
⏰10:00〜17:30
🈺僅過年期間
📍箱根町宮ノ下223
🚃箱根登山鐵道宮之下站步行7分
🅿4輛
MAP附錄P.35 B-5

↗櫥窗陳列著匯集自國內外的古董

宮之下 こばやし商店
●こばやししょうてん

從江戶時代延續至今，箱根第一的老店

以箱根數一數二的歷史為傲，販售傳統工藝品的店。在日本獨一無二，這間店製作的木象嵌命名為皇室、宮家御用的逸品。除此之外，寄木細工、木芥子人偶等品項也相當豐富。

☎0460-82-2053
⏰10:00〜18:00(冬季為17:30)
🈺不定休 📍箱根町宮ノ下375
🚃箱根登山鐵道宮之下站步行4分 🅿無
MAP附錄P.35 B-5

↗也有販售寄木中最近很有人氣的無垢商品

宮之下 山田屋
●やまだや

也匯集了許多稀有的寄木細工

擁有歷史的伴手禮店，在江戶時代創業時是客棧。除了摩登的寄木細工之外，還有機關祕密箱、有田燒等商品，品項豐富。

☎0460-82-2019
⏰8:30〜17:30 🈺不定休
💴無垢(寄木細工)明信片尺寸相框4536日圓、筷架378日圓〜
📍箱根町宮ノ下368
🚃箱根登山鐵道宮之下站步行5分 🅿無
MAP附錄P.35 B-5

↗從全國工藝家收集而來的木雕作品也相當多

旅行 PICK UP

遊逛宮之下的古董店

明治以來，宮之下就有許多從歐美前來的旅行者到訪，在這裡有很多和洋古董店。

走在其中補充能量！

大涌谷

完整指南

大涌谷

悠哉地
漫步一圈，
再用餐

像是從地面隙縫間噴出，
往上湧出的白煙氣勢磅礴。
在箱根最讚的大自然景點，
實際感受地球的鼓動吧！

路線起點
大涌谷站

請確認最新資訊

箱根町大涌谷周邊區域，會依
火山活動產生變動，因此請於
出發前確認最新資訊。

噴煙地區
盡收眼底！

↑從位在大涌谷站前的展望台能眺望噴煙地區

周邊MAP 附錄P.36
住宿info P.146~151

洽詢處
大涌谷黑蛋館
☎0460-84-9605
箱根町綜合觀光服務處
☎0460-85-5700

前往這地區的交通方式

鐵道	開車
箱根湯本站	箱根湯本
搭箱根登山鐵道箱根登山電車～箱根登山纜車～箱根空中纜車 1小時5分	經由國道1號、道734號 約15km 縣
大涌谷	
縣道75號 約13km	經國道138號 約188km
	御殿場IC

詳細交通資訊請見P.152！

旅行願望清單！

☐ 感受地球能量，進而獲
　得療癒的大涌谷散步

☐ 在散步路線終點，取得
　箱根名物黑蛋！

☐ 探尋豐富多元的大涌
　谷名物

玉子茶屋 ●たまごちゃや

販售黑蛋的店家，位於噴煙地區的步道折
返點。店前有立桌，可一邊眺望美景一邊
現場品嘗黑蛋。

☎0460-84-9605（大涌谷黑蛋館）
※黑蛋在大涌谷黑蛋館販售
MAP 附錄P.36 D-6

↑被稱為「蒸方」的專門員工負責
煮蛋。在溫泉池水煮1小時後，在
約100℃的蒸氣中蒸煮

↑黑蛋的黑色外殼是因為
溫泉成分堆積

↓黑蛋5顆500日圓。
1個可延長7年壽命!?
還有附鹽巴

大涌谷自然研究路

●おおわくだにしぜんけんきゅうろ
從大涌谷停車場前往噴出大量蒸煙的噴煙地
區，步道環繞一周670m回到起點。雖然來回
只需花費時間約30分，但是吃著名物黑蛋，
會想在這裡慢慢地遊逛。

※2018年3月時
禁止進入
MAP 附錄P.36 D-6

伊豆 P.19
箱根 P.99
箱根湯本 P.110
宮之下・強羅・小涌谷 P.118
大涌谷 P.126
仙石原 P.128
蘆之湖・舊街道 P.132
小田原・湯河原・御殿場 P.140

Yu Land

●ゆ～らんど

大涌谷黑蛋館的別館，位於大涌谷自然研究路入口。2018年12月僅外帶速食店為營業中，伴手禮商店暫停營業。

☎0460-84-9605
🕘9:00～16:00 📍箱根町仙石原1251 🚡箱根空中纜車大涌谷站即到 🅿150輛（使用大涌谷停車場，520日圓）

MAP附錄P.36 D-6

從這裡往前探尋美食&伴手禮!

大涌谷黑蛋館

●おおわくだにくろたまごかん

除了擁有豐富大涌谷限定伴手禮的商店之外，還有自助式餐廳等的複合設施。也一併設有箱根地質博物館（入館100日圓）。

☎0460-84-9605
🕘9:00～16:00 🈚無休 📍箱根町仙石原1251 🚡箱箱根空中纜車大涌谷站即到 🅿150輛（使用大涌谷停車場，520日圓）

MAP附錄P.36 D-6

黑麻呂（8個入）**980日圓**
↳外皮與內館都是黑色的！內館滿是黑芝麻，口感軟Q

↳終於全黑的「柿の種」也首次登場。還蠻辣的！

激辛黑柿の種 670日圓

大涌谷限定吉祥物吊飾 各400日圓～

黑蛋肌面膜 1260日圓
↳全黑的面膜，加入大涌谷的溫泉成分，擁有大量調整膚質的矽酸，似乎很有效的樣子

↳也相繼推出人氣吉祥物變身「黑蛋」的吊飾！

大涌谷麵包脆餅（黑巧克力）**500日圓**
↳總共6種口味的麵包脆餅，果然最吸睛的還是有著大涌谷特色的黑巧克力口味

美食&購物非常充足!遊覽大涌谷的據點

知道這些你也是箱根通!

1 **熱氣翻騰長達約3000年**
約3000年前箱根山發生水蒸氣爆發，產生山崩。而崩壞地區所形成的噴氣地帶便是現在的大涌谷。

2 **因40萬年前起持續的火山活動所形成**
箱根山的火山活動竟然是從40萬年前起就開始了。從那之後反覆噴發，形成了蘆之湖與大涌谷。

3 **以前的名字直接就叫做「大地獄」!?**
直到江戶時代為止，因其景象之震撼力而曾被稱作「大地獄」。1873（明治6）年，才改成現在的名字。

↳箱根地質博物館

大涌谷站

●おおわくだにえき

箱根空中纜車車站，裡頭附設有商店與餐廳。不管從哪層都能望見大涌谷。內部空間寬敞，在大涌谷散步前後會想到此休息一下。

☎0460-84-8437
🕘9:00～17:00（12～2月為～16:15）🈚天候不佳時 📍箱根町仙石原 🚡箱根空中纜車大涌谷站 🅿150輛（使用大涌谷停車場，520日圓）

「特製」大涌谷咖哩 **1250日圓**
↳味道香辣且醇厚的正統咖哩。與溫泉蛋拌在一起，味道會變得溫潤

MAP附錄P.36 D-5

只是路過就太可惜了！空中纜車的車站也很有魅力

大涌谷延命地藏尊

●おおわくだにえんめいじぞうそん

以掌延壽與育兒的地藏菩薩為人熟知。據傳是弘法大師看見荒涼有如「地獄」的大涌谷景色，因而刻下地藏菩薩祈求人們獲得救濟。

☎0460-84-9605
（大涌谷黑蛋館）🕘自由參拜
MAP附錄P.36 D-6

↳用被稱為「神泉之湯」的溫泉，洗滌雙手後進行參拜

以地藏菩薩作為總結美景散步的最後

↳也來祈求旅途安全吧

極楽茶屋 ●ごくらくちゃや

超辣拉麵與丼飯廣受歡迎的餐飲暨伴手禮品店。能一邊眺望雄壯的富士山一邊用餐。也推薦只有在這裡才吃得到的黑色冰淇淋！

☎0460-84-7015
🕘9:30～15:40（12～2月為～15:30）🈚無休 📍箱根町仙石原1251 🚡箱根空中纜車大涌谷站即到 🅿150輛（使用大涌谷停車場，520日圓）

MAP附錄P.36 D-6

赤池地獄的黑拉麵 1000日圓
↳紅色的高湯是以自家製的辣椒味噌與豚骨湯頭為湯底

地獄蓋飯 950日圓

名物辣麵&蓋飯在這裡！伴手禮也相當豐富

劇烈翻湧!

因火山活動而能實際感受到大涌谷的生命力。也有注意有毒瓦斯的告示牌。

噴煙地區

玉子茶屋

能看見用空中纜車運送、飛過空中的黑蛋！

大涌谷自然研究路

大涌谷停車場，在箱根也是數一數二的富士山觀景景點！

大涌谷延命地藏尊

Yu Land

極楽茶屋

大涌谷停車場
在入口支付工作人員費用。
🕘9:00～16:20（12～2月為～16:00）💴520日圓 🅿約112輛

出口 大涌谷

集結4間能享受美食×購物的店家!

入口

大涌谷黑蛋館

←早雲山站

箱根空中纜車大涌谷站 站前展望台

姥子站、桃源台站→

博物館遊覽

仙石原

擁有清新空氣與豐盛綠意的仙石原，其中散布著能觀賞到歐洲世界觀的美術館。
飄蕩著大人氛圍的餐廳也很有人氣
會令人想悠哉地花時間在此漫遊

周邊MAP 附錄P.31・37
住宿info P.146〜151
洽詢處
箱根仙石原觀光協會 ☎0460-84-8301
仙石原乙女觀光服務處 ☎0460-84-3500
箱根町綜合觀光服務處 ☎0460-85-5700

前往這地區的交通方式

鐵道	開車
箱根湯本站	箱根湯本
↓ 24分 搭箱根登山巴士（桃源台線・湯本アウトレット線）	↓ 號約12km 經國道1、138
仙石原	仙石原
	↓ 12km 經國道138號約
	御殿場IC

詳細交通資訊請見P.152！

旅行願望清單！

- ☐ 帶點時尚又正統的藝術鑑賞
- ☐ 在氛圍絕佳的博物館餐廳午餐
- ☐ 在金黃色閃耀的芒草原散步♪

前往世界名作的小旅行

小王子博物館
箱根聖修伯里
ほしのおうじさまみゅーじあむはこねさんてぐじゅぺり

在此博物館能體驗不朽名作《小王子》的世界。園內重現作者生時的法式風格街道。庭園設計師——吉谷桂子經手設計的美麗庭園也非常值得一見。

☎0460-86-3700
⏰9:00〜18:00（入園為〜17:00）休每月第2週三（3月與8月為無休）💰一般1600日圓（預售1400日圓），銀髮族（65歲以上）、學生（需學生證）1100日圓，中小學生700日圓（預售600日圓）※預售票購買請至HP 📍箱根町仙石原909 🚌箱根登山鐵道箱根湯本站，搭箱根登山巴士往桃源台方向26分，川向（星の王子さまミュージアム）站下車即到 🅿112輛（收費）
MAP 附錄P.37 C-3

↑登場人物隱藏在園內各個角落，試著找找看吧！

小小info
《小王子》是個怎樣的故事？
主角為飛行員的「我」，迫降於沙漠，與從行星前來的王子相遇，回到「用心看見」，是個對生死、愛情有著豐富寓意的故事。

↑模擬重現作者幼年期生活的房間及執筆寫作的公寓

↑薔薇、繡球花等4種花為主題的花園

↑在展示廳中能與登場人物相遇，可感受到故事中的夢幻世界

在這吃 午餐！

露臺座也很有人氣！
RESTAURANT Array

企劃展全餐 2810日圓 採用畫家故鄉的名產等製作出的全餐

↑從大窗戶眺望小塚山的自然

心動不已 美術館雜貨
Museum Goods

眼鏡盒 各1944日圓 將人氣作品作成眼鏡盒的花紋。附眼鏡布

雷諾瓦《戴蕾絲帽的女孩》糖衣糖果 1132日圓 罐子與內容物都是美麗的原創之作

↑與仙石原的森林合為一體的舒適小徑

↑克洛德・莫內《睡蓮》

小小info
印象派是什麼？
比起如實呈現繪畫對象之原貌，更重視捕捉光線與周圍的空氣。將目光關注在表現光線微妙變化、纖細的色彩運用上吧！

POLA美術館
ぽーらびじゅつかん

以印象派為中心，展示雷諾瓦、莫內、畢卡索等的名畫。除了5間展示室之外，還有全長670m的森林步道、咖啡廳等設施，而在餐廳則能品嘗到季節感滿溢的歐風料理。

印象派收藏為日本數一數二

☎0460-84-2111
⏰9:00〜17:00 休無休 💰成人1800日圓，高中、大學生1300日圓，中小學生700日圓，65歲以上1600日圓（中小學生週六為免費）📍箱根町仙石原小塚山1285 🚌箱根登山鐵道強羅站，搭Skylight巴士往濕生花園方向13分，ポーラ美術館站下車即到 🅿163輛（收費）
MAP 附錄P.31 D-3

※各商店的商品有可能因更換而缺貨

伊豆 P.19
箱根 P.99

箱根湯本 P.110
宮之下・強羅・小涌谷 P.118
大涌谷 P.126
仙石原
P.128
蘆之湖・舊街道 P.132
小田原・湯河原・御殿場 P.140

閃耀著光輝的
寶石與玻璃

藝術鑑賞後
優雅地品嘗大人的午餐…
仙石原

↑在餐廳的露臺座能盡情享受自然與美食

箱根拉利克美術館
はこねらりっくびじゅつかん

在這裡能同時盡情觀賞法國工藝作家雷內・拉利克的畢生作品約230件，以及箱根的自然風光。在由拉利克設計裝潢的東方快車中，還有咖啡廳可享受。

☎0460-84-2255　🕐9:00～16:30（17:00閉館）
休無休　¥成人1500日圓，高中、大學生、65歲以上1300日圓，中小學生800日圓（僅使用餐廳、商店、庭園則入場免費）　所箱根町仙石原186-1
🚉箱根登山鐵道箱根湯本站，搭箱根登山巴士往湖尻・桃源台方向25分，仙石案內所前站下車即到
Ｐ200輛（免費）

MAP 附錄P.37 B-2

↑拉利克的玻璃嵌板在東方快車車內閃耀著

↑活用七寶技術製作，拉利克珠寶的代表作

小小info
雷內・拉利克的魅力

以珠寶工藝起家，在玻璃工藝中也達顛峰的拉利克。館內也重現並展示他竭盡後半生投入的室內裝潢成果。拉利克的空間演出，只有這裡才見得到，一定要來看看。

心動不已
美術館雜貨　Museum Goods

かまわぬ製手巾　各925日圓
運用香水瓶「三羽のツバメ」設計的原創手巾

能好好享受美麗庭園與季節美味的午餐
CAFÉ&RESTAURANT LYS
在這吃午餐！

午餐套餐 2250日圓（附飲料）
邊眺望著箱根的自然風光，邊品嘗活用食材的午餐。9～10時早餐也很有人氣。

↑在此餐廳能品嘗到當季美食／照片僅供參考

也推薦在咖啡廳用餐
在這吃午餐！
Restaurant Le Petit Prince
🕐11:00～17:30（甜點為11:00～17:00，餐點11:30～17:00）

以《小王子》的世界為形象的菜單登場！

用餐

可以只在餐廳用餐

※照片僅供參考　Museum Goods

心動不已
博物館雜貨

書衣　各5076日圓
皮革製的書衣上有象徵《小王子》的圖畫，十分可愛♪

柔軟玩偶
象&蝴蛇、小王子各1404日圓
誠如其名，手感鬆軟的人氣系列。大象是放在蟒蛇之中的

馬克杯 1944日圓
香蘭社製的白瓷器。有10種圖樣，收集起來也很開心

必看活動
為大人設計的解謎企劃第2彈
小王子與秘密故事
※1組解謎套組1000日圓（含稅），也可多人一起購買1組解謎套組。

這個活動，是要你解開謎題，在博物館內探尋秘密故事結局的活動。解開所有的謎題，完成未完的繪本，就能夠知曉故事的結局。用你的雙手引導幸福的結局——。（活動合作：タカラッシュ！）

在這吃午餐！
名物主廚的味道
CAFFÉ♪ RISTORANTE La CanZone

義大利麵各種
1500日圓～
使用季節食材的料理等，菜單相當豐富。

↑1日舉辦6次，具有震撼力的義大利歌曲現場演奏

以中世紀威尼斯為主題的美術館

↑中央有「光之迴廊」，庭園中也有展示玻璃作品

箱根玻璃之森美術館
はこねがらすのもりびじゅつかん

在令人聯想到中世紀貴族之洋樓的美術館內，展示著100件威尼斯玻璃名品。餐廳繚繞著現場演奏的義大利歌曲，擁有約10萬件玻璃製品的美術館商店也一定別錯過。

☎0460-86-3111　🕐10:00～17:00（17:30閉館）　休成人日翌日起休館11天　¥成人1500日圓，高中、大學生1100日圓，中小學生600日圓　所箱根町仙石原940-48
🚉箱根登山鐵道箱根湯本站，搭箱根登山巴士往湖尻・桃源台方向22分，俵石・箱根ガラスの森前站下車即到　Ｐ250輛（收費）

MAP 附錄P.37 D-3

心動不已
美術館雜貨　Museum Goods

原創的フラッシュツリー
3996日圓～
使用透明與虹色閃耀的2種水晶玻璃所製作的小型玻璃樹

琉璃千花盤 1944日圓
花的馬賽克圖樣，使用了2種威尼斯傳統的千花技法。由發祥地職人手作

在體驗工房製作藝術玻璃

有在玻璃板上熔接小塊玻璃的熔合技法體驗（所需約70分），以及在玻璃杯上雕刻文字或花紋的噴砂體驗（所需約40分～）。

小小info
魅惑貴族的技術

當時的貴族受到威尼斯玻璃的魅惑，為了防止技法洩漏至其他國家，甚至將所有的工匠都被隔離居住在名為穆拉諾的小島上。

仙石原
●せんごくはら
MAP 附錄P.31・37

SOLO PIZ"Z"A
美食
●そろぴっざ
麵團也相當講究的絕品披薩

時尚品牌的老闆在差不多10年前所開的，別墅族喜愛的高級正統披薩店。從麵團開始手作，因為是使用義大利進口的石窯一口氣烤製完成，所以能烤出中間Q彈有勁，外皮酥脆的逸品。

☎0460-85-2884 🕐11:30～14:30、17:00～20:00（週日、一為～19：30，週四僅晚上營業）休週二、三 ¥水手披薩1600日圓、大蒜披薩1800日圓、窯烤烤雞1800日圓 📍箱根町仙石原999 🚃箱根登山鐵道箱根湯本站，搭箱根登山巴士往湖尻・桃源台方向23分，仙石原小學校前站下車，步行15分 🅿8輛
MAP 附錄P.37 D-2

↑最有人氣的是展現披薩實力的瑪格麗特披薩1600日圓

↑佛羅倫斯民宅風的別緻裝潢

LE VIRGULE
美食
●ル・ヴィルギュル
繼承名店風味的小餐館

曾是オーベルジュ漣的姊妹店，但是在2014年已成為獨立店，是法式料理為主的小餐館。雖然菜單中仍保有「漣」的人氣名物，不過使用三島蔬菜及駿河灣海產的新料理也相當豐富。

☎0460-83-8844 🕐11:30～13:30、17:00～21:30 休週二，每月第1週一 ¥自家製番茄肉醬與牛肝菌菇義大利麵1155日圓，三島蔬菜派1155日圓 📍箱根町仙石原242 🚃箱根登山鐵道箱根湯本站，搭箱根登山巴士往湖尻・桃源台方向25分，仙石案內所前站下車即到 🅿2輛
MAP 附錄P.37 B-1

↑分量、風味都讓人大大滿足的午餐全餐1500日圓～

↑夜晚會想要搭配從世界各地收集而來的紅酒一起享用

ごはんと板前料理 銀の穂
美食
●ごはんといたまえりょうりぎんのほ
名物釜飯與輪箱飯相當美味

富士山麓豬、當地雞肉、御殿場的品牌米等，供應使用當地安全食材製作的日式料理。擁有多種的釜飯與輪箱飯，很受歡迎。

☎0460-84-4158 🕐11:00～14:30、17:00～20:30 休週三 ¥あべ雞釜飯1620日圓，鮭魚輪箱飯1510日圓 📍箱根町仙石原817 🚃箱根登山鐵道箱根湯本站，搭箱根登山巴士往湖尻・桃源台方向28分，仙石高原站下車，步行3分 🅿20輛
MAP 附錄P.31 C-3

↑分量滿分的和牛釜飯1835日圓

↑眺望仙石原高原芒草的好地點

箱根武士之鄉美術館
景點
●はこねもののふのさとびじゅつかん
試穿盔甲，感受武士氣氛！

展示大量從室町時代到江戶時代的盔甲武具、大名用具等物品。也可試穿江戶時代的盔甲（2000日圓，複製1500日圓）。也有展示浮世繪、美人畫、茶具等。

☎0460-84-8177 🕐10:00～16:30（視時期而異）休無休（12～3月為週三、四休，逢假日則開館）¥成人800日圓，國中生600日圓，小學生400日圓 📍箱根町仙石原817-580 🚃仙石案內所前巴士站步行5分 🅿7輛
MAP 附錄P.37 B-2

➡擁有諸多貴重的盔甲，喜好歷史者會因此入迷
➡位於箱根濕生花園前，渾厚的建築為其標記

かま家
美食
●かまや
等候釜飯時泡個溫泉

到炊煮上桌為止需花上40分，在這裡能品嘗到5種正統釜飯。建築內有白濁源泉放流的室內溫泉，多付750日圓可入浴。

☎0460-84-5638 🕐9:00～20:00（週六日、假日為～21:00）休每月第3週三、四 📍箱根町仙石原817 🚃箱根登山鐵道箱根湯本站，搭箱根登山巴士往湖尻・桃源台方向25分，仙石案內所前站下車，步行8分 🅿7輛
MAP 附錄P.37 B-3

↑寬敞如民宅的店裡

➡滿滿鮭魚卵的鮭魚親子釜飯1580日圓。剛煮好的熱騰騰釜飯令人欣喜

太原
美食
●たいげん
仙石原別墅族喜愛的高級中華料理

雖然位於離仙石原路口稍遠的地點，但在這裡能品嘗到正統的中華料理，因此很有人氣。嚴選食材、使用高級油品等每樣都非常講究。

☎0460-84-5282 🕐11:00～14:30、17:00～20:30 休週四 ¥韭菜炒豬肝1728日圓 📍箱根町仙石原1181 🚃JR御殿場線御殿場站，搭小田急箱根高速巴士往湖源台方向17分，乙女口站下車即到 🅿20輛
MAP 附錄P.31 C-3

↑人氣菜單有用豬肉作的雲白肉1944日圓等

CHECK!
箱根濕生花園
仙石原
●はこねしっせいかえん

國內外罕見的花草為園內增添色彩

在這裡能見到生長於濕原、河川、湖沼等水濕地的植物。除了約200種的濕地植物之外，這裡還有約1100種的草原與高山植物，散步一圈約40分左右，在開園期間能見到繽紛多彩的花朵。

☎0460-84-7293 🕐9:00～16:30 休3月20日～11月30日開園，期間中無休 ¥成人700日圓，兒童400日圓 📍箱根町仙石原817 🚃箱根登山鐵道箱根本站，搭箱根登山巴士往湖尻・桃源台方向25分，仙石案內所前站下車，步行8分 🅿100輛
MAP 附錄P.37 B-3

➡可在此享受約40分的散步時光，園內有整設完善的木棧道
➡也有樹林包圍的散步道，能享受到小小的登山健行

↑味道濃厚的霜淇淋是很受歡迎的一品

區域特別專欄

讓仙石原一夕成名的，就是位在台岳西麓，一片遼闊的芒草原。在3月時會燒山，夏天則會長出青翠的草原，接著10月中旬～11月上旬，大片金黃色的芒草便會展現在眼前。

秋天會出現廣大的芒草名勝！

仙石原芒草原
仙石原
●せんごくはらのすすき

➡籠罩在日光下，閃耀著金黃色光芒的芒草

☎0460-84-3500（仙石原乙女觀光服務處）🕐自由參觀 📍箱根町仙石原 🚃箱根登山鐵道箱根湯本站，搭箱根登山巴士往湖尻・桃源台方向28分，仙石高原站下車即到 🅿200輛（僅9～11月）
MAP 附錄P.31 C-3

伊豆 P.19
箱根 P.99
箱根湯本
P.110
宮之下・強羅 小涌谷
P.118
大涌谷
P.126
仙石原
P.128
蘆之湖・舊街道
P.132
小田原・湯河原・御殿場
P.140

GRANDE RIVIERE 箱根
購物

●ぐらんりゔぃえーるはこね

仙石原

附設有咖啡廳的麵包脆餅專賣店

使用混合小麥粉，講究的麵包脆餅專賣店。口感鬆脆輕盈，濃厚的奶油風味是會令人上癮的美味，廣受大家的喜愛。在2樓的咖啡廳，可品嘗到飲品及霜淇淋。

☎0120-396-852
🕙10:00～18:00（視時期而異）
休無休　¥箱根麵包脆餅(8片入)510日圓～，飲品300日圓～　所箱根町仙石原1246-737　🚃箱根登山鐵道箱根湯本站，搭箱根登山巴士往湖尻・桃源台方向28分，仙石高原站下車即到　🅿10輛
MAP 附錄P.31 C-3

↑使用當地的金太郎牛乳所製作的箱根皇家霜淇淋350日圓也很有人氣

↑將麵包脆餅切成一口大小，種類豐富的仙石麵包脆餅也很受歡迎

↑吃下去口齒留香的焦糖杏仁餅

↑→1樓為商店，2樓為咖啡廳區

Lucky's Cafe
咖啡廳

●らっきーずかふぇ

仙石原

一排排具有箱根風情的蛋糕

此蛋糕店位在離仙石原路口稍遠的國道138號旁。有著講求「箱根風情」、種類豐富的甜點，點用飲品432日圓～就能在店裡的內用區享用。

☎0460-84-4480
🕙10:00～18:00　休週二　所箱根町仙石原372-1　🚃箱根登山鐵道箱根湯本站，搭箱根登山巴士往湖尻・桃源台方向24分，仙石站下車，步行7分　🅿5輛
MAP 附錄P.37 B-1

←八里蒙布朗389日圓為佇立於後方的金時山為範本所製作的箱根金時

↑除了蛋糕之外，也備有烘培點心

高原茶寮 福風
美食

●こうげんさりょうふくふう

仙石原

醃漬真鯛與山藥泥融合的名物

靠近芒草原的餐廳。在白飯上排好醃漬的真鯛，再淋上山藥泥的鯛魚山藥泥飯是本店的招牌料理。細心燉煮的特選和牛「燉牛肉」單點2450日圓（套餐為3200日圓）也很受歡迎。

☎0460-84-5050　🕙11:00～14:00、16:30～19:00（視時期而異，食材用完打烊，9～11月的週一・二僅中午營業）　休週二（2月休業）　所箱根町仙石原1246　🚃箱根登山鐵道箱根湯本站，搭箱根登山巴士往湖尻・桃源台方向28分，仙石高原站下車，步行5分　🅿30輛
MAP 附錄P.37 A-3

↑附有炸什錦、味噌湯、甜點的鯛魚山藥泥飯2100日圓

Albergo bamboo
美食

●アルベルゴ・バンブー

仙石原

在白牆洋樓品嘗「箱根義式料理」

在東京也很有名氣的義式料理名店。使用直接從義大利進口的建材打造的建築，簡直就是義大利豪宅的樣子。採用箱根近郊的蔬菜等，在這裡能夠品嘗到使用當地食材的「箱根義式料理」。

☎0460-84-3311
🕙11:30～14:00、17:30～20:00（需預約）　休週二　所箱根町仙石原984-4　🚃箱根登山鐵道箱根湯本站，搭箱根登山巴士往湖尻・桃源台方向23分，仙石原小學校前站下車，步行5分　🅿60輛
MAP 附錄P.37 C-2

←能享受豐盛的午餐全餐時光「カリーナ」5702日圓

↑午餐的箱根近郊蔬菜桌邊服務廣受好評

AZURE MOON
美食

●あずーるむーん

仙石原

印度主廚製作的正統咖哩

供應印度主廚將印度咖哩改良得稍微溫潤的咖哩。提供菠菜、起司等的印度烤餅，及放入大塊南瓜等的咖哩，菜單相當豐富。

☎0460-84-6221　🕙11:30～14:00、17:30～20:00　休週四　¥晚餐套餐2800日圓　所箱根町仙石原184　🚃箱根登山鐵道箱根湯本站，搭箱根登山巴士往湖尻・桃源台方向25分，仙石案內所前站下車即到　🅿8輛
MAP 附錄P.37 B-2

↑光線從面對中庭的窗戶照進來，店內飄蕩著高級的氛圍

↑從5種咖哩中選1種的特別午餐套餐1800日圓

相原精肉店
購物

●あいはらせいにくてん

仙石原

講求手作的火腿名店

不管何時前往，都有絡繹不絕的客人，為別墅主人喜愛的高級肉品店。由社長親自採購、加工、販售。種類豐富的火腿與烤牛肉為本店名物。

☎0460-84-8429　🕙9:00～18:00　休週二、不定休　所箱根町仙石原226　🚃箱根登山鐵道箱根湯本站，搭箱根登山巴士往湖尻・桃源台方向25分，仙石案內所前站下車即到　🅿5輛
MAP 附錄P.37 B-2

←腿100g486日圓能吃到肉質鮮美滋味的里肌火腿

↑以少油嫩煎，吃起來會非常美味的人氣義式肉腸518日圓

ポコアポコ
咖啡廳

●ぽこあぽこ

仙石原

蔬菜相當美味的有機咖啡廳

據說是在箱根工作的人不會想讓別人知道的私房咖啡廳。使用有機的蔬菜、咖啡豆，備有對身體健康的菜單。菜單是以咖哩飯、高麗菜捲、焗烤等洋食為主。

☎0460-84-8214　🕙10:00～19:00（午餐為11:00～15:00）　休週三、四　所箱根町仙石原180　🚃箱根登山鐵道箱根湯本站，搭箱根登山巴士往湖尻・桃源台方向25分，仙石案內所前站即到　🅿4輛
MAP 附錄P.37 B-2

↑加入大量在御殿場栽種的當季有機蔬菜，季節蔬菜咖哩1600日圓

はこねずし
美食

●はこねずし

仙石原

盡情享受沼津港鮮魚製成的壽司

店家每天花1小時在沼津港採購，在此能享受到鮮度超群的食材。推薦鬆軟且鮮美滋味滿溢的星鰻壽司、使用肉質肥美的上等鯖魚製作成的押壽司、賣完就抱歉囉的炙燒魚頭肉等料理。

☎0460-84-7890　🕙11:30～14:30、17:00～20:30　休週二，每月第3週一　¥箱根握壽司4104日圓，特上壽司3024日圓　所箱根町仙石原817　🚃箱根登山鐵道箱根湯本站，搭箱根登山巴士往湖尻・桃源台方向25分，仙石案內所前站下車，步行8分　🅿5輛
MAP 附錄P.37 B-3

→也有許多常客就為這道美味而來，星鰻壽司2268日圓

搭乘蘆之湖的交通工具遊玩吧！

約3000年前，因神山大爆發而誕生的堰塞湖。尋求未經人工開發的大自然，一起來湖上、湖畔看看吧。

KING OF HAKONE

試試在船內拍下有趣好玩的紀念照！

↑RoyalⅡ南歐皇家太陽號船內的3D藝術也要CHECK

周邊MAP 附錄P.31・36～38
住宿info P.146～151

洽詢處
箱根町綜合觀光服務處
0460-85-5700

推薦 1

就算在平日也很有人氣的蘆之湖象徵

箱根海賊觀光船

搭乘處 ❶箱根町港 ❷元箱根港 ❸桃源台港

色彩鮮豔繽紛的觀光船是蘆之湖的名物。有3艘以17～18世紀帆船型戰艦為範本打造的觀光船，每艘船都有視野絕佳的特等艙（需追加費用）。單程約航行30～40分左右。

0460-83-7722
9:30～17:00（箱根町港的營運時間。視港、季節、天候而異）休無休（天候不佳時停駛）所箱根町箱根161（箱根町港）箱根登山鐵道箱根湯本站，搭箱根登山巴士往元箱根港・箱根町港方向22分，箱根町港站下車即到 P120輛

●交通工具資訊

接近湖面	★★☆
私房感	★☆☆
體力	★★☆
價格	★★☆

●避開人潮術

尖峰時期	7月下旬～8月
尖峰時期的最佳遊玩時間	11～13時

衷心小建議
首頁（http://www.hakone-kankosen.co.jp/）有折價券！

桃源台港 MAP 附錄P.36 A-5
元箱根港 MAP 附錄P.38 B-2
箱根町港 MAP 附錄P.38 A-5

票價表 ※（）內為特等艙追加費用

單程	箱根町港	360(150)日圓	1000(500)日圓	
		—	元箱根港	1000(500)日圓
來回	1840(770)日圓	1840(770)日圓	桃源台港	

超級推薦海賊觀光船商品

↑船內也有商店

海賊觀光船咖哩麵包
❶加了烏賊墨的全黑咖哩麵包！於桃源台商店販售210日圓

海賊觀光船圖鑑

總共有3艘船航行中！
選擇喜歡的船，是箱根通的玩法！

Royal Ⅱ 南歐皇家太陽號

◆2013年登場
◆船內也是法國風

以18世紀法國的帆船戰艦「皇家路易號」為範本打造的最新型船隻。正紅色的船身倒映在藍色的湖面上。特等艙中的馬賽克畫非常漂亮。

勝利號

◆勇猛的英國艦隊
◆內部裝潢十分別緻

以建造於18世紀、活躍於特拉法加海戰等多場歷史性戰役的英國戰艦「勝利號」為原型打造而成的。為2007年3月登場的第5代船隻。

Vasa 北歐獅瓦薩王號

◆北歐綠為其標誌
◆3艘中載客人數最多的！

以活躍於17世紀前半，號稱「北歐雄獅」的瑞典國王古斯塔夫・阿道夫所建的「瓦薩王號」為原型打造而成的。豪華的雕刻也相當值得一見。

前往這地區的交通方式

鐵道
箱根湯本站
（箱根登山巴士箱根町線）
↓
蘆之湖（箱根町）

開車
箱根湯本
經國道1號（箱根新道）約15km
↓
蘆之湖（箱根町）
↕
經國道138號、縣道75號約28.8km
御殿場IC

詳細交通資訊請見P.152！

旅行願望清單！

☐ 搭乘各種交通工具，飽覽雄壯的蘆之湖

☐ 全部都想去！前往蘆之湖畔的3大景點

☐ 在湖景名店好好享用午餐&咖啡廳

伊豆 P.19
箱根 P.99
箱根湯本
P.110
宮之下・強羅・小涌谷
P.118
大涌谷
P.126
仙石原
P.128
蘆之湖・舊街道
P.132
小田原・湯河原・御殿場
P.140

推薦 ② 展望甲板很有魅力的優雅客船
箱根蘆之湖遊覽船
はこ ね あし の こ ゆう らん せん

搭乘處 ❶箱根關所跡港 ❷元箱根港 ❸箱根園港 ❹湖尻港

●交通工具資訊

接近湖面	★★☆
私房感	★☆☆
體力	★☆☆
價格	★★☆

●避開人潮術

尖峰時期
11月的週六、日

尖峰時期的最佳遊玩時間
9〜10時

衷心小建議
有駒之岳空中纜車、箱根園水族館、箱根關所等的優惠套票。

票價表

箱根關所跡港			
360日圓	元箱根港		
760日圓	760日圓	箱根園港	
1000日圓	1000日圓	760日圓	湖尻港

以甲板連結2個船體的雙體船。特徵是穩定性高，幾乎不會搖晃。除了定期船班之外，也有行駛遊覽湖上又繞回出發港口的周遊船（1200〜1840日圓）。

要從元箱根或箱根關所跡往箱根園，要搭這艘船！

能看見駕駛艙，享受好似船長的氛圍！

📞0460-83-6351（伊豆箱根鐵道船舶營業所）🕘9:00〜16:45（元箱根港的營運時間。視港、季節、天候而異）休無休（天候不佳時會變更航班或停駛）所箱根町元箱根45-3（元箱根港）🚃箱根登山鐵道箱根湯本站，搭箱根登山巴士往元箱根・箱根町港方向32分，元箱根站下車即到 Ｐ50輛

箱根關所跡港 MAP 附錄P.38 A-4　箱根園港 MAP 附錄P.37 B-6
元箱根港 MAP 附錄P.38 B-2　湖尻港 MAP 附錄P.36 B-5

推薦 ③ 邊歡騰玩樂邊來趟蘆之湖散步
划槳船 & 天鵝船

搭乘處 ❶Ashinoko Fishing Shop NOZAKI

●交通工具資訊

接近湖面	★★★
私房感	★★☆
體力	★★★
價格	★☆☆

●避開人潮術

尖峰時期 5〜8月

尖峰時期的最佳遊玩時間
12〜16時

衷心小建議
若有小型船舶駕照，則也可租借釣魚用的引擎船與附船外機的船隻。

在桃源台、湖尻與元箱根、箱根町的湖畔，散布著出租休閒船與釣魚船等的船隻店家。從划槳船和天鵝造型的腳踏船中選一個，朝著湖面深入前進吧。所有店家統一收費。

想要悠閒前行的話，3人座的天鵝船最合適！

鵝船為搭乘處的標誌

浮在湖畔的天鵝船

📞0460-83-6167（Ashinoko Fishing Shop NOZAKI）🕘日出〜日落（有季節性變動）休天候不佳時 ￥划槳船30分700日圓（天鵝船是使用周邊店家的，30分1500日圓）所箱根町元箱根78 🚃箱根登山鐵道箱根湯本站，搭箱根登山巴士往元箱根・箱根町港方向32分，元箱根港站下車，步行5分 Ｐ附近有公共免費停車場
MAP 附錄P.38 B-2

推薦 ④ 騎電動自行車，迎著湖之風輕快舒暢地前進♪
租借自行車

搭乘處 ❶恩賜箱根公園 ❷箱根園 ❸Fun Space 蘆之湖露營村

●交通工具資訊

接近湖面	★☆☆
私房感	★★★
體力	★★☆
價格	★☆☆

●避開人潮術

尖峰時期 8〜9月

尖峰時期的最佳遊玩時間
9〜12時

衷心小建議
在GW或夏季，人潮蜂擁的時節，最好是在一開店就馬上去租借。

從蘆之湖的北邊到南邊，皆可租借到電動自行車。在湖畔騎自行車遊覽，感覺十分暢快！

也可輕鬆地移動前往箱根關所、舊街道杉樹林蔭道等處

能輕快舒適地前往想去的地方，真暢快〜♪

📞0460-83-6709（恩賜箱根公園停車場）🕘4月1日〜11月30日，9:00〜14:30（還車為〜15:30）休週四、五、六、日，僅假日營業 ￥1小時以內500日圓，2小時以內1000日圓，2小時以上1200日圓 所箱根町元箱根171（恩賜箱根公園）🚃箱根登山鐵道箱根湯本站，搭箱根登山巴士往元箱根・箱根町港方向33分，恩賜公園前站下車即到 Ｐ62輛（恩賜箱根公園）

MAP ❶附錄P.38 B-4 ❷附錄P.37 B-5 ❸附錄P.31 C-4

↑在元箱根港周邊，可緊貼著湖畔騎，感覺很好

❸桃源台港
Fun Space ❸蘆之湖露營村
富士山
桃源台站
箱根空中纜車
九頭龍神社本宮
❹湖尻港
❸箱根園港
❷箱根園
❶恩賜箱根公園
箱根 駒之岳空中纜車
箱根園站
箱根神社
蘆之湖
Ashinoko Fishing Shop NOZAKI
❷元箱根港
❷元箱根港
❶箱根關所跡港
❶箱根町港

………箱根海賊觀光船
————箱根蘆之湖遊覽船（定期船）
………箱根蘆之湖遊覽船（周遊船）

景點

能親子同樂的「箱根園」、可學習箱根歷史的「箱根關所」，還有廣受女性歡迎的「箱根神社」。從各種享受旅遊的方式中，為您介紹3處經典景點！

能悠哉地玩上大半天
箱根園
●はこねえん

位於靠近蘆之湖中間的廣大休閒區域。除了有箱根唯一一間的水族館，以及可眺望大全景風景的空中纜車之外，還有可親密接觸動物的動物園、美食、體驗區和不住宿溫泉等，豐富多元的樂趣在等你范臨。

☎0460-83-1151　MAP附錄P.37 B-5
⏰視設施及時期而異　休無休　¥視設施而異　所箱根町元箱根139　📶箱根登山鐵道箱根湯本站，搭伊豆箱根巴士往箱根園方向1小時，終點下車即到　Ｐ300輛（收費）

↑從遠見番所望見的關所
從位於小高丘的瞭望站，步兵不分日夜監看著街道沿途與蘆之湖

↑京口御門　●きょうぐちごもん
位於京都側的入口之門。6〜18時敞開

↑御制札場　●ごせいさつば
寫有關所職務作用的公告，氣圍威嚴的建築

↑當值等候所　●おおばんしょ
關所官員及當班人的辦公處。鴨居上掛著刀槍

↑足輕番所　●あしがるばんしょ
步兵們的辦公處。也有暫時關押犯人的牢獄

more study 箱根關所資料館
●はこねせきしょしりょうかん

箱根關所旁的資料館。展示著手形、武器防具，以及突破關所的相關資料等。

☎0460-83-6635
⏰9:00～16:30(12〜2月為〜16:00)　休無休　¥箱根關所、資料館共通券成人500日圓，兒童250日圓
MAP附錄P.38 A-4

↑可更進一步詳盡學習箱根關所歷史的景點

↑獨特的海豹秀一定要看
↓2018年3月亞洲小爪水獺也加入成為其中一員！

箱根 駒之岳空中纜車
●はこねこまがたけろーぷうぇー

行駛至標高1327m的駒之岳山頂。從山頂一覽眼下的蘆之湖，以及有如箱型庭園式盆景的箱根全景，將美景盡收眼底。魁偉富士山、相模灣、伊豆半島等大全景也在此展現。

⏰9:00～16:30(下山最晚16:50)　¥來回成人1300日圓，兒童650日圓
MAP附錄P.37 C-5

→全長約1800m。約7分可抵達山頂

ふれあいどうぶつランド だっこして! ZOO!
●ふれあいどうぶつらんどだっこしてずー

小馬、羊駝、小型犬等可愛的動物們大集合。是個不僅能看，而且還能快樂地和動物接觸的景點。

⏰10:00～17:00(有季節性變動)　¥門票成人1000日圓，兒童800日圓
MAP附錄P.37 B-6

↑個性溫和的小馬是動物園的人氣王

箱根園水族館
●はこねえんすいぞくかん

箱根園中最熱門的水族館。也有上演潛水員與魚兒們演出秀的魚類大水槽等設施散布其在館內。其中棲息於淡水的貝加爾海豹之廣場很有人氣。

⏰9:00～17:00(視時期而異)　¥門票成人1500日圓，兒童750日圓
MAP附錄P.37 B-6

↑與魚兒們共演的療癒海底秀

★★★ 歡樂攻略Point ★★★

1 水族館的海豹秀
每日11時與13時（週六日、假日15：30也有）會舉辦表演秀。

2 山頂的富士山景觀
想要觀賞絕景的話，就去搭乘可通往駒之岳山頂的「箱根 駒之岳空中纜車」。

3 絕景的不住宿溫泉設施
在眺望富士山與蘆之湖的「絕景日帰り溫泉 龍宮殿本館」也能玩得開心

箱根プリンス パン工房
●はこねぷりんすぱんこうぼう

販售特製的原創麵包。也可內用。
⏰11:00～17:00
MAP附錄P.37 B-6

→波蘿麵包
210日圓

從山頂一覽雄壯的富士山

箱根 駒之岳 空中纜車
箱根プリンス パン工房
絕景日帰り溫泉 龍宮殿本館→
箱根園 SHOPPING PLAZA
ななかまど
雲・そり 遊び広場
箱根園水族館
ふれあいどうぶつランド だっこして! ZOO!

伊豆 P.19

箱根 P.99

箱根湯本

P.110 宮之下・強羅 小涌谷

P.118 大涌谷

P.126 仙石原

P.128

P.132 蘆之湖・舊街道

P.140 小田原 湯河原・御殿場

選選旅遊的目的吧！

蘆之湖 3大

九頭龍神社本宮 ● 箱根園 1
蘆之湖 ● 箱根神社
● 箱根關所

給想來趟 祈願之旅的你

想和朋友、戀人一起去的能量景點

九頭龍神社本宮也一同參拜需3小時

箱根神社

● はこねじんじゃ

757（天平寶字元）年萬卷上人得箱根大神託夢而創建的。此後作為關東總鎮守受民眾崇敬。也是必勝與戀愛景點，老杉林蔭道與縣天然紀念物的姬沙羅純林等也相當值得一見。

☎0460-83-7123 ⏰境內自由 休無休 ¥免費 所箱根町元箱根80-1 交箱根登山鐵道箱根湯本站，搭箱根登山巴士、伊豆箱根巴士往箱根町港方向32分，元箱根港下車，步行10分 P180輛

MAP 附錄P.38 A-2

2 正參道
● せいさんどう

參道旁的生苔老杉，令人感受到歷史的氛圍。

1 手水舍
● てみずしゃ

首先在手水舍洗淨身心。

3 御社殿
● ごしゃでん

朱紅色的權現造御社殿。背後的姬沙羅純林也十分美麗。

4 九頭龍神社新宮
● くずりゅうじんじゃしんぐう

新宮前有從9條龍口流出的「龍神水」。

MAP 附錄P.38 A-2

5 寶物殿
● ほうもつでん

介紹從奈良時代創建期起的箱根神社歷史。

⏰9:00～16:00 ¥成人500日圓／兒童350日圓

6 權現からめもち
● ごんげんからめもち

位於停車場，箱根神社的休息處，名物5色餅600日圓。

☎0460-83-5122 ⏰10:00～17:00（售完打烊）休不定休

MAP 附錄P.38 A-2

7 御札所
● おふだしょ

參拜的最後，前往御札所。九頭龍神的護身符也在這裡。

➡九頭龍結緣御守 800日圓

給想來趟 知性之旅的你

從大人到小孩都能快樂學習的歷史地點

悠閒逛一圈要1小時30分

箱根關所

● はこねせきしょ

江戶時代，監督防止在江戶作為人質的諸侯之妻妾逃亡（出女）的4大關所之一。於2007（平成19）年復原重現，成為蘆之湖畔的象徵。

☎0460-83-6635 ⏰9:00～16:30（12～2月為～16:00）休無休 ¥箱根關所、資料館共通券成人500日圓，兒童250日圓 所箱根町箱根1 交箱根登山鐵道箱根湯本站，搭箱根登山巴士、伊豆箱根巴士往箱根町港方向40分，箱根關所跡下車步行2分 P使用附近停車場

MAP 附錄P.38 A-4

★★★ 關所Study ★★★

1 所謂的人見女是？
專門檢查並締出女的官員。被稱作「改め婆」，是讓人懼怕的官員。

2 官員們的衣裝事宜
據聞官員會依身分決定衣服穿著的細節，令人相當驚訝。

3 參觀所需時間為？
悠哉地逛一圈院內要1小時左右。新綠與紅葉時期的景色是最棒的。

這裡也 **CHECK**

九頭龍神社本宮
● くずりゅうじんじゃほんぐう

祭祀蘆之湖守護神──九頭龍大神的神社。可獲得戀愛能量等。

☎0460-83-7123（箱根神社）⏰境內自由 ¥免費（要參拜必須由箱根九頭龍之森入口進入，入園費500日圓）所箱根町元箱根 箱根九頭龍的森內 交箱根登山鐵道箱根湯本站，搭伊豆箱根巴士往箱根園方向1小時，終點下車，步行30分抵達九頭龍之森後再步行10分 P無

MAP 附錄P.31 C-4

➡來獲得戀愛的能量吧！

えんむすび 心願成就

★★★ 祈願清單 ★★★

1 必勝祈願
源賴朝、德川家康等諸多武將曾在此祈求戰勝。此後，便被視為保佑勝利的神明而廣受崇敬。

2 提升運氣
位於九頭龍神社新宮的「龍神水」，據傳供奉此水可淨化家裡，帶來好運。

3 安產祈願
位於境內的「安產杉」，傳說賴朝曾在此祈求妻子──北條政子之安產，並終償所願。

稍作 休息一下 **御番所茶屋**
● おばんしょぢゃや

緊接箱根關所的茶屋。邊眺望蘆之湖邊休息一下。

☎0460-83-6355 ⏰10:00～15:30 休不定休

MAP 附錄P.38 A-4

➡道中糰子 2根350日圓

蘆之湖的咖啡廳

湖景咖啡廳&餐廳

只有在箱根才能擁有近距離欣賞富士山與蘆之湖的下午茶時光。一邊沉浸在優雅的沙龍氛圍，一邊度過奢華的時光。

蘆之湖絕景也一併飽覽！

湖景座位在 這裡！
室內座位的話，面湖靠窗的座位最好；露臺座位的話，右邊照片的角落座位最佳！

- 景觀座位數…16位
- 預約座位…不可 依排隊順序等候
- 攜帶寵物…不可
- 露臺座位數…23位
- 尖峰時的因應辦法 露臺開放時期…4～11月 尖峰時段…13:00～15:00

在露臺座位感受湖面閃耀的光芒與湖畔之風

1 BOUTIQUE DE QUALITÉ ET SALON DE THÉ ROSAGE
●プレミアムショップ&サロン・ド・テ ロザージュ

蘆之湖畔紅茶有名的甜點餐廳。5色醬汁點綴的蘋果派等，由甜點師製作的頂級甜點，品項豐富。也務必享用由紅茶師所調配的紅茶。

☎0460-83-6321(小田急 山之飯店) ⏰10:00～17:00 休無休 所原創甜點1426日圓～ 所箱根町元箱根80 🚌元箱根港巴士站步行15分 (從元箱根港有接送服務) Ｐ100輛

MAP 附錄P.38 A-2

↑店裡以白色為基調，氛圍沉靜

🍴Menu
ROSAGE
傳統熱呼呼蘋果派
1604日圓

搭配飲品的套餐
2317日圓

位於蘆之湖畔超人氣的咖啡廳&麵包店

2 Bakery & Table 箱根
●べーかりーあんどてーぶるはこね

新潟妙高高原的老字號渡假村赤倉觀光酒店精心推出的美食景點。齊聚了繼承飯店傳統的正統麵包店、備有洋食餐點的餐廳、擁有足湯的休息處和咖啡廳的超人氣店家。

☎0460-85-1530 ⏰10:00～16:30(早餐僅週六日、假日9:00～10:00) 休無休 所箱根町元箱根9-1 🚌箱根登山鐵道箱根湯本站，搭箱根登山巴士、伊豆箱根巴士往元箱根・箱根町方向40分，元箱根港站下車即到 Ｐ無

MAP 附錄P.38 B-2

↑1樓有足湯露臺座位，可在這裡品嘗賣好的麵包等餐點

🍴Menu **三明治國王 3218日圓**
夾滿了神奈川縣產牛腿肉牛排、國產培根、三島蔬菜

湖景座位在 這裡！
2樓咖啡廳與3樓餐廳皆有靠窗眺望湖面的美景座位！

- 景觀座位數…16位
- 尖峰時的因應辦法 依先後順序
- 尖峰時段…11:30～14:30
- 攜帶寵物…不可
- 預約座位…部分可

一邊眺望往來穿梭的遊覽船
邊品嘗風味道地的拿坡里披薩

3 La Terrazza Ashinoko ●らてらっつぁあしのこ

蘆之湖呈現眼前，地點視野遼闊的人氣店家。使用購自拿坡里的大烤窯烤出來的披薩就不用說了，箱根西麓的蔬菜、近海的鮮魚等，講求使用當地食材的料理也廣受好評。

☎0460-83-1074
🕐10:30～20:00（週六日、假日為9:00～，午餐時間11:00～15:30，咖啡廳時間15:30～17:00，晚餐時間17:00～20:00，最後點餐為19:30）　休無休（2月有臨時休）　¥咖啡450日圓　所箱根町元箱根61（Ashinoko Terrace內）　🚌箱根神社入口巴士站即到　Ｐ18輛
MAP 附錄P.38 B-2

Menu 提拉米蘇 600日圓
也備有每季不同的義式甜點

Menu 瑪格麗特披薩 1800日圓
窯烤拿坡里披薩共30種！

這裡！
湖景座位在
從設置得有如朝蘆之湖凸出的露臺座位一覽蘆之湖美景。

景觀座位數…40位　露臺座位數…60位
預約座位…中午不可／晚上可
尖峰時的因應辦法…登記姓名後依序等候
露臺開放時期…5～10月天氣好時
尖峰時段…12:00～15:00

---

5 咖啡廳 Tea Lounge KISETSUFU
●てぃーらうんじきせつふう

富士山&海賊觀光船
◆連富士山和駒之岳都能一覽無遺的大全景

位於箱根・蘆之湖 成川美術館（→P.138）內的咖啡廳。器皿使用石井康治及三上亮製作的珍貴美術工藝品，這令人欣喜的服務是只有美術館才會有的。欲參觀美術館需另購門票。

☎0460-83-6828（箱根・蘆之湖成川美術館）
🕐10:00～16:30　休無休　¥蛋糕套餐1080日圓，咖啡650日圓
所箱根町元箱根570
🚌元箱根港巴士站即到
Ｐ70輛
MAP 附錄P.38 B-3

這裡！
湖景座位在
一邊確認富士山的能見度，一邊找尋喜歡的座位吧。

景觀座位數…70位　預約座位…不可
尖峰時的因應辦法…依排隊順序等候
尖峰時段…11:30～14:00
攜帶寵物…不可

↑2面大片落地玻璃，不管從哪個座位眺望都能擁有良好的視野景觀

Menu 期間限定甜點套餐 1080日圓
品嘗豐富多元的和洋甜點

讓人忘卻時間
湖畔寧靜的湖景休息室

4 IL LAGO ●いるらーご

湖景休息室位於面向蘆之湖的大片窗戶與暖爐營造出優雅氣氛的箱根酒店內。以原創甜點自豪，其中加了大量水果與鮮奶油的蘆之湖瑞士卷很受歡迎。

☎0460-83-6311（箱根酒店）　🕐9:30～17:00
休無休　¥牛肉咖哩2473日圓　所箱根町箱根65
🚌箱根ホテル前巴士站即到　Ｐ42輛
MAP 附錄P.38 A-5

Menu 蘆之湖瑞士卷 831日圓（2片）
紅茶套餐為1447日圓

這裡！
湖景座位在
越往店裡頭走越靠近湖泊，臨場感滿溢。吧檯座的視野景觀也GOOD！

景觀座位數…17位　預約座位…不可
尖峰時的因應辦法…登記姓名後依序等候
尖峰時段…12:00～14:00
攜帶寵物…不可

推薦 湖岸東側

因為湖岸西側有險峻的懸崖，想欣賞景觀的話就往湖岸東側去。

桃源台・湖尻

自然豐盛的區域。也有「桃源台絕景餐廳」（→P.139）等近距離眺望湖泊的餐廳。

箱根蘆之湖皇家王子大飯店
小田急山之飯店 Ｈ
蘆之湖
1 3 2 5
元箱根
箱根酒店 Ｈ
4
箱根町

從東或東南側越過湖泊也眺望得到富士山。從恩賜箱根公園／湖畔展望館（→P.138）望見的景觀也十分美麗。

N・S・E・W

↓陽光照入店內，開放感滿溢又明亮

↑面向外牆的吧檯座視野景觀也很好

蘆之湖‧舊街道

●あしのこ・きゅうかいどう

MAP 附錄P.31‧36‧38

舊街道杉並木 景點

●きゅうかいどうすぎなみき

美麗的老杉樹井然有序地並列著

像是沿著從元箱根到箱根恩賜公園前的國道1號一般，老杉樹圍繞的舊街道在一旁延伸著。盡是將近400年前所種下的杉樹巨木。

☎0460-85-5700(箱根町綜合觀光服務處) 所箱根町箱根 交箱根登山鐵道箱根湯本站，搭箱根登山巴士往元箱根港‧箱根町港方向24分，箱根支所前站下車即到 P無

MAP 附錄P.38 B-4

➡讓人感受到過去的東海道

茶屋本陣 畔屋 箱根町

●ちゃやほんじんほとりや

➡可眺望著代表箱根的景色並享用的午餐，你覺得如何呢？

1樓的伴手禮區，除了直營商店——箱根百話之外，還聚了鈴廣かまぼこ等4間店家。2樓有使用箱根、駿河灣等周邊當地食材的餐廳＆日式咖啡廳。

☎0460-83-6711 ⏰商店9:30~17:15，餐飲10:00~15:30 休無休 所箱根町箱根161-1 交箱根登山鐵道箱根湯本站，搭箱根登山巴士往元箱根港‧箱根町港方向40分，箱根町港下車即到 P8輛

MAP 附錄P.38 A-5

板800日圓，加了鵪鶉蛋的炸彈➡與黑蛋合作的大涌谷黑蛋炸彈

➡櫻花蝦與魩仔魚的箱根八里蓋飯1620日圓，鋪著滿滿捕自駿河灣的櫻花蝦和魩仔魚，為海鮮美食的代表性料理

箱根 明か蔵 美食 箱根町

●はこねあかくら

品嘗鮮美滋味濃厚的當地食材

在溫差大的環境中生長的箱根西麓蔬菜及山麓豬、富士山麓的太陽雞等，店家將富含鮮美滋味的食材以蒸籠蒸煮的方式供應。

☎0460-85-1002 ⏰11:30~15:00(週六日、假日為11:00~16:00) 休週四 ¥蒸籠蔬菜1150日圓~，箱根山麓豬豬排膳1650日圓 所箱根町箱根47 交箱根登山鐵道箱根湯本站，搭箱根登山巴士往元箱根港‧箱根町港方向22分，箱根關所跡站下車即到 P8輛

MAP 附錄P.38 B-5

➡位於湖畔，醒目的小木屋風建築
➡能享受到山麓豬、太陽雞，還有滿滿蔬菜的あか蒸籠膳1550日圓

玉村豐男生活藝術博物館 景點 元箱根

●たまむらとよおらいふぁーとみゅーじあむ

可盡情享受鮮潤的水彩畫世界

展示販售以畫家、散文作家身分活躍的玉村豐男之水彩畫。以「將藝術帶入生活」為理念，可當場購入喜歡的作品。「La Terrazza Ashinoko」(→P.137)也很有人氣。

☎0460-83-1071 ⏰10:30~17:00(週六日、假日為9:00~) 休無休(2月有臨時休) ¥免費入館 所箱根町元箱根61(Ashinoko Terrace內) 交箱根登山鐵道箱根湯本站，搭箱根登山巴士往元箱根港方向40分，箱根神社入口站下車即到 P18輛

MAP 附錄P.38 B-2

➡經常展示著50件作品的美術展示空間
➡令人聯想到歐洲度假村，明亮開放的景點

箱根驛傳博物館 景點 箱根町

●はこねえきでんみゅーじあむ

介紹傳統驛傳的歷史

新春慣例活動的箱根驛傳。位於緊接去程終點暨回程起點的位置，透過第1次驛傳開始的貴重史料等介紹驛傳的魅力。也有販售官方商品。

☎0460-83-7511 ⏰10:00~16:30 休無休 ¥成人500，兒童300日圓 所箱根町箱根167 交箱根登山鐵道箱根湯本站，搭箱根登山巴士往元箱根港‧箱根町港方向22分，箱根町港站下車即到 P無

MAP 附錄P.38 A-5

➡也附設可品嘗咖啡300日圓等的咖啡廳
➡除了紀念品外，也有販售原創商品等

箱根‧蘆之湖 成川美術館 景點 元箱根

●はこねあしのこなるかわびじゅつかん

展示諸多現代日本畫名作

美術館的收藏以現代日本畫為中心，有日本代表性畫家山本丘人、平山郁夫等人的作品，並以超過4000件的收藏品為自豪。從館內各處、館內咖啡廳(→P.137)和庭園能眺望到的蘆之湖與富士山景色也相當漂亮。

☎0460-83-6828 ⏰9:00~17:00 ¥成人1300日圓，高中、大學生900日圓，中小學生600日圓 所箱根町箱根570 交箱根登山鐵道箱根湯本站，搭箱根登山巴士往元箱根港‧箱根町港方向22分，元箱根港下車即到 P70輛

MAP 附錄P.38 B-3

➡特色為運筆纖細的加山又造之作品《貓》
➡經常性展示約100件的繪畫作品

恩賜箱根公園／湖畔展望館 景點 箱根町

●おんしはこねこうえん／こはんてんぼうかん

風光明媚的箱根離宮遺跡

1886(明治19)年，建造來作為皇族避暑與招待外國賓客的箱根離宮遺跡。位於蘆之湖中心附近，可一併眺望蘆之湖與富士山。

☎0460-83-7484 ⏰自由入園(展望館為9:00~16:30) 休無休(展望館僅過年期間休) 所箱根町元箱根171 交箱根登山鐵道箱根湯本站，搭箱根登山巴士往元箱根港‧箱根町港方向33分，恩賜公園前站下車即到 P62輛

MAP 附錄P.38 A-3

➡擁有蘆之湖畔首屈一指的絕佳視野景觀
➡展望館展示著離宮時代的資料

區域特別專欄

搭人力車來趟江戶之旅

從箱根關所前出發的人力車，備有10分~1小時的多種路線。聽車夫解說各處名勝也很有趣。也能配合需求變化路線。

➡和車夫商量選出喜歡的路線吧

箱根じんりき 箱根町

●はこねじんりき

☎090-3152-1398 ⏰9:00~17:00(視日落時間有可能提早打烊) 休無休 ¥乘車費(10分)2000日圓~(1人，未稅) 所箱根町箱根 交箱根登山鐵道箱根湯本站，搭箱根登山巴士往元箱根港‧箱根町港方向22分，箱根關所跡站下車即到 P無

MAP 附錄P.38 A-4

伊豆 P.19

箱根 P.99

箱根湯本 P.110

宮之下·強羅·小涌谷 P.118

大涌谷 P.126

仙石原 P.128

蘆之湖·舊街道 P.132

小田原·湯河原·御殿場 P.140

想融入生活的傳統工藝品

箱根町 箱根寄木細工うちはら

●はこねよせざいくうちはら

杯墊、鈕扣、文具等,販售著融入現代生活、經創意變化的寄木細工商品。

☎0460-83-6222　🕙10:00～18:00（視時期而異）　休不定休　¥寄木鈕扣750日圓～、寄木杯墊1000日圓　🚃箱根町箱根165　搭箱根登山鐵道箱根湯本站,搭箱根登山巴士往元箱根港·箱根町港方向22分,箱根町港下車即到　Ｐ8輛

MAP 附錄P.38 A-5

↑↗托盤、寄木鈕扣等,擁有大量與現代品味結合的寄木細工商品

職人展現精細巧技的秘密箱十分出眾!

箱根町 箱根丸山物產

●はこねまるやまぶっさん

位於箱根關所前的伴手禮店。在眾多的寄木細工之中,有許多不依照順序啟動就打不開的秘密箱。

☎0460-83-6604　🕙9:30～16:30　休無休　🚃箱根町箱根17　搭箱根登山鐵道箱根湯本站,搭箱根登山巴士往元箱根港·箱根町港方向22分,箱根關所跡下車即到　Ｐ12輛

MAP 附錄P.38 B-4

伝統工芸指定通商店 箱根細工

↑在外國旅客中也很有人氣的秘密箱2500日圓～　↑公開示範寄木細工的纖細技法等

前往寄木細工的伴手禮名店

在蘆之湖畔要找寄木細工的話,推薦靠箱根町這邊的商店。因為原創商品相當豐富,就來這找找稀有的逸品吧!

元箱根 蘆之湖茶屋

●あしのこちゃや ☕咖啡廳

最適合元箱根的觀光據點

此休息處位於箱根海賊觀光船（→P.132）等船隻上下船的元箱根港附近。除了能一邊眺望蘆之湖一邊品嘗餐點及甜點外,店家還備有大量的箱根伴手禮。

☎0460-83-6731　🕙11:00～15:30（商店為10:00～16:30,有季節性變動）　休週四　🚃箱根町元箱根6-8　搭箱根登山鐵道箱根湯本站,搭箱根登山巴士往元箱根港·箱根町港方向40分,元箱根港站下車即到　Ｐ12輛

MAP 附錄P.38 B-2

↑炸公魚套餐是受漁獲量限制的稀少菜單1580日圓

↑位於元箱根港旁。飽餐一頓後就來搭船吧

箱根町 とろろ汁専門店むぎとろや

●とろろじるせんもんてんむぎとろや 🍴美食

消除旅遊疲勞的山藥泥專賣店

使用講究的藏出生味噌調味,專賣美味富饒的山藥泥,是間罕見的餐廳。店家供應在混合新潟越光米的麥飯上,淋上山藥泥品嘗的麥とろ御膳1200日圓（未稅）。

☎0460-83-9266（雲助だんご本舗）　🕙11:00～15:30　休不定休　🚃箱根町箱根81 2F　搭箱根登山鐵道箱根湯本站,搭箱根登山巴士往元箱根港·箱根町港方向34分,箱根ホテル前站下車即到　Ｐ無

MAP 附錄P.38 A-5

↑分量十足的麥とろ御膳附有魚板、醬煮蜂斗菜、山菜等　↑位雲助だんご本舗二樓

箱根町 雲助だんご本舗

●くもすけだんごほんぽ 🛍購物

滿滿高級紅豆泥的糰子

販售使用北海道產紅豆製作的美味雲助糰子。重現受到江戶時代駕籠屋（通稱雲助）們所喜愛的風味富饒糰子。

☎0460-83-9266　🕙9:00～17:00,週六、日為～17:30,視時期而異　休無休　¥箱根名物雲助糰子700日圓（未稅、8串入）　🚃箱根町箱根81　搭箱根登山鐵道箱根湯本站,搭箱根登山巴士往元箱根港·箱根町港方向34分,箱根ホテル前站下車即到　Ｐ無

MAP 附錄P.38 A-5

↑位於蘆之湖觀光中心處,地點便利
↑QQ軟軟的糰子上有滿滿的紅豆呢!

桃源台 桃源台絕景餐廳

●とうげんだいびゅーれすとらん 🍴美食

邊飽覽湖景邊品嘗美食

此湖景餐廳位在蘆之湖箱根海賊觀光船（→P.132）上下船的桃源台站內。一邊欣賞美景,一邊品嘗人氣第一的鬆軟濃稠番茄醬汁蛋包飯、薑汁嫩煎朝霧優格豬豬排1400日圓吧。

☎0460-84-8887　🕙10:00～16:00（用餐為11:00～15:30）　休不定休　🚃箱根町元箱根164　🚃桃源台站內　Ｐ40輛

MAP 附錄P.36 A-5

↑使用御殿場產雞蛋所製作的鬆軟濃稠番茄醬汁蛋包飯1200日圓

↑寬敞的店內。由於假日的午餐時間人潮擁擠,因此最好提早到店用餐

小田原・湯河原・御殿場

小田原
小田原城址公園
●おだわらじょうしこうえん

1960（昭和35）年重建的小田原市象徵，以天守閣、本丸廣場為中心整頓完善的公園。約有300株櫻花及6000株花菖蒲等花朵，也以賞花名勝廣為人知，為觀賞盛開綻放的花朵而到此造訪的人也相當多。

☎0465-23-1373 ⬛自由入園（天守閣等收費設施為9:00～16:30）休無休（天守閣為12月第2週三休）¥免費（天守閣為500日圓，常盤木門SAMURAI館200日圓，歷史見聞館為300日圓，有共通券）所小田原市城內地內 ⬛JR東海道本線等小田原站步行10分 P附近有收費停車場
MAP 附錄P.40 B-4

小田原西IC即到
箱根湯本約3km

2016年5月，天守閣全部翻新的小田原之象徵。城內擁有數處整頓完善的史跡，在此公開遊逛城內的玩法。

前往以高度為日本數一數二自豪的天守閣，來趟穿越時空之旅！

小田原城

來，前往天守閣!!

推薦
這個登城路線！

雖說是登城，但因為園內及城內都整頓得十分完善好走，所以每個人都能輕鬆體驗。由於只要半天就能全部逛透，因此從箱根回去時請一定要來這裡逛看看。

1 馬出門
●うまだしもん

此門位於小田原城正規登城路線上，是以土牆包圍周邊的枡形門構造。此門打造的高度可直接騎馬通過，因可通往馬屋曲輪（馬殿）而得此名。

↑2009年修復

2 住吉橋
●すみよしばし

架設於銅門枡形內仕切門及馬屋曲輪間的橋樑，2018年3月才剛重新架設完畢。敬請觀賞當地職人用心展現的傳統技術之粹。

↑通過新架的橋樑，往本丸前進

用500日圓角色扮演戰國時代！
注目！

胄甲、忍者之館！
小田原城情報館

位於公園內的本丸廣場、常盤木門內，可租借胄甲、忍者、公主的服裝。以天守閣為背景拍照，試試扮演戰國繪卷中的主角吧！

↑選擇服裝並穿上，花幾分鐘就OK！

☎080-6887-2154（常盤木門）
⬛9:30～15:30 ¥成人500日圓，兒童300日圓

周邊MAP 附錄P.30・31・39・40
住宿info P.146～151

洽詢處
小田原市觀光協會
☎0465-22-5002
湯河原溫泉觀光協會
☎0465-64-1234
御殿場市觀光交流課
☎0550-82-4622

前往這地區的交通方式

鐵道	開車
新宿站	東京IC
搭小田急浪漫特快 スーパーはこね1 1小時10分	經東名高速道國 路縣道74號 約68km
小田原	小田原
搭JR東海道 新幹線光號／聲號號2小時 10分	經伊豆裕據道道國道1號／箱根新道 約40km
名古屋站	長泉沼津IC

詳細交通資訊請見P.152！

旅行願望清單！

☐ 盡情遊賞小田原城全新的天守閣！

☐ 在人氣Outlet享受特價購物時光

伊豆
P.19

箱根
P.99

箱根湯本
P.110

宮之下・強羅 小涌谷
P.118

大涌谷
P.126

仙石原
P.128

蘆之湖 舊街道
P.132

小田原・湯河原・御殿場
P.140

從天守閣望出去，美麗的綠景展現眼前！

↰從門前也能看見天守閣

設置於江戶時代初期，位於小田原城本丸正門的門。曾為重要的防禦據點。

↰守護城堡的堅固之門。重建於昭和時期

位於二之丸的正門。據說其名字的由來是因為大門上使用銅板裝飾。威風凜凜的姿態非常吸睛。

↰每季都會展現不同的景色

↰展出許多武器裝備令人遙想過去歷史

↰眺望小田原市區與相模灣的天守閣最頂樓

1960（昭和35）年以鐵筋水泥重建，並於2016年翻新。在3重4層的建築內，展示冑甲、刀劍、圖畫、古文書等等傳遞小田原城與小田原北條氏歷史的史料。

穿過常盤木門前的廣場。順路去一下茶店或伴手禮店，以天守閣作為背景拍照等，隨自己喜好自由地度過吧。

猴子在迷你動物園迎接來客

↰豐富的表情令人目不轉睛！

位於常盤木門內的SAMURAI館，展示著武士之魂——武器防具，在裡頭有光雕投影可供鑑賞。

新・天守閣的這裡值得一見！

天守閣館內也全面翻新。展出小田原北條氏時代、江戶時代的城郭等，可依循時代學習。

江戶時代的天守閣內部重現在現代！

江戶時代的氣氛之姿在這裡！

↑堅守江戶西方的廣大城郭之立體透視模型

↑1樓展示著江戶時代威風凜凜的天守閣模型

↑重現過去安置摩利支天像的空間

↑展示貴重的冑甲等物品，歷史性史料也相當豐富

↑可將小田原城當成背景，以武將之姿拍攝紀念照

當伴手禮GOOD

小田原城商品

可在天守閣內的商店等處購得的推薦商品在此。

↰窺視洞裡，小田原城便會浮現眼前

注目！

のぞきの小田原城飾り
432日圓

↰也有適合送給戰國迷的禮物！

寄木吊飾
540日圓

↰也有小田原＆箱根名物的寄木細工小物

小田原城別針
432日圓

↰對細部的講究也很關鍵

戰國魂扇子
1080日圓

午餐有 **2** 種「小田原丼」！

在城下町品嘗『小田原竹筴魚蓋飯』

そば処橋本
●そばどころはしもと

小田原竹筴魚蓋飯
1296日圓

這家老字號蕎麥麵店，位於朝著小田原城前進的「お城に續くさんぽ道」上。從靜岡由比直送的生櫻花蝦做成的天婦羅，以及當地的生竹筴魚也都十分美味。

☎0465-22-5541 **MAP** 附錄P.40 C-3

🕐11:00〜19:00（週三、日為〜18:00） 休無休 所小田原市榮町1-13-37 交JR東海道本線小田原站步行5分 P無

↰將早上捕獲的竹筴魚切碎並調味後，滿滿地鋪在白飯上的逸品。說到相模灣名物就是竹筴魚。來盡情品嘗這美味的精髓吧！

↰有吧檯座與桌位座

在公園內品嘗『小田原武將茶漬丼』

本丸茶屋
●ほんまるちゃや

小田原蓋飯
（小田原武將茶漬蓋飯）
1080日圓

位於小田原城址公園內的餐廳。除了講究使用小田原產食材及小田原漆器的「小田原蓋飯」（限定1日10份）之外，天婦羅蕎麥麵也非常好吃。

☎0465-23-8100

🕐9:00〜16:30 休無休 所小田原市城內6-1 交JR東海道本線小田原站步行5分 P無

MAP 附錄P.40 B-4

↰從這裡也能眺望小田原城

↰使用無農藥米所做的茶飯飯糰，配上夢幻的杉田梅梅乾，加上鰹魚的一番高湯品嘗。附高湯玉子卷和魚板片

不管去幾次都會有新的發現！

國內最大規模的Outlet

御殿場Premium Outlets

御殿場的玩樂方式

說到去箱根旅行時，最想配合旅遊行程一去的No.1景點就是這裡！由於假日白天不管是場內或停車場都會非常擁擠，因此要好好計畫一下，看是要在從箱根回家時去，或是一早就去。

御殿場

御殿場Premium Outlets
●ごてんばぷれみあむあうとれっと　MAP附錄P.31 C-2

8個東京巨蛋大的寬廣腹地裡，從流行服飾到美食集結了約210間商店，是日本國內規模最大的暢貨中心。齊聚許多精品品牌等只有御殿場才有的商店。也有許多豐富好吃的美食！

📞0550-81-3122 🕙10:00～20:00(12～2月為19:00，視季節而異) 休1年1次(2月第3週四) 所御殿場市深沢1312 交JR御殿場線御殿場站搭免費接駁巴士約20分(東京站、新宿站、池袋站、橫濱站、品川站、日吉站、たまプラーザ站等車站有直達巴士) P約5000輛(免費)

How to enjoy?

1 要在中午前抵達
如果想好好選購的話，推薦在這裡逛上一整天。在箱根遊逛完之後，人潮開始減少的傍晚來也很不賴！

2 以富士山為背景拍攝紀念照！
連接West和East的「夢之大橋」是被御殿場市選定認可為「富士見十景」「富士山眺望遺產」的絕景景點，也務必一看！

3 透過手機APP獲得優惠資訊！
使用手機APP「プレミアム・アウトレット ショッピングナビ」，就能顯示店鋪位置，並可以從折扣率計算價格。登錄「Shopper Club」也有優惠券可以使用。

Premium
澤西牛霜淇淋
450日圓
使用70%生乳製作出濃厚風味為特徵的霜淇淋。最適合邊走邊吃。

冰淇淋
Idebok
●いでぼく

📞0550-83-7688
以「牛為主角」為宗旨，製造、販售高品質乳製品的人氣店家。使用大量自製生乳，在這裡可品嘗到無添加製成的霜淇淋。使用澤西牛乳製作的可麗餅也十分美味。

和食
大かまど飯 寅福
●おおかまどめしとらふく

📞0550-70-1800
如店名一般，以用大爐灶炊煮的米飯為傲的和食餐廳。除了定食附的3種配菜之外，3種米飯也可無限續碗。有蓋飯與季節雜炊飯等，備有豐富多元的菜單。

蘿蔔泥煮豬肉的和風生薑燒2食盛定食
1640日圓
以下飯的薑燒豬肉為主角的定食。午餐時間來一定會排隊，所以要早點來店。

吃飯的樂趣也很充實！

美食餐廳Best5

100%牛肉手捏Premium漢堡排 **1491日圓**
100%牛肉製作的漢堡排，柔嫩多汁的美味。有4種醬汁可選。

中華
紅虎廚房
●べにとらきっちん

📞0550-84-7553
中華料理店「紅虎餃子房」的新品牌。也很推薦大餃子4個561日圓等的經典菜單，以及御殿場店限定的御殿場五目炒飯1274日圓。

紅番茄起司担担麵
1188日圓
麵吃完時，可加入白飯，變成燉飯。

牛排
18 1/2 Steakhouse
●えいてぃーんはーふすてーきはうす

📞0550-70-0125
六本木Hills的牛排屋「37 Steakhouse & Bar」的Outlet版。因為能以經濟實惠的價格品嘗到正統的牛排等餐點，因此非常受到歡迎。也有花21天熟成的瘦肉熟成牛排。

↑店裡設計別緻

義式料理
Trattoria Tavola
●とらっとりあたーゔぉら

📞0550-70-0156
2015年1月開幕的正統義式料理。使用靜岡產食材製作的菜單種類豐富，用拿坡里訂製的柴窯所烤製的披薩吸引不少人氣。水則是使用駿河灣深層水，十分講究。

靜岡產煎茶的提拉米蘇
734日圓
使用大量靜岡產的煎茶，製作成提拉米蘇甜點。

駿河灣產水煮魩仔魚與番茄
1598日圓
駿河灣魩仔魚的美味是人氣No.1。從揉製麵糰開始，經過24小時醒麵的麵團，中間十分Q彈有嚼勁。

※以上刊載的資訊為2018年4月時的資訊，今後的資訊內容可能會有所不同。照片僅供參考。

伊豆
P.19

箱根
P.99

箱根湯本
P.110

宮之下・強羅 小涌谷
P.118

大涌谷
P.126

仙石原
P.128

蘆之湖·舊街道
P.132

小田原·湯河原·御殿場
P.140

說到冬天的風物詩，就是這裡了！

御殿場的經典景點

在**時之栖**
（ときのすみか）

走進光之世界吧

隨四季綻放的花朵與綠意為複合式度假村——時之栖增添色彩。美食、藝術、溫泉、住宿設施等，「旅行」的要素一應俱全。不管怎麼說，冬天的風物詩——燈飾活動是不容錯過的！

時之栖的遊玩攻略

溫泉
包含可不住宿使用的2處天然溫泉，一共有4個溫泉設施。有在日本全國也十分罕見的「未滿18歲不能泡的湯」「源泉 茶目湯殿」，從這處露天浴池可眺望到富士山。

住宿
幾乎全客房皆可眺望到富士山四季美景的「御殿場高原飯店」、各國足球隊每每集訓時會住宿的「時之栖飯店 別館」等一共擁有6處住宿設施。

散步
在豐富自然包圍的高原內，光是散步就讓人感覺非常舒服。擁有世界最大的鐘——「愛之鐘」及柔軟彈性遊具的「よろこび山」，以及2200尊地藏並列的「ありがた山」等，值得一見的地方也相當多。

以地中海度假村為形象打造的住宿設施「Slow House Villa」

➡在時之栖三山之一的「ありがた山」能看見有著各種表情的地藏

時之栖Illumination
為冬天風物詩的代表性活動。腹地內450m的櫻花林蔭道演出迷人炫目的光之世界。

⬅在位於よろこび山的「ふわふわマット」，可拍下孩子跳躍的模樣。開放對象為小學生以下（國中生以上不可使用）

⬆「愛之鐘」位在也是水舞秀會場的「よろこび山」。世界最大的鐘，其大小非常令人震撼

光與水演出的超美水舞秀

每日舉辦！

還有這樣的體驗♪

INMOTION 比賽格威更能輕鬆體驗的交通工具。平日僅國中生以上可參加，講解說明15分＋周遊園內20分的周遊行程1000日圓；週六日、假日小學生以上也可參加，5分300日圓。

➡受燈光照射的「愛之鐘」也非常漂亮。巨大的「小王子」也在白色的LED燈光中浮現

水舞秀 凡爾賽之光
水柱映照著燈光往上噴發至70m高的夜晚水舞秀。重現在法國凡爾賽宮庭園舉行的水舞秀。運用雷射光束與水幕呈現的立體影像演出精采絕倫！

🕐公演時間需事先確認
¥國中生以上1000日圓，兒童200日圓（5歲以下免費）

可免費租借自行車！

御殿場高原 時之栖
●ごてんばこうげんときのすみか

☎0550-87-3700 📍御殿場市神山719 🚃JR御殿場站搭免費接駁巴士20分 🅿2600輛

MAP 附錄P.31 B-4

➡僅限在園內使用，可免費租借1小時。推薦想要逛遍園內各處的人。可在飯店、住宿小屋的櫃檯辦理租借

小田原おでん本店
●おだわらおでんほんてん

種類豐富的名物關東煮專賣店

以小田原名物為人熟悉的小田原關東煮專賣店。店面由古民宅改建而成，除了多達45種多樣豐富的關東煮之外，還能品嘗到壽司等料理。

☎0465-20-0320
🕐11:30～14:00，16:00～21:00(週六日、假日為～21:00) 休週一晚上 所小田原市浜町3-11-30 🚃JR東海道本線小田原站步行18分 🅿5輛

MAP附錄P.40 D-4

美味的高湯也是受歡迎的理由之一。無菜單關東煮3種550日圓等

人氣甜點師的農場

一夜城Yoroizuka Farm
小田原
●いちやじょうよろいづかふぁーむ

將惠比壽人氣甜點家「Toshi Yoroizuka」負責人暨主廚——鎧塚俊彥的感性，與當地農家結合。在約4000坪的腹地內，有甜點、餐廳與農產直銷處，是能品嘗到美味食材的農場。

☎0465-24-3150 🕐10:00～18:00(餐廳的咖啡廳時間為～10:40、14:00～16:00；午餐為11:30～15:00；市集為～17:00) 休週二 所小田原市早川1352-110 🚃JR東海道本線早川站搭計程車15分 🅿50輛

綠意盎然的山間風景展現在眼前，能悠閒地在此度過

MAP附錄P.30 F-4

小田原·
湯河原·御殿場
●おだわら・ゆがわら・ごてんば **MAP**附錄P.30～31・39・40

在餐廳能品嘗到正統的法式全餐(照片為料理範例)

使用大量季節水果的人氣水果蛋糕510日圓

---

il mare
●イルマーレ

能夠品嘗食材的美味

佇立在小田原漁港前，無招牌的義大利料理高級餐廳。能品嘗到新鮮海鮮與當地蔬菜等一道道講究的料理。餐點僅有全餐。

☎0465-24-1510 🕐12:00～14:00、18:00～20:30(週日為～19:00，需預約) 休週一(逢假日則翌日休) ¥平日午餐為3000日圓～，週六日、假日為5000日圓～(稅暨服務費另計) 所小田原市早川1-116 🚃JR東海道本線早川站步行3分 🅿3輛

MAP附錄P.40 A-6

店裡一共有18席座位，裝設別緻

排列著當日最佳食材，精心完成的鮮魚沙拉

萬葉公園足湯設施 獨步之湯
湯河原
溫泉
●まんようこうえんあしゆしせつどっぽのゆ

在關東最大的足湯變得健康

對腸、鼻有效的足湯等，這裡聚集了透過各種刺激增進健康的9種足湯。溪流在公園旁流過，讓人來泡足湯的同時，也會想在公園中享受散步時光。

☎0465-64-2326 🕐10:00～18:00(11～2月為～17:00) 休每月最後的週四 ¥成人300日圓，中小學生200日圓 所湯河原町宮上704 🚃JR東海道本線湯河原站，搭巴士往不動滝或奧湯河原方向9分，落合橋站下車，步行10分 🅿20輛

MAP附錄P.39 A-5

泡遍9種各個不同的足湯，同時變得健康吧

在萬葉公園中沿著溪流散步，感覺十分舒服

神奈川縣立生命之星·地球博物館
小田原
景點
●かながわけんりつせいめいのほしちきゅうはくぶつかん

介紹地球46億年來的重大事件

介紹地球從誕生開始46億年來歷史的博物館。多達1萬多件的恐龍、昆蟲等實物標本，不論是大人或小孩都會看得入迷。

☎0465-21-1515 🕐9:00～16:30(入館為～16:00) 休週一，每月第2週二(逢假日、補假日則翌平日休，8月為無休) ¥成人520日圓，未滿20歲的學生300日圓，高中生暨65歲以上100日圓，國中生以下免費 所小田原市入生田499 🚃箱根登山鐵道入生田站步行3分 🅿185輛

MAP附錄P.30 E-4

館內的大型恐龍骨骼標本非常吸睛

小田原早川漁村
小田原
美食
●おだわらはやかわぎょそん

在漁獲天堂吃遍美食！

餐廳、路邊小店、伴手禮店齊聚一堂，能「品嘗、外帶」小田原海鮮，大啖海鮮的新景點。位於早川港前。

☎0465-24-7800 🕐視店鋪而異 休無休 所小田原市早川1-9 🚃JR東海道本線早川站步行5分 🅿無

MAP附錄P.40 B-6

海鮮丼屋「海舟」的天婦羅、當地漁獲綜合生魚片等單點料理也十分豐富

使用漁船直送的「生魩仔魚」所製作的3色蓋飯1598日圓

だるま料理店
小田原
美食
●だるまりょうりてん

在屬於文化財的店裡，品嘗正統日本料理

1893(明治26)年創業的老字號日本料理店。散發大正浪漫的渾厚建築獲指定為國家登錄文化財。使用當地漁獲製作的生魚片、壽司等，在這裡能品嘗到傳統的美味。

☎0465-22-4128 🕐11:00～20:00(2F為～19:00) 休無休 ¥梅定食1944日圓～，天婦羅蓋飯套餐1836日圓～ 所小田原市本町2-1-30 🚃JR東海道本線小田原站步行7分 🅿30輛

MAP附錄P.40 C-4

獲指定登錄為有形文化財的唐破風入母屋造也務必一見

使用盛裝的老字號店家風格的器皿所裝盛的人氣天婦羅蓋飯套餐

區域特別專欄

將 建於1932(昭和7)年的舊網問屋建築，重新整修為供觀光客使用的休息所，位於國道1號旁的本町路口附近。除了能喝到免費的茶之外，還能參加小田原燈籠的製作體驗(每月第2、4個週日，1000日圓)。

在街道散步途中的休息景點

小田原宿Nariwai交流館
小田原
●おだわらじゅくなりわいこうりゅうかん

☎0465-20-0515 🕐10:00～19:00(11～3月為～18:00) 休無休(12月31日，有其他臨時休) ¥免費 所小田原市本町3-6-23 🚃JR東海道本線小田原站步行14分 🅿無

MAP附錄P.40 D-4

出桁造的建築也值得一見

伊豆 P.19

箱根 P.99

箱根湯本 P.110

宮之下・強羅 小涌谷 P.118

大涌谷

P.126

仙石原

P.128

蘆之湖・舊街道

P.132

小田原・湯河原・御殿場 P.140

↑在改裝的魚板博物館能參加手作炸魚板體驗教室（需預約）

↑在博物館可挑戰手作魚板體驗（需預約）

↑自助式、和食餐廳等餐廳種類也非常多元

↑使用魚肉泥製作的新感覺香腸400日圓（未稅）

鈴廣魚板之鄉
小田原

旅行 PICK UP

●すずひろかまぼこのさと

此複合設施以1865（慶應元）年創業的老店「鈴廣」之魚板為中心。其中也有在職人的指導下，可體驗手作魚板的「魚板博物館」，以及備齊約200種小田原、箱根伴手禮的直賣所。

✆0465-22-3191
🕐商店9:00～18:00（週六日、假日為～19:00，其他餐廳、鈴廣魚板博物館等則視設施而異）
休無休（有臨時休）
所小田原市風祭245
交箱根登山鐵道風祭站即到
P300輛
MAP附錄P.30 E-3

傳達小田原魚板的魅力

以小田原名物為人熟知的魚板。前往能夠接觸到其富饒魅力的矚目景點。

盡情飽嘗名物！

HERLEQUIN BIS
湯河原 美食

●えるるかんびす

名廚製作的正統法式料理

在名店L'ecrin磨練過廚藝的店老闆所製作的頂級法式料理，廣受好評。使用大量湯河原食材的料理，其特徵是也將日式技法融入料理之中。

✆0465-62-3633
🕐11:30～13:30、18:00～20:30 休週三
¥午餐全餐3780日圓、5400日圓
所湯河原町宮上744-49
交JR東海道本線湯河原站搭計程車10分
P20輛
MAP附錄P.39 A-5

↑從大窗戶能眺望到竹林環繞店家的景色，能邊看著美景邊在寧靜的氛圍中用餐

↑使用近海鮮魚的菜單也是店家自豪之處

フルフール御殿場
御殿場 購物

生フルーツゼリー専門店

●なまふる一つぜり一せんもんてんふるふ一るごてんば

用水果鎖住季節的果凍

能品嘗到滿滿當季水果凍的人氣店家。離御殿場IC也很近，也很推薦買來自己吃。商品視季節而異，經常備有10種以上的品項。

✆0550-82-1873
🕐9:00～17:00 休週二（逢假日則營業）
所御殿場市東田中2-14-25 交JR御殿場線御殿場站步行10分 P3輛
MAP附錄P.31 B-2

↑外觀也十分漂亮的果凍1個300日圓～

ういろう
小田原 購物

在小田原發現！外郎糕元祖

室町時代由外郎（ういろう）家研發的點心就被稱為「外郎糕」。元祖風味的特徵是口感Q彈有勁，甜度高雅不膩。將建於1885年的倉庫改建成博物館，可免費參觀。

✆0465-24-0560 🕐10:00～17:00 休週三，每月第3週四 所小田原市本町1-13-17 交JR東海道本線小田原站步行15分 P15輛
MAP附錄P.40 C-4

↑外郎糕有白糖、抹茶、黑糖、紅豆口味各756日圓，以及栗子外郎糕972日圓共5種

↑傳統建築的店家。店內也設有咖啡廳

小田原さかなセンター
小田原 購物

●おだわらさかなせんた一

能品嘗到使用當地食材的BBQ與尋找伴手禮

以小田原的鮮魚和蔬菜為中心，小田原的當地食材品項齊全。也備有諸多伴手禮品。可在BBQ區將在中心內購得的食材烤來吃。因為價格實惠一直很有人氣。

✆0465-23-1077 🕐9:30～17:00(BBQ最晚申請使用時間為～15:30) 休無休 ¥視店鋪而異
所小田原市早川1-6-1 交JR東海道本線早川站步行7分 P100輛(使用魚市場停車場)
MAP附錄P.40 B-6

↑BBQ座位費用1桌1000日圓，食材費另計

↑除了鮮魚之外，也備有非常多的乾貨，總是有許多購物人潮非常熱鬧

區域特別專欄

源自傳說的B級美食

辛 香刺激又美味的湯河原名物擔擔炒麵。蕎麥麵店、咖啡廳、大眾酒場等，能在各個店家品嘗到變化多端的口味。一定要嘗嘗這道源自湯河原狸貓發現溫泉之傳說、源自「タンタンたぬきの」的名物麵。

担担炒麵
湯河原

●たんたんやきそば

✆0465-63-0111（湯河原担担炒麵會）
能品嘗的店家請見http://www.yugawara-sci.or.jp/tantan/

↑放入鐵鍋中熱呼呼的炒麵等，想要品嘗每家店不同的炒麵風味

BREAD&CIRCUS
湯河原 購物

●ブレッド&サーカス

使用對身體友善之食材的人氣店家

在開店前就可能會有人排隊的熱門店家。使用對身體好的食材所製作的麵包，有基本款的吐司、裸麥麵包、磅蛋糕等品項豐富多元。

✆0465-62-6789 🕐11:00～17:00 休週三、四 ¥小巧白麵包120日圓（未稅），Real Campagne650日圓（未稅） 所湯河原町土肥4-2-16 交JR東海道本線湯河原站步行5分 P4輛
MAP附錄P.39 D-6

↩排滿了諸多安全安心的麵包

↻使用全麥麵粉製作的カンパ一ニュ670日圓（未稅）等為店裡的人氣商品

山安ひもの直營売店
小田原 購物

●やまやすひものちょくえいばいてん

也備有諸多便宜乾貨的人氣店家

創業超過150年，致力於乾貨經營的山安直營店。在製作過程中外觀損傷的NG商品，味道不變但價格卻非常便宜，是相當優惠的人氣商品。

✆0465-20-1137 🕐9:00～18:30（週日、假日為～18:00） 休無休 ¥竹筴魚324日圓～，刺鯖216日圓 所小田原市早川3-7-1 交箱根登山鐵道箱根板橋站步行6分 P40輛
MAP附錄P.30 F-4

↑欲購買經濟實惠乾貨的人潮必會造成排隊隊伍

↑使用大量富含礦物質的天然天日鹽所製作的乾貨

能享受名湯與當地食材的實力派！
箱根的推薦住宿

箱根溫泉被稱為「箱根十七湯」，齊聚著各具歷史的溫泉。這裡湧出多種泉質，從江戶時代經營至今的老店到度假村飯店，有類型豐富的住宿可供選擇，而也是箱根的魅力所在！

小涌谷的住宿型態煥然一新！

矚目焦點！
在距都心約2小時的小涌園，度過夢想中的奢華時光吧。全150間客房皆附有溫泉露天浴池，規劃出新型態的箱根住宿。

悠閒放鬆系的溫泉住宿也誕生了

小涌谷溫泉
箱根小涌園 天悠
◆はこねこわきえんてんゆう

MAP 附錄P.35 D-5

「自然與和的款待」為主題，誕生於小涌谷高台的高級住宿。除了全客房皆附有溫泉露天浴池之外，還有視野皆無任何遮蔽、溫泉水面有如融入箱根群山的絕景露天浴池。也備齊了SPA、瑜珈體驗等紓壓項目。

📞 0460-82-5111
🚃 箱根町二ノ平1297　🚌 箱根登山鐵道箱根湯本站，搭箱根登山巴士往元箱根港，箱根町港方面18分，小涌園下車，步行8分　🅿75輛

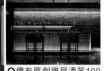

⬆僅有6間的特別客房。早晚餐皆可在房內享用
⬆備有原創雞尾酒等100種以上飲品的酒吧

住宿資訊
住宿費用 1泊2食33000日圓～（含服務費，未含消費稅與泡湯稅）

IN 15:00	OUT 11:00
客房數 150間	信用卡 可

露天浴池	包租浴池
客房露天浴池	不住宿

用餐check!
在庭園景觀餐廳享用的晚餐是採用和洋手法的創作料理。因位在全國物資往來的箱根，因此除了神奈川縣的食材之外，還能使用全國的當季食材製作料理。

強羅溫泉
箱根強羅 白檀
◆はこねごうらびゃくだん

MAP 附錄P.35 D-4

擁有3000坪腹地的高級住宿建造在早雲山與小涌谷中間。全16間客房皆附有源泉放流的露天浴池，打造得極盡奢華。外觀鮮豔多彩的懷石料理也是住宿引以為傲的地方，並且備有豐富多種與料理相搭的日本酒與葡萄酒。

📞 0460-87-0010
🚃 箱根町二ノ平1297-5　🚌 從箱根登山鐵道小涌谷站有接送服務（需預約）　🅿17輛

展盡奢華的山間懷石旅館！

矚目焦點！
廣大的腹地內寬只有16間客房，是建造寬敞的溫泉住宿。全客房皆附有露天浴池，能享受私密的住宿時光。

住宿資訊
住宿費用 1泊2食34710日圓～

IN 15:00	OUT 11:00
客房數 16間	信用卡 可

露天浴池	包租浴池
客房露天浴池	不住宿溫泉

或缺的SPA ⬆也備有度假住宿時不可

用餐check!
將真鶴、相模灣、伊豆的山珍海味裝盛入盤的晚餐，是主廚使出渾身絕技的懷石宴席料理。在餐廳享用。早餐供應土鍋炊煮的米飯也廣受好評。

⬆有著大片落地玻璃，充滿開放感的大廳

以住宿決定旅行的滿足度
令人矚目的個性派住宿

說到箱根，這裡有非常多間在全國溫泉區中來看也十分出色的住宿，是選擇住宿時需費一番心力的住宿激戰區。在此為您介紹在其中嶄露頭角、受到大家矚目的住宿。參考「矚目焦點！」找出您喜愛的住宿吧。

仙石原温泉

Livemax飯店度假村箱根仙石原
◆りぶまっくすりぞーとはこねせんごくはら

MAP 附錄P.31 C-3

全客房皆備有半露天浴池，以及席夢思製的床墊等，以讓客人在客房內能好好放鬆為重的住宿。也有能享受卡拉OK房、桌球等娛樂區，也推薦家庭或團體一起來度過歡樂的住宿時光。

☎0460-84-7860

🏠箱根町仙石原1283-87
🚉箱根登山鐵道箱根湯本站，搭箱根登山巴士往桃源台方向27分，台ヶ岳站下車步行10分 🅿6輛

↑也有引自大涌谷溫泉，男女分開的大浴場

住宿資訊
住宿費用	1泊2食9490日圓～
IN 15:00	OUT 11:00
客房數 12間	信用卡 可

露天浴池	包租浴池
客房露天浴池	不住宿溫泉

用餐check!

在視野景觀良好的餐廳能品嘗到的晚餐，是使用山珍海味製作的和食膳。早餐為和食。早晚餐皆免費飲用無酒精飲料，酒精性飲料無限暢飲也只要1800日圓。

使用方式自由的溫泉度假村

矚目焦點!

有無限暢飲方案、連住方案，以及能與寵物一同住宿的方案等，各式各樣貼近客人需求的方案。

變得時尚簡潔　過去的名住宿復活!

仙石原温泉

NEST INN HAKONE
◆ねすといんはこね

MAP 附錄P.37 D-2

廣大的腹地分為2個區域，一區是有著客房＆大套房的4棟飯店建築，另一區則有11間獨棟住宿散布其中，在暨時尚又具有高度設計感的藝術空間中，感覺相當平靜安閒。餐廳提供用當地食材原味的柴火料理，就算沒有在此住宿也能前來品嘗。

☎0460-83-9090　🏠箱根町仙石原1290　🚉箱根登山鐵道箱根湯本站，搭箱根登山巴士往湖尻·桃源台方向22分，俵石·箱根ガラスの森前站下車，步行5分 🅿45輛

矚目焦點!

以「與森林共生，並與森林共鳴」為理念。從位於山間的停車場搭乘專用的接送小車移動至飯店櫃檯。

用餐check!

因為是使用柴火烹調，所以料理能品嘗到食物的原味。早晚餐皆能享受到由附設的麵包工房所製作的天然酵母麵包，也非常受到好評。

住宿資訊
住宿費用	1泊2食26800日圓～
	（1泊2人使用時1人的費用）
IN 14:00	OUT 11:00
客房數 37間	信用卡 可

露天浴池	包租浴池
客房露天浴池	不住宿溫泉

↑溫泉引自大涌谷，全檜木造的室內浴池。露天浴池非溫泉

蘆之湯温泉

箱根名湯 松阪屋本店
◆はこねのめいとうまつさかやほんてん

MAP 附錄P.31 D-4

在此住宿能享受到擁有350年以上歷史、箱根第一的溫泉。在綠意盎然的恬靜之地，能享受到宛如穿越時空至近現代般的住宿時光。

☎0460-83-6511

🏠箱根町芦之湯57　🚉箱根登山鐵道箱根湯本站，搭箱根登山巴士往箱根町港·元箱根港方向24分，東芦の湯站下車，步行3分 🅿22輛

住宿資訊
住宿費用	1泊2食20000日圓～
IN 15:00	OUT 11:00
客房數 22間	信用卡 可

露天浴池	包租浴池
客房露天浴池	不住宿溫泉

用餐check!

除了傳統的和食之外，還有擺滿能感受到現代化的陶板燒等料理，名為「宿場宴席」的晚餐。早餐則能品嘗到滋味富饒的山藥泥麥飯。

矚目焦點!

創業於1662（寬文2）年，在江戶時代，還被歌川廣重畫入浮世繪之中，諸多明治偉人也曾投宿於此的老字號著名住宿煥然一新。

↓大浴場的溫泉引自自家源泉，是會依天候、氣溫而變色的神祕溫泉

時代與人交錯，箱根第一的名湯換上新裝

位於強羅站前，傳承日本之美的高級旅館

強羅温泉

天翠茶寮
◆てんすいさりょう

MAP 附錄P.34 E-2

位於強羅站附近的溫泉住宿──強羅天翠的高級別館。在講究使用日本天然木的館內，裝飾著日本的繪畫與家飾等，擁有傳承日本之美的格局。所有客房皆附有注入木賀溫泉的露天浴池。

☎0570-050-148

🏠箱根町強羅1320-276　🚉箱根登山鐵道強羅站即到 🅿12輛

矚目焦點!

眺望著舉行大文字燒的明星岳，位在強羅站前的絕佳位置。在此能度過極私密感的住宿時光。

↑視野景觀良好的客房露天浴池

住宿資訊
住宿費用	1泊2食34500日圓～
IN 15:00	OUT 11:00
客房數 12間	信用卡 可

露天浴池	包租浴池
客房露天浴池	不住宿溫泉

用餐check!

使用四季的當季食材，提供諸多現做、色彩繽紛且外觀美麗鮮明的料理。

令人憧憬的住宿

這裡是箱根的代表！

常在各種人氣溫泉住宿排行，以及口碑評價網站看到，名住宿也非常多的箱根。從這些住宿中，精選7家也很有人氣的住宿推薦給您！

宮之下溫泉
箱根吟遊
◆はこねぎんゆう

令人憧憬Point
全客房皆有寬闊奢華的開放式露臺及露天浴池，可在接近樹林的豐富自然空間中入浴泡湯。

MAP 附錄P.35 C-6

全館鋪著市松花紋圖樣的琉球榻榻米，融合了亞州度假村與日式風情。能望見溪谷與箱根連峰的大廳，以美麗景觀迎接客人到來，是宮之下的高級住宿。全20間客房皆完整備有木製甲板與露天浴池。SPA裡也有雙人芳療間，可度過無外人的SPA時光。早晚餐皆在專用包廂中享用。

☎0460-82-3355
箱根町宮ノ下100-1
箱根登山鐵道宮之下站步行3分
P20輛

和式摩登與亞洲風等完全迥異的格局

住宿資訊
住宿費用	1泊2食31470日圓～
IN 14:00	OUT 11:00
客房數 20間	信用卡 可

露天浴池　包租浴池
客房露天浴池　不住宿溫泉

用餐check!
供應懷石風的晚餐，採納法式與亞洲風味的要素，每月替換的原創全餐。品項豐富且繽紛多元的早餐，有洋食、和食可選。

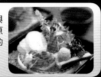

仙石原溫泉
金乃竹 仙石原
◆きんのたけせんごくはら

令人憧憬Point
定額2名與4名的客房，全部附有滿溢白濁色溫泉的露天浴池。其魅力之一是不管是哪間客房的浴池景觀都很棒。

受邀進入夢幻的《竹取物語》世界

MAP 附錄P.37 B-3

不與任何人碰面，可到享受2人世界的非日常空間。全客房皆附有露天浴池，早晚餐皆在房內享用。箱根唯一可提供煙火驚喜的住宿。

☎0460-85-9200
箱根町仙石原817-342　箱根登山鐵道箱根湯本站，搭箱根登山巴士往桃源台方向27分，台ヶ岳站下車，步行3分　P10輛

住宿資訊
住宿費用	1泊2食36720日圓～
IN 15:00	OUT 11:00
客房數 10間	信用卡 可

露天浴池　包租浴池
客房露天浴池　不住宿溫泉

用餐check!
晚餐會送至各個客房，所供應的是每月替換、繽紛多元的懷石料理。早餐也能享用到使用嚴選米所煮出的米飯，是廣受好評的美味。

淺水池於夜間會點燈，營造夢幻氣氛

↑客房中也備妥Wi-Fi，所有的客房各有不同的別出心裁之處，十分講究

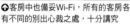

塔之澤溫泉
福住樓
◆ふくずみろう

令人憧憬Point
受文人墨客愛戴的大丸浴池，以及數寄屋造的建築等，館內各處讓人感受到歷史與獨特的風情。

傳承箱根歷史，文化財登錄的數寄屋造

MAP 附錄P.32 E-3

1890（明治23）年創業以來，有川端康成等眾多著名人士曾在此投宿過的老字號住宿。全館為國家登錄文化財，全客房皆為別出心裁的純和風格局。浴室前的脫衣處等，也融合了飄盪著明治浪漫的復古洋風。

☎0460-85-5301
箱根町塔之澤74　箱根登山鐵道箱根湯本站步行15分　P6輛

住宿資訊
住宿費用	1泊2食22000日圓～
IN 15:00	OUT 10:00
客房數 17間	信用卡 可

露天浴池　包租浴池
客房露天浴池　不住宿溫泉

用餐check!
晚餐為活用高級食材的宴席料理。可享受到集結和食精華的菜色。早餐有箱根豆腐、小田原的魚板、乾貨等講究使用當地食材的料理。

↑除了大丸浴池之外，還有岩浴池、家庭浴池
←大小格局全部皆異的客房

箱根湯本溫泉
星野集團 界 箱根
◆ほしのりぞーとかいはこね

MAP附錄P.33 C-5

位於箱根玄關口、湯本舊街道旁，清幽的溫泉住宿。在全客房皆為眺望湯坂山與須雲川的河景房，以及具有開放感的半露天浴池，度過舒適自在的住宿時光。

☎0570-073-011（界預約中心）
所箱根町湯本茶屋230 車站箱根登山鐵道箱根湯本站，搭箱根登山巴士經由畑宿往元箱根港方向9分，葛原站下車，步行5分 P15輛

住宿資訊
住宿費用 1泊2食31000日圓～
IN 15:00 OUT 12:00
客房數 32間 信用卡 可
露天浴池　包租浴池
客房露天浴池　不住宿溫泉

令人憧憬Point
清流旁的樹林映照在溫泉水面上的半露天浴池，有一探的價值！

↑2017年2月誕生，以女子之旅為主題的新客房

用餐check!
使用當季食材，富有季節感的宴席料理。特別宴席「明治牛鍋」為呈現箱根款待歷史的名物。品項豐富的早餐也很好。

從日常中獲得解放，奧湯本的舒適溫泉住宿

158間客房全都附有檜木露天浴池！

強羅溫泉
箱根強羅溫泉 季之湯 雪月花
◆はこねごうらおんせんときのゆせつげつか

MAP附錄P.34 E-2

此人氣住宿以擁有158間客房的規模為傲，並且全客房皆備有檜木造的露天浴池。雖然客房浴池內使用的並非溫泉水，但在大浴場及包租露天浴池可享受到溫泉。

☎0460-85-5489（箱根預約中心）
所箱根町強羅1300-34
車站箱根登山鐵道強羅站即到 P79輛

住宿資訊
住宿費用 1泊2食25000日圓～
IN 15:00 OUT 11:00
客房數 158間 信用卡 可
露天浴池　包租浴池
客房露天浴池　不住宿溫泉

令人憧憬Point
檜木打造的露天浴池（非溫泉）令肌膚感覺非常舒適，此外，全客房也都備有泡完湯後能悠開放鬆的鋪木地板空間。

用餐check!
能享受到使用嚴選當季食材製作的晚餐。可選擇以四季彩鍋為主的和食宴席，或是有和牛涮涮鍋、壽司、天婦羅的餐廳。早餐是使用當地食材製作的日式早餐。

↑客房有4種房型，不管是哪種類型都附有尺寸寬敞舒適的床鋪

仙石原溫泉
箱根 星のあかり
◆はこねほしのあかり

MAP附錄P.36 A-2

全客房皆有眺望箱根壯麗景觀的絕景溫泉露天浴池與露臺！能好好享受2種名湯。餐點為滿滿當地當季食材的美食和宴席。也有天空露臺足湯、美容沙龍、桌球與兒童遊戲室。合作設施的各種體驗及遊玩項目也十分豐富。

☎0288-53-6050（預約中心）　所箱根町仙石原1245-432 車站箱根登山鐵道箱根湯本站，搭箱根登山巴士往桃源台方向30分，箱根カントリー入口站下車，有免費接送（需洽詢）P14輛

住宿資訊
住宿費用 1泊2食18500日圓～（未稅）
IN 15:00 OUT 11:00
客房數 14間 信用卡 可
露天浴池　包租浴池
客房露天浴池　不住宿溫泉

令人憧憬Point
能好好享受2種名湯。大浴場有放流的白濁色濁湯，客房露天浴池也備有美人之湯！

用餐check!
將當地飼育的箱根西麓牛以溶岩燒烤外，還活用相模灣捕獲的新鮮漁獲、當地採收的季節山珍，製作成的創作和宴席。可在餐廳包廂享用現做的逸品！

↑屋頂天空露臺的足湯視野景觀也十分棒！

眺望壯麗景觀的絕景住宿 全客房附溫泉露天浴池！

能泡遍10種溫泉，舊東海道的自家源泉住宿

令人憧憬Point
能好好地消除平日疲勞的泡湯處為其魅力之一。擁有壺池、洞窟浴池等個性浴池的室內浴池與露天浴池。

箱根湯本溫泉
箱根 花紋
◆はこねかもん

MAP附錄P.32 F-4

位於舊東海道旁、早雲寺前，外觀有如天守閣般相吸睛的建築。以泡湯處引自自家源泉的十種浴池為傲。也有女性可從數種浴衣中挑選穿著的服務。

☎0460-85-5050　所箱根町湯本435
車站箱根登山鐵道箱根湯本站步行15分（從箱根湯本站有接送巴士）P50輛

↑外觀有如天守閣一般。夜晚燃起的篝火，令人沉浸在大人＆公主的氛圍之中

住宿資訊
住宿費用 1泊2食25000日圓～（未稅）
IN 14:00 OUT 11:00
客房數 16間 信用卡 可
露天浴池　包租浴池
客房露天浴池　不住宿溫泉

用餐check!
晚餐廣受女性好評，是擺滿季節食材、裝盛華麗的花紋流懷石料理。早餐是在「早餐 Festival 2012」中奪得第1名的人氣料理。

擁有「物超所值!」的CP值好評魅力

經濟實惠的住宿

含稅價1泊
15000日圓以內!

在著名住宿齊聚的溫泉天堂——箱根，也聚集了許多擁有合理價格的人氣住宿。其中還有晚餐為自助式型態，且只要10000日圓以下的高CP值住宿！

能爽泡溫泉與享用自助式餐點，箱根湯本的高CP值住宿

箱根湯本溫泉

岡田飯店
◆ホテルおかだ

MAP 附錄P.33 D-4

離箱根湯本站稍遠，位於須雲川旁的奧湯本，是家規模頗大的人氣住宿。泡湯處位於具開放感的高樓層之中，備有使用5條源泉的13種浴池，簡直就像是溫泉水療中心一般。有相當豐富多元的客房可供挑選，也有附有露天浴池的客房。擺滿30種料理的自助式晚餐也廣受好評。

超值Point
擁有足湯等豐富的泡湯處。也可免費使用備有7種浴池的不住宿入浴設施「湯之里岡田」（→P.106）。

有21間附有露天浴池的客房

📞0460-85-6000
🏠箱根町湯本茶屋191
🚉箱根登山鐵道箱根湯本站，搭旅館組合巡迴巴士往滝通り方向7分，ホテルおかだ下車即到 🅿80輛

住宿資訊

住宿費用 1泊2食14580日圓～	
IN 14:00	**OUT** 10:00
客房數 122間	**信用卡** 可
露天浴池	包租浴池
客房露天浴池	不住宿溫泉

用餐check!
自助式晚餐有自選自煮的火鍋、現炸天婦羅等，能盡情品嘗喜歡的料理。也能選在客房內品嘗宴席料理。早餐也是和洋自助式的料理。

塔之澤溫泉

塔之澤 一之湯 本館
◆とうのさわいちのゆほんかん

MAP 附錄P.33 D-3

木造4層樓的數寄屋造建築獲登錄為文化財，是間創業超過380年的老字號住宿。全客房皆面向早川溪谷，是可聽著潺潺水聲，好好放鬆的住宿。也有附有露天浴池的客房。還有可免費使用的家庭浴池。

能眺望著早川的潺潺流水，具有清涼感的客房

用餐check!
餐廳是由建於大正時代的大會場所改裝成的，在此品嘗的晚餐，可從具有季節感的2種和食全餐中選一享用。

📞0460-85-5331（預約中心）
🏠箱根町塔之沢90 🚉箱根登山鐵道塔之澤站即到（箱根湯本站有旅館組合巡迴接送巴士）🅿15輛

住宿資訊

住宿費用 1泊2食8790日圓～	
IN 15:00	**OUT** 10:00
客房數 21間	**信用卡** 可
露天浴池	包租浴池
客房露天浴池	不住宿溫泉

超值Point
將箱根旅館文化傳遞至今，具有風情格調的住宿，1泊10000日圓以下，價格經濟實惠！

建築也相當值得一見的文化財住宿，住宿費用10000日圓以下！

箱根湯本溫泉

天成園
◆てんせいえん

MAP 附錄P.32 E-4

總共有198間客房，箱根湯本第一的大型旅館。擁有與其名稱相應、寬廣又具開放感的頂樓天空露天浴池，以及有著豐富多樣現做料理的自助式晚餐等，集結了諸多只有大規模才有的魅力。

📞0460-83-8511
🏠箱根町湯本682 🚉箱根登山鐵道箱根湯本站步行12分 🅿250輛

擁有床鋪型或附有露天浴池等的客房，可依用途和預算選擇房型

住宿資訊

住宿費用 1泊2食14190日圓～	
IN 15:00	**OUT** 10:00
客房數 198間	**信用卡** 可
露天浴池	包租浴池
客房露天浴池	不住宿溫泉

也有12間可包租的家庭浴池1小時2160日圓

超值Point
眺望周圍群山的頂樓天空露天浴池，不住宿使用（10～翌日9時）也很有人氣。

用餐check!
自助式的晚餐，擺滿了當場現做的和洋中60種料理。主廚在現場料理製作的壽司、天婦羅等的現場廚房很受歡迎。

能滿足各個旅客的需求，箱根湯本的代表住宿

桃源台溫泉

ODAKYU Hakone Lake Hotel
◆おだきゅうはこねれいくほてる

MAP 附錄P.36 A-4

位於蘆之湖北側的桃源台，能以實惠價格住宿的飯店。有連結著大浴場的露天浴池，獨特的繭形蒸氣三溫暖、碳酸湯、壺湯等，能在豐富多元的浴池中盡情泡湯。

☎0120-019-123
🏠箱根町元箱根164 🚌箱根登山鐵道箱根湯本站，搭箱根登山巴士往湖尻·桃源台方向35分，箱根レイクホテル前站下車即到 🅿50輛

◎美麗的草坪庭園展現在露臺前方

超值Point
能以經濟實惠的價格入住距蘆之湖步行3分的度假村！

以經濟實惠的價格入住蘆之湖旁

住宿資訊
住宿費用	1泊2食9950日圓～	
IN 15:00	**OUT** 10:00	
客房數 48間	信用卡 可	
露天浴池	包租浴池	
客房露天浴池	不住宿溫泉	

箱根湯本溫泉

伊東園飯店箱根湯本
◆いとうえんほてるはこねゆもと

MAP 附錄P.32 E-4

住宿費用全年不變，令人欣喜的伊東園Hotels制度。能品嘗到和食、洋食、中華等各式各樣料理的自助餐，還附有生啤酒無限暢飲，相當受到好評。

☎0570-045-780
🏠箱根町湯本茶屋95-1 🚌箱根登山鐵道箱根湯本站，搭箱根登山巴士經由上畑宿往元箱根港方向5分，台の茶屋站下車，步行4分 🅿30輛

◎地點位於國道1號旁

大浴場寬廣且頗具開放感

超值Point
晚餐時包含「生啤酒」「神奈川·靜岡的地酒」等，可無限暢飲，令人大滿足！

住宿資訊
住宿費用	1泊2食8800日圓(未稅)～	
IN 15:00	**OUT** 11:00	
客房數 48間	信用卡 可	
露天浴池	包租浴池	
客房露天浴池	不住宿溫泉	

湯河原溫泉

四季彩飯店
◆ほてるしきさい

MAP 附錄P.39 C-6

和洋中的自助式晚餐好評如潮，為伊東園Hotels的超值住宿。附露天浴池的浴場為男女時間交換制。想盡情享受在《萬葉集》中也曾歌詠過的湯河原溫泉之名湯。

☎0465-60-3334
🏠湯河原町宮上235 🚉JR東海道本線湯河原站搭計程車5分(有接送服務) 🅿50輛

◎能品嘗到豐富多元料理吃到飽的自助式晚餐

充分享受自助式晚餐與湯河原的溫泉

超值Point
經濟實惠的價格全年不變！能盡情享受料理和名湯。

住宿資訊
住宿費用	1泊2食7800日圓(未稅))	
IN 15:00	**OUT** 12:00	
客房數 78間	信用卡 可	
露天浴池	包租浴池	
客房露天浴池	不住宿溫泉	

蘆之湯溫泉

美肌の湯 きのくにや
◆びはだのゆきのくにや

MAP 附錄P.31 D-4

從江戶時代起300年，以美肌之湯為人熟知的老字號住宿。有濁湯與透明的2種溫泉，可在大浴場、露天浴池、包租浴池盡情泡湯。

☎0460-83-7045
🏠箱根町芦之湯8 🚌箱根登山鐵道箱根湯本站，搭箱根登山巴士或伊豆箱根巴士往元箱根港·箱根町港方向29分，芦の湯站下車即到 🅿40輛

◎昭和初期的建築裡有著純和風的客房

用餐check!
使用箱根西麓蔬菜等食材的晚餐，是將山珍海味裝盛入盤的和宴席料理。早餐為和洋自助餐。

住宿資訊
住宿費用	1泊2食12650日圓～	
IN 14:00	**OUT** 10:00	
客房數 20間	信用卡 可	
露天浴池	包租浴池	
客房露天浴池	不住宿溫泉	

泡著2種溫泉，以美肌為目標吧

超值Point
在包租浴池中也能享受到2種溫泉。硫磺泉有豐富的矽酸，可望達到美肌的效果。

小涌谷溫泉

箱根小涌園 美山楓林
◆はこねこわきえんみやまふうりん

MAP 附錄P.34 E-6

一大度假村設施「箱根小涌園」的新型態溫泉住宿，一共有13間客房。全客房皆為和室，也有能享受到溫泉放流的露天浴池。早餐備有麵包、咖啡的免費輕食。

☎0460-82-1605
🏠箱根町小涌谷493-48 🚌箱根登山鐵道箱根湯本站，搭箱根登山巴士往元箱根港·箱根町港方向19分，蓬萊園站下車即到 🅿6輛

◎位於寧靜的山間，在周邊的自然環境中散步也十分愉快

住宿資訊
住宿費用	1泊2食8640日圓～	
IN 14:00	**OUT** 10:00	
客房數 13間	信用卡 可	
露天浴池	包租浴池	
客房露天浴池	不住宿溫泉	

1泊附早餐，價格實惠又保有私密空間的住宿

超值Point
1泊10000日圓以下並附有輕食，價格十分經濟實惠，同時還能享受溫泉湯浴。

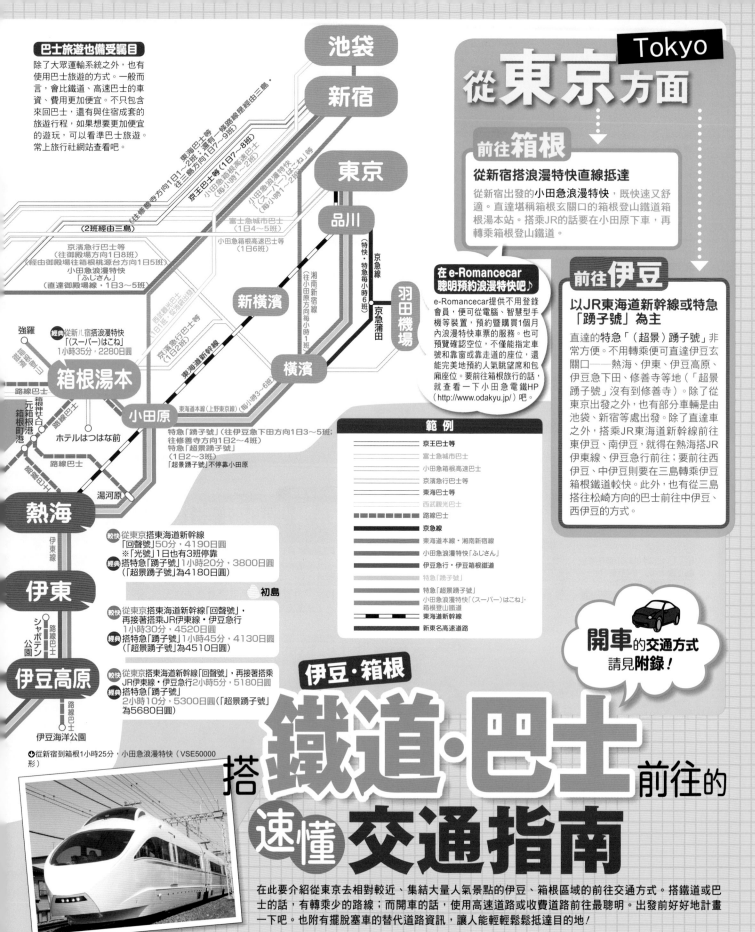

從東京方面

巴士旅遊也備受矚目
除了大眾運輸系統之外,也有使用巴士旅遊的方式。一般而言,會比鐵道、高速巴士的車資、費用更加便宜。不只包含來回巴士,還有與住宿成套的旅遊行程,如果想要更加便宜的遊玩,可以看準巴士旅遊。常上旅行社網站查看吧。

前往箱根

從新宿搭浪漫特快直線抵達
從新宿出發的小田急浪漫特快,既快速又舒適。直達堪稱箱根玄關口的箱根登山鐵道箱根湯本站。搭乘JR的話要在小田原下車,再轉乘箱根登山鐵道。

前往伊豆

以JR東海道新幹線或特急「踴子號」為主
直達的特急「(超景)踴子號」非常方便。不用轉乘便可直達伊豆玄關口——熱海、伊東、伊豆高原、伊豆急下田、修善寺等地(「超景踴子號」沒有到修善寺)。除了從東京出發之外,也有部分車輛是由池袋、新宿等處出發。除了直達車之外,搭乘JR東海道新幹線前往東伊豆、南伊豆,就得在熱海搭JR伊東線、伊豆急行前往;要前往西伊豆、中伊豆則要在三島轉乘伊豆箱根鐵道較快。此外,也有從三島搭往松崎方向的巴士前往中伊豆、西伊豆的方式。

在e-Romancecar聰明預約浪漫特快吧♪
e-Romancecar提供不用登錄會員,便可從電腦、智慧型手機等裝置,預約暨購買1個月內浪漫特快車票的服務。也可預覽確認空位,不僅能指定車號和靠窗或靠走道的座位,還能完美地預約人氣眺望席和包廂座位。要前往箱根旅行的話,就查看一下小田急電鐵HP(http://www.odakyu.jp/)吧。

池袋
新宿
東京
品川
新橫濱
橫濱
羽田機場

東海巴士等(1日1~2班;修路線是經由三島)
往三島方向1日班7~9班)
京王巴士等(1日7~8班)
小田急浪漫特快「(スーパー)はこね」等(每小時1~2班)
(2班經由三島)
富士急城市巴士(1日4~5班)
小田急箱根高速巴士等(1日6班)
京濱急行巴士等(往御殿場方向1日8班)(經由御殿場往箱根桃源台方向1日5班)
小田急浪漫特快「ふじさん」(直達御殿場線・1日3~5班)
京濱急行巴士等(1日2班)
(特快・特急每小時6班)
京急線
京急蒲田

強羅
箱根湯本
經典 從新宿搭浪漫特快「(スーパー)はこね」1小時35分,2280日圓
路線巴士
箱根神社台
元箱根港
箱根町港
小田原
ホテルはつはな前
路線巴士
湯河原
東海道本線(上野東京線)(每小時3~6班)
東海道新幹線

範例

圖例	名稱
	京王巴士等
	富士急城市巴士
	小田急箱根高速巴士
	京濱急行巴士等
	東海巴士等
	西武觀光巴士
	路線巴士
	京急線
	東海道本線・湘南新宿線
	小田急浪漫特快「ふじさん」
	伊豆急行・伊豆箱根鐵道
	特急「踴子號」
	特急「超景踴子號」
	小田急浪漫特快「(スーパー)はこね」・箱根登山鐵道
	東海道新幹線
	新東名高速道路

熱海
伊東線
伊東
シャボテン公園
路線巴士
伊豆高原
路線巴士
伊豆海洋公園

初島

較快 從東京搭東海道新幹線「回聲號」50分,4190日圓
※「光號」1日也有3班停靠
經典 搭特急「踴子號」1小時20分,3800日圓(「超景踴子號」為4180日圓)

較快 從東京搭東海道新幹線「回聲號」,再接著搭乘JR伊東線・伊豆急行1小時30分,4520日圓
經典 搭特急「踴子號」1小時45分,4130日圓(「超景踴子號」為4510日圓)

較快 從東京搭東海道新幹線「回聲號」,再接著搭JR伊東線・伊豆急行2小時5分,5180日圓
經典 搭特急「踴子號」2小時10分,5300日圓(「超景踴子號」為5680日圓)

➍從新宿到箱根1小時25分,小田急浪漫特快(VSE50000形)

開車的交通方式請見附錄!

伊豆・箱根

搭鐵道・巴士前往的速懂交通指南

在此要介紹從東京去相對較近、集結大量人氣景點的伊豆、箱根區域的前往交通方式。搭鐵道或巴士的話,有轉乘少的路線;而開車的話,使用高速道路或收費道路前往最聰明。出發前好好地計畫一下吧。也附有擺脫塞車的替代道路資訊,讓人能輕輕鬆鬆抵達目的地!

也要查看一下價格實惠的高速巴士和機場巴士

不用轉乘就能輕鬆抵達

也有搭乘高速巴士前往伊豆·箱根的方式。雖然有塞車的風險，但與使用鐵道相比，其優點是費用便宜許多。以下幾處有高速巴士可搭乘前往伊豆·箱根，於新宿高速巴士總站（新宿站新南口）可前往修善寺站·修善寺溫泉、三島站北口·南口、沼津站北口、御殿場站、箱根桃源台；而從東京站八重洲南口則可前往御殿場站·箱根桃源台、沼津站北口·南口；另外還有（池袋）～池袋站東口～箱根湯本站（～箱根蘆之湖皇家王子大飯店）的高速巴士。此外，羽田機場和橫濱機場則有高速巴士可前往御殿場站、箱根湯本站（～ホテルはつはな前）、箱根桃源台；而在大阪（近鐵難波站西口）則有高速巴士可前往沼津站北口、三島站北口、御殿場站、小田原站東口；另外還有大阪（堺·難波）～小田原站東口（～戶塚東口）的高速巴士。新宿高速巴士總站（新宿站新南口）～三島站北口·南口的巴士為依先後順序上車（不可預約），而其他的巴士則可預約。

搭高速巴士直達修善寺！

伊豆長岡、修善寺溫泉Liner

連接新宿高速巴士總站（新宿站新南口）～修善寺溫泉的直達巴士。由新東海巴士營運1日1～2班。去程從新宿高速巴士總站（新宿站新南口）出發9:15、13:15（僅週六日、假日）→11:55、16:23（僅週六日、假日）抵達修善寺溫泉，單程2570日圓。比搭鐵道前往修善寺慢了1小時左右，但價格相當便宜。也可在長岡溫泉、大仁·伊豆溫泉村、修善寺站等處下車。最晚須於出發前一日預約、購票。
預約請打預約專線
☎0570-01-1255

搭高速巴士從新宿到三島免轉乘

三島Express

連接新宿高速巴士總站（新宿站新南口）～三島站北口·南口的高速巴士「三島Express」，是由小田急箱根高速巴士與東海巴士共同營運，1日有7～9班。從三島站北口·南口還會再行駛至沼津市內的大平車庫。單程2060日圓。也有平日限定回數券2張1組3500日圓，以及全日回數券2張1組3700日圓。比連接東京～三島站的JR東海道新幹線慢1小時左右，但價格便宜許多。所有班次依先後順序排定座位的定額制（不可預約）。洽詢請至小田急箱根高速巴士☎03-3427-3160、東海巴士Orange Shuttle☎055-935-6611。

時刻、費用等的洽詢處

JR東日本諮詢中心	☎050-2016-1600
JR東海電話諮詢中心	☎050-3772-3910
伊豆急行	☎0557-53-1115
伊豆箱根鐵道	☎055-977-1207
小田急客服中心	☎03-3481-0066
箱根登山鐵道鐵道部	☎0465-32-6823
小田急箱根高速巴士	☎03-3427-3160
京急高速巴士座位中心	☎03-3743-0022
京王高速巴士預約中心	☎03-5376-2222
JR巴士關東高速巴士預訂中心（也受理富士急城市巴士東京～沼津線）	☎03-3844-0495
西武巴士座位中心	☎03-5910-2525
富士急預約中心（東京·新宿～三島·沼津）	☎055-929-1144

旅行便利的搜尋網站

要查找鐵道時刻與費用的話	要查找高速巴士時刻、費用和預約

トレたび
交通新聞社所經營的網站。在此還能取得臨時列車資訊與活動資訊。

ハイウェイバスドットコム
京王、名鐵的高速巴士網站，由京王電鐵巴士營運。無須登錄會員便可檢索和預約。

HyperDia
日立系統所經營的網站。也有各個車站的時刻表。

Japan Bus Online
由KOBO營運的網站。除了部分巴士之外，可查找主要巴士營運廠商的高速巴士資訊。預約需登錄會員（免費）。

從名古屋方面
Nagoya

前往伊豆

從新幹線停靠站轉乘其他鐵道或者特急巴士

從名古屋前往伊豆區域並沒有直達列車與高速巴士，因此首先要搭JR東海道新幹線前往三島或熱海。要前往東伊豆·南伊豆的話，就要在熱海轉乘JR伊東線；要前往中伊豆·西伊豆的話，則要在三島轉乘伊豆箱根鐵道，或是JR東海道本線。除了有JR東海新幹線「回聲號」會停靠熱海、三島之外，「光號」的部分班次也會在這兩站停靠。此外，要前往中伊豆·西伊豆的話，也有從三島搭往松崎方向巴士的交通方式。

前往箱根

搭新幹線前往小田原

最常見的交通方式是搭JR東海道新幹線「回聲號」前往小田原。而JR東海道新幹線「光號」的部分車次也有停靠小田原。

附上詳細的路線圖
想要聰明地在區域內移動的話
伊豆⇒請見P.154
箱根⇒請見P.156

御殿場

便宜　新宿高速巴士總站（新宿站新南口）
搭高速巴士
1小時40分，1680日圓
經典　從新宿搭浪漫特快「ふじさん」
1小時40分，2810日圓
東京站八重洲南口、新宿高速巴士總站（新宿站新南口）
也有往御殿場プレミアム·アウトレット方向行駛的班車
（有停駛日）

箱根桃源台

便宜　新宿高速巴士總站（新宿站新南口）
搭高速巴士2小時15分，2010日圓
也有能到箱根園與小田急山之飯店的班車

三島

沼津

校快　從東京搭東海道新幹線「回聲號」55分，4520日圓
※部分「光號」班次有停靠
經典　搭特急「踊子號」1小時40分，4200日圓

便宜　新宿高速巴士總站（新宿站新南口）搭高速巴士1小時50分～2小時25分，2060日圓

校快　從東京搭東海道新幹線「回聲號」，再轉乘JR東海道本線
1小時10分，4520日圓
便宜　新宿高速巴士總站（新宿站新南口）搭高速巴士
2小時30分～57分，2160日圓
東京站八重洲南口搭高速巴士
2小時17分～35分，2160日圓

修善寺

校快　從東京搭東海道新幹線「回聲號」，再轉乘伊豆箱根鐵道
1小時50分，5030日圓
經典　從東京搭特急「踊子號」
2小時10分，4710日圓
便宜　新宿高速巴士總站（新宿站新南口）搭高速巴士
2小時30分～3小時，2570日圓

靜岡·名古屋　東海道本線
靜岡·名古屋　東海道新幹線

溫修善寺泉
土肥溫泉
湯ヶ島
堂ヶ島
松崎
石廊崎港口
河津七滝
蓮台寺
河津

伊豆急下田

從東京搭東海道新幹線「回聲號」，再轉乘JR伊東線·伊豆急行
2小時55分，6140日圓
經典　搭特急「踊子號」
2小時50分，6260日圓
（「超景踊子號」為6640日圓）

特急「踊子號」
特急「超景踊子號」

主要定期觀光巴士

路線名稱、費用、營運公司、洽詢處	出發、抵達	主要行經之地
L コース貫一·お宮号（全年行駛）2610日圓（伊豆）伊豆箱根巴士☎0557-81-8231	**熱海站出發** 9:30·13:30 **抵達熱海站** 12:45·16:45	熱海後樂園、姬之澤公園或熱海梅園、十國峠等處
まるごと箱根号（全年行駛※12～2月除外1月2日以外，僅週六·一、假日行駛）4980日圓（箱根）箱根登山巴士☎0465-35-1271	**箱根湯本站出發** 10:00 **抵達小田原站** 16:30	箱根關所、箱根海賊觀光船、甘酒茶屋、鈴廣魚板之鄉等處

※鐵道的費用為全行程的普通車資，再加上一般時期的特急普通車對號座費用之總金額（僅使用快速、普通列車時，僅需付普通車資）（不使用IC卡乘車券的情況）。刊載的所需時間為去程為標準。刊載資訊皆為2018年4月的訊息。時刻、車資等視情況有變更的可能性，請於出發前事先確認。

想要經濟實惠又便利地旅遊

聰明利用優惠票券吧！！

以一年售出高達70萬張的箱根周遊券為首，此區域販售著數種配合旅行用途的優惠票券。一定要配合旅行目的，聰明地使用票券哦。

↑伊豆急行也有緊貼海岸線跑的區間車。照片為一般車輛

伊豆

可搭新幹線或特急來回，相當方便。因為有比一般單買來回票更便宜的票券，所以購買前先查看一下吧。

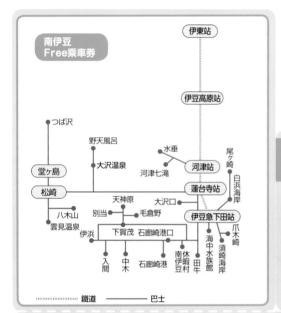

南伊豆Free乘車券

JR東日本 南伊豆Free乘車券
東京都區內出發6160日圓・橫濱市內出發5850日圓

從東京出發周遊南伊豆非常方便！

可來回使用的列車、設備

快速・普通列車的普通車自由座

● 在免費區間內，可搭乘伊豆急行全線（僅快速・普通列車的普通車自由座），並可無限次搭乘南伊豆區域指定區間內的東海巴士。另外購買特急券的話，便可搭來回・免費區間內的特急列車
● 也有從小田原出發的票券。　● 來回路徑不可使用東海道新幹線。
● 全年可使用（最晚可於開始使用前一日購買）
● 從東京都區內出發的情況，與光是來回東京～伊豆急下田的價格相比就便宜了1620日圓

【有效期間】2日（2019年10月31日前發售之票券，其後未定）
【販售地點】出發地及其周邊的JR東日本主要車站，或各大旅行社等

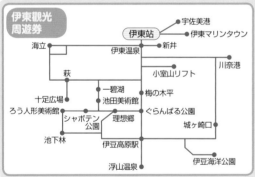

伊東觀光周遊券

小田急電鐵 伊東觀光周遊券
新宿出發4400日圓

有周遊區域設施的飲食購物折價優惠！
參考HP https://www.odakyu.jp/ticket/couponpass/izu/

可來回使用的列車、設備

小田急線（新宿～小田原）、JR東海道本線・伊東線（小田原～熱海～伊東）的快速・普通列車普通車自由座（包含小田急線的快速急行・急行・準急在內）

● 可無限搭乘伊東・伊豆高原區域的指定路線巴士
● 來回使用特急等列車時，需另購買特急券
● 也有從小田急線其他車站出發的票券
● 全年可使用

【有效期間】2日
【販售地點】小田急線主要車站、小田急旅行社（部分除外）

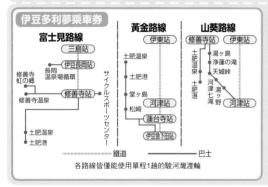

伊豆多利夢乘車券

伊豆急行 東海巴士 伊豆箱根鐵道・巴士 駿河灣渡輪 伊豆多利夢乘車券
山葵路線3900日圓、黃金路線3700日圓、富士見路線2800日圓

周遊伊豆半島不可欠缺的！

僅可單程使用的交通運輸系統、設備

駿河灣渡輪（僅單程1趟）

● 指定鐵道（特急・快速・普通列車的普通車自由座，僅單程單向。富士見路線則可來回搭乘）、路線巴士為無限搭乘
● 各路線之免費區間不同　● 駿河灣渡輪運送汽車需另付費
● 至免費區間內的車票需另外購買　● 全年可使用
● 使用山葵路線的情況，光是從伊豆急行伊東站～河津站單程＋搭巴士來回土肥溫泉～修善寺站～河津站的費用就省了3510日圓。

【有效期間】3日（富士見路線為2日）　【販售地點】山葵路線、黃金路線／清水港渡輪搭乘處、伊東站・修善寺站東海巴士服務處、伊豆急觀光伊豆高原、伊豆急觀光下田（僅黃金路線）、伊豆急行河津站。富士見路線／清水港渡輪搭乘處、修善寺站・三島站東海巴士服務處、伊豆箱根鐵道三島站・伊豆長岡站

★伊豆急行有販售單程乘車券搭伊豆仙人掌公園、熱川香蕉鱷魚園等的套票。詳情請見伊豆急行的HP！

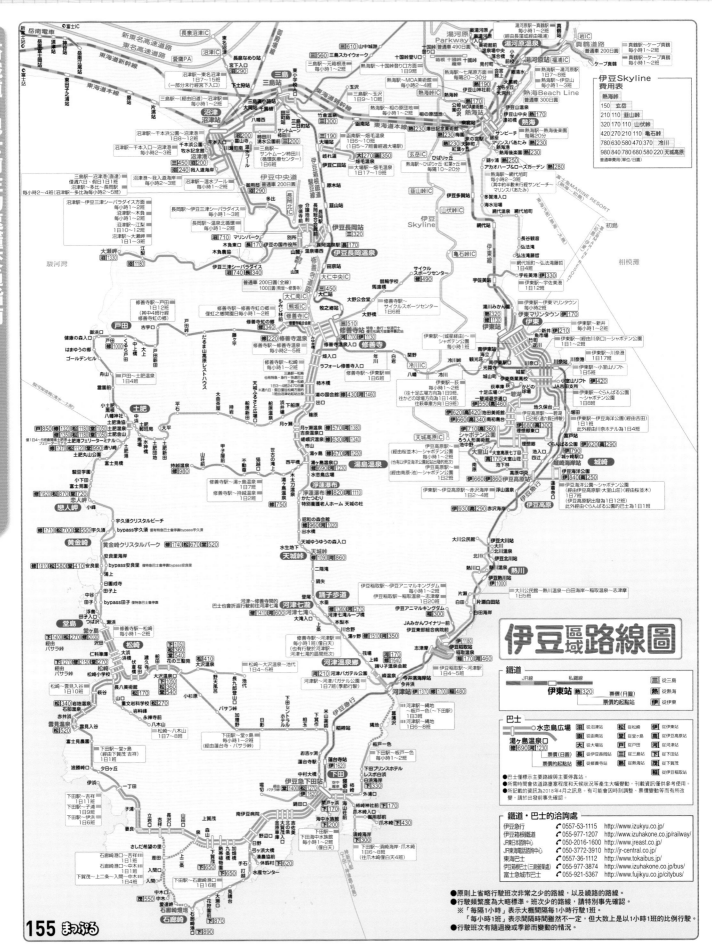

箱 根

可大致區分為小田急（箱根登山）系（粉紅色）與伊豆箱根系（藍色）。也有與溫泉一起的套票。

推薦健行使用！ 可使用的區域散布著名勝古蹟及溫泉設施

箱根登山鐵道・巴士
箱根舊街道・1號線車票
新宿出發3170日圓

可來回使用的列車、設備

小田急線（小田原出發・箱根湯本出發除外）

●使用浪漫特快時須另付費用 ●箱根登山鐵道小田原～小涌谷與箱根登山巴士小田原站～箱根湯本站～箱根町的系統是藍色部分 ●巴士不管是經由畑宿（舊街道）、經由小涌谷或是經由箱根新道都OK ●全年可使用

【有效期間】1日
【販售地點】小田急線各站、箱根登山鐵道箱根湯本站、箱根登山巴士小田原站前・箱根湯本站內服務處

超級推薦！ 箱根大半區域只要有這張就OK！

小田急電鐵
箱根周遊券
新宿出發有效期限3日5640日圓
有效期限2日5140日圓

可來回使用的列車、設備

小田急線（小田原出發除外）

●可無限搭乘圖中範圍內的交通工具 ●使用浪漫特快時須另付費用 ●也有從西武線出發與相鐵線出發的 ●全年可使用

【有效期間】3日及2日
【販售地點】小田急線各站（包含小田原站）、小田急旅行社、各大旅行社等

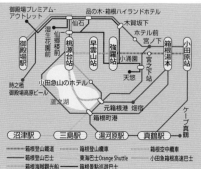

◑箱根登山巴士

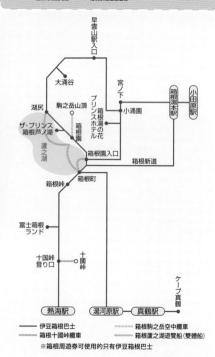

伊豆箱根巴士等 箱根旅助通票
3000日圓

可使用的運輸系統
伊豆箱根巴士、箱根蘆之湖遊覽船（雙體船）、駒之岳空中纜車、十國峠纜車

●可無限搭乘箱根區域的伊豆箱根系交通工具 ●箱根園水族館免費入館1次 ●光是搭巴士來回小田原～湖尻～箱根園，以及參觀箱根園水族館就便宜了1120日圓 ●至免費區間內的車票需另外購買 ●全年可使用

【有效期間】2日
【販售地點】伊豆箱根巴士小田原駅前・湯河原站前服務處、熱海營業處等

伊豆箱根巴士 箱根巴士周遊券
1日券1700日圓、2日券2000日圓

可使用的運輸系統
伊豆箱根巴士

●可無限搭乘箱根區域的伊豆箱根巴士 ●光是搭巴士來回小田原～湖尻～箱根園使用1日券就便宜了920日圓，使用2日券的話就省了620日圓 ●至免費區間內的車票需另外購買 ●全年可使用

【有效期間】2日及1日
【販售地點】伊豆箱根巴士小田原駅前・湯河原站前服務處、熱海營業處等

──── 伊豆箱根巴士　　┅┅ 箱根駒之岳空中纜車
┅┅┅ 箱根十國峠纜車　　┅┅ 箱根蘆之湖遊覽船（雙體船）

※箱根周遊券可使用的只有伊豆箱根巴士

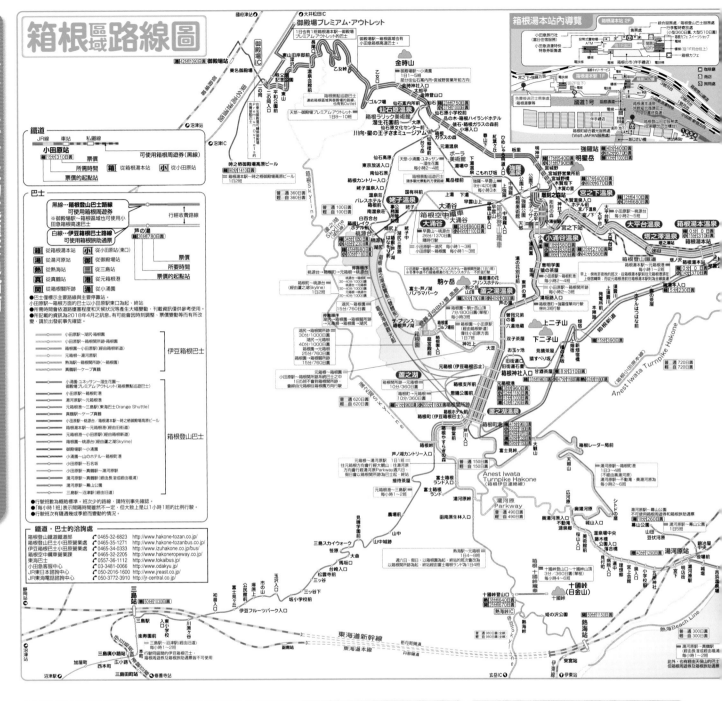

【 MM 哈日情報誌系列 21 】

伊豆・箱根

作者／MAPPLE昭文社編輯部
翻譯／許懷文、李詩涵
校對／彭智敏、鄭雅文
編輯／林庭安
發行人／周元白
排版製作／長城製版印刷股份有限公司
出版者／人人出版股份有限公司
地址／23145 新北市新店區寶橋路235巷6弄6號7樓
電話／（02）2918-3366（代表號）
傳真／（02）2914-0000
網址／www.jjp.com.tw
郵政劃撥帳號／16402311 人人出版股份有限公司
製版印刷／長城製版印刷股份有限公司
電話／（02）2918-3366（代表號）
經銷商／聯合發行股份有限公司
電話／（02）2917-8022
第一版第一刷／2019年2月
定價／新台幣420元
　　　　港幣140元

國家圖書館出版品預行編目（CIP）資料

伊豆・箱根 / MAPPLE昭文社編輯部作；
許懷文、李詩涵翻譯. --
第一版. -- 新北市：人人, 2019.02
面；　公分. --（MM哈日情報誌系列；21）
ISBN 978-986-461-167-6（平裝）

1.旅遊 2.日本靜岡縣 3.日本神奈川縣

731.74709　　　　　　　　　　107021994

Mapple magazine IZU・HAKONE
Copyright ©Shobunsha Publications, Inc, 2018
All rights reserved.
First original Japanese edition published by
Shobunsha Publications, Inc. Japan
Chinese (in traditional characters only) translation
rights arranged with Jen Jen Publishing Co., Ltd
through CREEK & RIVER Co., Ltd.

●版權所有・翻印必究●